宗教学的回心研究

——新島　襄・清沢満之・内村鑑三・高山樗牛

徳田幸雄　著

未來社

宗教学的回心研究——新島襄・清沢満之・内村鑑三・高山樗牛★目次

宗教学的回心研究

——新島襄・清沢満之・内村鑑三・高山樗牛

装幀——岸顯樹郎

序章

「回心」(conversion)に関する人文科学的な研究は、一八八一年に開講されたスタンレイ・ホールのハーバード講義がその端緒とされ[1]、その後、一九世紀から二〇世紀初頭にかけて刊行されたスターバック『宗教心理学』やジェイムズ『宗教的経験の諸相』によってその基礎が固められた。それ以来、オルポートが「回心ほど広範に研究されてきた宗教心理学の主題はない」[2]と述べるように、回心は宗教心理学の主要課題として研究されてきた。さらにその後、回心研究は、時代背景の影響を受けながら、社会学や人類学においても積極的に取り組まれるに至っている。その、およそ一世紀におよぶ研究史を辿るならば、次のように概括されよう。つまり、リバイバル運動の興隆や福音主義的神学を背景とする一九三〇年代までの心理学的回心研究、一九二〇年代から一九六〇年代にかけての精神分析学の流布と東西冷戦構造とを背景とする精神分析学的回心研究および洗脳研究、そして一九六〇年代以降の新宗教運動に着目した社会学的回心研究である。さらに近年では、九・一一同時多発テロを受けて、「イスラーム化」を視野に入れた人類学的回心研究も脚光を浴びつつある[3]。このような回心研究の深まりや広がりを知るには、現在の回心研究の第一人者とも言えるランボーによる、文献目録的な研究[4]や包括的な段階モデル[5]、回心理論の概観[6]などが参考となろう。

ところで、「宗教学的回心研究」と題する本書は、文字通り「宗教学」という観点から「回心」を捉える試みである。このように「宗教学」という観点を明示することは、従来の回心研究が主に心理学や社会学に依ってきたことを考えるならば、確かに回心研究の新たな方向を指し示していると言えよう。しかしながら、この時点で既に、厄介な問題と向き合うことを余儀なくされる。というのも、「宗教学」とはどのような観点か、そしてそもそも「回心」とは何か、という本書の根幹にかかわる問題が、必ずしも自明ではないからである。これらの問題は、本書が正面から取り組むべき課題であるとともに、それぞれ宗教研究と回心研究との根本問題でもある。その意味で、本書は、単に新しい観点からの回心研究であるに留まらず、従来の宗教研究と回心研究とを根本から問い直す試みとも言えよう。そこで、さしあたり、これらの問題、つまり回心の概念規定の問題および回心にアプローチする方法論の問題とを起点として、本書のねらいを明確にすることにしたい。

まず、「回心」という日本語について確認しておく。一般に「回心」は、現在のところ英語の〝conversion〟の訳語、しかもキリスト教の神学的用語としてほぼ定着している。例えば『広辞苑』（第五版）には、「〔宗〕（conversion）キリスト教などで、過去の罪の意識や生活を悔い改めて神の正しい信仰へ心を向けること。なお一般に、同様の宗教的体験をいう」と記されている。そこには、回心がより一般的な宗教的体験をも意味することがつけ加えられているものの、その意味がキリスト教のconversionに基づくことが明記されている。つまり、この『広辞苑』の記述は、conversionが回心と訳されることを前提としているのである。しかし、conversionが最初から回心と訳されてきたわけではない。例えばヘボン『和英語林集成』（初版、一八六七年）では、conversionは「化度、変化」と訳され、その第三版（一八八六年）では「変わること、変化、改心」などと訳されている。また明治のクリスチャン、本書の事例研究でも取り上げる新島襄はconversionを「改新」（一八八二年）、内村鑑三は「改心」（一九二〇年）と訳している。さらに宗教学の分野では、赤松智城が『宗教研究』第一号の巻頭論文[7]（一九一六年）で、conversionを「発心」と訳している。このように、一九二〇年以前では、

conversion の訳は定まっていなかったのである。管見のおよぶ範囲で言えば、この conversion を最初に回心と訳したのは、波多野精一[8]（一九〇八年）や石原謙[9]（一九一六年）といったキリスト教と宗教哲学とに通じた学者であった。その後、一九二〇年代に、当時の宗教学界で主要著作と目されていた、エームス『宗教心理学』[10]（一九二三年）やコー『宗教心理学』[11]（一九二五年）などが次々と邦訳されていったさいに、conversion が回心と訳されたことをもって、少なくとも宗教学の分野では回心という訳語が定着したと考えられる。ちなみに、英和辞書などにおいて conversion の訳語が回心とされ、また一般の国語辞書に回心という語が掲載されるようになるのは、第二次世界大戦後のことである。要するに、回心という語のルーツは、宗教哲学や宗教心理学にあったのであり、必ずしも神学ではなかったのである。このことは、最も普及している邦訳聖書（口語訳）で、回心という語がたったの一度さえも用いられていないことにも裏打ちされるであろう。極論すれば、回心という語を用いずとも、聖書の翻訳は可能であり、それゆえに回心は不可欠な神学用語でもないのである。このように回心という語が、神学者というよりも、比較宗教の視座をもつ研究者によって使われ始めたことは注目に値する。というのも、回心を「えしん」と読めば、それは仏教語ともなり、この点にはこの語の普遍的な側面が認められるからである。別言すれば、この「かいしん」と「えしん」との重なりには、仏教の「廻心」への配慮があったのではないかとも考えたくなるのである。いずれにしても、回心という語は、そもそもキリスト教に固有の専門用語ではなく、仏教的な文脈にも適用可能な、普遍的な学術用語と見なせるのである。この点に、回心という語の魅力ある可能性および可塑性の根拠を求めることができよう。しかし、このことは裏を返せば、回心という語がある程度の曖昧さをもつことをも示唆している。実際に回心は、全く新しい信念の受容を意味することがあれば、同一信仰の深まりを指す場合もある。このように、回心が多義的であることに加えて、研究者のもつ視点の多様性が「回心とは何か」という問題をより複雑にしている。こうして回心の概念は、後述するように、実にさまざまな仕方で規定されることとなったのである。その意味では、回心概念は、むしろ研究者の問題関心に直接かかわる作業仮設と言った方が的を射ているのかもしれない。別言すれば、「回心とは何か」という問いは、それぞれの回心研究の前提にかかわる根本的な問いなのである。この問いに対する本書の立場は、「宗教的回心」の概念規定によって明示されることになろう。ただし、先行研究を概観するさいには、回心という語をそれぞれの立場に即したかたちで多義的に用いたことを付言しておく。

さて、この「宗教的回心」という概念を成り立たせるのが、先にもう一つの課題として指摘した「宗教学」という観点である。確かに、「宗教学」というアカデミック・アイデンティティが確立されているとは言い難い。それでも、あえて「宗教学」という観点にこだわるのも、それによってはじめて浮き彫りにされる回心の側面があるからに他ならない。その側面とは、心理現象や社会現象、文化現象にも還元され得ない、いわば宗教的側面である。この宗教的側面は、従来の心理学的な回心研究や社会学的な回心研究においては、さほど問題にされてこなかった。しかしながら、この宗教的側面は、回心を他の変化現象から特徴づける固有の側面でさえある。この宗教的側面のゆえに、回心は回心と呼ばれるのである。このように宗教的側面は、回心を最も特徴づける本質的側面でありながら、従来の回心研究では、議論の的になることはほとんどなかった。というよりも、そもそも従来の回心研究は、この宗教的側面を扱える枠組みを備えていなかったと言った方が正確かもしれない。この従来の回心研究が逸してきた宗教的側面を射程に入れる枠組みの基礎が、「宗教学」という観点なのである。要するに、宗教学という観点は、回心の本質とも言うべき宗教的側面を浮き彫りにするとともに、本研究を他の回心研究から特徴づける方法論的基礎なのである。以上の議論からも明らかなように、先述の二つの根本問題、つまり「宗教的回心」という概念規定の問題と、「宗教学」という方法論の問題とは、いずれも回心研究としての本書の立場を特徴づけるとともに、回心の最も本質的で固有の側面にどれだけ迫れるかという点から提起されているのである。

　本書の問題関心を明らかにしたところで、今度はその具体的な概要について述べることにしたい。本書は、「第一部：理論研究」と「第二部：事例研究」という二部で構成されている。その「第一部」では、さまざまな観点から回心研究の学説史を概観および考察し、最終的に「宗教学的回心研究」の理論的な枠組みを提示することが目指されている。その一方で「第二部」では、提起された枠組みを、近代日本の知識人たちに適用し、各人の回心を具体的に把握することが試みられている。この「第一部」と「第二部」とは、いわば相互補完的な関係にあり、「第一部」は「第二部」に対して理論的枠組みを提供し、また「第二部」は「第一部」の検証論的性質を備えている。このような両者のいわば循環論的関係のうえに、本書が成り立っていることを最初に確認しておきたい。

　さて、「第一部」の最要所は、言うまでもなく、第五章の「宗教学的回心研究」である。そこでは「宗教学」という観点をはじめ、「宗教的回心」および「宗教的人間」という本書の根幹にかかわる概念について、踏み込んだ議論と考察とが展開されている。これらの議論と考察が、従来の回心研究にはなかった固有の視点を含むだけに、それなりの手続きを要することは言うまでもない。実際に、第一章から第四章までの議論と考察は、第五章のための準備であり、その土台とも見ることができる。そこで、そのような見地から各章の要点をまとめておくことにしよう。第一章では、回心の「過程」という観点から先行研究が概観され、回心過程が必然的な因果関係によっては捉えきれないことから、従来「原因」とされてきた心理的要素や社会的要因を、「条件」として捉え直すことが提唱される。この視点変更は、回心過程の多様さと複雑さとのゆえに行き詰まりを見せていた回心研究の現状を打開する、「宗教学的回心研究」の起点となる。第二章では、回心の「構造」という観点から、回心の断絶性と根本性、宗教性といった諸性質に関する議論が概観されたうえで、回心が量的な変化というよりも人間存在の質的な転換であるとの洞察が示される。続いて第三章では、さまざまな回心類型論の試みが概観されたうえで、先述した洞察に支えられた「宗教的回心」という概念をさらに基礎づける、自己超越に基づく回心類型論が提起される。これらの議論によって、「宗教的回心」の概念規定の基礎が整えられることになる。そして第四章では、回心そのものというよりも、回心研究の前提となる人間理解が着目され、「宗教的回心」の把握を可能にし、かつ「宗教的人間」の礎石ともなる逆説的な人間理解が提示される。この人間理解の問題は、回心研究を一つの人間研究として展開するという新たな可能性を拓く点で、とくに重要である。以上の議論と考察を踏まえて、「第一部」の核心部分とも言うべき第五章「宗教学的回心研究」が展開されるのである。そこではまず、キリスト教的な〝conversion〟と仏教的な「廻心」とに共通する転換構造が確認され、普遍的な回心研究が成り立つ根拠が示される。さらに、この根拠を理論的に基礎づけ、また回心の宗教的側面を際立たせる「宗教学の場」が論じられる。そして、この「宗教学の場」に基づいて、「宗教的回心」と「宗教的人間」という概念が再規定され、「宗教学的回心研究」の理論的枠組みが整えられるのである。なお、第六章で論ずる解釈学的方法は、この理論的枠組みを具体的に適用するさいの、手記資料の扱い方に関する方法論である。以上の概要をもつ「第一部」は、わが国では回心研究のレビューがそれほど多くはない[12]という現状を鑑みれば、回心研究の学説史の概説としても意味をもつこととなろう。その意味で言えば、第一章は、回心の「原因」や「過程」といった時間軸に着目した学説史であり、第二章は回心の「本質」や「構造」、第三章は回心の「類型」、そして第四章は「人間理解」に注目した回心研究史とも見なせるであろう。

以上で述べた「第一部」の理論研究を受けて展開されるのが、「第二部」の事例研究である。そこでは、新島襄（第七章）、清沢満之（第八章）、内村鑑三（第九章）、高山樗牛（第十章）という、近代日本の知識人を取り上げた。まず、この四人を事例研究の対象に選んだ理由について触れておこう。最初に指摘しておくべき点は、

「第二部」の事例研究には、宗教の相違を越える普遍的な回心研究に道を拓くという明確な意図があるということである。具体的に言えば、それは、キリスト教（新島襄、内村鑑三）と仏教（清沢満之、高山樗牛）とに共通する回心構造を具体的に示すという意図である。このように「第二部」において、宗教による相違よりも、普遍性や共通性の方が際立たせられることは、これらの人物研究が「第一部」の理論的枠組みから導かれている以上、当然の帰結と言えるであろう。とはいえ、さまざまな点で対立する二つの宗教を信奉する個々人に、共通の回心構造を具体的に示すことができれば、それは比較宗教という点でも無意味ではなかろう。いずれにしても、「第二部」で目指されている回心研究は、宗教の相違を際立たせるような神学的な研究ではなく、むしろ宗教の相違を越えた普遍性や共通性に着目する宗教学的な研究であることを強調しておきたい。

また、この四人が生きた、近代日本という時代背景に着目したことも、回心の事例研究を展開するうえで大きな意味をもつと言わねばならない。というのも、幕末から明治にかけての激動の時代は、多くの歴史家が指摘するように、とりわけ武士階層の青年たちに自我の覚醒を促したからである。さらに言えば、近代日本というコンテクストは、個人をして宗教や信仰にきわめて主体的にかかわらせたがゆえに、回心をめぐるさまざまな葛藤を浮き彫りにするのである。このように、宗教や信仰の問題が個々人に差し迫った問題として立ち現われてきたことは、その当時、積極的な布教活動を展開していたキリスト教だけではなく、廃仏毀釈の動きに危機感を抱いていた仏教においても同様であった。このことからも、近代日本という時代背景は、宗教の枠を越えた普遍的な回心研究を試みるうえでも、きわめて興味深いコンテクストと言えるのである。しかしながら、ここで注意しておきたい点は、「第二部」の焦点が近代日本という時代にあるのではなく、あくまでその時代を生きた個々人にある、ということである。確かに、各人に見られる自我の目覚めからは、近代日本という時代を垣間見ることもできるかもしれない。しかし「第二部」では、むしろ回心と人間とのより普遍的な関係の解明の方に力点が置かれている。つまりそこでは、幕末から明治にかけての激動の時代そのものが着目されるのではなく、むしろこの時代から実存的な問いを突きつけられた個々人が着目されているのである。このように「第二部」では、近代日本の理解ではなく、あくまで宗教や信仰の問題と格闘した「個」の理解が目指されている点を確認しておきたい。

さらにここで、「第二部」の事例研究に知識人を選んだ理由についても述べておこう。それは、明確な意図に支えられた積極的な理由というよりも、むしろ資料的な制約に伴う消極的な理由である。消極的というのも、第六章で提起する「解釈学的方法」を実際に適用しようとすると、さまざまな時期に執筆された豊富な手記資料が必要となり、著名な近代の知識人に対象を絞らざるを得なくなるからである。実際のところ、近代の著名人ともなれば、著書や論文の他にも、日記や書簡、メモやノート類までもが、全集や著作集として整理され、一般に公開されていることも珍しいことではない。いま現在生きている人では、ここまで資料が整理されることはほとんどないし、また近代以前では時間軸に沿った豊富な手記資料そのものの入手が困難である。この資料的な制約という見地から言っても、近代日本というコンテクストは、「宗教学的回心研究」の事例研究にとって好都合なのである。言うまでもなく「第二部」に取り上げる四人は、いずれも豊富な手記資料が全集というかたちで刊行され、本書で提起される方法論の適用を可能とするような知識人に他ならない。

以上で述べたように、「第二部」で展開される事例研究は、確かに「宗教学的回心研究」の具体的な展開であり、近代日本を生きた四人の知識人を事例に取り上げた回心研究である。しかしながら「第二部」の各章は、それぞれ独立した人物理解の試みでもある。つまり「第二部」の各章は、「第一部」で示された理論的枠組みの単なる検証ではなく、その枠組みを道具的に用いることで、人物そのものの理解をも目指しているのである。その成果は、各人物理解に示されるユニークさによっても示唆されることになろう。このように「宗教学的回心研究」が人物研究の新たな切り口になり得るという点には、終章で改めて指摘するように、回心研究の新たな可能性という見地からも注意を促したい。

　以上、本書の概要を、主に回心研究という側面から述べた。本書が「宗教学的回心研究」という書名を掲げる以上、それは間違いなく一つの回心研究の試みである。しかしながら本書には、回心研究という側面の他に、人間研究というもう一つの側面がある。この側面は、回心研究の単なる副次的な側面ではなく、むしろその最終的な目的とさえ言える。その意味で言えば、「宗教学的回心研究」は、「宗教的回心」に関する研究に留まらず、人間の最も深遠な神秘に迫ろうとする筆者の挑戦でもある。そして実に、この人間研究の側面こそが、本書を貫く根本的な問題関心なのである。ただしそれは、本書のすべての議論と考察をくぐり抜けた末に、ようやく見えてくる側面である。それゆえに、この点については、すべての議論と考察を踏まえたうえで、終章にて改めて論ずることにしたい。このように、人間に対する根本的な問題意識を携えつつも、学問的な手続きという見地から、さしあたり本書を一つの回心研究の試みとして説き起こすことにしたい。

注

1　例えば、Clark, E. T., *The Psychology of Religious Awakening*, The Macmillan Co., 1929, p. 18 や Hood, R. W., B. Spilka, B. Hunsberger & R. Gorsuch, *The Psychology of Religion: An Empirical Approach*, The Guilford Press, 1996, p. 273 参照のこと。

2　Allport, G. D., *The Individual and his Religion*, The Macmillan Co., 1950, p. 37.

3　この新たな動向については、Rambo, L. R., Anthropology and the Study of Conversion, *The Anthropology of Religious Conversion*, edited by A. Buckser & S. D. Glazier, Rowman & Littlefield Publishers, Inc., 2003 で言及されている。

4　Rambo, L. R., Current Research on Religious Conversion, *Religious Studies Review*, 8, 1982.

5　Rambo, L. R., *Understanding religious conversion*, Yale Univ. Press, 1993.

6　Rambo, L. R., Theories of Conversion: Understanding and Interpreting Religious Change, *Social Compass*, 46, 1999.

7　赤松智城「最近の宗教心理学と宗教社会学」『宗教研究』第一巻第一号、一九一六年。

8 波多野精一『基督教の起源』警醒社、一九〇八年。

9 石原謙『宗教哲学』岩波書店、一九一六年。

10 エームス著、高谷実太郎訳『宗教心理学』天佑社、一九二二年。原著は、Ames, E. S., *The Psychology of Religious Experience*, Houghton Mifflin Co., 1910.

11 ジョージ・アルバート・コー著、藤井章訳『宗教心理学』丙午出版社、一九二五年。原著は、Coe, G. A., *The Psychology of Religion*, The Univ. of Chicago Press, 1916.

12 代表的なレビューとしては、脇本平也「回心論」(脇本平也編『講座宗教学2信仰のはたらき』東京大学出版会、一九七七年)や井上順孝・島薗進「回心論再考」(上田閑照・柳川啓一編『宗教学のすすめ』筑摩書房、一九八五年)、杉山幸子「回心論再考——新宗教の社会心理学的研究に向けて」『日本文化研究所研究報告』第三一集、一九九五年などがある。

第一部　理論研究

第一章　回心の「過程」

従来の回心研究は、その着眼点に寄せて言えば、二つの研究群に大別される。一つは回心の「過程」に関する研究であり、もう一つはその「構造」に関する研究である。前者は、回心による時間的変化に着目し、回心の原因あるいは結果を追究する一方で、後者は、回心による変化の内容を問題とし、回心の本質に迫ろうとする。このように、回心をどの側面から捉えるかで、回心研究はその基本的な観点に違いを見せる。この点に留意して、本書では便宜的に、第一章で回心の「過程」に力点を置く研究を、そして第二章では回心の「構造」の方に焦点を合わせた研究を扱うことにした。ただしその意図は、回心研究の学説史を構成するというよりも、「宗教学的回心研究」の立場を基礎づけるという点にあることを最初に断っておきたい。

さて、先述した二つの観点のうち、どちらかと言えば「過程」に着目する方が一般的であり、したがって回心研究史は、回心の原因と結果に関する議論を軸に展開されてきたと言ってよい。それゆえ、回心を因果的過程として捉えるさまざまなモデルや所論を概観することは、回心研究史を概観することにも繋がる。実際にスノウとマハレックは、回心の原因を六つに分類したうえで、それぞれの観点から学説史を概括している。[1]彼らの議論に示唆されているように、回心の過程モデルは、従来指摘されてきた回心の原因に従って、次の二つに大別される。つまり心理的原因に着目する心理学的過程モデルと、社会的原因に着目する社会学的過程モデルである。本章ではこれらのモデルを、それぞれの節に分けて論ずることにした。ところで、この二つのモデルは、ほぼ独立して展開されてきたと言ってよい。ちなみに、この点をシンは、回心研究の課題として指摘し、心理学や社会学だけでなく神学をも含めたより綜合的なアプローチを説いている。[2] さらにランボーもまた、「人類学や社会学、心理学などは交わることのない線路のような印象を抱かせる」[3] と述べ、従来の回心研究が学際的視点を欠いてきたことを問題視している。ただし、これらの批判は、見方を変えれば、学問分野ごとに回心研究史を概観することを正当化しているとも言えよう。そこで第一節では、より古い学説史をもつ心理学的な過程モデルを、続く第二節では、社会学的な過程モデルをそれぞれ概説することにしたい。

第一節　心理学的過程モデル

（一）古典的モデルとその展開

宗教心理学の端緒ともなったスターバックやジェイムズらによる心理学的な回心研究は、心理学という科学的方法によって宗教にアプローチするという、当時にすればかなり大胆な試みであった。実際にスターバックは、『宗教心理学』の冒頭で次のように述べている。

科学は次から次に対象領域を征服し、いまやすべてのうちで最も複雑で最も近接を拒み、最も聖なる領域

——つまり宗教の領域に足を踏み入れようとしている。宗教心理学は、確立された科学的方法を宗教的意識の事実に関する分析や体系化に導入し、宗教的意識の成長や性質を決定する法則を見極めることをその努めとするのである。(4)

ここでいう「科学的方法」とは、具体的には(一)質問用紙による資料収集、(二)資料の分析、(三)分類、(四)一般化、(五)意味の解釈、という一連の手続きを指す。確かに、彼によって収集された一九二名の回答資料は、メソジストに偏っていた点で、適切なサンプルとは言い難い。しかしながら、質問用紙法を取り入れた点では、スターバックを科学的な回心研究の先駆者と見なすことができるであろう。このように彼が、神学との間に一線を引き、科学的な態度を堅持しようとしたことは、「我々はある部分では、ある気質的条件そして生理的条件のもとで、罪意識の根底に存する原因を追求しなければならないのであって、それを単に霊的な事実として考えるべきではない」(5)との記述にも窺える。つまりスターバックは、回心の原因をあくまで心理学的に追求しようとしたのである。さらにまた、回心過程を心身の成長や発達とパラレルに捉え、とりわけ青年期の問題に寄せて回心を論じようとした点にも、神学的立場との差異が認められよう。しかしながらスターバックは、神学的前提から全く自由であったわけではない。というのも彼は、先の引用文にも明記されているように、常に「罪意識」(sense of sin)に注目し、明らかにそれを過度に強調したからである。そのために、その論旨には、奇妙なねじれが生ずることとなった。そのねじれとは、一言で言えば、「罪意識」という出発点と科学的な分析の結果との不一致である。このことは、スターバックが回心を「正義に向かう努力というよりは、罪から逃れるあがきの過程」(6)と定義し、「罪意識と憂鬱感は、たとえ宗教的経験一般とまではいかなくとも、回心の基本的な要素なのである」(7)と「罪意識」を強調した一方で、資料分析の結果からは「不完全感を伴うタイプの回心の方が、罪意識を伴うタイプよりも一般的である」[8]と述べたことからも明らかであろう。なお、ここにいう「不完全感」とは、何かを渇望するより積極的な感情であり、霊的な覚醒や正義に向かう努力を喚起する感情である。要するに、「罪意識」に着目する彼の回心理解と、能動的な意志や努力の重要性を示唆する分析結果とは、必ずしも嚙み合っていないのである。別言すれば、資料分析の結果によれば、回心が「罪からの逃避」というよりも「霊的な覚醒」であることを示唆するにもかかわらず、スターバックは神学的前提に基づく回心理解を放棄しなかったのである。このことを裏づけるかのように彼は、回心に、神との合一と人間の意志という二つの構成要素を指摘したうえで、回心過程について次のように結論づけている。

回心には二つの不可欠な側面がある。一つは、神との合一感に伴う自己服従と許しとが存する側面であり、もう一つは罪意識からの自然な反動として、もしくは正義に向かう努力におけるそれまでの意志行為の結果として、新しい生が内から飛び出すという側面である。[9]

このような折衷的な見解は、スターバックが神学的前提から決して自由ではなかったことを物語っていよう。つまりスターバックにとり神学的前提は、たとえ科学的分析と一致せずとも、動かし難い前提だったのである。その意味で彼の見解は、「罪意識」を重視する神学的前提を心理学的に解釈したものにすぎないとも言えるであろう。いずれにせよスターバックは、科学的方法を大胆に導入した一方で、「典型的な回心体験には三つの明確な特徴がある。つまり、憂鬱と悲嘆、転換点、最後に歓喜と平安である」[10]と述べるように、「罪意識」→「回心」→「新しい生」という三段階の過程として回心を捉えたのである。このように神学的に措定された三段階によって回心過程を捉えるモデルを、ここでは「古典的モデル」と呼ぶことにしたい。

さて、この古典的モデルを構成する三つの段階は、宗教心理学の古典的名著として名高いジェイムズの『宗教的経験の諸相』（以下、『諸相』と略す）の回心理解にも指摘することができる。それは、例えば、ジェイムズによる次の記述にも認められる。

回心する、再生する、恩恵を受ける、宗教を経験する、確信を得るといったことは、それまで分裂していて、自分は間違っていて下等であり不幸であると意識していた自己が、宗教的な実在者に繋ぎ止められることで統一されて、自分は正しく優れており幸福であると意識するに至る、急激もしくは漸次的な過程を指す言葉である。(11)

ここには「罪意識」という語は見当たらないものの、それが「分裂していて、自分は間違っていて下等であり不幸であると意識していた自己」に重なることは言うまでもなかろう。そして、このネガティブな意識や感情が、回心という転換点を経て、統一感や幸福感へと導かれるという過程は、まさに古典的モデルの三段階と一致する。要するに、ジェイムズの回心論もまた、「罪からの救い」という神学的前提から導かれているのである。ただしジェイムズは、自身が注目する急激で突発的な回心が、メソジスト派の神学が重視するものであることは認識していた。それでも彼があえて劇的な事例に着目したのは、それが回心の一般法則を際立たせるとの目論見があったためである。つまり突発的な回心であれ、漸次的な回心であれ、そこには共通の普遍的な原理がはたらいており、現象面の相違は程度の差でしかないとジェームズは見たのである。しかしながら、彼が「病める魂」（sick soul）の持ち主つまり「二度生まれ」の人々に固有の宗教的憂鬱感を、二度目の誕生である回心の心理的素地として重視したことは、「罪からの救い」という神学的な回心把握と無関係であったとは言えまい。むしろジェイムズの回心理解は、伝統的な神学の回心理解に基づいていると言えるであろう。したがって、ジェイムズもまた、スターバックと同様に、心理学の領域に踏み留まろうと努めたものの、神学的な前提とは無縁ではなかったのである。その意味で、ジェイムズの所論もまた、「罪からの救い」という神学的な回心理解を、心理学的の観点から解釈し直す試みであったのである。このように神学的前提に基づき心理学的な装いを呈する古典的モデルは、スターバックやジェイムズの回心論によってほぼ基礎づけられ、それ以降の心理学的回心研究の基本的な枠組みとして踏襲されていくこととなった。このことは、例えばエームズが、回心過程が三つの段階から構成されることを次のように述べていることからも窺えよう。

回心過程の諸段階は、困難のなかで何らかの重大な問題を解決しようとするなかで見出される次の諸段階である。――つまり、それらは、第一の段階では混乱と不安の感覚、第二の段階では頂点および転換点、第三の段階では安息と喜びによって示される緊張の緩和、である。(12)

そしてセルビーもまた、従来の古典的な回心過程のモデルが、同様の三つの段階から構成されることを「回心過程における古典的な諸段階は次のとおりである。(一)病的な自己分析や未来への不安、よりよい事物に対する希求に伴う、不安定で不完全、無能力の感覚、(二)多かれ少なかれ突然で不可避的な危機、他の力や意志による配下にある受動的感情、(三)平和と人生の刷新、満足の感覚、である」(13)と指摘している。さらに、それまで例を見ないほど厳密な回心の定量的分析を試みたクラークまでもが、「研究者らは回心に三つの異なる段階を区別することに同意している。(一)「嵐や緊張」の期間、言い換えれば罪意識や、「罪の自覚」として神学に知られている内的な分裂感覚、ジェイムズの言う「病める魂」の期間。(二)転換点を示す感情的危機。(三)平安と安息、内的調和、神の受容に伴うその後の弛緩状態、である」[14]と述べている。また、イタリアの心理学者サンクティスによる『宗教的回心』[15]も、こうした古典的モデルの基本構造を軸に構成されていると言ってよい。この著書は、精神分析学の成果を積極的に取り入れつつ、ジェームズと同様に自伝的資料を用いて、主に伝統的なカトリックに見られる「真の回心」(true conversion)に対象を絞った古典的大著である。その概要からも察せられるように、それはジェームズの『諸相』を精神分析学的な方向に拡充させたものである。この『宗教的回心』が、古典的モデルに基づいていることは、「回心とその原因」(第二章)で「苦痛」が回心の不可欠な条件として指摘され、「回心の後:回心者の行動」(第七章)では神および貧者との同一化に裏づけられた「祈禱」(観想的生活)と「慈善」(社会的生活)という行動が着目されていることからも明らかである。つまりサンクティスの回心観も、「苦痛」→「回心」→「道徳的行動」という三段階から構成されているのである。その意味で、精神分析学的な観点に特徴づけられるとはいえ、彼の議論もやはり古典的モデルを下敷きに構成されていると言えるであろう。このように、古典的モデルは、とりわけ初期の心理学的回心研究が依拠した基本的な枠組みであったのである。

しかしながら、エームスやセルビーといった研究者は、スターバックやジェイムズの所論をそのまま継承したわけではなかった。とりわけ一九二〇年代以降になると、回心研究の力点には、明らかな変化が認められるようになる。それは、クラークが指摘するように、生活水準の飛躍的な向上や急激な都市化に伴う教育の普及によって、リバイバル運動が下火になったことと関係があるのかもしれない。いずれにしても、一九二〇年代以降の回心研究では、リバイバル運動や福音主義的神学を背景とする「突発的な回心」よりも、宗教教育に裏打ちされた「漸次的な回心」が着目されるようになるのである。このような動きのなかで、古典的モデルもまた再検討を迫られたことは言うまでもない。この点を如実に伝えているのは、おそらくプラットの研究であろう。彼は、スターバックやジェイムズを次のように批判している。

ある有力な宗教心理学者は、我々が情緒的回心と呼ぶものが全く正常であると主張しただけでなく、神学の先導に従うことによって、また神学的前提をもって規定される原因を主に分析することによって、彼らはその情緒的回心の過程を通常の諸段階へと体系化し、「罪の自覚」（conviction）の正常性と「自己放棄」（surrender）の必要性とを説いたのである。[16]

要するにプラットは、スターバックやジェイムズが神学的前提から「罪の自覚」と「自己放棄」とを過度に強調した点を疑問視したのである。そのうえで彼自身は、「罪の自覚」と「自己放棄」の末に突然訪れる「情緒的」な回心よりも、漸次的な道徳的努力によって実現される「道徳的」な回心に注目した。別言すればプラットは、古典的モデルの「罪」を「努力」に置き換え、さらに回心を漸次的な過程として捉えようとしたのである。この、いわば古典的モデルの修正版は、他の研究者にも少なからず影響を与えている。例えば、スターバックやジェイムズとは対極にプラットを位置づけ、両者の中間点に身を置こうとしたセルビーは、次のように述べている。

回心つまり宗教的覚醒のなかで作用する諸要素を研究するさいに、我々は極端な事例ではなく、むしろ変化が徐々に訪れるが、青年期の感情体験の強化を伴うような、より通常の事例に言及すべきである。[17]

そのうえでセルビーは、「修練」や「環境」によって条件づけられる宗教的経験として回心を捉えることを主張したのである。このように、プラット以降の研究では、確かに「罪意識」や回心の急激さを過度に強調する傾向は影を潜めていった。しかし、回心後の人格の調和や統合といったポジティブな状態に注目したという点では古典的モデルを踏襲していると言うべきであろう。実際にプラットは、回心を「道徳的自己」の新たな誕生と捉えたし、セルビーもまた回心を一つの統合過程と見なしていた。この見地をさらに深めているのが、グレンステッドである。彼は、統合性や全体性をもたらすことを宗教の重要な役割と解したうえで、「回心とはつまり集中化(convergence)であり、それなくして人間は完全な人間たりえないような存在の全体性を確立することである」[18]あるいは「突発的であれ漸次的であれ、回心の問題は、身体的可能性の限界内での肉体と心、双方における全体性である」[19]と述べている。つまりグレンステッドにとり回心とは、単にポジティブな効果をもたらす体験ではなく、人間に不可欠とさえ言える統合性と健全性とをもたらす体験なのである。

ところで、このように回心後の状態を積極的に評価するという、いわば実利主義的な回心把握は、比較的近年の心理学的研究にも指摘することができる。例えばパロウツィアンは、回心が人生観に与える影響をPIL(Purpose in Life)テストに基づいて分析し、「回心者は非回心者よりも人生の意味を見出している」という一般的な仮説を支持し、「宗教的回心は人生の意味を求める動機を満たす」[20]と述べた。またパーガメントも、緊張に満ちた生活状況における「対処」(coping)の一つとして回心を捉え、その治療的効果を「宗教的回心は万能薬ではないにしろ、それはしばしば情緒的安定や自身と自己制御の向上、他者からの疎外感の減少、生きる方向がより明確になる感覚を伴うのである」[21]と指摘している。これらパロウツィアンやパーガメントの見解は、確かに古典的モデルの「罪」に相当する部分の考察を欠くものの、その「救い」に該当する部分を考察の対象としたと言える。したがって、これらの研究を、少なくとも古典的モデルの修正モデルと呼ぶことはできるであろう。

このような実利主義的な古典的モデルを、現在最も忠実なかたちで継承しているのは、おそらく「牧会ケア」

あろう。この研究は、一九六〇年代ごろから本格的に着手され、神学を心理学と融合させて人々の健全な精神生活に資することを目的とした、聖職者による社会活動の試みである。初期の心理学的回心研究では、青年期の回心ばかりが着目されたのに対して、この牧会ケアや牧会カウンセリングにおいては、むしろ成人期の回心が重視されている。例えばヒルトナーは、牧会カウンセリングの現場から得た経験をもとに、回心を青年期の心理現象というよりも、中年期にさしかかるさいに直面する人生の諸問題に促される一つの価値転換と見なし、次のように結論づけている。

ある種の回心は、いかなる年齢でも望まれる一方で、中年期にさしかかるさいになければならない。そしてこれこそが偉大なる「回心の境界線」であり、「回心」に関する従来の多くの考察は、三〇代と四〇代における聖霊のはたらきに注意を向けるよう変更されなければならないのである。[22]

このようにヒルトナーが中年期に注目したのも、この時期にこそ人間は、ユングのいう宗教的な「深み」(Depth)に対峙すると彼が見たからである。おそらくヒルトナーは、この「深み」に直面させられることを「聖霊のはたらき」と表現したのであろう。いずれにしても、回心が青年期というよりも成人期に要請される重要な転機であるとのヒルトナーの見解には留意しておきたい。このような青年期から成人期への着眼点の変更は、同じく「牧会カウンセリング」に関心を寄せるコーンにも継承されている。コーンは、エリクソンのライフサイクル理論とコールバーグの倫理的知性に関する構造的・発達的な理論、ファウラーの信仰発達論、そしてロナガンの神学的な回心論などを大胆に組み合わせて、独自の回心の発達論的モデルを構築した。この試みは、確かに斬新であるものの、古典的モデルから隔たっているわけではない。むしろコーンは、次の記述が示すように、ジェイムズの回心論を、独自の発達論的モデルへと練り上げようとしている。

ジェイムズにとって回心とは、分裂した自己の統一過程である。それは、排他的ではないにせよ、主に青年期もしくは若者の現象であり、エリク・エリクソンが後にアイデンティティの危機と呼ぶものの力学に対応している。[23]

なお、このコーンのモデルを簡単に図示すると、次のようになる。[24]

(一) 青年期：アイデンティティVS.その混乱→「基本的な倫理的回心」(basic moral conversion)
(二) 成人前期：親密性VS.孤独→「情緒的回心」(affective conversion)
(三) 成人後期：創造性VS.停滞→「批判的な倫理的回心」(critical moral conversion)
(四) 老年期：統合性VS.絶望→「宗教的回心」(religious conversion)

この図式から明らかなように、コーンは、八段階からなるエリクソンのライフサイクルにおける後半の四段階に示される、心的葛藤の克服として回心を捉えている。これら心的葛藤が各発達段階に固有の主題をもつとはいえ、それらが「罪意識」と重なり合うとすれば、この発達論的モデルは、古典的モデルの延長上に位置づけられるであろう。その意味で、コーンの発達論的回心モデルは、神学的な実践的関心のもとで再構成された、いわば古典的モデルの現代版なのである。

以上で概述したように、古典的モデルは、「罪からの救い」という神学的前提を心理学的に記述したモデルに他ならない。したがって、そのモデルの描く回心過程は、必然的な過程というよりも、むしろ記述的な過程である。それゆえ「罪意識」やそれに類するネガティブな心理状態は、回心の原因というよりも、むしろ神学的に措定された必要条件である。このように、神学的に措定され、心理学に記述される点は、古典的モデルの一特徴である。それに加えて、回心の影響や結果を積極的そして肯定的に評価する観点もまた、古典的モデルの重要な特徴である。これらの諸特徴に全く対立するかたちで、つまり回心の直接的な原因を追究し、回心を概して批判的・否定的に捉えるという仕方で展開されたのが、次に論ずる「精神分析学的モデル」に他ならない。以下、その学説的な流れを概説することにしよう。

(二) 精神分析学的モデル

「精神分析学的モデル」は、フロイトを起点とする精神分析学理論を軸とし、一九二〇年代から一九六〇年代にかけて、回心研究を牽引したモデルである。当時、この「精神分析学的モデル」が支配的であったことは、スクロッグスとダグラスによるレビューのなかでも次のように指摘されている。

ある研究者は、宗教的回心や洗脳、精神治療が根本的には同一、もしくは酷似した過程であるとの仮説を展開することに、徐々に関心を示しつつある。神学的な保守主義者を除けば、この仮説に誌上で反論を試みることに労をとる者はほとんどいなくなった。(25)

彼らのこの指摘は、社会学的回心研究が脚光を浴びる直前の回心研究の状況を、実によく伝えている。これほどまでに精神分析学理論が好意的に迎えられたのも、おそらくは、それがきわめて合理的な回心説明を可能にすると思われたからであろう。つまり精神分析学的モデルは、神学的前提や超越的要素に依拠することなく、必然的な因果関係によって回心を説明するのに都合のよい枠組みだったのである。このように必然的な因果性が強調されていることは、古典的モデルと異なる点である。それに加えて、先述したように、両モデルには、回心の価値評価に決定的な相違があった。それについて、スクロッグスらは「一般的に言えば、キリスト教信仰に篤い心理学者は、回心を健全で正常なものであり、成熟へと導くものと見なす傾向がある一方で、そのような信仰を共有しない研究者は、回心を後退的で病理的に見なす傾向がある」と述べている。[26] 確かに、精神分析学的方法を採用する回心研究のすべてが、回心を否定的に捉えているわけではない。しかし、回心のメカニズムの解明に向けられた合理的で冷徹な目が、しばしば批判的な回心把握に結びつくとしても不思議ではなかろう。実際のところ、精神分析学的モデルは、回心の原因究明と回心過程の合理的説明とを目指すがゆえに、後述するように、回心を批判的に扱うことが決して少なくなかったのである。

ところで、このような特徴をもつ精神分析学的モデルの萌芽は、既にジェイムズの回心論に認められる。とりわけ「識閾下（subliminal）の意識」という観点から、突発的な回心が自動現象や暗示効果の結果として説明されている部分がそれにあたる。ジェイムズは、「識閾下の意識」を「普通の場の意識」の外側に「一群の記憶、思想、感情のかたちで付加的に存在する領域」と説明し、それを「場を超えて存在する意識」とも呼んでいる。この「識閾下の意識」が、精神分析学の「潜在意識」や「無意識」に相当することは言うまでもなかろう。この概念によって、彼は、突発的な回心を科学的に説明することを目論んだのである。このことは、ジェイムズが、回心の生起メカニズムを「より瞬間的な恩恵を受け取るさいに、精神的な作用が識閾下でも続き得るような広い意識領域を備えた人を想定すれば、そこから一次的な意識の均衡を突然覆すような侵略的な経験がやってくるように思われる」[27] と説明したことからも裏打ちされよう。ここで注意を促したい点は、この概念そのものではなく、次のようにジェイムズが突発的な回心を必然的な因果関係のうちに捉えようとしたことである。

もし次の三つの要素、第一に顕著な感情的感受性、第二に自動現象への傾向、第三に受動的な被暗示性を備えた人物を回心させるような影響に晒すなら、その結果、突発的な回心、つまり劇的な転換が生じることを確実に予想できるであろう。(28)

この「確実に予測できる」との表現には、ジェイムズの因果的な回心把握が明示されている。このように、回心を自動現象や暗示効果の必然的な結果として捉える観点は、後の回心研究にも多大な影響を与えた。例えばエームズは、当時アメリカで盛んであったリバイバル運動における回心を念頭に置きつつ、次のように述べている。

回心とは、突然で、強烈で、極端に感情的な経験である。それは、伝道者や両親、教師の即時的で直接的な操作と暗示の結果であり、ある福音主義的なプロテスタント教派においては一般的に見られる。(29)

つまりエームズによれば、回心とは、「説教」や「賛美歌」、「群衆力」による暗示効果の直接的な所産なのである。このように回心を直線的な因果関係のもとで捉える観点は、しばしば宗教批判や教派批判と結びつく。実際にエームズもまた、このような観点からリバイバル運動における回心を、「回心体験の本質は、回心が本来の傾向性を操作することから生じ、そのような傾向性に関して、緊張した、部分的で、実を結ばない結果に陥るという点に、はっきりと表われている」(30)と批判している。要するにエームズにとって、回心とは、暗示効果や催眠術による、心的傾向性の歪みの結果にすぎないのである。この点から彼は、突発的な回心による救済ではなく、教育による漸次的な発達を主張したのである。このような回心をめぐる価値判断はしばらく措くとして、ここでは暗示効果や催眠効果が、回心を因果的に説明するのに都合のよい説明原理であった点には注目しておきたい。ちなみに、エームズとは対照的に、社会を介した創造的な「自己実現」として回心を捉えたコーでさえ、「暗示の法則に従って、回心者は期待するようにと吹き込まれた内容を、そのまま体験する」[31]と記し、やはり暗示効果の結果として回心を捉えようとしている。これらのいわゆる「暗示モデル」は、必然的な心理的因果性を想定していることから、それを少なくとも精神分析学的モデルの先駆けと見ることはできるであろう。

さて、厳密な意味で、精神分析学的な観点を回心研究に導入することを試みた研究者の一人がサウレスである。彼は、暗示効果では回心は十分に説明されないと「暗示モデル」を批判したうえで、精神分析学的な理論を駆使した回心把握を試みた。そのさい、サウレスは回心を「例えば信念体系といった、何かが意識のなかに突然出現すること」[32]とやや広く定義したうえで、回心が生ずるメカニズムを次のように説明している。

> コンプレックスとそれに対峙する抵抗との葛藤は、もしいずれも意識されるなら、苦痛に満ちた心的葛藤として意識に存するであろう。もしこのコンプレックスが全く無意識であるなら、それは意識的な心には存在しないが、それでも真の葛藤は存在している。このコンプレックスが非常に大きくなれば、もはや抵抗の力がそれを抑圧し続けることができないときがやってくるであろう。そのときにこそ、心のなかで瞬間的に発達する内省として現われる、新たな精神的な構築物が、意識のなかへ突然飛び出すのである。[33]

そしてサウレスは、このようなコンプレックスと抵抗との葛藤に基づく回心把握が、ジェイムズによる識閾下の理論と本質的に一致すると述べる一方で、それは単なる仮説にすぎなかったジェイムズの理論よりもはるかに実証的で、明確であると主張するのである。

このような精神分析学的な回心説明は、フラワーの所論にも認められる。彼は、心身の発達に伴って喚起される新たな傾向性と周囲の環境との不和に基づく混乱や欲求不満に回心の原因を求めたうえで、その過程を次のように説明している。

その混乱が頂点に近づくにつれて、活動的なファンタジーが誘導される。そのファンタジーは、その情動を強化し明示し、ついにはそのイメージや空想的な構築物が形成され、喚起されるに至る。そのイメージは、作用している傾向性の活動を支え、それらに満足のゆくはけ口を提供することによって、その苦痛に満ちた情動を置き換えるのである。(34)

ここにいうファンタジーとは、具体的には、青年期に特有の苦痛に満ちた情動を強調すると同時に、その解決の道筋を提示する、福音主義的神学の教説を指している。このようにフラワーは、回心が青年期の混乱や不満に根ざす一方で、それが主に福音主義的ファンタジーの所産であることを、精神分析学的に説明したのである。言うまでもなく、フラワーは、回心を健全な解決方法とは見ておらず、近代的な教育がそれに取って代わるべきとの見解を示している。これらのことからも、フラワーもまた精神分析学の見地から、回心を因果的になおかつ批判的に捉えていたことが窺えるであろう。

その一方でサンクティスは、精神分析学的な観点を導入しつつも、興味深いことに、回心を精神的疾病から明確に区別し、積極的な評価を与えている。このように彼が回心に肯定的な評価を与えるのも、前節で述べたように、彼が古典的モデルの枠組みを踏襲していることとも無関係ではなかろう。しかし、精神分析学的視点の導入によって、回心の原因究明が目指されることは必至である。実際のところ、サンクティスは、回心が「あまりにも複雑な原因論を備えている」[35]と断りながらも、「あらゆる真の回心がその予兆として苦痛を伴っていることは明らかである。苦痛そのものでは不十分ではあるが、それは不可欠な要素でさえあると思われる」[36]あるいは「われわれが悲しみに満ちた経験に言及するさい、回心のもっとも深い内的原因に到達しているのだ」[37]とも述べている。このように回心への因果的なアプローチを明示したうえで、サンクティスはユングの論点から、回心を「コンプレックスの代替」と捉え、次のように説明するのである。

真の回心は、実質的には、回心者側の「コンプレックスの受容」のなかに存し、いまや再生し刷新されたコンプレックスが提供する、現在と未来の個人的幸福にかかわる問題の解決のなかに存する。[38]

このような精神分析学的な回心把握は、必然的に、回心の予測性をも示唆することとなる。実際に彼は、『宗教的回心』の結論部分で、次のように記している。

回心が通常の現象であり、病的な過程とは理論的にも実践的にも異なる、個々人の精神的発達であることを忘れてはならない。またこの説明によれば、回心は、限界があるものの、体系化されることができ、また予測も可能なのである。[39]

以上で論じてきたように、精神分析学的観点の導入が、その研究をして回心の原因究明や予測に向かわせることとは、いくら強調してもしすぎることはない。もちろん、その予測がどこまで可能かという点については議論の余地があろう。しかし、精神分析学の学的成果は、回心研究に回心の因果的把握という明確な指針を与え、より緻密で合理的な回心理解をさらに突き詰めることを可能としたのである。実際に、一九五〇年代以降の精神分析学的な回心研究の展開は、回心の必然的な因果連関をどこまで辿れ得るかという挑戦であったとも言える。引き続き、その学説展開を追うことにしよう。

さて、先述した一九二〇年代に試みられた精神分析学的な説明をさらに発展させた研究者として、ここで注目しておきたいのがザルツマンである。彼は、回心を「生活上の差し迫った問題に対処するための防御的技術」[40]と規定し、さらにそれを（一）「発展的」（progressive）な回心（建設的で統合的な過程）と、（二）「後退的」（regressive）な回心（破壊的で分裂的な過程）とに分類した。そのねらいは、あらゆる回心を「発展的」なタイプに括りがちな神学的立場と訣別し、しばしば「後退的」な回心に先立つ「苦闘」や「葛藤」に議論の焦点を合わせることにある。そのことは、ザルツマンが、サウレスの所論について回心を引き起こす「動的な苦闘」への言及を欠くと苦言を呈する一方で、サンクティスの見解を「内的葛藤」に注目した点に一定の評価を与えていることからも裏づけられよう。いずれにしても彼は、「後退的」な回心を引き起こす「葛藤」の具体的内容に踏み込み、それを精神分析学的に解明することを目指したのである。そのさいにザルツマンがとくに着目したのは、ある医者に宛てたフロイトの書簡の、宗教的回心に関する簡単な記述である。それは、その医者が研修医時代に遺体安置所で「清らかな老婦人」を目にした後に訪れたという回心体験と、彼の父親に対するエディプス的憎悪との結びつきを示唆する、フロイト特有の見解を含むものであった。これを、ザルツマンは「回心過程のまさに中核に踏み入った」[41]と評価し、そのうえで回心の直接的な原因を「父親もしくは父親の象徴——つまり権威——に対する憎悪という問題をめぐる内的な葛藤」[42]に求めたのである。さらに彼は、この種の回心の結果にも言及し、それを「新しくより高い権威、憎むことができず愛さざるを得ない権威の完全なる受容」[43]と述べた。ただし彼によれば、この権威の受容は、防御的解決あるいは代替的解決にすぎないがゆえに、それがもたらす平安は一時的にすぎず、しかもその一時的な平安を実現するのは「憎悪の哲学」に他ならない。このことから明らかなように、ザルツマンは、どこまでも精神分析学的に把握可能な現象として回心を追究したのであり、少なくとも「後退的」な回心に関しては、その直接的な原因を父親や権威に対する憎悪に求め、そのネガティブな側面に焦点を合わせたのである。

その一方でアリソンは、ザルツマンと同様に精神動力学の観点に立ちながらも、父性的な存在だけでなく母性的な存在をも考慮し、回心の積極的な側面に着目した。そして彼は、発達論的な観点から、回心が担う積極的な二つの役割を指摘したのである。その一つは、回心体験が母性的存在からの決別を促す強い父性的存在を提供し、青年期から成人期への移行を適切に導くということであり、もう一つは、回心体験が信仰や希望、信頼の源泉への回帰を示唆するがゆえに、幼児期における母性的存在との一体感への部分的な回帰を可能にするということである。いずれの指摘も、回心と母性的存在とのかかわりを考慮に入れていることと、回心の積極的な側面が注目されている点で、ザルツマンの所論とは対照的な見解と言えるであろう。しかしながら、アリソンが回心の起点を「弱く無能で存在感のない父親」[44]に求めた点は、ザルツマンの回心理解にも通ずると思われる。したがってアリソンもまた、父親との否定的関係を克服する過程としての回心を、必然的な因果連関のうちに捉えようとしたと言えるであろう。

ザルツマンやアリソンと同様に、精神動力学の観点に立ちつつも、より実証的で厳密な方法によって回心へのアプローチを試みたのがウルマンである。彼女の研究で特筆すべき点は、そのサンプリングの客観性にある。彼女が用いた回心者のサンプルは、男女二〇名ずつの四〇名から成り、さらに四つの異なる宗教（正統的ユダヤ教、ローマ・カトリック、ハレ・クリシュナ、バハーイ教）の信者各一〇名より構成され、年齢や教育水準の相違による影響を最小限に留める配慮もなされた。それに加えて、信仰上の何の変化も報告しなかった三〇名（ユダヤ教徒一五名、カトリック教徒一五名）からなる非回心者の対照サンプルも併用された。ウルマンはこれらのサンプルから得られたインタビュー資料や心理テストの結果に統計処理を施したうえで、回心を促す要素が真理に対する認識的欲求というよりも、むしろ幼少期や青年期における緊張や感情的苦悩にあると結論づけた。とりわけウルマンは、回心者と非回心者の間では、父親に対する理解に著しい相違があることに着目し、ザルツマンやアリソンと同様に「役に立たない無能な父親、あるいは父親の拒絶」[45]が回心を促す要素であることを示唆したのである。この基本的な着想は、彼女の後の著書『転換された自己』にも引き継がれ、その理論的な支柱ともなっている。ちなみに、この著書では、精神動力学的な観点だけではなく、社会的影響やアイデンティティの追求、ナルシシズムとの関連、意味の探求といった諸側面も考慮され、より広い視野のもとで回心が扱われている。ただし彼女の観点がやはり精神分析学的であったことは、社会的影響が回心後の状態を維持する要素と解され、また成熟した宗教的意味の探求というよりも否定的感情の氾濫によって回心が促されると指摘されるとおりである。このようなウルマンの精神分析学的な観点は、父親との否定的関係が回心過程で重要な役割を果たすことを主張する、次の引用文に明示されている。

父親の不在や引きこもり、父親への敵意は、個人の発達においてとくに障害となる。それは倫理的禁止における子供の観点に影響を与え、環境を安全で支配可能と考えることを妨げると思われる。それはとりわけ少年にとって、物質的な保護から離れる過程を困難なものとする。宗教的回心は、それによって抑制機構が作用するようになり、全能の権威者による加護が付与され、これらの障害を内省すると同時にそれらを越える方法を提供する。もしこのことが実際の事例に当てはまるなら、我々は宗教的回心の過程に関する説明そのもののなかに、父親像と、父親の不在や憎悪によって生ずる葛藤の影響とを見出すことが見込まれるであろう。実際に父親像は、回心者の幼少期の記憶だけでなく、回心過程そのものにも影響を与えるのである。[46]

このようにウルマンは、回心の「原因」というよりも回心への「影響」というかたちで議論をすすめ、直線的で必然的な因果関係によって回心過程を捉えることを差し控えている。それというのも、父親との否定的関係を報告するあらゆる人が回心を経験するわけではなく、また回心の経験を報告する人すべてに父親との否定的関係が見出されるわけでもないからである。したがって父親に対する否定的感情と回心とは、必然的な関係ではなく、一つの傾向性で結ばれることになる。とはいえ、ウルマンが両者を必然的ではなくとも、精神分析学的な説明によって結びつけたことから、回心の因果的把握そのものは放棄されてはいないと見てよいであろう。

以上で論じた所論がいずれも親子関係に着目した一方で、カークパトリックは「愛着理論」(Attachment theory)という別の精神分析学的な理論から回心にアプローチした。[47]この愛着理論は、幼児と保護者との絆と成人期の恋愛形式との関係への着眼に特徴づけられる理論である。要するにザルツマンやアリソン、ウルマンらが幼児期における父親に対する否定的感情に注目したのに対して、カークパトリックは成人期の恋愛形式と宗教的変化(回心)との因果関係について論じたのである。具体的には、彼は、恋愛や親密な人間関係に関する新聞紙上の調査と、その四年後に彼自身が実施した宗教的変化に関する追跡調査(一四六名の女性)とを組み合わせて、恋愛形式と宗教的変化の相関関係を捉えることを試みている。そのさいカークパトリックは、三つの恋愛形式(安心型、回避型、苦悩型)を認め、対立する二つの仮説、「対応仮説」(correspondence hypothesis)と「補償仮説」(compensation hypothesis)とを提示し、宗教的変化がいずれの仮説に従うかを一つの論点とした。その結果、彼は苦悩型の恋愛形式と宗教的変化との因果関係を認め、「補償仮説」の方が成り立つと結論づけた。つまり彼は、宗教的変化が不安定な愛情関係を補うことを示唆したのである。ただし、この所論には一つのトリックが隠されているように思われてならない。というのも、調査データがどちらに転んでも、「対応仮説」あるいは「補償仮説」によって因果論的な説明を与えることができるからである。つまり筆者がトリックと言うのは、どのような調査結果に対しても、あたかも必然的な因果関係が成り立つかのような回心説明が可能という点に対してである。いずれにせよカークパトリックは、苦悩型の愛情形式と宗教的変化との高い相関関係を示す分析結果から、苦悩型の愛情形式が宗教的変化の決定的な「予測因子」であると結論づけ、精神分析学理論の有効性を強調したのである。

ところで、以上で述べた精神分析学的モデルとは観点をやや異にするものの、回心の必然的な原因を個の内側に求めるという点で一致するモデルとして、いわゆる「洗脳モデル」を挙げることができるであろう。この「洗脳」(brainwashing)という語は、そもそもアメリカのジャーナリストであるエドワード・ハンターによる造語であり、直接的には朝鮮戦争で囚われたアメリカ人捕虜に対する強制的尋問を指していた。[48]その後、この言葉が、一般に強制的でしばしば肉体的な苦痛を伴う説得技術を指す言葉として定着したことは周知のとおりである。このように、いわゆる洗脳研究は、東西冷戦構造という時代的背景のもとで着手され、したがってその論調は、しばしば共産陣営への批判という政治的意図を帯びていた。このことは、両陣営の対立が先鋭化した五〇年代から六〇年代にかけて、洗脳研究が精力的に取り組まれた事実によっても裏打ちされよう。[49]このようにそもそも「洗脳」という言葉が、決して価値中立的ではなかったことをまず指摘しておきたい。

ここで洗脳モデルの基本的な論点を押さえるために、初期の洗脳研究の一つに挙げられ、また回心研究の一つとしても紹介されるサーガントによる生理学的な研究に言及しておこう。彼は「その善悪や真偽を問わず、信仰がどのように人間の脳に強制的に植え込まれるのか、また人々がどのようにして以前もっていた信仰とは対立する何らかの信仰に切り替え得るのかを示す」[50]ことを目的に掲げ、回心に存する生理学的メカニズムを追究した。サーガントの所論の特徴は、人間の脳内における生理現象として回心を捉えた点と、「強制的」という言葉にも示唆されるように、人為的操作によって回心が生じ得るという前提とにある。これらのことは、パブロフの動物実験による裏づけが試みられていることからも明らかであろう。つまりサーガントは、あくまで人為的に操作可能なヒトの生理現象として回心を捉えようとしたのである。このように、生理学的に回心の原因を突き詰めようとする彼の基本的立場は、例えば「人間の脳内における思考や活動にかかわる行動様式を、迅速かつ効果的に変化させ得る前には、多くの場合、何らかの脳の生理的障害を生ぜしめることが明らかに必要である」[51]との記述にも明示されている。さらにサーガントは、思考や行動の変化だけでなく、回心のような信仰上の変化までも、脳内の生理的障害に直接的な原因があるとし、洗脳と回心の類似性を次のように論ずるのである。

宗教的回心の方法は、これまで生理学的メカニズムという視点からよりも、心理学的そして形而上学的な視点から考察されてきた。しかし用いられるテクニックは、洗脳や思想統制という現代の政治的テクニックに酷似していることが多く、一方は他方のメカニズムに光を投げかけるものである。[52]

このような見地から彼は、ウェスレイの説教や信仰復興運動による回心についても「偶然にまたは故意に、恐怖や怒り、興奮を導き出すことによって、脳の機能が完全に妨げられた後に、多くの人々のなかにさまざまな信仰が植えつけられる」[53]と述べたのである。このようなサーガントの見解は、少なくとも生理学的な観点では、宗教的な回心と政治的な洗脳とは区別されないことを主張するものであり、そこではもっぱら生理学的な因果連関が強調されていることがわかるであろう。

このサーガントの生理学的モデルが、その後に展開される洗脳モデルの基礎となったのも、それが回心の因果性と人為性を際立たせているからである。その意味で言えば、洗脳モデルとは、とりわけ人為的な側面が強調された因果モデルである。確かに、生理学的な側面に議論を限定すれば、回心および洗脳の因果的メカニズムは多くの点で一致するかもしれない。しかし、それをもって回心と洗脳とを重ねることはあまりにも性急である。というのも、洗脳という概念には、政治的な体制批判からカルト批判に至るまで、価値中立的と言うにはあまりにも露骨な批判的なニュアンスが含まれるからである。このような価値観の偏りに加えて、洗脳という概念に、宗教的側面が考慮される余地が全くない点にも、回心と区別されるべき根拠があると言えよう。要するに洗脳モデルは、ある明確な批判的な意図のもとで、回心をあえて人為的な生理現象もしくは心理現象として捉え、その宗教的側面には全く目をつぶるような、回心モデルとしてはきわめて一面的な因果モデルなのである。その意味でも、回心をその宗教的側面によって特徴づけようとする「宗教的回心」の構想と洗脳モデルの系譜とは、遠く隔たっているのである。このことから、体制批判を念頭に置く洗脳モデルからカルト批判を意図するマインド・コントロール論へ、という学説史的な展開には、本書では深く立ち入らないことにする。ここでは、洗脳モデルおよびマインド・コントロール論が、人為的な側面に力点を置きつつ、明確な批判的な意図をもつという点で特徴づけられることを指摘するに留めておきたい。

ここで本節での議論をまとめておこう。古典的モデルでは、「罪意識」やそれに類する心理状態が回心の必要条件とされ、その解決に向かう回心過程が実利主義的に解釈される。したがってそのモデルは、回心の原因を心理学的に追求するというよりは、むしろ「罪意識」→「回心」→「救済」という神学的前提から出発する心理学的な記述的モデルである。ただし、「罪意識」が回心の直接的な原因ではないにせよ、それが必要条件とされている点では、古典的モデルを広い意味での因果過程モデルと見なしてよいであろう。そしてこのモデルの特徴として看過できない点は、概して回心がネガティブな状態からポジティブな状態への統合過程として把握されることである。このような、いわば実利主義的な回心把握は、心理学では回心の治療効果というかたちで示され、さらに神学では「牧会ケア」や「牧会カウンセリング」といった実践の場でも応用されている。その一方で精神分析学的モデルは、神学的な前提から離れ、回心過程を必然的な因果関係のもとで捉え、回心の原因を科学的、実証的に究明する態度に特徴づけられる。そのさい、回心の原因にはしばしば精神的な病理が想定されるため、そこでは回心は否定的に捉えらる場合が多い。そこにさらに意図的な人為性を加味し、それを過度に強調したモデルが、いわゆる洗脳モデルであった。このように、しばしば相対立する評価を回心に下しつつも、古典的モデルと精神分析学的モデルは、いずれも心理学的な観点を取り入れ、回心過程を因果的に捉えようとしている点では一致している。確かに、両モデルで想定される因果性には差異がある。つまり、古典的モデルの因果性が神学的に措定され心理学的解釈によって裏づけられている一方で、精神分析学的モデルのそれは発見的で必然的な因果性である。しかしながら、古典的モデルにせよ精神分析学的モデルにせよ、これらのモデルは、少なくとも回心の因果的把握を目指す心理学的な過程モデルとして括られるであろう。このことから、さしあたり古典的モデルを記述的な心理学的過程モデル、そして精神分析学的モデルを必然的な心理学的過程モデルと特徴づけておきたい。

第二節　社会学的過程モデル

（一）L－Sモデル

初期の心理学的回心研究が、主にリバイバル運動を念頭に置き、回心の心理現象としての極端さに着目したとすれば、社会学的回心研究は、六〇年代以降の新宗教運動の興隆、またその運動への若者たちの加入という社会現象の特異さを問題にしたと言える。この社会学的回心研究の端緒となったのが、一九六五年に発表されたロフランドとスタークの研究論文である。(54) 彼らは、回心を新しい世界観の受容と規定したうえで、当時はまだ無名な小さな集団にすぎなかった統一教会への回心者を研究対象に取り上げ、約一年半（一九六二〜一九六三年）にわたる参与観察をおこなった。そこで得たインタビュー資料に基づいて、彼らは、後の回心研究に多大な影響を与えることになる、回心の段階モデル（以後、L－Sモデルと表記する）を提示したのである。このモデルは、次に示す記述的な七段階から構成されている。

（一）激しい緊張を体験する
（二）宗教的な問題解決の視点をもつ
（三）宗教的求道者と自覚する
（四）人生の転換点で宗教集団と出会う
（五）宗教集団の信者との間で感情的絆を形成する、あるいは既に存在する
（六）宗教集団以外の人間関係が希薄である
（七）信者との集中的な相互作用に晒される

この七段階は、ロフランドらが「回心のために必要であると思われ、同時に十分条件であると思われる」[55]と述べるように、回心のための「必要十分条件」として提示されている。つまりこの七段階は、回心過程の単なる記述ではなく、人を必然的に回心に至らしめる因果過程なのである。さらに彼らは、これら七つの条件を「傾向的条件」（段階一〜三）と、「状況的条件」（段階四〜七）とに分けたうえで、逸脱した世界観の受容としての回心が偶然的な後者の条件に依っていることを示唆した。ところで、L－Sモデルが社会学的回心研究の起点として意味をもつのは、その「状況的条件」において個人と集団との相互作用が考慮されたという点にある。実際のところ、その視点は多くの研究者に注目され、それ以降の学説的展開の起点となっている。もっとも、彼ら自身はこのL－Sモデルの性急な一般化には慎重であったが、このモデルは後の研究者によってさまざまなコンテクストにおいて検証が繰り返され、修正が加えられていったのである。このようにL－Sモデルの検証に正面から取り組んでいる研究だけでも相当数にのぼることから、これらの議論を社会学的回心研究を概観する一つの軸にすることも可能と思われる。そこで、まずL－Sモデルを最も特徴づけるとも言える「状況的条件」をめぐって展開された議論から概観することにしよう。

さて、L－Sモデルについて最初にかつ最も批判的な見解を示したのは、おそらくセガーとクンツであろう。彼らは、モルモン教への入会者七七人にインタビュー調査を実施し、統一教会とは別の宗教集団においても、L－Sモデルが成り立つかどうかを検証した。その結果、L－Sモデルによってモルモン教への回心が説明されるのはたった一人しかいなかったことから、彼らは「モルモン教への回心を説明するのに、そのモデルがほとんど役に立たない」[56]と断じた。確かに、このセガーらの批判により、L－Sモデルの普遍性は斥けられたものの、その着眼点そのものは、多くの研究者によって再評価されるところとなった。例えばオースティンは、セガーらによるL－Sモデル批判に対して、次のような反論を展開している。

セガーとクンツのデータは、組織的な回心についてであるように思われる一方で、ロフランドのモデルは心理的な回心に基づいている。というのも、頻繁な「再生の物語」の証拠もなければ、統一教会への回心で生ずるような逸脱した役割受容に結びつく不名誉が、モルモン教への回心に伴う根拠もないからである。(57)

つまりオースティンは、宗教集団の質が異なれば、回心のタイプも異なってくることを示唆し、各回心のタイプに適うモデルを用いるべきことを主張したのである。より具体的に言えば、L-Sモデルが有効なのは、統一教会に見られる「心理的な回心」(行動の著しい非連続性と、現実把握の劇的な変化に特徴づけられる回心)であって、モルモン教に見られる「組織的な回心」(所属教会の変更)には当てはまらないというのである。このことはつまり、L-Sモデルが普遍的なモデルではないにせよ、コンテクストによってはそのモデルが依然として有効であることを示している。このような想定のもとで、オースティンは、「心理的な回心」を経験していると思われる大学十字軍インターナショナルのスタッフ一名および大学生八名へのインタビューを実施し、L-Sモデルの再検討および再評価を試みたのである。その結果、L-Sモデルの解釈を広げるならば、そのモデルは調査結果にほぼ当てはまることが示され、さらにはオースティン自身もまた、六段階からなる修正モデルを提示するに至っている。確かにこのモデルは、L-Sモデルの表現に多少手を加えたものにすぎず、その後の学説的な展開にさほど意味をもつものではなかったにせよ、彼が宗教集団によって回心過程が異なる可能性を示したことは示唆に富む点と言えよう。

スノウとフィリップスもまた、宗教集団の組織構造に従って回心過程も異なるという前提から、日蓮正宗への回心に寄せてL-Sモデルの検証をおこなっている。(58) そのさい、彼らが展開した検証論的な議論は、次に挙げる二つの観点によって特徴づけられる。一つは、宗教集団が「談話の世界」や「意味体系」を創出する基盤であり、したがってその宗教集団が社会的現実を構成するという観点である。もう一つは、個人的な伝記だけでなく、歴史もまた、新しい観点から絶えず再定義されているという点である。これら二つの観点に基づく限り、回心者の語りや回顧録などの内容を額面通りに受け取ることはできなくなる。実際にスノウらは、回心前の緊張や動機そして人生の転換点までも、宗教集団や回心の所産であるとさえ述べている。つまり緊張や人生の転機が回心をもたらすのではなく、反対に回心が以前の生活状況に緊張や転機を作り出すという見解を彼らは示したのである。このような批判的な検証の末に、彼らはL－Sモデルの二つの要素、つまり段階五の「感情的絆」と段階七の「集中的な相互作用」こそが、日蓮正宗への回心に不可欠な要素であり、さらには回心一般の原因に他ならないと結論づけた。そして彼らは「感情的で集中的な相互作用」こそが回心理解の鍵であると述べ、L－Sモデルの一般化に対してのみならず、回心の原因を緊張や欲求、動機といった心理的要素に求める心理学的な回心モデルにも疑問を投げかけたのである。

このように「感情的絆」や「相互作用」に着目した研究としては、他にスタークとベインブリッジの論考も挙げることができよう。彼らは、「社会的ネットワーク」の重要性を浮き彫りにした点でL－Sモデルを評価し、「個人間の絆」(interpersonal bonds) が人々の宗教集団への入会に不可欠な役割を果たしていると主張した。彼らの議論でとくに注目しておきたい点は、個人の抱える内的な問題（緊張や喪失）とそれを解決する教義という図式のみでは、宗教集団への入会を説明するには限界があり、したがって個人的な心理的要素は、それ自体必要条件でも十分条件でもなく、「促進的要素」にすぎないと述べた点である。つまり彼らは、入会を説明するのは「緊張―教義」という図式ではなく、むしろ「個人間の絆」とそれによって構成される「社会的ネットワーク」であることを強調したのである。スタークらは、その論拠として、三つの宗教集団（ハルマゲドンを生き抜くために地下シェルターに身を潜めたある終末的集団、神秘的集団であるアナンダ、モルモン教）に関する簡単な調査報告と分析結果とを提示し、やはり「個人間の絆は、いかなる入会理論においても、決定的な状況的要素であるように思われる」[59]と結論づけている。このことからもスタークらが、宗教集団への入会としての回心を、もっぱらL－Sモデルの社会的要素に着目し、しかも因果的に説明しようとしたことは明らかであろう。

また、グレイルとルディも同様に、L－Sモデルにおける「感情的絆の形成」と「集中的な相互作用」を回心に不可欠な要素とし、回心過程の社会的要素を重視した。ただし彼らの議論を特徴づけているのは、「L－Sモデルが応用可能かどうかを尋ねるのではなく、それが応用可能となるのはどんなときかを尋ねるべきであろう」[60]との問題設定にある。つまりグレイルらは、オースティンやスノウらと同様に、L－Sモデルをスタティックに評価するのではなく、宗教集団との動的関係をも視野に入れてダイナミックに捉え直そうとしたのである。具体的には、彼らは、他の研究者による十の事例研究に基づいて、L－Sモデルの各段階を検証するかたちで議論をすすめた。そのさい彼らは、主観的説明という資料がもつ限界から論点を絞り込み、L－Sモデルの段階一の「緊張」、段階二の「宗教的な問題解決の視点」、段階四の「転換点」という三つの条件についてはこれらを保留し、その他の「求道者精神」「感情的絆」「集団外での愛情関係の欠如」「集中的な相互作用」という四つの条件に着目している。その結果、グレイルらは、統一教会やハレ・クリシュナのように一般社会から批判され、社会的役割の根本的な断絶を要請する集団（タイプ1の集団）はL－Sモデルに従う一方で、日蓮正宗のように批判されず、社会的役割の根本的な転換を勧めない集団（タイプ2の集団）は、ただ「感情的絆」と「集中的な相互作用」を要するのみで、L－Sモデルには従わないと結論づけた。要するに彼らは、その集団に対する社会的評価が回心過程に決定的な影響をおよぼすとし、社会的な批判に晒されている宗教集団に限ってL－Sモデルが妥当すると論じたのである。それに加えて彼らは、スノウらと同様に、「感情的絆」と「集中的な相互作用」を回心過程に不可欠な要素として認めつつ、それらをL－Sモデルのように必然的な段階として配するのではなく、社会的相互作用の力学のなかで捉え直すべきことを主張した。これらのことから、グレイルとルディは、回心過程をL－Sモデルに示唆されるような静的な過程ではなく、社会的コンテクストに左右される動的な社会的過程として回心を捉えようとしたと言えるであろう。

これまで概述してきた所論はいずれも、「状況的条件」つまり回心過程における社会的要素の方に着目していた。そこで、心理的な「傾向的条件」をも視野に入れ、社会心理学的なアプローチを試みている研究にも触れておこう。リチャードソンとスチュワートは、イエス運動の分析にL－Sモデルを適用しつつ、伝統的な一度限りの回心だけではなく、より多様な回心をも視野に入れたより一般的な回心モデルの構築を試みている。(61) 彼らは、六〇年代を「回心の時代」と評したように、回心を個人的問題に対するごくありふれた解決方法の一つと見なした。つまり彼らによれば、回心とは、五つの問題解決方法（精神医学的、政治的、宗教的、生理学的、習慣的）のうちの、一つの選択肢なのである。この回心把握は、L－Sモデルの段階二の「宗教的な問題解決の視点」を軸としていることは明らかであろう。ただしリチャードソンらは、L－Sモデルをそのまま受け入れたわけではなかった。というのも彼らは、流動的な現代社会に適用するにはL－Sモデルがあまりにもスタティックであると見ていたからである。そこで彼らは、この現代社会の流動性を視野に入れたよりダイナミックな回心過程を想定しつつ、「回心経歴」（conversion careers）という概念を提示したのである。この「回心経歴」とは、いわば連続的な回心の履歴であり、人々がある問題解決から別の問題解決を次々に試すという着想に支えられている。ここで注目しておきたい点は、彼らが、一見無秩序のように思われる「回心経歴」にも、あるパターンの存在を指摘したことである。例えば彼らは、統一教会やイエス運動にかかわる人々の背景には、保守的で原理主義的な世界観があることを認めている。つまり「回心経歴」とは、ある傾向性に導かれた回心の履歴なのである。この傾向性への着眼から、リチャードソンらはL－Sモデルの「傾向的条件」を再検討したとも言えるであろう。なお、彼らは、このような「傾向的条件」に加えて、さらに感情的絆に代表される「状況的条件」を考慮に入れ、より綜合的で動的な回心理解の必要性を説いている。残念ながらこの見解は、回心モデルとして具体化されるには至らなかったものの、彼らが社会心理学的な観点から「傾向的条件」にも配慮した点には留意しておきたい。

さて「回心経歴」という概念に既に示唆されているように、社会心理学的なアプローチが試みられる場合、個人の能動性を軸に議論が展開されることが多い。実際に、バンクストンとフォーサイス、フロイドによる回心研究は、この傾向を反映させているとともに、新たな回心過程モデルを提示している点でも注目に値する。なお、彼らが「傾向的条件」を重視し、また回心者の能動性に着目していることは、「能動者を中心に据える根本的な回心のモデルを追究する」[62]という研究目的、そして「社会的および文化的な構造が人々のうちに存する回心体験の内容や形式に与える影響は、多くの場合、傾向的な条件に依っている」[63]との理論的前提からも裏づけられよう。このような理論的前提を踏まえつつ、彼らは回心を「比較的突然なアイデンティティの変化」[64]と規定し、アイデンティティの確立という観点からL－Sモデルを再検討したのである。なお、徹底的な変化と、主観的な統合体験とをもたらすような回心を、彼らはとくに「根本的な回心」(radical conversion) と呼び、それに研究の焦点を合わせている。要するにバンクストンらは、アイデンティティに含意される能動性に留意しつつ、「根本的な回心」の過程モデルの構築を試みたのである。その結果、彼らは、(一) 緊張、(二) アイデンティティ構築の失敗、(三) 求道者精神、(四) 転換点、(五) アイデンティティ維持のための賭、(六) 集中的な相互作用、という六段階の修正モデルを得た。L－Sモデルと比較すれば、この修正モデルがアイデンティティ、さらに言えば回心者の主観的な能動性に焦点を当てていることは明らかであろう。このように個の能動性を強調すれば、当然のことながら、そのモデルに想定されている因果的な拘束力が弱められることになる。このことを裏づけるかのように、バンクストンらは、この「根本的な回心」の過程がまるで「穴の空いた漏斗」[65]のようであり、この過程が完遂されるケースはきわめて稀であると述べている。つまりL－Sモデルが抜け道のないトンネルのような必然的な過程を想定しているのに対して、彼らの修正モデルは能動的な選択の余地を認める恣意的な過程を想定したのである。ただし、この修正モデルには途中で抜け落ちる人々が想定されているものの、累積的で段階的な過程モデルとして提示されている点ではL－Sモデルと変わらない。このことは、「根本的な回心」という定義に合致さえすれば、その回心過程はこの修正モデルに従うことが示唆されていることからも窺える。つまりL－Sモデルにせよ、バンクストンらの修正モデルにせよ、回心過程が不可逆的で累積的な過程と捉えられているのである。この点を疑問視し、L－Sモデルを累積的な段階モデルとしてではなく、むしろ回心の条件群を提示するものとして捉え直したのが、コックスとメイアス、ハートである。彼らは、従来のL－Sモデルの検証が、回心の定義を曖昧にしてきたうえに、対照サンプルを欠いてきたことを問題視して、より堅実な仕方でL－Sモデルを再評価することを試みた。具体的に言えば、彼らは回心を「人生観や世界観の根本的な変化」と規定し、九二名のオランダ人青年（四六名が回心者、他の四六名が非回心者）へのインタビューを実施するという学問的な手続きを踏んだうえで、L－Sモデルの各段階を検証したのである。その結果、彼らはL－Sモデルについて次のような見解を示した。

ロフランドとスタークの理論とは反対に、この諸条件はほとんど互いに独立している。五つの条件の間には、重要な関係はいっさい見られなかった。この結果は、想定されたL－Sモデルの累積性（「漏斗」）と相容れない。彼らの主張は、回心者が累積的な連続性において一連の諸条件に出会わなければならず、そのことはこれらの条件が互いに独立ではあり得ないことを意味している。[66]

ここでいう「五つの条件」とは、L－Sモデルの七つの条件のうち、各四六名の回心者と非回心者とを区別するのにとくに有効であった条件、つまり（一）以前の緊張、（二）宗教的観点、（三）求道者の自覚、（四）転換点、（五）社会的絆の不在、という諸条件を指す。ここで注目すべき点は、これらの条件間には相関関係がほとんど認められず、したがって諸条件の順序は問題になり得ないことが示されたことである。このことは、L－Sモデルの諸条件が、回心の累積的な過程ではなく、むしろ互いに独立した回心の条件群であることを意味している。このようにコックスらがL－Sモデルの累積性を批判した点に加えて、彼らが「状況的条件」だけでなく「傾向的条件」の重要性にも着目した点もまた注目に値する。この点について、彼らは「L－Sモデルの傾向的条件のうち二つ、つまり持続的な緊張と求道精神が、我々の研究ではきわめて重要であることが明らかとなった」[67]と述べている。そのうえでコックスらは、「宗教的集団は、二重の魅力、つまり人生に新たな観点を提供することによる教義的な魅力と、十分な社会的ネットワークを与えることによる社会的な魅力とをもつ」[68]と結論づけるのである。このようにコックスらが、社会的ネットワークだけでなく教義そのものをも回心の重要な要素として認め、「傾向的条件」と「状況的条件」とを累積的な条件ではなく互いに独立した条件として提示することで、結果的に回心過程の多様性が許容されている点には留意しておきたい。

以上、L－Sモデルの検証を正面から取り組んでいる研究を概観してきた。L－Sモデルの検証という比較的狭く主題を設定したにもかかわらず、多くの議論が交わされたことがわかるであろう。これらの議論を一瞥すると、回心過程における集団との相互作用や社会的ネットワークの重視が認められる一方で、回心過程の多様性を許容する柔軟性も問われるようになったことがわかる。多くの事例報告が蓄積されるに伴い、回心過程はもはや直線的で必然的な因果的過程では捉えきれなくなってきたのである。ここに、L－Sモデルの他にも多くの回心モデルが提唱される根拠があると言えよう。以下、L－Sモデルについて指摘されてきた課題を手がかりとしつつ、他の回心モデルについても論及してみたい。

（二） 役割モデル

先述したように、L－Sモデルは、社会的ネットワークへの着眼を切り拓いたという点で評価されつつも、個の能動的な側面が配慮されるかたちで修正が加えられていった。このような動向は、アイデンティティ概念を軸とする回心研究の展開と無関係ではない。この研究群は、とりわけ個の能動性への着眼によって特徴づけられ、社会的ネットワークを軸として展開されてきた一連の回心研究とはまた別の系譜を形成している。言うなれば、社会学的回心研究には、社会的ネットワーク理論とアイデンティティ理論という二つの基本理論を軸とする、二つの潮流が認められるのである。前者の流れの起点がL－Sモデルであるとすれば、後者の流れの端緒に位置づけられるのが、一九七〇年に発表されたトラビサノの研究である。したがって、トラビサノの研究は、L－Sモデルとともに、社会学的回心研究の潮流の一つを形成し、その基礎を築いたとも言えるのである。なお、その研究は、アイデンティティの変化に寄せて回心を捉えようとした視点と、回心の本質に迫ろうとするアプローチによって特徴づけられる。その論点のもつ影響の大きさは、さまざまな研究者にトラビサノの見解が注目され、また頻繁に引用されていることからも窺えよう。こうして、アイデンティティという概念によって切り拓かれた個の能動性への着眼は、さらに合理的選択理論や役割理論、社会化理論といったさまざまな社会学理論に支えられて、幾多の回心モデルを構築せしめたのである。その数あるモデルのなかでも、個の能動性をとくに強調している回心モデルが、役割理論に基づく「役割モデル」（role model）である。この役割モデルの端緒もまた、トラビサノの研究に認めることができる。例えば彼は、「役割」という概念に寄せて、アイデンティティを「いわば我々が役割と呼ぶ抽象的な全体を構成し、さまざまな状況に応じて特殊化された行為計画の筋書きにつけられた名称」[69]と捉えている。これを踏まえるならば、アイデンティティの変化としての回心は、すなわち社会的な役割の変化としても捉えられることになろう。トラビサノ自身は、役割への着眼を深めることはなかったものの、アイデンティティと役割とを結びつけるこの指摘は、役割モデルの萌芽と見てもよかろう。こうしてアイデンティティへの着眼から展開された一連の役割モデルは、特筆すべきことに、回心過程に関する従来の見解を、根本的に見直すことを迫ったのである。以下、この役割モデルに基づく回心研究を概観しつつ、個の能動性への着眼によって、回心過程がどのように捉え直されたかを概観したい。

さて、役割理論による回心把握を目指した研究として、さしあたり統一教会への参与観察をおこなったブロムリーとシュープの研究を挙げることができよう。大胆にも彼らは、「伝統的な宗教から周辺的な宗教への所属移行」としての回心が個人の能動的な役割演出から生ずると主張し、能動的な行動変化を回心理解の中心に据える「役割理論モデル」(role theory model)を提唱したのである。このモデルは、従来の回心モデルつまり「動機的モデル」(motivational model)と対置される点で特徴づけられている。なお、彼らのいう「動機的モデル」とは、心理的な欲求や動機、さらに言えば、病理的欲求や集団的心理操作への着眼によって特徴づけられ、心理的要因→回心→行動変化という直線的な過程が想定されている心理学的モデルである。このモデルを、ブロムリーらは次のように批判している。

動機的モデルは、信者の服従行動が個人的欲求から直接導かれ、その欲求が教会の組織的特質によって満たされることを想定している。動機的モデルが、態度変化が行動変化に先立つことを仮定する以上、実質的に

「奇異な」態度変化がきわめて短期間に生じたように思われるさい、そのモデルは「洗脳」や「誘惑」、「催眠」を肯定せざるを得なくなる。……個人的動機を寄せ集めたものも、その内実も、行動変化を説明するには不十分のように思われる。(70)

要するに「動機的モデル」は、回心の奇異な突発性を、結局「洗脳」や「催眠」の結果と片づけてしまうがゆえに、そのモデルは回心の説明原理としては不十分だと彼らは言うのである。ちなみに、この「動機的モデル」には、心理学的回心研究の他にも、L－Sモデルをはじめとする集団との相互作用を強調する社会学的モデルも含まれると思われる。したがって「役割理論モデル」の提唱は、従来の回心研究の理論的前提から見直すことをも迫っているのである。とりわけ彼らの主張を特徴づけているのは、回心過程における因果連関を反転させたことにある。端的に言えば、「動機的モデル」では回心の「結果」とされる行動変化が、「役割理論モデル」では回心の「原因」に据えられているのである。このことは、回心が「単に個人の最初の動機から生ずるのではなく、組織的な役割演出から生ずる」(71)との記述からも裏打ちされよう。そしてブロムリーらは、この点に関して、実証的資料の検討を踏まえて次のように結論づけるのである。

個々人が積極的な信者になることを引き受けると、彼らの行動はかなり劇的に変化した。しかしながら、目に見える行動変化は、伝統的に解されるような心理的な回心と同一視することはできない。実際に、行動変化は、信念変化や傾倒の深化に先立つということが確認されたのである。(72)

つまり、彼らによれば、回心は積極的な行動変化の所産なのである。このように、行動の変化が信念の受容や態度の変化に先立つという点にこそ、役割モデルの要点がある。このモデルに従えば、回心の結果として行動変化が現われるのではなく、能動的に行動を変化させた後で回心が成り立つことになろう。このように役割モデルは従来の回心過程モデルに前提とされてきた因果連関を逆転させる、という点に注目しておきたい。

ところで、UFOカルトへの参与観察をおこなったボルチもまた、役割学習に裏打ちされた行動変化に着目して回心を捉えている。このことは、彼が、劇的な行動変化としての宗教的回心を「人格や価値観、信仰、態度の変化というより、急速な役割学習の結果から生ずる」[73]と述べたことからも明らかであろう。そのうえで彼は、従来の回心研究の前提を次のように批判した。

回心に関する近年の多くの考察の根底にあるのは、カルト信者の不可解な行動が完全なる人格変化によって生ずるという前提である。回心を説明するためにカルトにおいて一般的に用いられる言葉は、この前提と噛み合わない。洗脳や思想変革、強制的説得という語はいずれも、あたかも行動を変えるために心が変更されねばならないかのように心理的変化に着目する言葉である。[74]

この引用文に示唆されているように、ボルチもまた、いわゆる洗脳モデルに前提とされている因果連関とは正反対の因果連関を想定したのである。つまりそれは、心的変化から行動変化が生ずるのではなく、むしろ行動変化から心的変化が生ずるという因果連関である。要するにボルチは、回心の結果として行動の変化があるのではなく、意識的に行動を変化させることから回心が始まると見たのである。そこから彼は、役割演出という行動変化が見かけ上の変化に留まっている可能性をも指摘し、研究者に対して「外見に騙されるな」[75]という警告さえ発するのである。

以上の概観から、個の能動性を起点とする役割モデルは、個の能動的で意識的な行動変化を回心に先立たせることにより、回心を窮屈な因果過程から解放する一つの可能性を示唆したと言えよう。別の見方をすれば、役割モデルは、個の能動性という不確定要素を回心過程に導き入れることにより、より柔軟な回心過程の説明を可能にしたとも言える。いずれにせよ、役割モデルは、こうして全く新しい因果連関によって回心過程を捉え直すことを提起したのである。

(三) 社会化モデル

「社会化モデル」(socialization model) とは、回心における社会的コンテクストの影響を重視し、回心を一つの「社会化」として捉えるモデルである。つまり先述した役割モデルが、個人と集団との相互作用において個の能動性に力点を置くとすれば、社会化モデルは個の能動性を認めつつも、どちらかと言えば集団側からのはたらきかけや社会的コンテクストの方に焦点を合わせるのである。したがって、仮に感情的絆が集団主導で形成されるとの立場に立つなら、L-Sモデルもまた社会化モデルの一つと見なされよう。いずれにせよ社会化モデルでは、個の能動性は社会的コンテクストに従属するがゆえに、結局のところ回心は社会的コンテクストの所産と見なされるのである。このように個の能動性は社会的コンテクストから説明されるために、社会化モデルでは、回心過程は必然的で因果的な過程として捉えられることになろう。

この社会化モデルを、ロングとハッデンは、従来の回心研究を二分してきた「洗脳モデル」(**brainwashing model**) と「漂流モデル」(**drift model**) とを綜合するモデルとして提唱している。彼らのいう洗脳モデルとは、マインド・コントロールや強制的説得などによって集団がある信念を人為的に刷り込むことを想定するモデルであり、その一方で漂流モデルとは能動的な求道を想定するモデルである。よって前者はもっぱら集団に対する個の受動性に着目する一方で、後者は個の能動性を重視するモデルである。一見すると相矛盾するこれらのモデルを、ロングらは社会化という概念によって結びつけようとしたのである。確かに、この社会化という概念には集団と個人との相互作用が想定されているものの、彼らは回心者の能動性よりも集団側のはたらきかけの方をはるかに重視している。このことは、社会化を定義する彼らの記述からも確かめられよう。

この活動は、宗教集団の信者と加入者との相互作用的過程を必然的に含むが、その過程に固有の性質は、加入者が信者から受け取るものによってではなく、信者が加入者におこなう事柄によって規定される。……社会化とは、信者とその支持者によって実行される、非信者のなかから新しい信者を創出し入会させる社会的過程なのである。[76]

そして彼らによれば、この社会化は、(一) 入会資格の性質や条件、(二) 社会化過程での関与者、(三) 創出および組み入れの活動という、三つの要素から構成されるという。これらの構成要素のうち、とくに三つ目の「創出および組み入れの活動」が着目されたように、ロングらは、個人と集団との相互作用を念頭に置きつつも、集団側が個人にはたらきかける一連の社会化過程として回心を捉えたのである。したがって彼らの社会化モデルでは、確かに個の能動性は斥けられてはいないものの、それはあくまで社会化過程に従う能動性にすぎない。このことは、例えば「加入者は、社会化の過程において信者たちと相互関係をもち、彼らと相補的である。しかし加入者は、社会化にかかわり応答することができるにすぎず、それを規定することはできないのである」[77]との彼らの見解にも認められよう。要するにロングらが認める能動性とは、結局のところ集団によって巧みに導かれた能動性なのである。したがって彼らは、個の能動性を集団側のはたらきかけに従属させるかたちで、洗脳モデルと漂流モデルとの綜合を試みたと言えるであろう。その意味で、集団や研究者さえも欺き得る個の狡猾さをも力説する役割モデルとは対照的に、ロングとハッデンの社会化モデルは、個の能動性を巧みに操る宗教集団側の用意周到さに焦点を合わせたモデルなのである。

このロングらの社会化モデルを、回心の生起する社会的コンテクストに着目した点で評価し、やはり回心を社会化の一つとして捉えたのがグレイルとルディである。彼らは、先述したように他の実証的研究のデータを用いながら十の宗教集団についてL－Sモデルの検証をおこない、回心過程を社会的コンテクストに依存する動的な過程と捉えた。このように回心の社会的コンテクストに着目するアプローチをグレイルらは「組織的アプローチ」(organizational approach)と呼び、役割モデルおよび漂流モデルに相当する「主観者アプローチ」(subjectivist approach)や「洗脳アプローチ」(brainwashing approach)から区別した。この点は、「漂流モデル」と「洗脳モデル」のうえに「社会化モデル」という第三のモデルを提示したロングらの見解と重なるようにも思われる。ただしグレイルらの組織的アプローチとロングらの社会化モデルとは、完全に符合するわけではない。というのも、両者は確かに社会的コンテクストを重視する点で一致するものの、個の能動性の扱い方には明らかな違いが存するからである。つまりロングらが、個の能動性を社会的コンテクストに従属させるかたちで、換言すれば個の能動性を洗脳モデルに組み入れるかたちで社会化モデルを練り上げた一方で、グレイルらは洗脳アプローチと対置させるかたちで組織的アプローチを提唱したのである。端的に言えば、前者では個の能動性が矮小化され、後者ではそれが保持されているのである。実際にロングらの焦点はもっぱら集団側にあり、個の能動性は完全に集団の操作下にあることから、彼らの社会化モデルは洗脳モデルの延長にすぎないとさえ言える。それに対してグレイルらは、社会的コンテクストを強調しつつも、それが個々人による能動的なアイデンティティの転換と矛盾しないという立場をとっている。つまり彼らは、個の能動性が社会的コンテクストに一方的に従属するのではなく、両者が相互補完的な関係にあると見たのである。この点は、次の引用文にも認められよう。

われわれの見解では、組織的アプローチも主観者アプローチも、回心過程についての我々の理解を深めることを保証する。今後の研究は、さまざまなタイプの組織的状況のなかで個々人が新たなアイデンティティを構成する過程に焦点を当てるべきである。(78)

要するにグレイルらは、組織的アプローチと主観者アプローチとを相互補完的な関係に据えることを提唱したのである。その意味で、彼らは社会的コンテクストと個の能動性との相互作用を想定する社会化モデルを提起したと言えるであろう。

同様に、キルボーンとリチャードソンもまた、回心把握の最も有効な方法として社会化モデルを支持している。ただし彼らは、回心研究の全体像を体系的に把握すること、とりわけ回心研究に通底する人間理解（能動者か受動者か）とその分析レベル（個人内的か個人間的か）とに着目して、研究者の視点に基づく回心類型論や回心研究論を展開することに主眼を置いたのであって、社会化を軸とする回心把握の考察にそれほど力を入れたわけではない。しかしながら、回心研究の全体像が見渡されたうえで、回心を社会化として捉える観点が提示されている点には留意すべきであろう。このキルボーンらの視点は、彼らが回心を「集団が割り当てる適切な役割や規範、立場を、個々人が学ぶ過程」(79)と記したことからも察せられよう。つまり彼らの見地によれば、回心か否かを決定するのは、その体験そのものが備える性質というよりも、むしろその体験が解釈される社会的な規範、つまり社会的コンテクストなのである。したがって彼らによれば、回心者とは、ある特別な体験をした者ではなく、ある宗教集団が教示する枠組みを習得した者なのである。このように規範的枠組みの学習や習得というかたちで回心者の能動性が確保されている点は、確かに決定論的な洗脳モデルと区別される点であろう。しかしながら、その能動性は社会的コンテクストによって方向づけられているがゆえに、回心者はどこまでも能動的に振る舞えるわけではなく、最終的には社会的コンテクストに従う受動的な存在として措定されている。このことは、キルボーンら自身が社会化理論に基づく一連の回心研究を「受動的―個人間的」(passive-interindividual)という範疇に位置づけていることからも窺えよう。このことから、彼らの支持する社会化モデルもまた、個人の能動的側面よりも社会的コンテクストによって規定される受動的側面に力点を置いた回心過程モデルと見なされるであろう。

以上の概観から社会化モデルは、個人と集団との相互作用を認めつつも、個の能動性よりも社会的コンテクストに着目した回心過程モデルと言える。またこのモデルは、社会的コンテクストのうえに個の能動性を乗せるかたちで、両者の調和をはかっているとも言えよう。いずれにせよ社会化モデルは、回心に関するさまざまな議論を、社会的コンテクストから捉え直そうと努めるのである。したがって、回心を他の社会化から区別する特徴、つまり回心を回心ならしめる固有性は、回心そのものではなく、むしろその社会的コンテクストに求められることになる。例えば、宗教集団で起こる社会化が回心であり、その他のコンテクストで生ずる社会化は回心ではない、ということになろう。実際にここで取り上げた論考は、いずれもそのような立場をとっている。グレイルらが「回心と他の社会化との相違は、心理的な複雑な過程にはなく、それが生ずる組織的なコンテクストにあるのだ」[80]と述べるとおりである。このことは、裏を返せば回心そのものに他の現象と区別し得る特徴を求める必要がない、ということでもあろう。つまり社会化モデルでは、回心は特異な現象なのではなく、特異なコンテクストで生ずる一般的な現象に他ならず、したがって回心過程は、つまるところ社会化理論によって把握可能な社会化現象なのである。

ここで本節での議論をまとめておこう。社会学的回心研究の起点となったL－Sモデルは、とりわけ回心者と宗教集団の信者との相互作用を考慮に入れたという点で脚光を浴びた。回心研究史におけるその意義は、それまでもっぱら個人の内側に向けられてきた研究の視点を、個人の外側つまり個人が結ぶさまざまな関係にも拡げ、回心研究に新たな視野と可能性とをもたらした点にある。しかしL－Sモデルそのものは、その窮屈な因果的論点のゆえに後の検証的研究によってしばしば批判されるところとなり、報告される多様な事例に対応できるような柔軟性が求められるようになった。そこで、個の能動性といういわば不確定要素を、回心モデルにどのように組み入れるかという問題が生じたのであった。そして、この能動性をとくに強調したモデルが役割モデルであり、その一方で個の能動性を認めつつも、宗教集団や社会的コンテクストによる影響を重視したのが社会化モデルであった。この二つのモデルをここで取り上げたのも、これらのモデルが個の能動性の扱い方という点で対照的であるからに他ならない。このような力点の置き方に違いがあるにせよ、社会学的過程モデルは、個人と集団とのダイナミックな相互関係に着目し、その過程を記述的に捉えるモデルとして括られるであろう。

しかしながら、このような社会学的観点が回心研究にもたらした寄与がいくら大きいとはいえ、それによって回心過程がすっかり説明されたわけではない。例えば、ドーソンは「誰がそしてなぜ新宗教運動に入るのか？二〇年間の研究およびわれわれが学んだこと」と題する論文のなかで、L－Sモデルを起点とする社会学的回心研究の流れを概観したうえで、社会学的研究の限界を次のように示唆している。

しかしながら私は、誰が新宗教運動に入る傾向があるかを絞り込むことにこうした情報が役立つ一方で、実際の回心者の数が少ないことを考慮すれば、その絞り込みは依然として不十分であることに注意しなければならない。確かにそのデータは、一般的なそして反カルト運動の多くの主張や固定観念に異を唱えている。しかし社会学の観点からすると、人々がとりわけ劇的な仕方で宗教的になるのはなぜかという点について、捉え難く明らかに神秘的な要素が残されるのである。(81)

ドーソンはこのように述べて、結局のところ誰がなぜ新宗教運動に入るのかを現段階では完全に理解できないことを認めた。社会学的理論を駆使しても、どうしても残ると彼が指摘するその「神秘的要素」こそ、回心の宗教的側面ではなかろうか。次節では、この回心の宗教性をいかにして視野に入れるかという点を見据えて、そのために求められるある視点変更について論ずることにしたい。

第三節　原因から条件へ

本章の冒頭で述べたように、これまでの議論の目的は、回心研究史の概説そのものではなく、「宗教学的回心研究」を基礎づけることにある。そこでその見地から、とりわけ宗教性の把握という点に留意しながら、従来の過程モデルを簡単に振り返っておきたい。古典的モデルは、神学的前提の心理学的解釈によって構成される記述的な過程モデルであり、概して実利的な回心把握によって特徴づけられるモデルであった。したがって古典的モデルでは、回心の宗教性や神秘性は神学的前提という枠のなかで言及されるに留まり、それが議論の主題にのぼることはほとんどなかった。その一方で、この神学的な前提に強く反発し、より厳密な因果関係のもとで回心を捉えようとした精神分析学的モデルや洗脳モデルは、回心過程から超越的要素を排除しようと努めた。別言すれば、これらのモデルは、因果性に着目することで回心過程をきわめて合理的に説明しようとしたのである。このように因果性に基づく合理的な回心説明の試みは、社会学的回心研究にも見受けられる。なかでもL－Sモデルや社会化モデルは、個の能動性を視野に入れつつも、概して集団側の方策や圧力の方に力点を置く因果的な回心把握を目指している。このような因果性の強調が宗教性の把握と対峙することは、社会化モデルの提唱者であるグレイルとルディが、回心過程には「特別な『宗教性』はいっさい存在しない」[82]とさえ述べたことからも窺い知れよう。その一方で、役割モデルに代表される、集団側の操作よりも個の能動性を強調する過程モデルは、過度に因果性を強調することを批判し、能動的な回心者を想定する新しい観点を回心研究にもたらした。しかしながら、この能動的なモデルもまた、回心の宗教性を際立たせるには至らなかった。というのも宗教性は、人間の能動的な判断や行動には還元され得ないし、その能動性としばしば鋭く対立しさえするからである。それに加えて、社会学的回心研究で措定される個の能動性は、結局のところ「役割理論」や「学習理論」、「合理的選択理論」といった社会学理論の枠内に留まる、いわば合理的な能動性である。その意味で言えば、個の能動性を強調する役割モデルにおいても、合理的な回心理解が目指されているのである。

　以上の概述からもわかるように、従来の回心モデルは、いずれも回心の宗教性を念頭に置いて構築されたモデルではない。それどころか、古典的モデルを除けば、多くの回心過程モデルが、宗教性と鋭く対立しさえする因果性や能動性に焦点を合わせた合理的な回心把握を目指しているのである。別言すれば、従来の回心研究は、あたかも宗教性から目を逸らすかのように展開されてきたのである。仮にこの宗教性が回心を他の変化現象から根本的に区別する特徴であるなら、回心研究は、回心の不可解な部分を合理的に説明しようとするほど、ますます回心の本質を逸するという奇妙なジレンマに陥ることになろう。したがって、この回心の本質とも言い得る宗教性を捉えるには、たとえその宗教性に直接言及し得ないにせよ、少なくとも回心の宗教性を否定することなく許容するような視点が必要となる。そのためには、神学的前提と距離を置きつつも、原因と結果とを直線的に結ぶ必然的な因果性にも、人間の能動性にも依拠しないような枠組みが据えられなければならない。言うまでもなく「宗教学的回心研究」は、そのような枠組みのもとで構想される。この枠組みを据えるには、研究者の側にある視点の変更が要請される。実に、この視点変更こそが宗教性を把握可能にする操作に他ならず、したがってそれが「宗教学的回心研究」の起点ともなるのである。そこで本節では、回心モデルの因果性を批判し疑問視しているハイリッヒの研究と、それをめぐる諸議論を手がかりにしながら、問題の視点変更について考察することにしたい。

（一）因果モデル批判およびそれをめぐる諸議論

先述したように、回心の因果モデルは、回心の原因は何かという問題意識によって支えられ、回心研究の基本的な枠組みの一つとなっている。この因果モデルに対して痛烈な批判を展開したのが、カトリック・ペンテコステ主義における回心（聖霊の洗礼）に関するハイリッヒの研究である。その批判の要点は、従来の回心研究のように「緊張」「社会化」「社会的影響」を回心の原因に据えたところで、回心過程は説明され尽くせないという点にある。言い換えれば、回心者の報告の多くに「緊張」「社会化」「社会的影響」のいずれかを指摘できたとしても、それらの諸要素が必然的に回心をもたらすとは断言できない、ということである。その根拠を示すにあたり、ハイリッヒはまず、従来の回心研究の方法論的な問題点を指摘する。とりわけ、その批判の矛先は、多くの先行研究がもっぱら回心者に関するデータのみに依ってきたこと、つまり非回心者で構成される対照グループのデータとの比較検討を欠いてきたことに向けられた。そこで彼は、「聖霊の洗礼」を体験した一五二名の回心者グループと、一五八名の非回心者から成る対照グループとを設え、一般に回心の原因と見なされてきた「緊張」「社会化」「社会的影響」に関して、両グループ間の相違を分析したのである。その結果を踏まえて、ハイリッヒは、「緊張」や「社会化」が回心の原因として特定され得ないことを次のように言明するのである。

しかしながら、その議論がより厳密におこなわれると、心理的緊張やそれ以前の社会化という観点で宗教的回心を完全に説明するという理論には根拠が全くなくなる。さらに、より洗練された一連の相互作用を想定する説明に対する、緊張や社会化の指標の寄与はきわめて小さなものに留まる。(83)

ハイリッヒによれば、個人とその環境との「相互作用」を考慮に入れて回心を説明するにしても、「緊張」や「社会化」は回心の生起を説明し尽くせないのである。また「社会的影響」に関しても、彼は回心過程における社会的ネットワークの重要性を認めながらも、「もしその人がまだ宗教的求道者でないなら、多くの場合、社会的接触は『心の変化』を起こすのに不十分である。本稿で研究した求道者のなかでは、社会的な包囲を伴うネットワーク接触は、その結果を保証するように思われる。しかし回心は社会的包囲を欠くなかで生ずることも多く、これが必要条件ではないことを示している」(84)と述べ、「社会的影響」のみでは回心の原因にはなり得ないことを指摘している。以上の議論を要約して言えば、ハイリッヒは、非回心者グループとの比較検討という、より厳密な手続きを踏まえることにより、「緊張」「社会化」「社会的影響」を回心の原因あるいは必要条件に据えることを疑問視したのである。そこから彼は研究の焦点を「原因」から「本質」へと移し、「究極的根底感覚」(a sense of ultimate grounding)や「根源的実在感覚」(a sense of root reality)という概念を用いて、回心を一つのパラダイム転換として捉え直すことを提言した。この主観的感覚の転換という回心把握は、回心による転換の根本性を示唆した点でも興味深い。しかしこのような本質論は本章での論旨からは外れるため、ここではハイリッヒが回心過程における因果連関の破綻を実証的に示し、それを回心の本質論を展開する起点に据えたという点を確認するに留めておきたい。確かに、彼がカトリック・ペンテコステ主義に限って論述した点を考慮すれば、その主張を性急に一般化することはできないであろう。しかしながら、回心研究の最も基本的な枠組みの一つである因果論的なアプローチに対してハイリッヒが疑問を投げかけたことには、たとえそれが一つの事例研究に基づくにすぎないにせよ、きわめて大きな意義があるように思われる。

このハイリッヒによる因果モデル批判を比較的好意的に迎えたのは、回心を社会学的に捉えようとする研究者たちであった。おそらくその理由は、社会学者がしばしば想定する人間の能動性が、心理学的な決定論と相容れなかったからであろう。いずれにしても社会学理論が要請する個の能動性を確保するには、必然的な因果関係によって固められた枠を崩す必要があったのである。現に「能動者パラダイム」(activist paradigm) を提唱したストラウスは、回心者の能動性を確保する観点から、ハイリッヒの見解を次のように評している。

ハイリッヒは、回心が (a) 先行する心理的もしくは社会的な緊張、(b) それまでの社会化やかかわり、(c) 友人のネットワークに関連する社会的な相互作用的過程の所産であり、「封じ込め」(encapsulation) という過程や傾倒の結果であるとする、支配的な受動者仮説を検証している。……彼は、集団のなかで回心が生ずる道筋を先述した諸要素が説明するかもしれないが、求道の根源も特定の個人が回心する理由も説明することはできないと結論づけている。その代わりに彼は、意味の根底がいかにして、個人や集団にとって存在論的に真の立場の保持を留保するかを研究し、また新たな意味の根底の有効な浸透を司る諸条件を追究すべきことを示唆している。こうしてハイリッヒは、因果的仮説の最小限の説明的価値を指し示すことに成功している一方で、私がここで論じている行動というよりも、観念や知識社会学のアプローチを優先させている。……ハイリッヒの知識社会学的な考察は、確かに全体を扱う別の重要な側面ではあるが、彼はそれを十分に展開していない。[85]

つまりストラウスは、ハイリッヒの理論展開の不十分さを指摘したものの、機械論的で受動的な「因果的仮説」による説明の限界を実証的に示した点で、彼の試みを高く評価したのである。ただし、先の引用文に示されているように、この因果モデルの限界から、両者は異なる方向へと議論を展開していった。つまりハイリッヒが因果モデル批判から認識論的な本質論を展開した一方で、ストラウスはそこから回心者の能動的な行動に着目する「能動者パラダイム」(activist paradigm)を提起したのである。この「能動者パラダイム」には、第四章で詳述するので、ここではその定義のみを提示しておきたい。

能動者パラダイムは、一方で集団的な行動や制度に十分配慮しつつ、具体的な人間が自身の社会的、現象学的な現実の構成と再構成をいかにおこなうかを研究することを試みる。[86]

この定義に示唆されるようにストラウスは、集団の圧力や操作が一方的に個人を必然的に回心させるのではなく、集団と個人との創造的で相互作用的な過程として回心を捉えようとしたのである。ただし、そこでは集団というコンテクストのなかで個人がどのように振る舞うかが着目され、どちらかと言えば個の能動性に焦点が合わせられている。このように個の能動性を中心に据えた回心理論の構築を目論むストラウスにとって、ハイリッヒの因果モデル批判はまさに渡りに舟だったのである。

このようにストラウスをはじめとする社会学者が因果モデルを批判したのも、個の能動性を確保するためであって、因果的把握そのものを斥けるためではなかった。というのも、社会学者が着目する個の能動性も結局のところ、社会学的理論の枠内に留まる能動性であり、ある程度の因果性に従うことが前提とされているからである。つまり社会学者が否定しようとしたのは、心理学的な決定論であり、因果的アプローチそのものではなかったのである。現に社会学者のなかには、個の能動性を認めながらも、回心をあくまで因果的に把握することにこだわりを見せた者もいる。例えばマハレックとスノウは、回心過程における原因と段階に多様性を認めつつ、ある宗教集団に固有で記述的な「自然史」と普遍的な「因果過程モデル」との混同を避ければ、「自然史」のなかに「因果的メカニズム」を見出すことは可能だとして、次のように述べている。

どんなに抽象的で典型的であっても、回心の自然史の諸段階に関する記述は、因果的過程モデルではない。それは単なる記述にすぎない。ある段階から次の段階への移行を説明できるような、真の因果的メカニズムを見出すことは、社会学者に課せられた責務なのである。[87]

つまりマハレックらは、複雑で多様な様相を見せる回心過程にも、何らかの因果的なメカニズムがあるという前提から、単なる記述や解釈とは異なる、必然的な因果過程モデルを構築すべきことを主張したのである。ちなみに彼らは、後年、「役割理論」や「学習理論」、「社会化理論」といった社会学理論の観点から、「個人的特質」と「コンテクスト的影響」との複合的な原因を指摘している。[88] 要するに彼らは、回心の原因を一点に絞り込むのではなく、広く複合的に措定することで、回心過程を因果的に把握しようと試みたのである。彼らのこうした見解は、いわば複雑で多様な原因を認めることで、ハイリッヒによる因果モデル批判に応えているとも言い得るであろう。

同様な仕方で、つまり原因を再検討することにより、ハイリッヒの因果モデル批判に反論し、新たな回心の因果モデルを提示しようとする試みは、ウルマンによる精神分析学的な研究にも見られる。実際に彼女は、ハイリッヒの見解に次のように反論している。

ペンテコステのセクトへの回心に関する慎重な比較研究のなかで、ハイリッヒは感情的緊張や社会化に基づく、こうした現象の説明を批判した。彼は、回心前の二年間における個人的な緊張について、回心者と比較サンプルのカトリックの非回心者との間には、何の差違も認めなかった。ハイリッヒは、「現実を理解するための自明な基礎を提供し」、「より一般的に体験を方向づけ秩序づける」、「究極的根底感覚による判断」として回心を研究すべきことを提案した。彼の公式では、回心の根底にあるのは、個人的緊張との葛藤ではなく、自明で包括的な現実理解に対する意識的な認識欲求である。しかしハイリッヒが精神力動的な解釈の不可欠な要素である幼少期の緊張を調べることなく、普通に体験される弱い緊張（例えば、家族との問題）と激しい感情的な動揺とを区別しなかったことには留意すべきである。(89)

この記述によれば、ハイリッヒに対するウルマンの反論の要点は、回心は能動的な認識欲求ではなく幼少期の激しい葛藤によること、そしてこの葛藤は日常的に経験される緊張とは異質である、という二点に集約されよう。要するに彼女は、ハイリッヒによる原因把握の不十分さを指摘し、幼少期の葛藤という新たな原因を据えることにより、「精神動力学的モデル」の擁護を目論んだのである。このように、幼少期の父子関係と回心との因果関係を論証しようとするウルマンの試みは、ハイリッヒと同様に対照グループも含めたきわめて慎重なサンプリングに基づいているために、それなりに説得力をもっている。確かに、父子関係への不満を報告する者が、回心者グループでは七七パーセントにのぼり、非回心者グループでは二三・一パーセントにすぎなかったという実証的データは、彼女の精神動力学的仮説をある程度支持しよう。しかしそのデータは同時に、父子関係に不満をもつすべての者が回心するわけではないし、また父子関係に不満を抱かずとも回心する者がいることをも示唆している。要するに、ウルマンが着目した幼少期における父親との葛藤は、確かに回心の発生率を高めているにせよ、それは決して回心の直接的な原因ではあり得ないのである。したがって、ウルマンの「精神動力学的モデル」は、回心の「因果性」というよりも、むしろ「傾向性」を指し示していると言い得よう。

以上の議論を踏まえて私見を述べれば、マハレックとスノウのように、回心の原因と考えられるものを寄せ集めたとしても、またウルマンが試みたように、新しい観点から回心の原因を追究したとしても、結局のところ回心過程を因果的に説明し尽くすことはかなり困難なように思われる。むしろそれは、不可能と言ってもいいであろう。というのも、回心を最も特徴づけるとも言える宗教的側面は、因果的には把握され得ないからである。いずれにしても、マハレックらの研究もウルマンの研究も、ハイリッヒによる因果モデル批判を根本的に克服してはいないと筆者は見るのである。その意味で言えば、ハイリッヒの因果モデル批判は、因果モデルの精度を高めるというよりも、むしろ根本的な視点の変更を回心研究に要請しているのではなかろうか。この因果モデル批判から、ハイリッヒ自身は知識社会学的な本質論へと転じ、またストラウスは「能動者パラダイム」を展開した。しかし筆者は、同じところから、ハイリッヒともストラウスとも異なる観点から回心過程を捉え直すことを提言したいのである。そこで本章を締めくくるにあたり、宗教性の把握に道を拓き、回心研究に新たな可能性を開示するとも言い得る、問題の視点変更について論ずることにしよう。

(二)「原因」から「条件」への視点変更

先述したように、回心過程には因果的には説明できない面があり、仮にそれが回心の宗教性を特徴づける一側面だとすれば、いかなる因果モデルであれ、回心を捉えるには限界があると言わねばならない。したがって回心の宗教性をそれに即して把握するには、因果性に依らずに回心を説明するような枠組みが必要となってくる。少なくとも、宗教性を最初から否定せず、因果性を絶対視しないような枠組みが求められよう。ただし、その枠組みは、能動者パラダイムや役割モデルといった個の能動性に着目するアプローチとも性格を異にする。というのも、人間の能動性もまた宗教性と相容れず、それと鋭く対立しさえするからである。したがって、回心の宗教性を視野に入れるには、従来の回心研究の多くが依拠してきた、因果性と能動性とに依らない枠組みを要するのである。そのための概念操作が、ここで論ずる「原因」から「条件」への視点変更に他ならない。それは、回心の宗教性を把握する余地を確保するための視点変更であり、「宗教学的回心研究」の基本的な視座をも提供するのである。

ここで、まず筆者のいう「条件」の意味を明確にしておく必要があろう。この「条件」とは、「原因」と置換可能な「必要十分条件」ではないことは言うまでもなく、それなくして回心は生じないという「必要条件」を意味するのでもない。また回心が生じた以上、必然的に伴うとされる「十分条件」とも異なる。というのも「必要十分条件」、「必要条件」、「十分条件」は包含関係が異なるだけで、いずれも「条件」と「結果」との因果関係そのものを否定しているわけではないからである。その意味では、ハイリッヒの因果モデル批判も、宗教的求道者への社会的ネットワークの影響の大きさを認め、それを回心の「十分条件」としては容認したという点では、因果モデルの批判としては徹底されていないと言える。いずれにせよ、ここでいう「条件」とは、「必要十分条件」でも「必要条件」でも「十分条件」でもなく、あえて表現すれば「触媒的条件」とでも言えるものなのである。つまりそれは、ちょうど化学反応を促進するような触媒のようなもので、回心を促すことはあっても、それ自身では原因にはなり得ないものである。しかしながら、この「触媒的条件」が全く存在しないところでは、回心が生ずることはない。つまり回心が生ずるには、何らかの「条件」が必要なのである。かといって、このような「条件」が積み重なることによって、あるいは回心の発生率は高まるかもしれないが、この「条件」の寄せ集めが「原因」になることはない。このように「条件」と「原因」とを概念的に切り離すことによってはじめて、因果モデルを根本的に乗り越え、いかなる因果性にも還元できない回心の宗教性を把握する余地が拓かれるのである。この見地に立てば、何らかの因果性に基づいてきた従来の多くの回心研究は、回心の「原因」の研究ではなく、回心の「条件」に関する研究であったと言うことができよう。別言すれば、これまで回心の「原因」と見なされてきた、心理的な緊張や傾向性、幼少期の家庭環境、社会的ネットワークは、いずれも回心の直接的な「原因」ではなく、むしろそれを促す「条件」として捉え直されるのである。

このように「原因」から「条件」へと視点を換えることで、因果的説明によって覆い隠されてきた宗教性は、直接的に把握されるとまではいかずとも、少なくとも最初から否定されることはなくなる。それに加えて、この視点変更によって、人間の能動性の意味合いも若干異なってくる。というのも、人間の能動的な選択や決断、行動までもが回心の「条件」と捉え直されることで、回心は人間の能動性の直接的な所産ではなくなるからである。つまり、人間が回心に対して為し得ることは、ただそのための「条件」を整えることでしかなくなり、人間の能動性は回心把握の中心からずらされることになるのである。こうして、「原因」から「条件」への視点変更は、それまでもっぱら因果性や能動性に占領されてきた領野に、宗教性にアプローチするための礎石を据えることになるのである。したがってこの視点変更は、宗教性を直接的に捉えるための操作というよりは、それを捉える可能性を許容し、そのための余地を確保するような視点変更なのである。確かに、この視点変更は、それ自身によって宗教性の把握をただちに可能にするような操作ではない。しかしそれは、回心の宗教性を焦点に据える「宗教学的回心研究」には必要不可欠な視点変更であり、また「宗教学的回心研究」の重要な土台なのである。なお、何をもって宗教性と見なすかという、改めて問われるべき問題については、次章にて論ずることにしたい。

注

1 Snow, D. A. & R. Machalek, The Sociology of Conversion, *Annual Review of Sociology*, 10, 1984.
2 Shinn, L. D., Who gets to define religion? The Conversion/Brainwashing Controversy, *Religious Studies Review*, 19, 1993.
3 Rambo, L. R., Anthropology and the Study of Conversion, *The Anthropology of Religious Conversion*, edited by A. Buckser and S. D. Glazier, Rowman & Littlefield Publishers, Inc., 2003, p. 219.
4 Starbuck, E. D., *The Psychology of Religion*, Walter Scott, LTD, 1899, p. 1.
5 Ibid., p. 71.
6 Ibid., p. 64.
7 Ibid., p. 67.
8 Ibid., pp. 87-88.
9 Ibid., p. 100.
10 Ibid., p. 83.
11 James, W., *The varieties of religious experience: a Study in Human Nature*, Macmillan Publishing Co., [1902]1961, p. 160.
12 Ames, E. S., *The Psychology of Religious Experience*, Houghton Mifflin Co., 1910, p. 258.
13 Selbie, W. B., *The Psychology of Religion*, Oxford Univ. Press, 1926, p. 191.
14 Clark, E. T., *The Psychology of Religious Awakening*, The Macmillan Co., 1929, p. 38.
15 de Sanctis, S., *Religious Conversion: A Bio-Psychological Study*, translated by H. Augur, Kegan Paul, Trench, Trubner & Co., LTD,

1927.
16 Pratt, J. B., *The Religious Consciousness: A Psychological Study*, The Macmillan Co., 1924, p. 151.
17 Selbie (1926), p. 200.
18 Grensted, L. W., *The Psychology of Religion*, Oxford Univ. Press, 1952, pp. 86-87.
19 Ibid., p. 92.
20 Palouzian, R. F., Purpose in Life and Value Changes Following Conversion, *Journal of Personality and Social Psychology*, 41, 1981, p. 1153.
21 Pargament, K. I., Religious Methods of Coping: Resources for the Conservation and Transformation of Significance, *Religion and the clinical practice of psychology*, edited by E. P. Shafranske, American Psychology Association, 1996, p. 231.
22 Hiltner, S., Toward a Theology of Conversion in the Light of Psychology, *Pastoral Psychology*, 17, 1966, p. 42.
23 Conn, W. E., Conversion: A Developmental Perspective, *Cross Currents*, Fall, 1982, p. 323.
24 この図式は、Conn, W. E., Adult Conversions, *Pastoral Psychology*, 34, 1986 に基づいてまとめたものである。
25 Scroggs, J. R. & W. G. T. Douglas, Issues in the Psychology of Religious Conversion, *Journal of Religion and Health*, 1967, p. 207.
26 Ibid., p. 208.
27 James (1902/1961), p. 194.
28 Ibid., p. 197.
29 Ames (1910), p. 257.
30 Ibid., pp. 265-266.
31 Coe, G. A., *The Psychology of Religion*, The Univ. of Chicago Press, 1916, p. 173.
32 Thouless, R. H., *An Introduction to the Psychology of Religion*, Cambridge Univ. Press, 1923, p. 188.
33 Ibid., pp. 188-189.
34 Flower, J. C., *The Psychology of Religion*, K. Paul, Trench, Trubner & Co., LTD, 1927, p. 177.
35 de Sanctis (1927), p. 40.
36 Ibid., p. 46.

37 Ibid., p. 47.
38 Ibid., p. 107.
39 Ibid., p. 257.
40 Salzman, L., The Psychology of Religious and Ideological Conversion, *Psychiatry: journal for the study of interpersonal processes*, 16, 1953, p. 178.
41 Ibid., p. 181.
42 Ibid., p. 186.
43 Ibid., p. 186.
44 Allison, J., Religious Conversion: Regression and Progression in an Adolescent Experience, *Journal for the Scientific Study of Religion*, 8, 1969, p. 23.
45 Ullman, C., Cognitive and Emotional Antecedents of Religious Conversion, *Journal of Personality and Social Psychology*, 43, 1982, p. 191.
46 Ullman, C., *The Transformed Self: The Psychology of Religious Conversion*, Plenum press, 1989, p. 59.
47 Kirkpatrick, L. A., A Longitudinal Study of Changes in Religious Belief and Behavior as a Function of Individual Differences in Adult Attachment Style, *Journal for the Scientific Study of Religion*, 36, 1997.
48 Hunter, E., *Brainwashing in Red China*, Vanguard press, 1951.
49 代表的な洗脳研究としては、Shein, E., I. Schneier & C. H. Barker, *Coercive persuasion. A socio-psychological analysis of the "brainwashing" of American civilian prisoners by the Chinese Communists*, W. W. Norton, 1961 や Lifton, R. L., *Thought reform and the psychology of totalism*, W. W. Norton, 1961 を挙げることができる。
50 Surgant W., *Battle for the Mind: A Physiology of Conversion and Brain-washing*, Heinemann, 1957, p. xxiv.
51 Ibid., p. 61.
52 Ibid., pp. 73-74.
53 Ibid., p. 132.
54 Lofland, J. & R. Stark, Becoming a world-saver: A theory of conversion to a deviant perspective, *American Sociological Review*, 30, 1965.

55 Ibid., p. 863.

56 Seggar, J., & Kunz, P., Conversion: Evaluation of a Step-like process for Problem-solving, *Review of Religious Research*, 13, 1972, pp. 183-184.

57 Austin, R. L., Empirical adequacy of Lofland's Conversion Model, *Review of Religious Research*, 18, 1977, p. 283.

58 Snow, D. A. & C. L. Phillips, The Lofland-Stark Conversion Model: A Critical Reassessment, *Social Problems*, 27, 1980.

59 Stark, R. & W. S. Bainbridge, Networks of Faith: Interpersonal Bonds and Recruitment to Cults and Sects, *American Journal of Sociology*, 85, 1980, p. 1393.

60 Greil, A. L. & D. R. Rudy, What have we learned from Process Models of Conversion? An examination of ten case studies, *Sociological Focus*, 17, 1984, p. 306.

61 Richardson, J. T. & M. Stewart, Conversion Process Models and the Jesus Movement, *American Behavioral Scientist*, 20, 1977.

62 Bankston, W. B., C. J. Forsyth & H. H. Floyd, Toward a General Model of the Process of Radical Conversion: An Interactionist Perspective on the Transformation of Self-Identity, *Qualitative Sociology*, 4, 1981, p. 280.

63 Ibid., p. 287.

64 Ibid., p. 281.

65 Ibid., p. 290.

66 Kox, W., W. Meeus & H. Hart, Religious Conversion of Adolescents: Testing the Lofland and Stark Model of Religious Conversion, *Sociological Analysis*, 52, 1991, p. 237.

67 Ibid., p. 238.

68 Ibid., p. 238.

69 Travisano, R. V., Alternation and Conversion as Qualitativery Different Transformations, *Social Psychology Through Symbolic Interaction*, edited by G. P. Stone & H. A. Farberman, Waltham, Mass.: Ginn-Blaisdell, 1970, p. 240.

70 Bromley, D. G. & A. D. Shupe, "Just a few years seem like a lifetime": A role theory approach to participation in Religious movements, *Research in Social Movements, Conflict and Change*, vol. 2, JAI Press Inc., 1979, pp. 174-175.

71 Ibid., p. 178.

72 Ibid., p. 181.

73 Balch, R. W., Looking Behind the Scenes in a Religious Cult: Implications for the Study of Conversion, *Sociological Analysis*, 41, 1980, p. 137.

74 Ibid., p. 142.

75 Ibid., p. 142.

76 Long, T. E. & J. K. Hadden, Religious Conversion and the Concept of Socialization: Integrating the Brainwashing and Drift Models, *Journal for the Scientific Study of Religion*, 22, 1983, p. 5.

77 Ibid., p. 7.

78 Greil & Rudy (1984), p. 320.

79 Kilbourne, B. & J. T. Richardson, Paradigm Conflict, Types of Conversion, and Conversion Theories, *Sociological Analysis*, 50, 1988, p. 15.

80 Greil & Rudy (1984), pp. 319-320.

81 Dawson, L. L., Who joins new religious movements and why: Twenty years of research and what have we learned?, *Studies in Religion/Sciences Religieuses*, 25, 1996, p. 160.

82 Greil & Rudy (1984), p. 318.

83 Heirich, M., Change of Heart: A test of Some Widely Held Theories about Religious Conversion, *American Journal of Sociology*, 83, 1977, p. 673.

84 Ibid., p. 673.

85 Straus, R. A., Religious Conversion as a Personal And Collective Accoomplishment, *Sociological Analysis*, 40, 1979, pp. 159-160.

86 Ibid., p. 162.

87 Machlek, R. & D. A. Snow, Neglected Issues in the Study of Conversion, *Scientific Research and New Religions: Divergent Perspectives*, edited by B. Kilbourne, 1985, p. 126.

88 Machlek, R. & D. A. Snow, Conversion to New Religious Movements, *Religion and the Social Order*, vol. 3B, JAI Press Inc., 1993.

89 Ullman (1982), p. 184.

第二章　回心の「本質」および「構造」

本章では、回心の「過程」というよりも回心の「構造」に着目し、その「本質」つまり回心による変化の内容やその固有の性質に焦点を合わせて議論をすすめることにしたい。このような回心の構造的な本質論は、当然のことながら、回心の本質理解が成り立つという前提から説き起こされる。しかしながら、参与観察に基づく事例研究が主流となった現在の回心研究においては、この前提は必ずしも自明とは言えない。実際に、回心の本質を措定することなく、個々の事例に記述的にアプローチする研究も多い。その意味で、回心の本質を問うこと自体、回心研究では特異な立場にあると言えるかもしれない。そこで本題に入る前に、回心の本質理解を成り立たせる、基本的な観点や立場について論じておくことにしよう。

第一節　客観主義と主観主義

ここでいう客観主義および主観主義とは、研究者の基本的な立場を指し示すために、筆者が便宜的に用いる語である。この客観主義と主観主義の相違は、「回心者の回心説明」と「研究者の回心解釈」とを区別するか否かにかかっている。つまり、両者の間に明確な区別を設ける立場が客観主義であり、それらを区別しない立場が主観主義である。別言すれば、客観主義が「回心者の説明」をあくまで分析対象として扱い、「研究者の回心解釈」を前面に押し出す立場である一方で、主観主義は「回心者の説明」に即して捉える立場である。要するに、客観主義とは、必ずしも主観的な説明を額面通り受け取らずに、研究者の客観的な枠組みに従って回心を捉える立場であり、主観主義とは、研究対象である主観がそれと言うものを回心と見なす立場である。この両者の相違は、回心を規定する基準を研究者（客観）の側に置くか、それとも当事者（主観）に置くか、という問題に帰せられよう。後述するように、この立場の相違が、回心の本質論と大きくかかわってくるのである。さて、この相違を最も際立たせているのが、スノウとマハレックによる研究と、ステイプルズとモースによる研究との争点であろう。両者は、まさに客観主義か主観主義かという点で鋭く対立しており、そこには今後の回心研究が考慮すべき課題も示唆されているように思われる。まず、客観主義の立場を表明するスノウらの所論から確認しておこう。

　さて、客観主義の基礎とも言える「回心者の回心説明」と「研究者の回心解釈」との区別を最初に強調したのは、テイラー(1)やベックフォード(2)といった回心者の「語り」に着目した研究者たちであった。テイラーは回心説明を存在論的な方向に展開し、他方ベックフォードは回心説明の構造をその社会的コンテクストと結びつけて考察したように、両者は研究方針を異にするものの、いずれも「回心者の説明」を額面どおり受け取らずに、それを分析対象として扱った点では一致している。このような着眼から、回心者の「談話の世界」（**universe of discourse**）に着目し、その構造分析を試みたのがスノウとマハレックであった。彼らの鍵概念である「談話の世界」とは、日常生活を支える解釈的枠組みであり、回心による変化が最も直接的に反映される意識作用である。

彼らは、この「談話の世界」をジェイムズの回心論における「意識」に対応させて、回心について次のように述べている。

回心は、かつては周辺的であった談話の世界が第一の権威ある位置へと上昇することを伴う。……問題は、談話の世界が全く新しいか否かではなく、それが周辺から中心へと移行しているか否かである。(3)

ここでは、「談話の世界」の内容ではなく、その構造や形式が着目されていることは明らかであろう。そこからスノウらは、回心者であるか否かを判定する四つの客観的指標を導き出したのである。それらは、(一)伝記的再構成、(二)最高の帰因図式の採用、(三)類似的理由づけの停止、(四)回心者の役割受容、である。つまり、この四つの特徴を備えた「談話の世界」をもつ語り手こそが回心者に他ならず、このような固有の「談話の世界」を獲得することが回心なのである。この彼らの見解が客観主義的な立場にあることは、次の記述にも明示されている。

言語が実践的な意識である以上、意識の転換が言語の転換を必然的に伴うことは当然である。こうして、ここで論じた四つの修辞的な特徴の存在に着目することによって、我々は回心の根拠を特徴づけるのである。このことによって、その人を回心者と規定する意識転換を被った者を推察することは、もはや研究者の手からも離れるのである。(4)

このようにスノウらが、回心者の主観的な説明のみならず、研究者の判断さえも要しない客観的な基準を提示したように、彼らはかなり強い客観主義の立場を表明したのである。

この客観主義的な立場に強く異を唱えたのが、ステイプルズとモースであった。スノウらが実践的な意識として言語を捉え、意識変化として回心を扱った一方で、彼らは回心を「自己理解」(self-concept)の変化、つまり「自己転換」(self-transformation)として捉え、次のように述べている。

スノウとマハレックが特別な種類の言語やレトリックを意識の根本的な変化の観察可能な指標としてみるところを、我々は自己転換(自己理解の変化)を達成するために主観によって用いられる方法として特別な種類の言語やレトリックを見るのである。(5)

つまり、スノウらが「談話の世界」の変化を回心の直接的な表出と捉えたのに対して、ステイプルズらはそれを回心の手段あるいは道具として見たのである。この両者の相違は、言語と意識との距離に関する相違に留まらず、回心把握における主客の相違にも依っている。実際のところ、ステイプルズらは、回心者自身の自己認識つまり「私は回心者である」という主観的告知に回心把握の直接的な根拠を求め、「スノウとマハレックの観点では、主観自身よりも研究者や分析者の方が、誰が回心者であるか否かを決定する資格をもっている。われわれは回心を本質的に主観的な現象としてみるので、主観、ただ主観のみが自分が何者であるかを語る資格を有すると信じている。したがってわれわれは、ある人が回心者であるか否かを、『あなたは回心者ですか?』と尋ねることによって決定するのである」(6)と述べている。この彼らの言説には、主観主義の立場がきわめて明瞭に表明されている。ここまで高らかに宣言せずとも、現在の回心研究は、こうした主観主義の観点を備えていることが多い。このことは、定量的データの統計学的分析というよりも、参与観察やインタビューに基づく記述的研究が主流になってきたという、回心研究の近年の動向とも無関係ではなかろう。この主観主義的な方法は、演繹的で規範的な前提にとらわれることなく、個々の事例や現象に即したかたちで、各事例がもつ豊かな内容を際立たせるという点で大きな利点をもつ。しかし、そこから比較や体系化といったより普遍的な議論を展開しようとすると、個々の事例研究ではそれほど注意を払う必要のなかった問題に直面することになる。それは、比較や分類を可能にし、個々の事例を横断し得るような回心概念をいかに構築するかという問題である。この概念規定の問題は、つまり主観主義と客観主義とをどのように調和させるかという問題でもある。今後、単一の事例研究という次元を超えて、比較研究という新たな展開を試みようとするなら、この問題は回心研究の最重要課題の一つとなることは間違いなかろう。こうした研究の基本的立場にかかわる問題を考察するにあたり、さしあたり回心研究の最も包括的な概説書であるランボーの『宗教的回心の理解』(7)を手がかりにしてみたい。

さて、このランボーの著書は、さまざまな学問分野でなされた多くの回心研究を、包括的な段階モデルというかたちで体系的に整理した労作であり、回心研究の全体像を把握するにはきわめて有用である。ただし彼が主観主義的な立場にあることは、「本書の目的のために、私は集団や個人がそれだと言うものが回心であることを示唆する」(8)との記述が示すとおりである。このようにランボーがあえて主観主義的な立場を明示したのも、彼の着眼点が回心の本質というよりも、その多様性の方にあったからであろう。そのことは、ランボーが「回心の動機が多様であり、複雑であり、相互作用的であり、累積的であることは、認めざるを得ない。この多様性を再認識することは、回心過程の完全な理解へ向けての新しい一歩なのである」(9)と述べたことからも窺える。このようにランボーは、回心の多様性を焦点に据えつつ、文化、社会、個人、宗教という四つの次元から従来の回心研究の業績に考察を加えたのである。このように努めて回心に対して記述的であろうとする主観主義的な態度からは、必然的に次のような結論が導かれることになる。

回心は逆説的である。それは理解し難い。それは包括的である。それは滅ぼし、救う。回心は突然であり、漸次的である。それは完全に神の働きによって生み出され、完全に人間の行動によって生み出される。回心は個人的であり、共同的である、そして私的であり公的である。それは受動的であり能動的でもある。……回心は出来事であり、過程である。それは終わりであり始まりである。(10)

このようにランボーが、回心者個人の傾向性のみならず、教団のストラテジーや文化と社会といったコンテクストにまで考察の裾野を広げ、より包括的な回心理解を示したこと、そして回心がさまざまな要素が絡み合うきわめて多様な現象であるがゆえに、単一の因果現象として捉えるにはそれがあまりにも複雑であることを示したことは、確かに彼の研究成果の一つであろう。ただし先の結論には、主観主義的な回心研究が抱えるある問題が提起されているように思えてならない。例えば、回心がこれほど多様で、しばしば逆説的でさえある現象であるなら、そのような現象から回心の普遍性を指摘することは、はたして可能なのだろうか？　あるいは、どのような現象をもって回心と言えるのだろうか？　といった問題がそれである。回心か否かの判断を主観に委ねる限り、議論が個々の事例研究の枠を越えたとたんに、このような問題に直面せざるを得なくなる。この問題について、ランボー自身は「ある者がこれらは全く異なる現象であると議論している一方で、私はこの区別をなくすようなこれらの過程を統合する根本があると信じている」(11)と述べている。つまり彼は、多様な様相を見せる回心過程の根底に共通する何かがあると想定しているのである。しかし残念ながら、それが何なのかは彼の著書からは窺い知ることはできない。確かに、ランボーは「回心とは何か？」あるいは「回心では何か変化するのか？」という問いを全く放棄したわけではないにせよ、少なくともその著書のなかでその問いを追究することはなかったのである。

実のところ、その点にこそ主観主義の限界があるように思われるのである。というのも、主観に忠実であろうとするあまり、回心の概念規定を主観に委ねてしまえば、先述した回心の多様性に振り回されかねないし、また研究対象は回心概念が存在する宗教に限定され、回心研究の領域がかえって狭まるからである。したがって、現在の回心研究のごとくに、対象とされる現象が多様化し、前提とされる回心概念も錯綜している実状においては、今後の研究を実りあるものにするためにも、客観主義的な観点からの研究が見直されるべき時機が来ていると言えるのではなかろうか。また、事例研究の蓄積が相当になされた回心研究の現況を鑑みると、そろそろ冒険的な一歩を踏み出してもよいと思われる。少なくとも、これまで暗黙の前提とされてきた回心の概念を、再検討する余地は十分にあろう。先述したように、スノウらが客観主義的立場をあえて強調したのも、従来の研究が回心の概念検討や本質理解に関する議論を欠いてきた点を問題視していたからに他ならない。このことは、彼らが「回心の本質に関する議論」というかたちで回心の本質論を軸に回心研究史を概述している点からも裏づけられよう。概念規定の曖昧さという問題を打開するには、やはり仮設的にでも、明確な回心概念あるいは回心の枠組みを設定する必要がある。というのも、彼に何の枠組みも想定せずにもっぱら主観的説明に回心の根拠を求めれば、回心概念が曖昧になることは避けられず、一つの事例研究を越えた比較研究を妨げてしまうからである。しかしその一方で、客観主義的な視点の導入によって、主観主義的な記述的なアプローチは斥けられるべきでないことは言うまでもない。むしろ、客観的な枠組みや規範は、記述される現象に対しては柔軟であるべきであり、すすんで修正や変更を受け入れるべきであろう。あまりにも自由のきかない客観的な概念規定は、かえって現象を歪めてしまいかねないからである。したがって、客観的な回心概念と主観的な記述的アプローチとの、いわば相互補完的もしくは弁証法的な関係こそが、今後の回心研究が基づくべき基礎となることであろう。

以上の議論を踏まえ、ここで「宗教学的回心研究」の立場を明確にしておこう。その立場は、回心に関するある客観的な枠組みを据え、そこから出発するという点では確かに客観主義的である。このように本書があえて客観主義的な立場から出発するのは、従来の回心研究ではそれほど取り組まれてこなかった比較研究を見据え、より普遍的な観点での考察を展開することを目指しているからに他ならない。しかしその一方で、客観的な枠組みは、主観主義的な個々の事例研究によってそのつど検証されなければならない。その意味で「宗教学的回心研究」は、客観的な枠組みを起点としつつも、客観主義と主観主義との弁証法的な関係の上に成り立っているのである。そこで最初に問題となるのは、どのような客観的な枠組みをもって出発すべきかであろう。実は、ここに回心の本質に関する何らかの洞察が必要となるのである。確かにこの洞察は、回心現象の複雑さと多様さのゆえに保留されてきた「回心とは何か？」という問いに対する暫定的な仮説にすぎない。しかしそれは、回心に関する本質論を展開するに不可欠な軸であり、本研究の生命線でもある。その意味では、以下の節で概観するさまざまな回心の本質論や構造論は、本研究を支える洞察を基礎づける諸議論と見ても差し支えないであろう。

第二節　回心の根本性と断絶性

そもそも〝conversion〟(回心)という語は、あるものから質的に全く異なる別のものへの根本的な変化を意味する。つまりそこには、連続的な変化というよりも、ある断絶を飛躍することが含意されているのである。実際に、スノウとマハレックは「それが神学的であろうと社会学的であろうと、回心のあらゆる概念の中核には根本的な変化という観念が存する」[12]と述べている。このように、その語がもつ元来の意味に即して、非連続的な根本的な変化として回心を捉えることも一つの洞察と言えよう。この洞察に従って、回心を連続的な量的変化ではなく、飛躍を伴う質的変化として捉えるには、当然のことながら、その変化を際立たせるような枠組みが必要となってくる。というのも、設定される枠組みこそが、根本的な質的変化としての回心を浮き彫りにするからである。そこで筆者の洞察を基礎づけるべく、回心の根本性や断絶性を明示する枠組みという観点から、従来の諸学説を概観することにしよう。

（一）構造的な質的変化としての回心

質的変化という視点から回心を扱っている研究としては、さしあたりジェイムズの『諸相』が挙げられよう。とりわけ意識構造の観点から提示された次の定義は、回心を質的変化として考察する手がかりが示されている点でも注目に値する。

人が「回心した」と言うのは、それまでその人の意識のなかでは周辺的なものであった宗教的な観念が、いまや中心的な位置を占め、宗教的な目的が人格エネルギーの日常的な中心をなすにいたるということを意味するのである。[13]

ここで注目しておきたい点は、意識や人格の中心は何か、というジェイムズの構造的な着眼である。それに従うならば、回心とは、その人の中心が「宗教的な観念」や「宗教的な目的」に取って代わられることと解されよう。

もし、これらの「宗教的」という性質が特徴づけられるならば、ただちに質的変化という側面が浮き彫りにされよう。しかしジェイムズは、あくまで心理学の領域に留まろうとしたために、「宗教的」な側面は必ずしも際立たせられず、結局のところ回心の断絶性や根本性が明示されるには至らなかった。しかしながら、このジェイムズの着眼は、後述するように構造的考察の拠り所としてきわめて大きな意義をもつこととなったのである。

このジェイムズの構造的な回心把握を踏襲している研究に、サンクティスの『宗教的回心』がある。彼の回心研究が、精神分析学的な視点に特徴づけられながらも古典的モデルに基づき、かつ自伝的資料を用いたという点で『諸相』の延長上にあることは、前章で述べたとおりである。そのサンクティスの構造的な考察は、例えば彼が人格の完全なる「移転」(mutation)あるいは「ある情緒的な精神エネルギーが別のものに『置き換わること』(displacement)」[14]と回心を規定し、そのメカニズムを「回心者の情緒的な精神エネルギーが置き換わり、無意識的に別の方向へ移され、そして理知によって拒絶されなかった別の対象を活気づかせるのである」[15]と説明したことからも明らかであろう。この構造的な考察を踏まえて、さらに彼は「回心者はそのとき、真の内的な移転を経験したのである。つまり、彼の嗜好や願望、生活様式、すべてが変更されたのである」[16]と述べ、回心が根本的な変化であることをも示唆するのである。このようにサンクティスが回心による変化の根本性を強調したのも、しばしば回心を思春期に見られる連続的な道徳的発達と見なすアメリカの心理学的研究に一石を投じ、人格全体の「再生」(regeneration)と捉え直そうとしたからである。こうした回心の構造的な変化は、さらに「幼少期の状態への回帰」あるいは「コンプレックスの代替」といった、当時では先駆的とも言える精神分析学的な観点によっても補強されている。確かに、このような精神分析学的な観点の導入によって、回心前後の質的断絶や宗教的側面が明示されるわけではない。しかし、「再生」を軸とするサンクティスの構造的な回心把握が、人格の根本的な変化としての回心を浮き彫りにしている点には留意しておきたい。

このようにジェイムズの回心論を踏襲した構造的な考察は、ノックの古典的な大著『回心』にも認められる。ノックは、新しい生活様式の採用を伴わない崇拝の受容を「追従」(adhesion)と呼ぶ一方で、「回心」(conversion)を次のように説明している。

回心とは、個人の魂の再方向づけを意味し、無宗教から、あるいは以前の信仰形態他から別のものへの意図的な転換であり、それは劇的な変化を宿す意識、以前のものは間違っており新しいものが正しいという意識とを伴う転換である。それは、預言的宗教によって提示される選択に対して、人間が見せる積極的な反応において、その完全な形が窺える。[17]

つまりノックは、非連続的な転換としての回心によって、預言的宗教(ユダヤ教・キリスト教)を原始的宗教(イシス崇拝といった古代カルト)から区別しようとしたのである。確かに、回心をユダヤ教やキリスト教に固有のものと捉えたノックの観点は、「罪からの救い」という神学的な前提を強く感じさせる。しかし「回心」と「追従」との区別は、回心特有の断絶性や飛躍を示唆し、その質的変化という側面を浮き彫りにしている点で注目されるべきであろう。実際のところ、このノックの回心把握は、近年の社会学的研究においても、回心概念の再検討を促す視点として評価されている。[18] さらに、ノックが回心の二つの形態、つまり「馴染みのない信仰形態への転換」および「伝統への回帰」という二つの形態を指摘したこともまた、「改宗」や「入会」のみを想定する一面的な回心把握に再考を促していると言えるであろう。

またイギリスの神学者でもあるグレンステッドも、宗教心理学の起点として『諸相』を高く評価し、その構造的視点を踏襲して「葛藤するあらゆる傾向を神という一点に集中させることとしての回心」[19]と述べている。ここで注目しておきたい点は、そのさい彼が「支配的情操」(master-sentiment)に言及していることである。この支配的情操とは、いわば神に向けられた情操であり、さまざまな葛藤を最も包括的に解決し、人格に最も高次な統合性をもたらす情操である。グレンステッドは、もしこのような支配的情操が存在するなら、それはただ回心を通してのみ作用するという。つまり彼によれば、支配的情操による葛藤の根本的な解決こそが、回心なのである。それゆえに、回心(conversion)とは、宗教的な対象もしくは究極的な目標に対する「諸傾向」の「集中化」(convergence)なのである。このように「回心」を「集中化」に重ね合わせる見解は、グレンステッドの構造的な回心把握を特徴づける点と言えよう。さらに彼は、その観点を、いわば人間の成立基盤にまで掘り下げ、回心を「要するに集中化、つまり人間がそれなくして完全な人間たり得ないような存在の全体性を確立すること」[20]と捉えている。ここにいう全体性が「精神・身体両面の健全さ」を指すことから、彼のいう回心とは、すなわち人間の健全性の確立を意味することになろう。要するにグレンステッドは、回心を、健全な人間存在の成立、さらに言えば完全なる人間としての「聖者」の誕生として捉えたのである。このように「集中化」を境として、ある新しい人間存在の誕生を指摘する以上、グレンステッドもまた、人間存在の構造的変化として回心を捉えていると言えるであろう。

このようにジェイムズを起点とし、サンクティスおよびノックを経てグレンステッドに至るこの系譜は、言うまでもなく古典的モデルのそれである。この線をさらに延長させれば、先述の構造的な考察が、コーンの回心論にも認められるであろうことは容易に推察されよう。前章でも述べたように、コーンの回心論は、「牧会ケア」や「牧会カウンセリング」といった神学的実践を支える発達論的な観点によって特徴づけられる。このコーンの回心論が構造論的な観点をも備えていることは、彼の次の記述からも確かめられよう。

回心とは一般に、信仰や基本的指針の内容変化と解される。……この内容に基づく回心へのアプローチと同様に有効であり、発達に関する構造的な理論、とりわけピアジェやコールバーグ、ファウラーの理論に提起される補完的なアプローチに、ここでの私の焦点がある。このアプローチでは、回心は内容というよりも構造の観点から把握され、垂直的回心と呼ばれよう。それは、全く新しい地平に内容（古いものであれ新しいものであれ）を創造的に再構成するという、根本的に新しい事柄なのである。[21]

つまりコーンは、内容の変化、例えば信仰対象が変わるといった変化を「水平的回心」、その一方で発達段階の移行を伴う構造的な変化を「垂直的回心」と呼び分け、もっぱら後者の回心に焦点を絞って構造的に考察しようとしたのである。

このコーンによる回心理解の独自性は、ファウラーの信仰発達段階の理論[22]と比較するといっそう明らかとなろう。というのも、ファウラーの理論もまた「牧会ケア」の観点から提起されているものの、彼の回心把握には、コーンのそれとは大きな違いがあるからである。その相違は、端的に言えば、コーンが人間の精神的な発達をすなわち回心と捉えた一方で、ファウラーは信仰の発達と回心とを切り離し、回心をもっぱら信仰内容の変化と捉えた点にある。したがって、ファウラーのいう回心とは、信仰の「内容」の変化つまり改宗であって、信仰の段階的発達を伴う「構造」の変化ではないのである。ちなみにファウラーは、信仰の「構造」の変化と「内容」の変化という二つの変化をいかに結びつけるかに苦慮している。それに対してコーンは、ファウラーが回心と区別した信仰の発達をむしろ回心として捉え、ファウラーの信仰の発達段階に関する理論を、回心研究に生かそうとしたのである。こうして、信仰の「内容」から「構造」へと回心理解の焦点が移されることによって、構造的転換としての回心の実に興味深い側面に光が当てられることとなった。とくにコーンの構造的な回心把握に示される、「道徳的回心」と「宗教的回心」との区別は、宗教的側面を見据えた回心の概念規定の足がかりを示唆している点で注目に値する。この点に関するさらに踏み込んだ議論は次章に譲ることにして、ここでは構造的な考察に支えられたコーンの回心論が、回心の本質把握にも新たな可能性を拓き得ることを指摘しておきたい。

(二) 非連続的な変化としての回心

回心による変化の根本性や回心前後の断絶性を捉える方法として、従来の回心研究では、連続的な変化と回心との比較もよく試みられてきた。これらの研究は、要するに回心とその他の連続的変化との対比によって、非連続的な変化としての回心を特徴づける試みと言ってよいであろう。例えば、連続的な「追従」から非連続的な「回心」を区別したノックの回心把握は、そのような試みの一つと言えるであろう。このように回心を非連続的な変化として特徴づける議論は、アイデンティティに着目した比較的近年の社会心理学的なアプローチによく見られる。現にその観点は、アイデンティティ理論を軸とする回心研究の流れの端緒に位置づけられるトラビサノの研究において既に、「回心」(conversion)と「代替」(alternation)との対比というかたちで明示されている。

代替と回心は、異なる種類のアイデンティティの変化である。代替は、規定されたあるいは少なくともその人の既存の談話の世界で許容されたアイデンティティへの移行である。回心は、その人の既存の談話の世界では禁止されているアイデンティティへの移行である。(23)

要するに「代替」がアイデンティティの連続的な変化である一方で、「回心」はその非連続な変化なのである。それゆえに、回心は「完全なる崩壊」を伴い、アイデンティティの質的断絶によって特徴づけられるのである。

このような非連続的なアイデンティティの変化という回心把握は、例えばゴードンの研究にも踏襲されている。(24) そこで彼が試みたことは、若者のイエス運動への参加を、「回心」や「代替」とも異なる「強化」(consolidation) という概念を用いて説明することであった。この「強化」とは、以前の談話の世界を否定することのない、新しい談話の世界への移行を意味する。つまりそれは、相矛盾する二つのアイデンティティを綜合する第三のアイデンティティの獲得なのである。この「強化」という概念を導入したゴードンの意図は、若者文化とイエス運動との連続性を指摘することにあったにせよ、「強化」の理論的支柱が、アイデンティティの非連続的な変化という回心把握にあったことは間違いない。

同様にピラルツィクもまた、トラビサノの「回心」と「代替」という概念をもとに、宗教集団というコンテクストを視野に入れた考察を展開している。彼の議論は、宗教集団の性質と回心とのダイナミックな関係が言及されている点で実に興味深い。ピラルツィクによると、宗教集団とは「もっともらしさの構造を付与」し、「象徴的な意味の社会的基盤を構成する」ものであり、したがってアイデンティティの変化を規定するコンテクストに他ならない。端的に言えば、宗教集団というコンテクストが「回心」か「代替」を決定するのである。このことに関して彼は次のように述べている。

「セクト的回心」は、宗教的意味の包括的体系やかなり権威主義的な社会的構造という枠のなかで、人生の完全なる崩壊と変化を示唆している。……ここでは「カルト的代替」という語を、包括的ではないが主観的現実の再解釈における多様な構造化原理を同時にもつことを許容する、個人のアイデンティティや生活様式における移行的変化を指すのに用いることにしたい。[25]

具体的には、「セクト的回心」にはISKCON（クリシュナ意識国際協会）への回心過程が、また「カルト的代替」にはDLM（Devine Light Mission）への代替過程がそれぞれ例示されている。ちなみに、前者が個々人のアイデンティティや世界観における根本的な転換を伴う一方で、後者は否定や断絶とは無縁のきわめて個人主義的な志向を示すことが指摘されている。こうしてピラルツィクは、若者文化における宗教運動に、断絶的な「セクト的回心」と連続的な「カルト的代替」という二つの転換過程が存在すると結論づけたのである。

これまで概観してきたいずれの所論においても、宗教受容の仕方であれ、アイデンティティの獲得であれ、回心は何らかの質的断絶を飛躍する変化として捉えられ、連続的な変化と対比されるかたちで回心特有の断絶性が浮き彫りにされていると言える。しかしながら、回心をアイデンティティの変化として捉えるあらゆる見解が、回心を断絶的な変化と見なすことで一致しているわけではない。例えば、リチャードソンによる「回心経歴」（conversion careers）や「回心軌道」（conversion trajectory）という概念は、むしろ回心が連続的な変化であるとの着想から導かれている。[26] 実際のところ彼は、回心の断絶性というよりも、連続性の方をはるかに重視している。このことは、リチャードソンが回心を人生で一回限りの受動的転換として捉える伝統的な回心観に疑問を呈し、むしろトラビサノの「代替」やゴードンの「強化」という概念に含意されるアイデンティティの連続性に注目していることからも察せられよう。つまり「回心経歴」や「回心軌道」といった概念は、アイデンティティの連続的な移行を基礎としているのである。実際に「回心経歴」という概念は、新宗教運動への入会によって新しいアイデンティティを次々に試す一連の過程を指し、また「回心軌道」は保守的な宗教的伝統を放棄した後に新宗教運動を介して再び伝統的宗教に戻る過程として提起されている。いずれの概念においても、表面的には試行錯誤を繰り返すように見える過程の根底に、アイデンティティの連続的な繋がりが想定されている。要するにリチャードソンは、トラビサノのいう「代替」を、むしろ回心と捉えたのである。このことは、トラビサノが「我我の時代は、回心の時代ではなく、代替の時代である」[27]と記したのに対し、リチャードソンらは「ここ十年間のアメリカ社会は、『回心の時代』と特徴づけられる」[28]と述べたことからも窺えよう。リチャードソンがこのような回心理解を示したのも、彼が「真の回心」と呼ぶきわめて稀な現象よりも、多くの若者たちが新宗教運動へ加入するという社会現象の方に説明の力点を置いたからであろう。確かに、新宗教運動への入会の大部分は、アイデンティティの連続的な代替過程として説明されるかもしれない。また、回心が生涯に一度しか起こらないというキリスト教の伝統的な前提を見直す必要性を示唆したリチャードソンの指摘も的を射ていると言えよう。しかしながら回心の希少性は、「回心」という概念とトラビサノの「代替」やゴードンの「強化」との区別を否定するものでは決してないし、またその意義を減じさせるものでもない。むしろ、ジェイムズやハイリッヒが述べるように、回心は、その希少性にもかかわらず、人間の生の営みに関するより一般的な考察の重要な糸口を提供するように思われる。さらに言えば、たとえ質的な断絶を伴う回心が稀であったとしても、それは概念的に無意味なものではなく、むしろ人間存在の深遠な部分にアプローチする重要な足がかりとなり得るのではなかろうか。

(三) 根本的な変化としての回心

以上で概観した諸議論では、基本的に、連続性と断絶性との対比によって、回心の本質が追究されていたと言える。換言するならば、これらの議論は、異質なものへの変化として回心を想定し、変化そのものの根本性を際立たせたとも言えるであろう。次に、変化の根本性というよりも、変化を被る部分の根本性に着目した研究、別言するならば、回心によって変化するのは表面的なものではなく、根本的な何かであるとの前提に基づいて、回心の本質に迫ろうとした試みにを取り上げてみたい。そこで問題となってくるのは、言うまでもなく、回心によって変化を被るその根本的なものとは、いったい何かという点である。この点に踏み込んだ所論としては、さしあたりハイリッヒの研究を挙げることができよう。彼は、ジェイムズと同様に回心を「意識」の変化として捉え、さらに「回心がその人の基底感覚における意識的な移行を含むがゆえに、回心はとくに興味深いものとなっている」[29]と述べ、意識のさらに根源的な部分を問い直そうとした。特筆すべきは、ハイリッヒがその意識の根源を「究極的基底感覚」(a sense of ultimate grounding)あるいは「根源的実在感覚」(a sense of root reality)と呼び、この根本的な感覚の破壊や構築という観点から回心を捉えたことである。この"ultimate"あるいは"root"という語が示唆するように、彼は人間のより根本的な部分から回心にアプローチしようとしたのである。

このハイリッヒの「究極的基底感覚」や「根源的実在感覚」という概念を高く評価したのが、前節で客観主義の旗手として紹介したスノウとマハレックであった。彼らもまた「回心研究に広く見られる主題の一つは、その体験が根本的な個人的変化を伴うということである」[30]と述べ、回心が根本的な変化であるとの前提を堅持している。なお、彼らの所論の特徴は、先述したように、談話の世界の構造的な変化から回心を捉えようとした点にある。ここでとくに注目すべきは、スノウらがこの談話の世界に寄せて、回心の根本性を次のように指摘したことである。

回心は、価値観や信念、アイデンティティの変化だけでなく、さらに根本的で意義深いものであり、ある談話の世界が、全く新しいかそれまで周辺的であった談話の世界に主要な位置を取って代わられることをも伴うのである。……問題なのは、談話の世界が全く新しいか否かではなく、それが周辺から中心へと移行して

いるか否かである。(31)

この構造的考察が、ジェイムズの回心把握に基づいていることは明らかであろう。端的に言えば、スノウとマハレックは、ジェイムズのいう「意識」や「人格エネルギー」を、「談話の世界」に置き換えたのである。ここで注意しておきたい点は、回心による変化の最も直接的な表現が談話の世界の変化であり、談話の世界の変化が回心そのものではないということである。要するに談話の世界は、回心による変化を最も直接的に示す意識作用なのである。このことは、「言語が実践的な意識である以上、意識の転換が言語の転換を伴うことは当然である」(32)との記述によっても裏打ちされよう。彼らによれば、その意識作用こそが、回心によって直接的に変化を被る「価値観や信念、アイデンティティ」よりもさらに根本的なものなのである。つまりスノウらによれば、回心によって変化するのは、人間の根本的な部分を構成する意識に他ならず、それが言語を介して談話の世界の変化として示されるのである。このような前提のもとで、彼らは談話の世界の構造的な特徴に着目し、先述した回心の客観的な四つの指標を提示したのであった。その意味で、スノウとマハレックの所論は、意識構造の考察に特徴づけられるジェイムズの回心論を、談話の世界という概念に基づいて捉え直し、より実践的な枠組みにまで練り上げようとした試みとも言えるであろう。

しかしながら、あらゆる回心研究が、回心によって人間の根本的な部分が変化するという見解で一致しているわけではない。例えば、パロウツィアンとリチャードソン、ランボーは、「人格」の構造に着目して、回心を根本的な変化とする所論に疑問を投げかけている。彼らは、マカダムズの人格理論に寄せて、レベル一（特質や気質）、レベル二（性格的適応、個人的努力、個人的関心）、レベル三（アイデンティティや自己理解、世界観）と人格を三つの次元に分けたうえで、回心によって最も影響を被るのは、アイデンティティや自己理解といった人格のレベル三であるとし、次のように論じている。

回心が行動の変化をもたらすことがあり、しばしば自己理解や自信、目的観の重大な修正を伴うということに関して、多くの根拠があるように思われる。しかし、新宗教に反対する人々と、それらをより積極的に捉える人々とによる、基本的な人格構造の劇的な変化という一般的な主張は、その根拠によって正当化されないように思われる。(33)

このように述べて彼らは、回心によって変化するのは、人格の根本ではなく、むしろ人格の表層にすぎないと主張するのである。確かに、意識やアイデンティティ、自己理解が人格全体もしくは人格の根本を指し示すとは断言できないであろう。しかしながら、そのことによって回心が人間の根本的な部分の変化であることを否定し去ることはできまい。というのも、パロウツィアンらの見解は、意識やアイデンティティ、自己理解を人間の根本的な部分と見なすことへの批判であるにせよ、それは回心を何らかの根本的な変化として捉えることへの批判には繋がらないように思われるからである。むしろ彼らの問題提起は、意識やアイデンティティ、自己理解、そして人格にも還元され得ない、人間にとってさらに根本的で全体的なものの変化として回心を捉える糸口とさえなり得るように思われる。

（四）人間存在の転換としての回心

では、回心によって変化を被る、その根本的で全体的なものとは何か？　この問いに関する洞察こそが、回心の根本性や断絶性、非連続性といった諸性質を浮き彫りにするものに他ならない。そして、この洞察こそが、本書で目指す「宗教学的回心研究」の要めとなるのである。その意味で、その洞察は、本節の結論であるだけでなく、本書の根幹をなす重要な支柱ともなるのである。結論を先取りして言えば、この洞察の中心点は、回心において変化を被るものを、「人間存在」(human existence) つまり人間の実存的な在り方と見なすところにある。要するに、筆者は回心を「人間存在の転換」として捉えるのである。この「人間存在」は、「意識」や「アイデンティティ」、「自己理解」にも、また「人格」にも完全には還元され得ない、人間の全体性と根本性とを指し示す。さらにこの語は、人間の存在構造とも言い換えられることから、回心の本質論の軸とも言える構造的考察とも親和性をもつ。これらのことから示唆されるように、「人間存在の転換」という回心把握によって、回心の本質は、部分的で表面的な変化ではなく、全体的で根本的な構造的転換と捉えられるのである。この人間存在に寄せた回心把握は、例えばジョン・ヒックの宗教多元主義[34]にも通じるところがある。とりわけヒックが諸宗教の伝統に共通する救済構造を「自己中心から実在中心への人間存在の転換」と捉え、これを宗教理解の共通の枠組みとした点は注目に値する。確かにヒック自身はこの転換構造を回心と呼ぶことはなかったし、彼の「自己」や「実在」という概念に関しても改めて検討する余地があろう。しかし「人間存在の転換」へのヒックの着眼は、質的断絶を飛躍する根本的な構造変化という回心理解の重要な礎石となり得る。というのも、この「人間存在」という概念には、人間の「在り方」そのものを問う実存的な深みと、その実存全体を見渡す全体性とが含意されているからである。したがってヒックのいう「人間存在の転換」は、人間の一部が変化するのではなく、まさに人間の根本あるいは全体が転換されるという回心把握と重なり合うことになろう。このことからも、「人間存在の転換」という宗教多元主義の鍵概念は、回心の根本性と断絶性とを際立たせる洞察ともなり得るのである。

以上で述べたように、回心による構造的な変化を「意識」や「アイデンティティ」ではなく、「人間存在」あるいはその「存在構造」における転換と捉える回心把握をもって、ようやく「宗教学的回心研究」の理論的枠組みの一端が示されたことになる。ただし、この枠組みは、回心の根本性や断絶性をただちに把握可能にするというよりも、それらの性質を回心の本質に据えることを許容すると言った方が的を射ている。というのも、回心を「人間存在の転換」として捉えるにせよ、その宗教的側面を明示しない限り、結局のところ回心の断絶性や根本性は明示され得ないからである。その意味でも、「宗教学的回心研究」を構想するにあたり、回心の宗教的側面、いわば回心の宗教性に関する議論は避けて通れないであろう。この点に関する議論が次節の主題となる。

第三節　回心の宗教性

回心の宗教的側面つまりその宗教性は、他の変化現象から回心を最も特徴づける性質である。ただし、その宗教性は、断絶性や根本性に還元されるものではないし、したがって「人間存在の転換」という理解の枠組みによって明示されるわけでもない。むしろ宗教性は、回心の断絶性や根本性を際立たせ、「人間存在の転換」としての回心を浮き彫りにする、回心の最も根本的な性質である。では、何をもって回心の宗教性と言うのか？　この問題をめぐる議論と考察こそが、本節の主題となる。ただしこの問題は、必ずしも議論が尽くされたわけではない。むしろ従来の回心研究は、この問題を避けるようなかたちで展開されてきたとさえ言える。この点を、例えばランボーは「人文科学の研究者は、ほぼ例外なく、その回心理論において、宗教や霊性の役割を無視し、軽視し、あるいは完全に斥けている」(35)と述べている。このように、回心の宗教性が論じられてこなかったことは、従来の回心研究が心理学的理論や社会学的理論に依拠してきたことを念頭に置けば、むしろ当然の帰結と言えるであろう。確かに、心理学や社会学の諸理論は、回心研究に多大な寄与をした。しかし、これらの理論が宗教性を視野に入れていない以上、これらの理論をいくら組み合わせたところで、いっこうに回心の宗教的側面が示されないことは言うまでもなかろう。この宗教的側面を把握するには、少なくとも、それを最初から拒絶しない視点を要する。実にこの視点こそが、宗教性の把握に道を拓く、宗教学的なアプローチの基礎なのである。ところでその視点の要めは、「～でないもの」と否定的に宗教性に迫ることにある。つまり、宗教性を直接的に規定するのではなく、間接的に規定するのである。確かに、このような間接的な規定の仕方は、宗教性を厳密に定義することにはならない。しかしそれは、非神学的にしかも非還元的に宗教性にアプローチする唯一の方法と言ってもよいであろう。では、「～でないもの」の「～」にあたるものとして、具体的に何を想定すべきであろうか？実に、この点こそが、最も肝要な洞察となる。ここでは、その「～」に「合理性」および「能動性」をあてはめ、宗教性を「非合理的受動性」と措定しておきたい。この洞察の妥当性は、従来の回心研究において、宗教性が主題になり得なかった理由を明快に説明することからも裏打ちされよう。つまりこの見地から言えば、従来の回心研究は、必然的な因果性や合理性、あるいは個の能動性とに依拠して回心を捉えてきたがゆえに、回心における宗教性つまり「非合理的受動性」には盲目だったのである。このことは、裏を返せば、必然的な因果性と個の能動性とが保留されるところに、はじめて宗教性が把握される場が拓かれるということでもある。本節では、宗教性に関する以上の洞察を踏まえつつ、たとえ断片的であったとしても、宗教性およびそれに類する受動性が示唆されている諸説を概観することにしたい。

さて、このような人間の受動性は、いわゆる正統的なキリスト教神学に基づく回心理解において明らかに認められる。神の全能と人間の無力さ、人間の罪深さとキリストによる救済とを論ずる正統的神学が、神やキリストの前での人間の受動性を強調しても決して不思議ではなかろう。したがってその受動性は、いわば神学的な前提から導出される神学的な受動性に他ならない。この受動性を、心理学的に捉え直すかたちで回心を研究したのがスターバックであり、ジェイムズだったのである。例えばスターバックは、回心における「自己放棄」(self-surrender)に着目して、その受動的な精神状態を次のように説明している。

人が完全に解放感に浸るときに、信仰が訪れるのである。このことは、魂が受容的な状態にあること、つまり魂が開かれた状態にあり、それゆえに精神活動の新たな流れが、一つの大きな趨勢へと合流することを意味する。……回心において、その人が自身の意志を放棄し、より大きな生へと自分自身を委ねる後に、確信はやってくるのである。(36)

このように「自己放棄」を回心の中核に据えるスターバックの観点は、ジェイムズの回心論にも継承され、そこでは次のように捉え直されている。

「人間の窮地こそ神がはたらく機会である」とは、自己放棄が必要であるという事実の神学的な言い回しである。一方でそれを生理学的に言うと、「己れの力がおよぶすべてことを為さしめよ。そうすれば神経組織が他のすべてをやってくれるであろう」となろう。……それを我々の言葉で述べるなら、人格的エネルギーの新たな中心が今にも花が咲くばかりになるまで潜伏的に熟したときに、「手放すこと」が我々の唯一の言葉であり、その中心は何の手も借りずに突然に出現してくるはずである！となる。(37)

このように「自己放棄」つまり能動性の放棄によって開示される受動性は、「神秘主義」の特徴にも挙げられている。ジェイムズの指摘する「神秘主義」の特徴は、次の四点である。

（一）言語を絶していること（ineffability）：表現や伝達の不可能性

（二）認識的性質（noetic quality）：知性を超えた深遠な真理の洞察、啓示

（三）暫時性（transiency）：神秘的状態の非持続性

（四）受動性（passivity）：意志の中断、高い力による被捕捉感

これらの特徴のうち、最初の二つには、言語や理性に還元され得ない非合理性が示唆されている。実際にジェイムズは、その神秘主義の非合理性について「神秘的状態は、悟性と感覚にのみ基づく非神秘的つまり合理主義的な意識の権威を破壊する」[38]と明確に述べている。さらに後の二つの特徴を踏まえれば、彼のいう「神秘主義」は、非合理的で一時的な受動性によって特徴づけられることになり、ここでいう宗教性にも重なることになろう。そして特筆すべきことに、この「神秘主義」への着眼が、『諸相』全体をも貫いているのである。そのことは、ジェイムズが「このような神秘的意識は、そこから他の章に光が当てられるきわめて重要な章を構成するはずである」[39]と述べるとおりである。実際のところ、「神秘主義」を特徴づける非合理的な受動性は、『諸相』を締めくくる「超越的信念」（over-beliefs）をめぐる考察のなかでも論及されている。この「超越的信念」とは、個々人が有する特殊な知的信念や観念を指し、相互の寛容を要する、人間の最も興味深く意義深い知的な拠り所を指す。ここで注目したいのは、彼自身の「超越的信念」、つまり「より大いなるもの」（the more）と自己との識閾下での合一性や連続性の主張のなかで、非合理的な受動性が次のように示唆されていることである。

宗教的人間は外の力によって動かされるという神学者の主張も支持される。というのも、客観的な装いを呈

しつつも、主観に対して外からの支配を告げることこそが、潜在的意識からの侵入の一特徴だからである。[40]

要するにジェイムズは、非合理的な受動性を、「より大いなるもの」の「潜在的意識からの侵入」というかたちで示したのである。しかしその「超越的信念」は、彼が自ら認めるように、仮説の域を越えるものではなく、宗教性に関する客観的な説明とは言い難い。それに加え、ジェイムズはあくまで心理学の領域に留まろうとし、「宗教的」か否かの相違を「その境界は曖昧」で「量と程度の問題」と述べ、少なくとも理論的な観点から「宗教的」という側面を特徴づけることはしなかった。とはいえ、非合理的な受動性を開示する、自己放棄や神秘主義に関するジェイムズの考察は、宗教性にアプローチする一つの試みとして十分に評価されよう。

ところで、ジェイムズの回心論を積極的に評価したグレンステッドは、ジェイムズとは別の角度から宗教性に言及している。グレンステッドが、回心を人間存在の全体性の確立と捉えたことは先述したとおりである。しかし、ここで注意を促したい点は、その全体性が単に健全性に留まるのではなく、宗教性をも示唆していることである。この点は、回心にもたらされる全体性について、彼が次のように説明していることからも窺えよう。

> 突発的であれ漸次的であれ、回心の問題は全体性である。……その全体性が宗教的な状況にあるときには、それは神聖性あるいは聖性を構成する、つまり聖化過程の結実を構成するのである。そして、高次の神聖性に達した者は伝統的に聖者と呼ばれてきた。[41]

つまりグレンステッドは、宗教的な全体性を神聖性と呼んだのであり、人格の全体性がかなり完成された状態、言い換えれば究極的な健全性や道徳性に神聖性を認めようとしたのである。そのことは、彼が神聖性を自称する者にかえって懐疑の目さえ向け、「自由で健全な人格の全体性」が達せられるのはきわめて稀であると述べたことからも裏打ちされよう。このように全体性と神聖性とを結びつける観点は確かに興味深く、宗教性への一つのアプローチと言えるかもしれない。しかしながら、全体性は神聖性の一つの属性であっても、全体性がすなわち神聖性ではあり得ない。それゆえ、いくら全体性を突き詰めたとしても、それが宗教性に取って代わることはない。実際のところ、グレンステッドは全体性や健全性を強調する一方で、神聖性が心理学の範囲を超えると述べ、宗教性への言及を意図的に避けているようにも思われる。ただし、彼は宗教性に全く盲目であったわけではなく、回心に関する議論に先立ち、「実在の『向こう側からの』こうした明らかな侵入と、さらに信念や忠誠、信頼という応答への実在側の一貫した要請とに対して、心理学がいかなる光を当てることができるかを最終章で考察したい」[42]と述べている。つまりグレンステッドは、「向こう側からの」侵入というかたちで示唆される宗教性を、あくまで心理学の枠内で扱おうとしたのである。このように彼が心理学という枠にこだわったことは、ジェイムズ『諸相』の「あるエネルギーがあたかもそれが内側から、しかし向こう側からやってくるという強い他者意識」という仮説を「自我を軽視した」と評し、オットー『聖なるもの』の「超意識」(supra-consciousness)という仮説を、心理学では扱えないと一蹴したことにも示されていよう。さらにグレンステッドは、ジェイムズとオットーが強調する著しい「他者性」(otherness)を、「神の実在性」の根拠ではなく、むしろ精神分析学の対象として処理しようとさえしている。では、グレンステッドは宗教性、つまり彼の言葉を借りれば宗教的な実在性をどのように捉えると言うのだろうか。この問題に言及した最終章で、彼は「一連の経験には、意義の階層もしくは秩序があるという事実」に着目し、問題の実在性を「日常経験のある部分の根底にある奇妙なほどの意味深さ」[43]と捉える見解を披露している。確かにそこには、意味の深遠さに対する人間の非合理的な受動性も示唆されているように思われるものの、残念ながら彼自身が「心理学的記述」と評するこの叙述以上の議論は展開されないままに終わっている。

それ以降の比較的最近の心理学的な回心研究では、実証的データの科学的分析が追求されることが多いため、回心の宗教性が浮き彫りにされることはほとんどない。むしろ宗教性を排除するかたちで、回心の説明が試みられているとさえ言えよう。さらに回心の健全性よりもその病理性が着目されることも、近年の心理学的回心研究の一般的な傾向である。しかし、このような傾向に疑問を投げかけたパーガメントは、宗教と心理学は相互補完的に個人の健全な精神の涵養に貢献すべきとの主張とともに、回心の宗教性にも論及している。ちなみに、それについて彼は「宗教的回心を宗教的ならしめるものは、各人のアイデンティティに『聖』(the sacred) が入り込んでいることである」[44]と述べ、ジェイムズやグレンステッドと同様の見解を示している。このように「聖」概念を立てることは、確かに心理学の枠外に出る仮説ではあるが、特筆すべきは、ここからパーガメントが回心の建設的な側面に焦点を合わせつつ、構造的考察を次のように展開したことである。

自己の中心性が意義の新たな源泉によって取って代わられ、個人的無力さが力の新たな源泉に取って代わられたことにより、宗教的回心者は、根本的に転換されたと感じ、いまや新たに見出された力により新たに見出された目標を追求することが可能となるのである。[45]

この「新たな源泉」である「聖」が自己とは異質でありながら、自己の中心に入り込み、しかもそれが新たな能動的な力の源となり得るという観点は、宗教性への構造論的なアプローチとして注目に値する。

さらに特筆すべきことは、パーガメントが後年、ジンバウアーとともにアンケートやインタビューによる資料から、先の見解の実証的な検証を試みたことである。言ってみれば彼らは、宗教性の実証的検証を試みたのである。残念ながら、問題の宗教性は実証されるには至らなかったものの、このように宗教性に果敢にアプローチした点には注目してよいであろう。このように彼らが回心の宗教的側面に関心を抱いていたことは、「宗教的回心をめぐる研究論文のなかで無視されている要素の一つは、『宗教的』という言葉にある」[46]との記述からも明らかである。彼らは、このように従来の回心研究が宗教性の問題を回避してきたことを批判する一方で、宗教的回心を「人が聖なるものと見なすものが、回心者の人生や意識の中心的な位置を占める」[47]ことと規定し、「聖なるもの」への着眼を明示したのであった。そして「聖なるもの」が「霊的な力」であるような宗教的回心を「霊的回心」(spiritual conversion)と呼び、それを彼らは次のように説明するのである。

霊的回心において、聖なるものとは霊的な力であり、それは神やキリスト、アラー、仏陀などそれに対して回心者が繋がっていると感ずるものに他ならない。この力は、超越的であるだけでなく、回心者の直接的な体験の一部でもある。[48]

つまり霊的回心の中核には、超越的で直接的な霊的力の体験が据えられているのである。ここで注目すべき点は、その霊的な力と回心者との関係である。それについて、ジンバウアーらは霊的回心に関する仮定的前提の部分において次のように述べている。

霊的回心の前には、聖は回心者の自己にほとんど入り込んではいない。さらに厳密には、回心者は霊的な力の存在に強い確信をもっておらず、自己と高い霊的な力とのかかわりをほとんど感じておらず、自身のなかに霊的な力が宿っているとは感じていない。回心体験後には、回心者の自己と人生は転換され、自己は霊的な力と一つになる。人は、回心前よりも、霊的な力の存在を確信し、霊的な力とかかわり、近くなったと感じ、霊的な力が宿っていると信じている。それと比較すると、非回心者は同様な期間において聖が自己のなかへ入り込むほどの変化を体験しているとは思われない。(49)

この「聖が自己に入り込む」との記述には、「聖なるもの」や「霊的な力」に対する人間の受動性が示唆されている。先にパーガメントが「聖の介入」をもって回心の宗教性を指摘したことを考慮に入れれば、彼らはこの超越的な力に対する受動性をもって霊的回心の宗教性を示そうとしたと言えるであろう。

このようにジンバウアーらは、回心の宗教性について注目すべき考察を展開した。しかしながら、この仮説的見解は、先述したように実証的なデータや客観的な分析によって裏づけられるには至らなかった。その原因は、彼ら自身が指摘するように、その学問的な手続きのなかにあるように思われる。参考までに、彼らの方法論についても触れておくことにしよう。まず彼らは、神の臨在感に関する七つの質問に対する回答から、被調査者を（一）霊的回心を体験したグループ、（二）漸次的な宗教的変化を体験したグループ、（三）宗教的変化を体験しなかったグループ、と三つのグループに分け、次いで質問書から得た一三〇名分のデータと各グループ五名に実施したインタビューに基づいて、三グループ間の差異を明らかにしようとしたのである。その分析の結果、何らかの宗教的変化を体験したグループ一およびグループ二は、それを体験しなかったグループ三よりも、自己理解が改善されていることから、彼らは宗教的体験の積極的な効果を認めた。ところが、グループ一とグループ二との区別、つまり霊的回心と他の宗教的変化との区別は明示されず、結局のところ回心の宗教性に関する仮説は裏づけられなかったのである。このことについて彼らは、方法論的な問題点の他に、そもそもグループ一とグループ二とが区別され得ない可能性も指摘している。いずれにせよジンバウアーらによる霊的回心の枠組みは、実証的に裏づけられることはなく、したがって回心の宗教性に関する議論もまた、結局のところ仮定や前提の域を出ることはなかったのである。こうした宗教性の規定と実際の現象との乖離には、心理学的回心研究の方法論的な限界が示唆されているようにも思われる。この点については改めて後述することにしたい。

ここで、社会学的な回心研究にも目を向けてみよう。社会学的回心研究は、一九六〇年代以降のアメリカにおける新宗教運動の興隆に照準を合わせ、主にその運動への入会や参加を研究対象に取り上げた。そのさい研究者らは、それらを一貫して社会現象として扱ったために、回心の宗教性はほとんど問題にされなかったと言ってよい。例えばグレイルとルディは、回心を「宗教集団の観点から世界を見るようになる過程」と規定し、社会化モデルの観点から「この過程には特別な『宗教性』などいっさい存在しない」[50]とさえ断言している。このように社会学的回心研究の多くが宗教性に盲目なのは、それらがもっぱら「役割理論」や「社会化理論」といった社会学理論を用いて、より一般的な現象の一つとして回心を扱っているためでもあろう。要するに多くの社会学者は、回心を特殊な宗教現象というよりも、むしろ一般的な社会現象として捉えたのである。ちなみにマハレックとスノウもまた、回心の特殊性を前提とする理論を斥け、一般的な社会学理論によって回心を捉えるべきことを主張している。[51]また社会学的回心研究において宗教性が論題に上らないもう一つの理由として、社会学者が用いる理論の多くが、個の能動性に着目していることもあろう。既に述べたように、能動性が強調されればされるほど、ある受動性として示される宗教性が隠されてしまうのは必然的と言える。これらのことから明らかなように、従来の社会学的回心研究の多くは、回心の宗教性を打ち消すような仕方で議論を展開してきたのである。

とはいえ、回心の宗教性に繋がる受動性に言及した研究がないわけではない。その例として、DLM（Divine Light Mission）[52]における霊的回心および傾倒の過程を十の局面と二十七にもおよぶ段階に分けて詳述したダウントンの研究を挙げることができよう。その彼の意図は、一言で言えば、回心が突発的で劇的な変化というよりも、漸次的な段階的過程であることを実証的に示すことにあった。しかし、ここで注目したいのは、彼が「服従」という心的状態を「高い力の介入」の条件として指摘し、「自我の鍛錬」を「霊的変化」の準備として記述した点である。そこには、自己の放棄や服従によって開示される、「高い力」に対する受動性が示唆されている。もちろん、ダウントン自身はその受動性を主眼に置いているわけではない。しかし彼が、参与観察に基づく記述的素描によって、非合理的な受動性つまり宗教性に触れた点には留意したい。

ダウントンと同様に東洋の新宗教への参与観察によって、より明確にこの種の受動性を指摘したのがプレストンである。彼は、ある禅集団の瞑想儀礼に着目し、儀礼が回心過程において果たす役割を考察した。従来の回心研究では儀礼がほとんど考慮されてこなかったこともあり、プレストン自身は儀礼への着眼によって自身の研究を特徴づけている。しかし、この研究で注目すべき点は、繰り返される儀礼行為によって開示される受動性が強調されていることにある。このことは、例えば研究対象を絞り込むなかでプレストンが「体験の諸要素が活動に影響を与え得る前に、その象徴的な意味を能動者が学ばなければならないという、宗教的回心の認識的モデルとは対照的に、ここで考察されるのは、言葉以前の、非象徴的なレベルにおける瞑想的な実践の結果として生ずる変化である[53]」と記していることにも認められよう。ここでいう「認識的モデル」とは、能動的な言語的意識による学習に基づく回心モデルのことである。それに対してプレストンは、禅における「霊的回心」つまり禅における「悟り」を導くのは能動的な学習ではなく、むしろ「非言語的な意識」(non-verbal consciousness) や「受動的配慮の態度」(passively-attentive attitude) であると主張し、座禅によって開示される受動的態度について次のように述べるのである。

座禅の目的は心を落ち着かせ、集中した注意の状態を整えることである。洞察つまり悟りの可能性を宿すと

思われるのが、この状態である。(54)

つまり、座禅行為そのものが能動的行為であるにせよ、その目的は不意に与えられる悟りに備えて受け身の姿勢に徹することなのである。プレストン自身はこの受動性を宗教性とは呼ばなかったものの、悟りつまり霊的回心の前の、受動的態度の重要性を指摘した点には注目すべきであろう。このようにダウントンやプレストンが回心における人間の受動的側面を示唆あるいは考慮し得たのも、彼らがDLMや禅集団といった東洋的伝統を起源にもつ宗教集団を事例として取り上げたこととも無関係ではなかろう。しかしながら、彼らが回心過程における人間の受動性を、単なる仮説としてではなく、参与観察によって記述したことは、回心の宗教性を論ずるうえで大きな意義をもつものと思われる。

以上、回心の宗教性をさしあたり非合理的な受動性として措定し、それが従来の回心研究においてどのように論じられてきたかを概観した。心理学的回心研究に散見される宗教性に関する議論は、前提や仮説の域を出ることはなかったうえに、事例研究や実証的研究とうまく噛み合っているとは言い難い。実際のところ、『諸相』の「自己放棄」や「神秘主義」、「超越的信念」をめぐる議論では、確かに宗教性に相当する非合理的な受動性に言及さているものの、結局のところ宗教性は量的あるいは程度の問題とされ、質的に特徴づけられるには至らなかった。またグレンステッドによる宗教性へのアプローチも示唆に富むものの、彼の著した概説的入門書のなかでは、その構想は十分に展開されることはなかったし、事例による裏づけも欠いたままであった。そしてジンバウアーとパーガメントは、神学的前提から出発しつつ、その実証的検証に挑んだものの、実証学では扱いきれない事象を実証的方法から裏づけるという方法論的な矛盾のゆえに、彼らの大胆な目論見も頓挫してしまった。その一方で、社会学的回心研究では、社会学理論の妥当性が強調されるあまり、宗教性への配慮はほとんどなされなかった。たとえダウントンやプレストンのように、研究対象に即した記述的な素描によって、かの受動性が言及されることがあったにせよ、それがより普遍的な観点から再考されたり、応用されることはなかった。いずれにしても、従来の回心研究においては、宗教性を考慮に入れた有効な枠組みは提示されることはなく、ましてや具体的な事例研究としっかりと噛み合うような理論的枠組みが構築されることはなかったのである。この問題を克服するには、心理学的回心研究や社会学的回心研究が依ってきた方法論やその前提を根本から見直す必要があるように思われる。そして回心の宗教性の把握をめぐるこの問題を克服することこそが、「宗教学的回心研究」の第一の課題なのである。

最後に、筆者の見解を改めて確認しておこう。回心の本質を論ずるには、回心者の主観的な言説を越えた研究者の客観的な洞察を要する。この洞察を明示することに、本章の目的があったと言ってもよいであろう。もちろん、この洞察が的確であるかどうかは、事例研究を待たねばならない。しかし、この洞察こそが、筆者の目指す「宗教学的回心研究」の起点であり、生命線なのである。この洞察の要点は、回心が質的な断絶の飛躍を伴うような存在構造の根本的な転換に他ならず、その断絶性や根本性は、非合理的な受動性と措定される宗教性によって最も際立たせられる、という点にある。このような洞察に支えられた筆者の回心概念は、当然のことながら、一般的な回心理解との間にずれがあることも考えられよう。そこで、一般に回心と呼ばれる広義の回心から区別する意味で、先述の洞察に支えられた狭義の回心、つまり宗教性の被開示性によって特徴づけられる人間存在の転換を、とくに「宗教的回心」と呼び分けることにしたい。この「宗教的回心」を特徴づける類型論が、次章の議論の焦点となる。

注

1 Taylor, B., Recollection and Membership: Convert's Talk and the Ratiocination of Commonality, *Sociology*, 12, 1978.

2 Beckford, J. A. , Accounting for Conversion, *British Journal of Sociology*, 29, 1978.

3 Snow, D. A. & R. Machalek, The Sociology of conversion, *Annual Review of Sociology*, 10, 1984, pp. 170-171.

4 Snow, D. A. & R. Machalek, The Convert as a Social Type, *Sociological Theory 1983*, edited by R. Collins, Jossey-Bass, 1983, p. 279.

5 Staples, C. L.& A. L. Mauss, Conversion or Commitment? A Reassessment of the Snow and Machalek Approach to the Study of Conversion, *Journal for the Scientific Study of Religion*, 26, p. 138.

6 Ibid., p. 138.

7 Rambo, L. R., *Understanding religious conversion*, Yale Univ. Press, 1993.

8 Ibid., p. 7.

9 Ibid., p. 65.

10 Ibid., p. 176.

11 Ibid., pp. 172-173.

12 Snow & Machalek (1984), p. 169.

13 James, W., *The varieties of religious experience: a Study in Human Nature*, Macmillan Publishing Co., [1902]1961, p. 165.

14 de Sanctis, S., *Religious Conversion: A Bio-Psychological Study*, translated by H. Augur, K. Paul, Trench, Trubner & Co., LTD, 1927, p. 115.

15 Ibid., p. 125.

16 Ibid., p. 251.

17 Nock, A. D., *Conversion*, Oxford Univ. Press, 1933, p. 7.

18 例えば、Snow & Machalek (1984), p. 169 参照。

19 Grensted, L. W., *The Psychology of Religion*, Oxford Univ. Press, 1952, p. 82.

20 Ibid., pp. 86-87.

21 Conn, W. E., Conversion: A Developmental Perspective, *Cross Currents*, Fall, 1982, p. 324.

22 Fowler, J. W., *Stages of Faith: The Psychology of Human Development and the Quest for Meaning*, Harper Collins, 1981 を参考にした。

23 Travisano, R. V., Alternation and Conversion as Qualitatively Different Transformations, *Social Psychology Through Symbolic Interaction*, edited by G. P. Stone & H. A. Farberman, Waltham, Mass. :Ginn-Blaisdell, 1970, p. 244.

24 Gordon, D. F., The Jesus People: An Identity Synthesis, *Urban Life and Culture*, 3, 1974.

25 Pilarzyk, T., Conversion and Alternation processes in the youth culture: A comparative analysis of Religious transformations, *The Brainwashing/Deprogramming Controversy*, edited by D. G. Bromly & J. T. Richardson, E. Mellen Press, 1983, p. 54.

26 Richardson, J. T., Conversion Careers, *Society*, March/April, 1980.

27 Travisano (1970), p. 248.

28 Richardson, J. T. & M. Stewart, Conversion Process Models and the Jesus Movement, *American Behavioral Scientist*, 20, 1977, p. 819.

29 Heirich, M., Change of Heart: A test of some Widely Held Theories about Religious Conversion, *American Journal of Sociology*, 83, 1977, p. 674.

30 Snow & Machalek (1984), p. 169.

31 Ibid., p. 170.

32 Snow & Machalek (1983), p. 279.

33 Paloutzian, R. F., J. T. Richardson & L. R. Rambo, Religious Conversion and Personality Change, *Journal of Personality*, 67, 1999, p. 1065.

34 Hick, M. J., *An Interpretation of Religion: Human Responses to the Transcendent*, Macmillan Press LTD, 1989.

35 Rambo, L. R., Theories of Conversion: Understanding and Interpreting Religious Change, *Social Compass*, 46, 1999, p. 264.

36 Starbuck, E. D., *The Psychology of Religion*, Walter Scott, LTD, 1899, p. 117.

37 James (1902/1961), p. 175.

38 Ibid., p. 331.

39 Ibid., p. 299.

40 Ibid., pp. 396-397.

41 Grensted (1952), p. 92.

42 Ibid., pp. 71-72.

43 Ibid., p. 161.

44 Pargament, K. I., Religious Methods of Coping: Resources for the Conservation and Transformation of Significance, *Religion and the clinical practice of psychology*, edited by E. P. Shafranske, American Psychology Association, 1996, p. 228.

45 Ibid., pp. 228-229.

46 Zinnbauer, B. J. & K. I. Pargament, Spiritual Conversion: A Study of Religious Change Among College Students, *Journal for the Scientific Study of Religion*, 37, 1998, p. 165.

47 Ibid., p. 165.

48 Ibid., p. 166.

49 Ibid., p. 167.

50 Greil, A. L. & D. R. Rudy, What Have We Learned from Process Models of Conversion? An Examination of Ten Case Studies, *Sociological Focus*, 17, 1984, p. 318.

51 Machlek, R. & D. A. Snow, Conversion to New Religious Movements, *Religion and the Social Order*, vol. 3B, JAI Press Inc., 1993.

52 Downton, J. V., An Evolutionary Theory of Spiritual Conversion and Commitment: The Case of Divine Light Mission, *Journal for the Scientific Study of Religion*, 19, 1980.

53 Preston, D. L., Meditative Ritual Practice and Spiritual Conversion-Commitment: Theoretical Implications Based on the Case of Zen, *Sociological Analysis*, 43, 1982, p. 260.

54 Ibid., p. 265.

第三章　回心の「類型」

回心は、その現象に注目する限り、きわめて多様で多元的である。したがって、回心と呼ばれるあらゆる現象を、たった一つの理論的な枠組みで扱うことは現実的に不可能である。それゆえ、前章で述べたごとくに「宗教的回心」の概念を措定したとしても、それによってあらゆる回心現象を扱えるわけではない。したがって、一般的な広義の回心において、「宗教的回心」の境界線を明示する類型論を模索することが、まず必要不可欠な作業となろう。本章のねらいも、まさにその点にある。つまり本章での議論は、多様な回心現象の単なる整理や体系化というよりも、むしろ「宗教的回心」の概念を明確にすることを目指しているのである。さらに、回心類型論が研究の論点を絞り込むという役割も果たすことから、「宗教的回心」を軸とする類型論の提示は、すなわち「宗教学的回心研究」の論点を先鋭化させることにも繋がる。このような見地から、本章では、まず先行研究における回心類型論のさまざまな試みを概観したうえで、「宗教的回心」の概念を視野に入れた類型論を提示してみたい。

第一節　現象形態に基づく類型論

最も古典的な回心類型は、「突発的回心」と「漸次的回心」という二類型であろう。説明するまでもなく、この二つの回心は、回心の生起にかかる時間的な差異によって区別される。前者が前触れもなく突然生ずる劇的な回心を指し、しばしばパウロの回心がその典型とされる一方で、後者は長期間にわたってさまざまな要因が積み重なることで生ずる回心である。ちなみにフッドらは、この古典的な回心類型に研究者の視点を加味して、それぞれの回心の対照的な特徴を次のように列挙している。(1)

突発的回心：青年中期から後期　・感情的で暗示的・厳格な神学・受動的・罪からの解放

漸次的回心：青年後期から成人前期・理知的で合理的・同情の神学・能動的・意味や目的の追求

この二類型に基づいて議論をすすめたのは、スターバックやジェイムズといった回心研究の基礎を築いた心理学者たちであった。彼らが、突発的回心の方に的を絞ったのも、心理現象としての特異さに着目したからである。例えばジェイムズは、スターバックの叙述に倣って、突発的な「自己放棄型」(type by self-surrender) と漸次的な「意志型」(volitional type) とに回心を分類し、研究の焦点を前者に絞る理由を次のように説明している。

意志型の回心のなかから事例を挙げることは容易だと言えようが、それらの回心は概して、潜在意識的な影響が顕著でしばしば驚くほどである自己放棄による型の回心ほど興味深くはない。よって私はただちに後者に着目し、二つの型の相違が結局は根本的なものではないがゆえに、いっそうそのようにするのである。(2)

要するにジェイムズは、二つの回心に本質的な差異を認めずに、現象としてより明確で極端な方を研究対象としたのである。実際のところ、潜在意識を含めた構造的な考察を際立たせるには、突発的回心の方が彼にとって好都合であったと言えるであろう。しかしスターバックやジェイムズが突発的な「自己放棄型」に着目したのは、神学的な前提とも無関係ではないように思われる。というのも、福音主義的な神学においては、回心は、ある理想に向かう人間の意志や努力の所産というよりも、神なるイエスによる救済的な恩寵であるがゆえに、その訪れはむしろ突然でなければならないからである。要するに、古典的モデルの提唱者は、神学的な前提に適うような回心、つまり罪深さからの救いが外から不意に与えられるような突然の回心を重視したとも受け取れるのである。いずれにせよ、ジェイムズが罪意識に着目して回心を捉えたことは、彼がスターバックの叙述を引用して次のように述べたことからも明らかであろう。

多くの人々にとり、間違っているという現在の感覚は、我々が目指すことが可能ないかなる積極的な理想を想像することよりも、はるかに明確な意識の要素である。実際に、多くの場合、「罪」がほぼ独占的に注意を奪うのであり、それゆえに回心とは「義に向かう努力というよりも、罪から逃れるあがきの過程」なのである。(3)

このように、スターバックやジェイムズは、心理学的な分析や解釈にとって都合がよく、なおかつ神学的な前提とも合致する、突発的回心の方に力点を置いたのである。

それに対しプラットは、スターバックやジェイムズの回心論が神学的な先入観に基づいている点を批判し、突発的な回心よりも、むしろ漸次的な回心に着目した。というよりも、プラットが回心の本質を新たな道徳的自己の誕生に求め、回心の感情的起伏よりもその道徳的側面に注目したために、結果的に漸次的な努力の過程が浮き

- 青年期の回心：性欲の抑圧による葛藤に特徴づけられる回心 (adolescent conversion)
- 成人期の回心 (adult conversion)
  - 通常の回心 (ordinary conversion)
    - 道徳的回心：道徳的葛藤に特徴づけられる回心 (moral conversion)
    - 理知的回心：理知的葛藤に特徴づけられる回心 (intellectual conversion)
    - 社会的回心：社会的葛藤に特徴づけられる回心 (social conversion)
  - 神秘的回心：全欲望の宗教的昇華 (mystical conversion)

図一：サウレスの回心類型

彫りにされたと言った方が当たっているかもしれない。いずれにしてもプラットは、回心を「情緒型」(emotional type)と「道徳型」(moral type)とに分類し、より漸次的な過程を示す後者の回心を重視したのである。このような彼の観点は、「多くの宗教的な人々にとっての(本当の意味で道徳的な種類の)回心は、漸次的でほとんど変化が感じられない過程であり、青年期にときとして感情の高揚を伴うにすぎない」[4]との見解にも読み取れよう。このような回心の漸次性と道徳性との強調は、必然的に、回心の突発性と自己放棄とに力点を置くスターバックやジェイムズの所論に対する批判へと導かれる。実際にプラットは、主に福音主義神学の伝統において評価されてきたバンヤンの回心やブレーナードの回心を、単なる感情的な起伏にすぎず、道徳的には全く無意味であるとさえ述べ、回心をもたらすのは「罪から逃れるあがきではなく、何か新しいものに向かう努力である」[5]と、スターバックやジェイムズとは全く逆の主張をしている。類型論の観点から見れば、スターバックやジェイムズが心理学的な関心と神学的な前提とに基づいて突発的回心に注目した一方で、プラットは道徳的な観点から漸次的回心に焦点を合わせたと言えよう。このように、古典的な回心研究においては、観点の相違こそあれ、突発的回心と漸次的回心という二類型が、議論と考察の基軸となっていた点に留意しておきたい。

　ところで回心研究に精神分析学的観点の導入を試みたサウレスは、それまでの研究が、青年期の回心に対象を絞ってきた点を疑問視し、より包括的な回心類型の必要性を説いた[6]。彼の論ずる回心類型の全体像を簡単に図示すると次のようになる（図一）。このサウレスの回心類型論は、それまでの突発的回心と漸次的回心という二類型と比較して、より広い視野を提供している点で評価されよう。この樹形図においても明らかなように、この類型論では、古典的モデルの中核とも言える「罪意識」が、コンプレックスと抵抗との「葛藤」と置き直され、それに基づく分類がなされている。確かに、葛藤を軸とするこの類型論は、学説史のうえではそれほど脚光を浴びてはいないものの、多様な回心に関する体系的記述の初期の試みとして特筆すべきであろう。とりわけ、サウレスによる「道徳的回心」や「理知的回心」、「神秘的回心」という類型の立て方は、後に展開される類型論を先取りしている点でも興味深い。

同じく精神分析学的な観点から回心を研究したザルツマンは、「発展的回心」（progressive conversion）と「後退的回心」（regressive conversion）という類型を提示した。前者は「その人の生活における統合的で成熟的な発達」[7]を促し、人格を発達・成熟させる回心である。その一方で後者は「防御的解決に他ならず、精神病症状の特徴を示す変化」[8]をもたらす、破壊的で分裂的な回心である。このザルツマンの類型論は、包括的で体系的な回心把握を目指したサウレスのそれとは異なり、後退的回心に論点を絞り込むための手続きとして提示されている。しかしこの類型は、心理学的回心研究を二分する観点や価値観を反映している点でも注目すべきであろう。具体的に言えば、発展的回心は、回心の肯定的な影響を強調する人格心理学的な研究に基本的な概念であり、後退的回心は、回心を精神異常の結果と見なす精神分析学的な研究の概念である。現に、伝統的宗教を擁護する文脈では発展的回心について論じられる一方で、後退的回心はしばしば新宗教運動の批判に利用されている。このように、回心理解は、回心や宗教をめぐる価値観とも密接に結びついているのである。このことはつまり、回心類型論が、多様な回心現象の分類に留まらず、回心研究の視点や立場の分類ともなり得ることを物語っていよう。この点については、次節にて詳述することにしたい。

表一：回心モチーフ

		回心モチーフ					
		1，理知的	2，神秘的	3，実験的	4，情緒的	5，復興的	6，強制的
主要な変数	1，社会的圧力の程度	低 or 無	無 or 極少	低	中	高	高
	2，持続時間	中	短	長	長	短	長
	3，感情的興奮の程度	中	高	低	中	高	高
	4，感情の内容	啓発	畏怖、愛、恐怖	好奇	愛情	愛（と恐怖）	恐怖（と愛）
	5，信念と入会の順序	信念－入会	信念－入会	入会－信念	入会－信念	入会－信念	入会－信念

以上の回心類型論は、いずれも心理学あるいは精神分析学的な観点から構築されたものであった。それに対して、社会学的な観点をも加えた独自の類型論を示したのがロフランドとスコノフトである。(9) 彼らは、心理現象の特異さというよりも、他の社会学者と同様に、一九六〇年代以降の新宗教運動の興隆という社会現象の奇異さに関心を寄せつつ、従来の回心研究の業績を包括的にまとめ上げるような回心類型を提示した。そこでは、回心の中心的な位置を占める「主題体験」（motif experience）を軸に、回心が次のように六つに分類されている。

（一）理知的（intellectual）回心：TVや読書といった、非人格的メディアを介した知的追究型の回心

（二）神秘的（mystical）回心：「パウロの回心」に代表される、突発的で超自然的な体験を伴う回心

（三）実験的（experimental）回心：「それを試す」という態度による、宗教集団への入会としての回心

（四）情緒的（affectional）回心：信者との個人的な感情的絆を介した回心

（五）復興的（revivalist）回心：リバイバル運動などの集団的復興による回心

（六）強制的（coercive）回心：「洗脳」「マインド・コントロール」と呼ばれる強制的説得による回心

この回心類型に、彼らはさらに（一）社会的圧力の程度、（二）持続時間、

（三）感情的興奮の程度、（四）感情の内容、（五）信念と入会の順序、という五つの次元を加味して、次に掲げる表のようにまとめた（表一）。

この表は、回心の中心的なモチーフに従って、回心の現象面が規定されることを示唆している。あるいは逆に、ある特徴をもつ回心現象は、概して同様のモチーフをもつとも言えるかもしれない。さらに、回心のモチーフによって方法論も規定されてくるとすれば、ある研究方法を導入した時点で、どのタイプの回心が対象となるかが決まってくることにもなろう。このことは、回心の現象形態の類型が、すなわち回心研究の類型ともなり得ることを端的に説明する。その意味で、彼らの回心類型論は、回心の内容と形式との密接な関係だけでなく、従来の回心研究の成果を包括的かつ体系的に提示している点でも、注目に値するのである。ちなみに彼らの回心類型論は、多様な回心の現象を体系的に整理する点で高い評価を受けており、先に提示した表もしばしば引用されている。[10]

さてジンバウアーとパーガメントは、包括的な回心類型論ではなく、サウレスやロフランドとスコノフトが「神秘的回心」と呼んだ回心に的を絞り、かなり限定的な類型論を展開した。そこで彼らは「宗教的回心」を「人が聖なるものと見なすものが、回心者の人生や意識の中心的な位置を占める」[11]ことと規定したうえで、その「聖なるもの」に従って次のような三類型を提起している。

（一）宇宙的回心（universal conversion）：聖なるものが選民や人類全体である回心
（二）宗教集団的回心（religious group conversion）：聖なるものが宗教集団やその指導者である回心
（三）霊的回心（spiritual conversion）：聖なるものが霊的な力である回心

先述したように、彼らはとりわけ「霊的回心」の実証的な検証を試みたものの、その目論見は実を結ぶには至らなかった。確かに、回心の宗教的側面を中心に類型論を構築しようとした点は十分に評価に値しよう。しかしこの観点に基づく回心類型論もまた、結局のところ実証的には裏づけられなかったのである。やはり彼らの仮説、つまり「聖なるもの」の内容によって人間に与える影響が異なり、神やキリスト、アラー、仏陀といった「霊的な力」が最も統合的な作用を人間におよぼすという神学的仮説を、実証学の対象にすることには最初から無理があったと言うべきであろう。思うに、宗教的側面に配慮した類型論と実際の現象との乖離を克服するには、回心の宗教性を視野に入れながらも、「聖なるもの」の内容に踏み込むのではなく、それを見据えつつもあくまでも人間側に踏み留まって類型論を構築することが必要ではなかろうか。この点については改めて後述することにし、ここでは、回心類型論の定立が、多様な回心の現象や概念を整理するとともに、それが回心研究の論点の先鋭化にも一役買うことを確認しておきたい。

第二節　パラダイムに基づく類型論

前節で述べたように、回心類型論は多様な回心を整理するだけに留まらず、研究の視点や立場の類型論ともなり得る。現に、回心現象の形態から類型論を構築するというよりも、むしろ研究の基本的な視点や立場、つまりその研究が備えているパラダイムに基づいて回心類型論を展開している試みをいくつか挙げることができる。本節ではこれらの議論を概観し、それらによって示唆される諸問題を考察することにしたい。

最初に、パラダイムに基づく回心類型論を可能にする、その理論的な前提について触れておこう。この点を考察するには、前節でも取り上げたロフランドとスコノフトの論考が一つの手がかりとなる。彼らが、回心のモチーフを軸として類型論を展開したことは前節で述べたとおりである。ここで注目したい点は、彼らが「生まなましい現実」（第一の次元）、「回心者の説明」（第二の次元）、「研究者の解釈」（第三の次元）という三つの次元を設定したことである。ただしロフランドらは、これら三つの次元間に楽観的な連続性を想定していた。例えば彼らは、実際の回心現象と回心者の主観的説明とが「見事に合致し」、後者は前者の少なくとも部分的な表われであるとし、研究者の回心概念は先の二つの次元に追いつくように修正が加えられると述べている。つまり彼らは、三つの異なる次元間に素朴な一致を認めたのである。したがって、モチーフに基づく彼らの回心類型論には、研究者の解釈が入るにせよ、実際の回心現象の諸相が想定されていることになろう。しかしながら、研究者の解釈の次元と他の諸次元との安易な連続性が留保されるならば、その同じ類型論が、研究者のパラダイムの類型論とも解されることになる。実際に、研究者によっては、ロフランドらの回心類型をパラダイムの類型論として捉えている。例えばフッドらは、彼らの回心類型論を、回心現象に基本的な客観的区別を設けるものと見なすとともに、「古典的モデルと現代的モデル、心理学的モデルと社会学的モデルとを見事に結びつける分類体系」[12]と高く評価している。確かに、神秘的モチーフには神学的な古典的モデル、実験的モチーフには社会学的な漂流モデルがそれぞれ対応しているとすれば、彼らが指摘するように、モチーフによる回心類型論を、学際的な議論を欠く心理学的研究と社会学的研究との間に橋を架け、体系的に位置づける試みと見なすこともできよう。ただしフッドらもまた、「生まなましい現実」「回心者の説明」「研究者の解釈」という三つの次元を完全に切り離したわけではなく、現実の変化はいずれの次元にも反映されるという立場をとっている。したがって、フッドらにとってモチーフによる回心類型論は、回心現象の直接的な類型論であると同時に、研究者のパラダイムの類型論でもあったと言えるであろう。

それに対して、研究者のパラダイムに徹するかたちで回心類型論を提示したのがキルボーンとリチャードソンである。彼らの回心類型論は、回心現象そのものの類型論というよりは、ロフランドらが言う第三の次元、つまり「研究者の解釈」の次元に着目した回心研究の類型論である[13]。具体的には、キルボーンらは、回心者理解に関するパラダイム（能動的と受動的）と、分析レベルに関する準パラダイム（個人内在的と個人間的）という、二×二で構成される四類型を提示した（表二）。

表二：キルボーンとリチャードソンの回心類型

分析レベル	回心者理解：能動的	回心者理解：受動的
個人内在的	1 理知的 自力	2 神秘的、信念変化 情緒的、精神病的
個人間的	3 実験的、社会的漂流	4 復興的、社会化、剥奪 強制的

　この回心類型は、確かにロフランドらが立てた六つの回心（理知的、神秘的、実験的、情緒的、復興的、強制的）と重なるものの、双方の類型論には根本的な違いがある。というのも、先述したようにロフランドらが回心現象の直接的な分類を意図したのに対し、キルボーンらは研究者のパラダイムを介した回心類型を試みたからである。彼らの論考が回心の研究というよりも、回心研究の研究という性質の方が際立っていることは、例えば回心の研究者におけるパラダイムの相違が現代のアメリカ社会に潜む緊張や対立の反映でもあるとの結語にも示唆されていよう。特筆すべきは、このパラダイムに基づく類型論が、回心研究とその回心概念の全体像を体系的に把握するさいに、きわめて有効な視座を提供するということである。この点については、マハレックとスノウも、キルボーンらによる回心類型を「人間観の次元と分析レベルとに基づく回心類型の明快な図式を提示することによって、実証的多様性を体系化すること

に重要な役割を果たした[14]」と評している。

ここで、回心の多様性をパラダイムの相違に帰着させることによって、ある可能性が開かれてくることにも言及しておきたい。一言で言うとそれは、研究者による回心の本質への洞察を軸として、多様な回心現象を整理し得るという可能性である。この可能性のゆえに、パラダイムに基づく回心類型論は、回心の本質論と矛盾しないばかりか、そのための道をも拓き得るのである。確かにキルボーンとリチャードソンは、回心を「社会化」の一形態として捉えたことから、彼らは〈表二〉の類型論を自らの立場を明示することに用い、それを回心の本質論に差し向けることはしなかった。しかしその一方で、マハレックとスノウはキルボーンらの類型論を「回心体験のさまざまな表現に共有される、基礎的な深遠な構造を見極めることを可能にするであろう[15]」と評し、パラダイムに基づく回心類型を、回心の本質に関する洞察へと結びつけている。むろんマハレックらがその本質を「意識の転換」に求めたことには再考の余地があるにせよ、回心類型論を回心の本質論の起点に据えた点には注目してよかろう。この着眼は、回心現象を起点とする帰納的な類型論から、研究者の洞察を起点とする演繹的な回心類型論への移行を促しているとも言えるかもしれない。いずれにしても、パラダイムに基づく回心類型論は、報告される回心の多様性のゆえにその本質理解を否定するのではなく、その多様性を認めながらもかえってその本質理解を軸とする類型論に道を拓くのである。

第三節　発達論に基づく類型論

これまで論じてきた回心類型論では、いずれも心理学や社会学の観点から提示され、少なくとも表向きは価値判断を差し挟まない客観的な回心分類が目指されていた。それに対して、ここで取り上げる回心類型論は、各回心の間に価値の序列を設ける神学的な類型論である。確かに、価値観を安易に導入すべきでないことは言うまでもないが、そこでは、とりわけ「宗教的回心」の規定をめぐって、きわめて示唆に富む議論が展開されている。そこでまず、アメリカのカトリック神学者であるロナガンの回心類型に注目してみたい。ロナガンは回心を「新しい地平への移行」による「方向転換や新たな出発」もしくは一つの「自己超越」と捉え、相互に密接なかかわりをもちながらも内実を全く異にする三つの回心を次のように提示した。

（一）理知的回心（intellectual conversion）：現実の世界が、感覚で直接捉えられる世界ではなく、意味に媒介される世界であることの認識に特徴づけられる、認識的な自己超越。

（二）道徳的回心（moral conversion）：満足から価値へと、決断と選択の基準を換えることに他ならない、実存的な自己超越。

（三）宗教的回心（religious conversion）：究極的な関心に捉えられることであり、現世を越えた神の愛に満たされることに伴う、完全なる自己服従。

ここで注意すべきことは、これら三つの回心の間には、ある関係が想定されているということである。前節まで論じてきた回心類型論では、分類された回心は価値序列とは無関係に全く同列に扱われており、しかも各回心は、他の回心と何の関係もない、独立した類型として措定されていた。ところがロナガンは、次の引用文が示すように、三つの回心の間に相互関係を想定しつつ、とりわけ宗教的回心をその類型論の中心に据えたのである。

宗教的回心は、道徳的回心を止揚し、道徳的回心は理知的回心を止揚するけれども、理知的回心が最初にきて、その後に道徳的回心、最後に宗教的回心とは考えられない。反対に、因果的な観点では、最初に神の愛という神の賜があると言えるであろう。次に、この愛の目が諸価値をその輝きにおいて浮き彫りにし、その一方でこの愛の力がそれらの実現化をもたらすのであるが、これが道徳的回心なのである。最後に、愛の目によって区別された価値のなかに、宗教的伝統によって教示される真理を信仰する価値があり、そのような伝統や信仰のなかに、理知的回心の種が存するのである。[16]

要するにロナガンは、「止揚」という語によって、理知的回心よりも道徳的回心を、道徳的回心よりも宗教的回心を高次に位置づけると同時に、宗教的回心を道徳的回心および理知的回心の起点にも据えたのである。したがって宗教的回心は、価値の中心であると同時に、因果的展開の起点とも見なされているのである。つまりロナガンによれば、宗教的回心は、因果的には理知的回心と道徳的回心に先立つものの、構造的には理知的回心と道徳的回心とを止揚する、換言すればこれら二つの回心を否定することなくより高い次元から包摂しているのである。その意味で、ロナガンの回心類型論は、過程的にも構造的にも宗教的回心を中心に据えた類型論であり、「神の愛」を中心に構成された類型論とも言えるであろう。

このようなロナガンの所論を継承し、それを発達論的に捉え直して論じたのがコーンである。彼はまず、ロナガンが指摘した自由の地平的行使と垂直的行使との区別に着目し、前章でも述べたように、既存の地平内での内容変化である「地平的回心」（horizonal conversion）と、新しい地平での構造変化である「垂直的回心」（vertical conversion）とを区別したうえで、もっぱら後者に焦点を絞って論を展開した。[17] 要するにコーンは、回心による信仰の中身の変化よりも、回心によって開示される存在地平に着目したのであり、ロナガンと同様に回心を一つの「自己超越」として捉えたのである。このようにコーンが人間の存在地平に考察の焦点を合わせたことは、回心を存在構造の転換と捉える「宗教学的回心研究」の立場からすれば、きわめて示唆に富む着眼と言える。このような人間存在への着眼に基づきつつ、コーンはさらに、エリクソンやファウラー、コールバーグといった人間の精神的発達を扱った諸理論の観点を大胆に導入した。[18] つまりコーンは、ロナガンが提示した三つの回心、「理知的回心」「道徳的回心」「宗教的回心」を、理知的および認識的な次元から道徳的な次元へ、そして最後には宗教的な次元へと至るという、人間の段階的な信仰的・精神的発達の過程に組み入れようとしたのである。そのさい彼は、(一) 基本的道徳の次元、(二) 情緒的次元、(三) 批判的道徳の次元、(四) 宗教的次元、という四つの次元を設定し、各次元をエリクソンによるライフサイクルの八段階のうち、後半の四段階(青年期、成人前期、成人後期、老年期)にそれぞれ対応させて、次のような回心類型を提示している。

(一) 基本的な道徳的回心 (basic moral conversion): 青年期におけるアイデンティティの危機を克服することと対応する、利己的な志向性から社会的な志向性への移行。

(二) 情緒的回心 (affective conversion): 成人前期における親密性の危機の克服に対応する、所有的願望から創造的願望への転換。また、親密な愛と他者への創造的世話という自己犠牲への再方向づけ。

(三) 批判的な道徳的回心 (critical moral conversion): 成人後期における創造性の危機の克服に対応する、自身の批判的判断による根源的価値の発見、および道徳的生活の創造者の誕生。

(四) 宗教的回心 (religious conversion): 老年期における統合性の危機の克服に対応する、そのなかで宇宙的合一という瞑想的体験によって絶望が克服される、脱中心的な構図の移行。

コーンによるこの回心類型論には、「基本的な道徳的回心」→「情緒的回心」→「批判的な道徳的回心」→「宗教的回心」という発達論的過程が想定されていることは言うまでもない。この発達論的な捉え方は、因果的には宗教的回心が道徳的回心に先立つというロナガンの主張とは鋭く対立することになり、実際にコーンはロナガンの見解に疑問を投げかけている。[19] 確かにロナガンが用いた「止揚」という言葉を時間的に捉えるならば、コーンが主張するようにロナガンの叙述には矛盾が生ずる。しかし、ロナガンに即して「止揚」を構造的に受け取るならば、宗教的回心は他の回心の時間的な出発点ではなく、むしろ構造的な根底に据えられることになり、ロナガンの主張そのものに矛盾があるとは言えなくなる。このように、ロナガンとコーンの所論は、因果的な観点では鋭い対立を見せるものの、宗教的回心を最も高次な回心として位置づける点では一致している。確かに、このような宗教的回心の把握は神学的な観点が際立ってはいるものの、そこには宗教的回心を特徴づける意味でおおいに注目すべき点がある。とりわけ、宗教的回心と道徳的回心との間に設けられている境界線には、宗教的回心の概念を規定するうえで、看過することのできない重要な示唆が含まれている。以下、とくにコーンが設定した宗教的回心と道徳的回心との概念的な区別について、やや踏み込んで考察することにしたい。

さて、先述したコーンの四類型のうちで「基本的な道徳的回心」「情緒的回心」そして「批判的な道徳的回心」という三つの回心は、発達段階の相違があるにせよ、いずれも利他性つまり利己性の否定を主題としている。このことから、ここではさしあたり、これら三つの回心を「道徳的回心」と一括しておくことにしたい。なお、このように利他性によって特徴づけられる道徳的回心は、ロナガンのいう道徳的回心とも矛盾しない。というのも、「満足」に利己性を、「価値」に非利己性を認めれば、「満足」から「価値」への判断基準の移行を要点とするロナガンの道徳的回心にも、利己性の超克を指摘できるからである。このことからロナガンとコーンの道徳的回心を、さしあたり利他性つまり利己性の否定という点から特徴づけておきたい。問題は、この道徳的回心と宗教的回心との間に、どのような相違が含意されているかである。この点を考察するのに手がかりとなるのが、アメリカの修道士であるトーマス・メルトン（一九一五―一九六八年）を取り上げたコーンの事例研究である。以下、彼の見解に沿って、宗教的回心が道徳的回心から区別される、その境界線に考察の焦点を合わせることにしたい。

ところで、コーンによるメルトン研究の焦点もまた、道徳的回心の段階から宗教的回心の段階への発達的移行、さらに言えば宗教的回心における道徳的自己の転換にあったと言ってよい。このことを、論文の冒頭部分でコーンは「発達論的コンテクストにおいて、メルトンの晩年において私が詳述しようとする主題は、真の宗教的服従が、道徳的自律性を否定するのではなく、その絶対性という幻影のみを否定するということである。宗教的回心において道徳的自律性は相対化されるのであって、犠牲になるのではない[20]」と明快に述べている。この記述によれば、「道徳的自律性」が道徳的回心と宗教的回心とを区別する鍵概念となっていることがわかるであろう。これの道徳的自律性は、例えばメルトンが、ソ連と軍拡を競い合うアメリカ政府とそれを擁護する教会とを痛烈に批判し、彼が反戦運動の旗手となったことに認められている。つまり道徳的自律性は、いかなる権威にも屈しない独立性や批判精神、そして「自らの責任が社会の根本的な構造にまでおよぶ[21]」ような強烈な責任感とによって特徴づけられるのである。さらに、こうした批判精神や責任感の根底に、非利己的な能動性を読み取るならば、道徳的自律性は、社会変革をも担う利他的な能動性とも言い換えられるであろう。この道徳的自律性の確立こそが、道徳的回心の中心点に他ならない。つまり道徳的回心とは、自己に備わる能動性を利他的な方向に指し向けることで達せられる一つの自己超越なのである。ここで改めて問うべき問題となるのは、確固たる独立性や強烈な責任性に支えられた道徳的自律性と宗教的回心との関係であろう。この点を明らかにするには、コーンが二つの回心の相違について、メルトンのいう「真の自己」の覚醒に寄せて説明した次の記述が有力な手がかりとなる。

批判的な道徳的回心を体験した主観でさえ、絶対的自律性という幻想に執着する一方で、真の自己は、宗教的回心において、絶対的自律性の主張を神の愛へ服従させるなかで最も完全に実現される。(22)

要するにコーンによれば、道徳的回心の段階では、強烈な独立性と責任性によって道徳的自律性が絶対視されている一方で、宗教的回心においては、その自律性の絶対性が、神の愛への服従のなかで相対化されているというのである。この自律性を能動性と置き換えるならば、道徳的回心においては、自己の利他的な能動性が絶対視されている一方で、宗教的回心ではいかなる能動性の絶対視も否定されることになろう。それゆえにコーンは、道徳的な自律性つまり利他的な能動性を絶対視することを「幻想」と呼び、道徳的回心を経た利他的な自己を「偽りの自己」とさえ呼んだのである。そして、この「偽りの自己」が執着する絶対的な能動性を神に譲り渡し、その能動性が相対化されることではじめて「真の自己」が実現するのである。このように、利他的な能動性の相対化によって特徴づけられる回心こそが、コーンのいう宗教的回心に他ならないと言えるであろう。

本節を締めくくるにあたり、コーンの発達論的類型論に別な角度から考察を加え、その新たな可能性にも言及しておきたい。コーンの回心類型は、第一章でも述べたように、牧会的カウンセリングというかなり実践的な関心から提示されており、キリスト教の諸回心が、成人期のさまざまな危機の克服に有効であるとの主張に基づいている。さらに、この類型論がエリクソンのライフサイクル理論を軸に構築されていることから、これらの回心は、治療や救済を求めている者だけに必要なのではなく、あらゆる人間が通過すべき段階的過程の重要な節目を示しているとも言えよう。その意味で、コーンの回心類型論は、人間が本来辿るべき発達および成長の過程モデルなのである。この成長過程としての回心が、必ずしも宗教的なコンテクストを要しないことは、例えば「これらの回心は、明らかに宗教的なコンテクストのなかで生ずるであろうが、しかしそのようなコンテクストは必ずしも必要ではない。これらの回心がキリスト教的なコンテクストで生ずるときには、それらは全くキリスト教的な回心の次元にあるのだ」[23]あるいは「宗教的回心は、単に稀であるだけではなく、通常のいかなる意味でも宗教的でさえない。人がそれを体験するために『宗教的』である必要はないのである。……神への完全なる根本的な回心は稀であるかもしれないが、それに近いものが人生の後半には必要なのである」[24]との記述からも察せられる。これらの引用文には、キリスト教神学の枠を越えた人間学的な回心把握が示唆されている点でも実に興味深い。いずれにしても、コーンのいう回心とは、異常な心理現象でなければ特異な社会現象でもなく、人間が個として確立するために必要不可欠な自己超越なのである。確かに、諸回心の間に想定された発達論的な関係には再考の余地があろう。しかし、このように自己超越への着眼から人間学的な考察が導かれている点には、新たな観点からの回心類型論が構築される可能性が示されているように思われる。

第四節　自己超越に基づく類型論

前節までの議論を踏まえて、本節では「宗教学的回心研究」の構想を見据えた回心類型論を提示することにしたい。そもそも回心類型論は、直接的には、多様で多元的な回心を整理し体系化することに目的がある。しかし、繰り返し述べてきたように、回心の類型化は、どのような回心をどのような観点から捉えるかという、研究の基本的な立場を明示することにも繋がる。逆に、目指す回心研究の立場を明示するには、その研究に即した回心類型が要請されるとも言えよう。いずれにしても、回心類型論は、回心研究の論点をより明確にするうえで、必要不可欠な議論なのである。回心の「類型」と題して本章を設けたのも、「宗教学的回心研究」の論点を明示するために他ならない。とりわけ、「宗教的回心」の概念を規定するさいには、それを含めた回心類型論を提示することがきわめて大きな意味をもつこととなる。

最初に、その類型論の軸となる「宗教的回心」の周辺概念を、従来の研究から確認しておこう。これまでの議論から言えば、まず神秘的回心が念頭に浮かぶであろう。この神秘的回心とは、パウロの回心をその典型とし、その変化の急激さのゆえに「神秘的」と形容される回心である。つまり神秘的回心は、合理的把握の枠外に出るほどの特異さという観点から特徴づけられているのである。この非合理性を正面に見据えたのが、ジンバウアーとパーガメントのいう宗教的回心および霊的回心である。これらの概念は、回心の宗教的側面、つまり人がかかわる「聖なるもの」への着眼から規定されている点で注目に値する。しかし、「聖なるもの」が素朴に措定されている点はきわめて神学的であり、本書で目指す方向性とは異なると言わねばならない。本書が宗教学という観点を掲げる以上、やはり人間側から宗教的側面にアプローチすることに徹する必要があろう。前章にて、回心の宗教性を、非合理的受動性と措定したのも、人間側からの宗教性の把握にねらいを定めていたからに他ならない。つまり、超越的な力や作用そのものではなく、人間が非合理的な方向に向けて己れを開く、その受動的な在り方に宗教性の根拠を求めるのである。いずれにしても、回心の宗教性を睨みつつ、非神学的な概念規定をおこなうには、このように回心把握の起点に努めて敏感になる必要があるように思われる。

ところで、神秘的回心あるいは霊的回心という概念には、神学的視点の安易な導入という問題の他に、その概念を縁取る境界線の曖昧さという問題点もある。つまり、神秘的回心にせよ霊的回心にせよ、そこには他の回心から構造的に鋭く区別される境界線が設定されていないのである。その点を鑑みれば、ロナガンやコーンによる道徳的回心と宗教的回心との区別をめぐる議論や考察は、「宗教的回心」を特徴づけるうえできわめて示唆に富んでいる。前節で彼らの所論を取り上げたのもそのためである。とりわけコーンによる一連の論考は、発達論的な観点がかなり強く打ち出されてはいるものの、道徳的回心と宗教的回心との対立点が明瞭にされている点で注目に値する。そこで、これらの回心が明確に区別される、その構造的な相違に着目してみよう。

先述したようにコーンは、道徳的回心を利他的な道徳的自律性の確立と捉えた。別言するならば、道徳的回心は、価値の中心をもっぱら己れの側に置く利己的な在り方を批判し、価値の中心を他者の側に置き直すことなのである。このように利己的な自己を犠牲にするという点では、道徳的回心は一つの自己超越と言えよう。このように、他者のために利己的な自己を犠牲にすることを、ここでは「自己犠牲」と呼ぶことにしたい。この「自己犠牲」により、いわば利他的で道徳的な自己が誕生するのであり、それによって道徳的回心が特徴づけられるのである。ここで留意しておきたいことは、道徳的回心では利己的な自己を犠牲にするその能動的な主体はやはり自己にある、という点である。別言すれば、道徳的回心においては、決断を下し行動する能動的な自己が前提とされており、したがって己れを犠牲にするのはまさに己れ自身に他ならないということである。したがって道徳的回心の過程は、漸次的で能動的な過程として説明可能なのである。プラットが注目した回心は、このタイプの回心であったと言えよう。いずれにしても道徳的回心は、利他的な精神に支えられた能動的な「自己犠牲」によって特徴づけられることをここで再度強調しておきたい。

その一方で宗教的回心は、利他的な能動性を含め、あらゆる能動性を自己のうちに留め置くことが徹底的に否定される。先述したようにコーンは、この点を「道徳的自律性の相対化」あるいは「絶対的自律性の主張を神の愛へ服従させる」と表現したのであった。ここでとくに留意すべき点は、宗教的回心では、道徳的自律性のみならずいっさいの能動性が「相対化」される、つまりそれを絶対視することが否定されるということである。換言

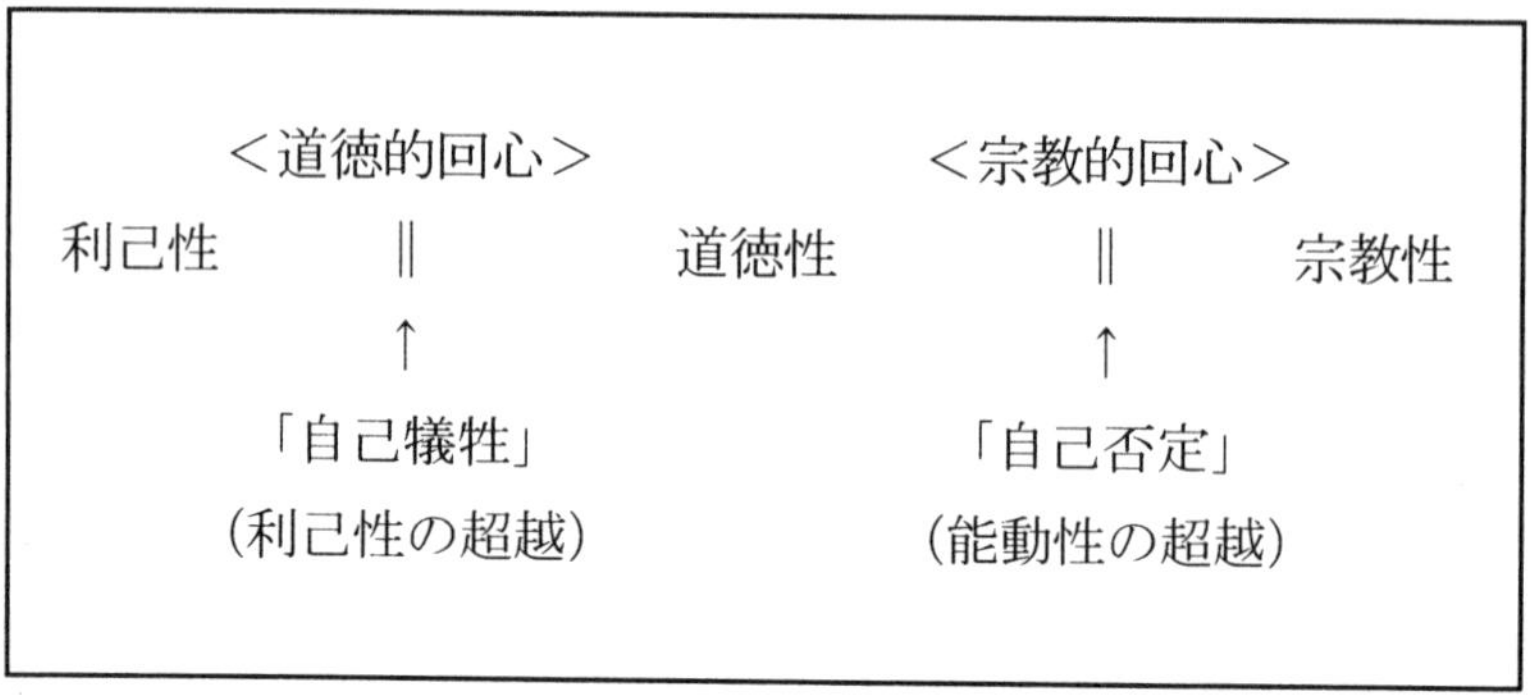

図二：「道徳的回心」と「宗教的回心」

すれば、宗教的回心では、自己の能動性に固執することが否定され、したがって能動性の源泉を自己に据え置くことが拒絶されるのである。つまりそこでは、道徳的回心の拠り所でさえあった自己の能動的な意志や決断までもが、その起点が自己にあるゆえに、全く否定されるのである。これは、自己の能動性を前提とし、それに固執する自己にとっては、自己そのものの否定に他ならないであろう。このように、能動性の起点を自己を超えたところに据えることに繋がる自己の否定を、ここでは「自己否定」と呼ぶことにしたい。つまるところ、この「自己否定」によって特徴づけられる自己超越こそが、宗教的回心なのである。ただし、この「自己否定」で否定されるのは能動性の起点を自己に据えることであって、能動性や自己そのものが否定されるわけではない。というのも、宗教的回心において「自己否定」が徹底されることによって、新たな能動性の源泉が獲得されるとともに、そこに全く新しい自己が成立するからである。コーンは、この新しい自己を「真の自己」と呼んだのである。とはいえ、それまで自己の能動性に固執してきた者にとって、それを己れの手の届かないところへ手放すことは、自己そのものの否定に他ならず、ある意味で自己の死でもあろう。したがって宗教的回心とは、コーンの言葉を借りれば、能動性を自己のもとに留め置く「偽りの自己」の死であり、それと同時に、自己を超越したところに能動性の源泉をもつ

「真の自己」の誕生なのである。以上の、道徳的回心と宗教的回心に関する考察を端的にまとめると、〈図二〉のように図示できよう。

ここで「自己犠牲」と道徳的回心、そして「自己否定」と宗教的回心の関係について、さらに考察を加えておきたい。前者の「自己犠牲」と道徳的回心とは、ほぼ重なり合うと見て差し支えない。というのも、「自己犠牲」の決断こそが道徳的回心であり、その道徳的回心の中核にはこの「自己犠牲」の精神が息づいているからである。この「自己犠牲」が自己の能動的な決断や行動の所産である以上、道徳的回心の成否もまた、自己の能動的な決断や行動に依っていると言えよう。たとえ、利己性を斥けるというこの決断が容易なものではないにせよ、道徳的回心の直接的な契機は己れの手の内に存するのである。その意味で、道徳的回心は「自己犠牲」の決断にかかっていると言ってよかろう。その一方で、「自己否定」と宗教的回心との関係は、「自己犠牲」と道徳的回心との関係とは大きく異なっている。それは、「自己犠牲」と道徳的回心は直接的に結びついているのに対して、「自己否定」と宗教的回心は必然あるいは因果という関係では繋がっていないからである。つまり「自己否定」がいくら重なったとしても、それは宗教的回心の原因にはなり得ないのである。確かに、宗教的回心には「自己否定」が要請される。しかし、それは「原因」としてではなく、「条件」として要請されるのである。したがって宗教的回心の直接的な契機は、道徳的回心とは違って自己の手の内にはないのである。宗教的回心に対して人間がなし得ることは、ただ「自己否定」という自己の在り方に徹しつつ「待つ」ことでしかない。その意味で宗教的回心は、「自己否定」に徹されるところに、自己を越えた向こう側からもたらされるのである。つまり「自己否定」は、必然的に機械論的に宗教的回心を引き起こす「原因」ではなく、むしろそれによって宗教的回心の生起を許容する「条件」を整え、そのための場を確保することなのである。実に、第一章で論じた「原因」から「条件」への視点変更は、宗教的回心と「自己否定」とのこのような関係を見据えてのことである。そして注目すべきことに、「自己否定」を「条件」と捉え直すところに、前章で論じた回心の本質、つまり回心の断絶性や根本性そして宗教性が開示されるのである。というのも、いっさいの能動性の源泉を放棄する「自己否定」は、断絶の向こう側にその身を委ねるという、非連続的な根本的飛躍であり受動的な在り方に徹することだからである。要するに前章で論じた回心の諸性質は、「自己否定」という条件に根差しているとも言えるのである。この見地から言えば、回心を最も特徴づける宗教性は、すなわち「自己否定」によって開示される受動性や待機性として示されることになろう。ただし、その受動性や待機性は、ある方向性もしくは志向性をもつことに留意しなければならない。というのも、あらゆる受動性や待機性が宗教性となるのではなく、宗教性とは、「高み」に対してであれ「深み」に対してであれ、非合理的な方向に向けられた受動性であり待機性だからである。したがって、「自己否定」とは、非合理的な「高み」あるいは「深み」に対して自己を開くことであり、それが宗教的回心の条件となるのである。そして、この「自己否定」への着眼こそが、回心の宗教的側面を際立たせ、「宗教的回心」を特徴づけることを可能にし、「宗教学的回心研究」の理論的な支柱となるのである。

以上の議論と考察とを踏まえて、ここで筆者の構想する回心の類型論を提示することにしよう。まず、道徳的回心と宗教的回心との関係を確認しておきたい。先述したようにコーンの類型論では、道徳的回心と宗教的回心とが、発達論的な関係によって結ばれていた。したがって、道徳的回心を経てはじめて宗教的回心へと導かれるのであり、その限りにおいて道徳的回心は宗教的回心の「原因」あるいは「必要条件」である。したがってコーンによれば、道徳的回心を経ずに宗教的回心が生ずることはなく、道徳的回心を経てはじめて宗教的回心が導かれるのである。ここが、宗教的回心を先立てるロナガンの主張と真っ向から対立する点であった。そこで、「原因」から「条件」へと視点を変更することで、ロナガンとコーンとのこうした見解の対立にも決着がつくように思われる。というのも、道徳的回心を宗教的回心の「原因」ではなく、むしろ「条件」の一つとして解することで、両者は窮屈な因果的関係から解放されるからである。実際には、これら二つの回心は、弁証法的な関係にあり、道徳的回心が宗教的回心のステップになることもあれば、反対に宗教的回心が道徳的回心を促すこともあるように思われる。したがって〈図二〉は、利己性→道徳的回心→道徳性→宗教的回心→宗教性という発達論的な関係を図示しているのではなく、両者の構造的な対立点を際立たせているにすぎない。端的に言えば、道徳的回心が利他的な「自己犠牲」によって特徴づけられ、宗教的回心はいっさいの能動性を手放す「自己否定」によって特徴づけられるのである。このことにより、道徳的回心と宗教的回心は、因果連関から切り離され、構造的に特徴づけられることになろう。

さて、このように道徳的回心と宗教的回心が何らかの自己超越を伴うのに対して、少なくとも理念的には、いかなる自己超越も伴うこともない回心を設えることもできよう。このように、自己超越をいっさい含まない、いわば表面的な回心を、ここでは「自然的回心」と呼ぶことにしたい。この自然的回心には、ベイト・ハラミとアーガイル[25]のいう「スイッチング」つまり結婚や転居に伴う「環境的な」回心の他に、ノックのいう「追従」やトラビサノの「代替」といった、なんら断絶を含まない宗教受容やアイデンティティの変化も含まれよう。いずれにしても自然的回心は、自己に何の痛みも伴うことなく、あたかも水が高いところから低いところへ流れるような、きわめて自然な変化であり、それゆえに科学的な説明も成り立つような変化を指すのである。この自然的回心を加えた三類型を、ここでは自己超越の構造に基づく類型論と呼び、次のようにまとめておきたい。

（一）自然的回心：自己超越を伴わない自然な変化
（二）道徳的回心：「自己犠牲」を原因とする自己超越
（三）宗教的回心：「自己否定」を条件とする自己超越

自己超越を軸とするこの類型論は、言うまでもなく「宗教的回心」を特徴づけることにその目的がある。とりわけ、「自己否定」によって「宗教的回心」を特徴づけることが、この類型論の要所と言ってよい。この「自己否定」が能動性の起点を己れに置くことを否定する一つの脱中心である以上、本書の研究対象である「宗教的回心」は、生物学的な変化現象でなければ道徳的な更生でもないことが浮き彫りにされよう。この点は、前章で論じた人間存在の質的転換としての「宗教的回心」の概念をさらに裏づけることにもなろう。ただし「宗教的回心」の概念を最終的に規定するには、さらに学問的な手続きを踏む必要がある。これ以上の議論については第五章に譲ることにし、ここでは自己超越に基づく類型論をもって「宗教的回心」の特徴を確認するに留めておきたい。

注

1 Hood, R. W., B. Spilka, B. Hunsberger & R. Gorsuch., *The Psychology of Religion: An Empirical Approach*, The Guilford Press, 1996, p. 283

2 James, W., *The varieties of religious experience: a Study in Human Nature*, Macmillan Publishing Co., [1902]1961, pp. 173-174.

3 Ibid., p. 174.

4 Pratt, J. B., *The Religious Consciousness A psychological study*, The Macmillan Co., 1924, p. 153.

5 Ibid., p. 155.

6 Thouless, R. H., *An Introduction to the Psychology of Religion*, Cambridge Univ. Press, 1923.

7 Salzman, L., The Psychology of Religious and Ideological Conversion, *Psychiatry: journal for the study of interpersonal processes*, 16, 1953, pp. 178-179.

8 Ibid., p. 179.

9 Lofland, J. & N. Skonovd, Conversion Motifs, *Journal for the Scientific Study of Religion*, 20, 1981.

10 例えば、杉山幸子「回心論再考——新宗教の社会心理学的研究に向けて」『日本文化研究所研究報告』第三十一集、一九九五年や、Hood, Spilka & Gorsuch (1996) などがある。

11 Zinnbauer, B. J. & K. I. Pargament, Spiritual Conversion: A Study of Religious Change Among College Students, *Journal for the Scientific Study of Religion*, 37, 1998, p. 165.

12 Hood, Spilka & Gorsuch (1996). p. 284.

13 Kilbourne, B. & J. T. Richardson, Paradigm Conflict, Types of Conversion, and Conversion Theories, *Sociological Analysis*, 50, 1988.

14 Machlek, R. & D. A. Snow, Conversion to new Religious Movements, *Religion and the Social Order*, vol. 3B, JAZ Press Inc., 1993, p. 55.

15 Ibid., p. 56.

16 Lonergan, B., *Method in Theology*, Univ. of Toronto Press, 1971, p. 243.

17 Conn, W. E., Conversion: A Developmental Perspective, *Cross Currents*, Fall, 1982.

18 Conn, W. E., Adult Conversions, *Pastoral Psychology*, 34, 1986.

19 Conn, W. E., Bernard Lonergan's Analysis of Conversion, *Angelicum: annuarium unionis thomisticae/Pontificium Collegium Internationale "Angelicum"*, 53, 1976.

20 Conn, W. E., Merton's "True Self": Moral Autonomy and Religious Conversion, *The Journal of Religion*, 65, 1985, p. 514.

21 Ibid., p. 518.

22 Ibid., p. 525.

23 Conn (1982), p. 324.

24 Conn (1986), p. 234.

25 Beit-Hallahmi, B. & M. Argyle, *The psychology of religious behaviour, belief and experience*, Routledge, 1997.

第四章　回心研究の「人間理解」

前章までの議論は、回心概念つまり「宗教的回心」の概念をめぐって展開されてきたと言ってよい。そこで本章では、「宗教学的回心研究」の構想を支える、もう一つの主題に議論を移すことにしたい。それは、回心を捉えるさいに、どのような人間像を想定すべきか、という人間理解の問題である。本論に入る前に、この人間理解に言及している研究に若干の考察を加え、本章で展開する議論のねらいを明確にしておくことにしよう。

さて、回心研究と人間理解との結びつきを明示している研究として、さしあたりジェイムズの『諸相』を挙げることができるであろう。『諸相』において人間の本質理解が目指されていることは、「人間の本質に関する研究」との副題からも窺い知ることができる。実際のところ、ジェイムズの想定する人間理解は、彼の回心論の意図と着想とを鮮やかに浮かび上がらせる。とりわけ「一度生まれ」（once-born）の人間と「二度生まれ」（twice-born）の人間という人間の二類型は、回心を軸に立てられている点で注目に値する。より具体的に言えば、「健全な心」（healthy-mindedness）の持ち主で、楽観的な人生観および直線的で「一階建ての」世界観を備えた「一度生まれ」の人間と、「病める魂」（sick soul）の持ち主で、悲観的な人生観および「二階建ての」神秘主義的な世界観をもつ「二度生まれ」の人間という二タイプの人間は、二度目の誕生である回心によって区別されている。つまり「一度生まれ」の人間とは、回心とは無縁の「自然人」（natural man）であり、その一方で「二度生まれ」の人間は、回心を経験した「回心者」（convert）あるいは少なくともその可能性を内に宿す人間なのである。ただしジェイムズは、この二タイプの相違を際立たせようとはしなかった。このことは、彼が「回心者は、一つの種属として自然人から区別され得ない」[1]と述べ、両者の間には優劣はないと論じていることからもわかる。要するに「自然人」と「回心者」との相違は、気質あるいは心的傾向性に基づくにすぎず、人間のタイプを質的に区別するものではないのである。したがって、「自然人」から「回心者」を特徴づける回心は、ある傾向性をもつ人間に限って生起する特異な心理現象にすぎないことになろう。つまり、ジェイムズのその人間類型からは、質的転換としての回心は必ずしも浮き彫りにされないのである。しかしその一方でジェイムズは、回心を「人間が新しく生まれる」つまり「回心者」の「誕生」とも捉えており、根本的な質的変化という回心の側面も認めていた。このことからわかるように、ジェイムズの「自然人」と「回心者」という人間理解は、「誕生」という言葉で示唆される質的転換としての回心把握と必ずしも嚙み合っていないのである。仮に「自然人」と「回心者」とを量的にではなく質的に区別するなら、その人間理解はただちに質的転換としての回心を際立たせる基礎となろう。しかし、そのような人間理解を据えるには、ジェイムズが量的な性質として片づけた「宗教的」という側面を質的に特徴づけることが不可欠なのである。

　同様の課題は、回心説明と回心体験との関係を考察したテイラーの論考にも指摘することができる。ジェイムズと同様にテイラーもまた、ある人間類型論を想定していることは、「宗教的人間は、単に異なる事をたまたまおこなうような人々と同じではなく、非宗教的人間とは異なる種類の人々である」[2]との記述にも示唆されていよう。ただしジェイムズの人間類型は、人間の心理的素質に基づいて固定されており、「一度生まれ」の人間が「二度生まれ」の人間に変わることを想定していないのに対して、テイラーによる人間類型は、非宗教的人間から宗教的人間へと変わることを認めている。むしろその転換、つまり非宗教的人間から宗教的人間への質的な転換こそが、テイラーのいう回心なのである。このことは、彼が「回心は、回心者が『新しく生まれ変わる』、つまり文字通り以前とは異なる種類の人間に変わったというかたちで、世界を再構築するのである」[3]と述べたことからも明らかであろう。ただしテイラーのいう宗教的人間とは、厳密に言えば、回心を体験した者ではなく、むしろ回心を説明できる世界をもつ者である。その意味では、彼の人間類型論は、回心体験というよりも回心説明を軸に設定されていると言えよう。しかしながら、回心説明が回心体験に先立つという彼独自の所論を支えるこの人間類型論もまた、宗教的人間と非宗教的人間との質的な区別を明示しているわけではない。というのも、新たに再構築された世界観がどのように特徴づけられるかは、彼の議論では必ずしも明確ではないからである。要するに、ジェイムズがそうであったようにテイラーもまた、「宗教的」という側面を明示しなかったがゆえに、結局のところ「宗教的人間」を特徴づけるところまでには至らなかったのである。もし仮に「宗教的」という側面を明示できるならば、新しい人間の「誕生」という洞察と、根本的な質的変化という回心の構造的な考察、そして「回心者」や「宗教的人間」の質的な特徴は、一本の線となって繋がってくるであろう。その延長線上に、「宗教学的回心研究」が見据えられていることは言うまでもない。

いずれにしてもここで確認しておきたい点は、回心研究の方法論や回心概念が、そこに想定されている人間理解と緊密に結びついているということである。ジェイムズやテイラーの所論を取り上げたのも、回心論と人間類型論との結びつきが明示されているからに他ならない。しかし、いかなる回心研究であれ、たとえ明示されなくとも、何らかの人間理解を前提としている。この人間理解は、いわば回心研究を支える基礎的な土台なのである。それゆえに、この回心研究を基礎づける下部構造を問い直すことは、従来の回心研究を新たな視点から再検討し、新たな研究の基点を模索することに直結する。実際に、ストラウスは人間理解という観点に寄せて、回心研究の基本的な立場を「受動主義」(passivism)と「能動主義」(activism)とに二分したうえで、自身の研究の立場を明示することを試みた。この観点は後年、ストラウス自身やリチャードソンによって「受動者パラダイム」(passivist paradigm) と「能動者パラダイム」(activist paradigm) という、より洗練されたかたちで論じられている。これらは要するに、回心者を受動的な人間と見なすか、あるいは能動的な人間と見なすか、という人間理解に寄せて回心研究を概括する試みに他ならない。この受動的か能動的かという人間理解への着眼が、従来の回心研究を新たな観点から再検討するきわめて有効な視座ともなっているのである。そこで本章では、「受動主義」および「受動者パラダイム」、そして「能動主義」および「能動者パラダイム」という彼らの議論を軸に、回心研究における人間理解の問題を考察してゆくことにしたい。なお本章では、前者を「受動的な人間理解」、後者を「能動的な人間理解」と概括し、それぞれに考察を加えたうえで、「宗教学的回心研究」の支柱となる人間理解、つまり「宗教的人間」について論ずることにしよう。

第一節　受動的な人間理解

まず、ストラウスのいう「受動主義」から確認しておこう。彼は「自己の変化：求道者と人生体験の創造的転換」と題する論文を、次の一文から説き起こしている。

アイデンティティの変化を研究する社会学者は、周囲の環境の所産という本質的に受動的な人間像を採用する傾向がある。この「受動主義」はとりわけ宗教運動の研究に顕著であり、現実の社会経済的問題に対する偽りの解決として宗教運動を片づけることが一般的である。[4]

このようにストラウスは、従来の回心研究に想定されてきた受動的な人間理解への批判を、研究の起点に据えたのである。この彼のいう「受動主義」とは、宗教集団の前に受け身にならざるを得ない人間を想定する研究群を指し、おそらくはL－Sモデルをはじめとする初期の社会学的回心研究が念頭に置かれていたと思われる。実際のところ、L－Sモデルでは、七つの段階的な必要十分条件を満たすことで、人間は必然的に回心へと導かれると考えられている。確かにそこでは、求道者の自覚というかたちで個の能動性も認められているものの、それは「傾向的条件」の一つであり、結局のところ因果的な決定論の歯車のなかに組み込まれた能動性にすぎない。それを裏づけるように、L－Sモデルの提唱者の一人であるロフランドは、ストラウスの見解に触発されて「私は、救世主モデルが完全に『受動的な』人間、つまり『それによって社会的な力が作用する中立的な媒介』という人間観を表わしていることを認めるようになった[5]」と述べて、より能動性を強調する人間観の必要性を説いている。このことからも、ストラウスもまたL－Sモデルを「受動主義」の範疇に入れていたであろうことは想像に難くない。それに加えて、彼が人間の受動性を強調する見解と、新宗教運動批判との結びつきを指摘した点を考慮すれば、しばしば宗教批判の拠り所とされる洗脳モデルやマインド・コントロール論もまた「受動主義」に括られていたと考えられる。いずれにしても、ストラウスが回心研究に暗黙のうちに前提とされてきた人間理解を取り出し、それと研究の対象や意図とのかかわりを見抜いたことは、卓見と言えるであろう。さらに、その三年後に発表した論文のなかで、彼はこの「受動主義」に「機械論主義」（mechanism）という側面をも指摘し、このいわば科学的な決定論と「受動主義」との繋がりを、次のように述べている。

従来のアプローチは「受動的」と呼ぶことができようが、それは信念体系や制度的組織へ認識的、行動的傾倒をせざるを得ないようにその人を操る集団の腕の中に落ちた者として回心者を描いている。テオドア・サービンは、このパラダイムの根底にある前提を機械論主義として論じた。(6)

つまりストラウスは、集団側の操作に従う無力な存在として回心者を捉える観点を「機械論主義」と呼んだのである。あるいは、集団の前に回心者の能動性の入る余地がない点をもって、「機械論主義」を指摘したとも言えるであろう。いずれにせよストラウスの「受動主義」とは、とりわけ集団に対する個人の受動性を念頭に置いた受動的な人間理解と、集団側の操作に従う機械論的決定論とによって特徴づけられるのである。

さて、このような特徴をもつ「受動主義」の前提は、第一章で扱った「社会化モデル」のそれと重なり合うことが容易に推察されるであろう。というのも、第一章で述べたように、この社会化モデルは、個人の能動性を考慮に入れるにせよ、どちらかと言えば集団側のはたらきかけを重視しているからである。このように集団側の操作に力点を置く見解は、例えば「洗脳モデル」と「漂流モデル」との綜合を試みたロングとハッデンによる、次の社会化の定義にもはっきりと認められる。

この社会化という活動は、宗教集団の信者と加入者との相互作用的な過程を必然的に含むが、この過程に固有の性質は、加入者が信者から受け取るものではなく、信者が加入者におこなう事柄によって規定されるのである。(7)

この社会化過程において、加入者の能動性が最小限にしか認められていないことは、「加入者は、社会化過程において信者と相互にかかわり合い、補完的な関係にあるが、加入者は社会化を決定づけるのではなく、ただそれにかかわり、応答することができるにすぎない」[8]と記されるとおりである。つまりロングらによれば、社会化としての回心過程は、あたかも線路のようにあらかじめ定められており、各人には敷かれたレールの上を進むか否かの選択しか認められていないのである。このことから、社会化を左右するのは個人ではなく集団であり、したがって加入者は集団の指針に従う受動的な存在でしかないことは明らかであろう。

このような社会的受動者という人間理解は、キルボーンとリチャードソンによる、回心研究のパラダイムに着目した研究にも認められる。彼らは、第三章の〈表二〉で示したようなかたちで回心研究を概観したうえで、その結論部分において、ロングらのように回心を社会化体験と捉える観点を評価し、「回心を規定する最もよい方法は、社会化の一形態としてである。つまりそれは、集団が割り当てる適切な役割や規範、立場を、個々人が学ぶ過程である」[9]と述べている。キルボーンらは、確かに「個々人が学ぶ」というかたちで個の能動性を認めたが、彼らは社会化モデルを能動的なモデルと見なしたわけではない。このことは、キルボーンらが、回心を社会化として捉えるパラダイムを「受動的」という範疇に入れていることからも明らかであろう。要するに彼らもまた、社会化モデルが個の能動性を視野に入れつつも、それが受動的な人間理解に基づくことを認めているのである。ストラウスの「受動主義」を起点とするこれらの人間理解は、さしあたり「社会学的」な受動的人間理解と括られよう。しかしながら、ありとあらゆる受動的な人間理解が、社会学的な「受動主義」によって説明し尽くされるわけではない。そこで、リチャードソンが「能動者パラダイム」の対極に位置づけた、「伝統的パラダイム」およびその現代版とされた「洗脳モデル」にも目を向けてみよう。

ところでリチャードソンは、「伝統的パラダイム」を「パウロ的パラダイム」とも呼び、それを超越者のはたらきかけに対する人間の受動的な側面を強調する点で特徴づけている。このパラダイムを説明するさいに、彼がとくに注目したのは、言うまでもなくパウロの回心である。リチャードソンは、このパウロの回心について、突発的で感情的であること、人間の手の届かない領域（神）に原因を求めること、一回限りの出来事であること、信仰と行動が一致することといった諸特徴を挙げ、さらにその回心把握を「心理学的で決定論的であり、受動的な主観を想定している」[10]と評した。これらパウロの回心の評価が、「伝統的パラダイム」の特徴に他ならない。つまりリチャードソンのいう「伝統的パラダイム」は、心理学的な決定論と、受動的な人間理解とによって支えられているのである。彼自身は明記していないものの、この「伝統的パラダイム」には、スターバックやジェイムズらによる、いわゆる古典的な回心研究も含まれると思われる。というのも、スターバックもジェイムズも、神学との距離を常に意識しながら心理学的把握に努めた一方で、「罪」や「自己放棄」を重視することで人間の受動性を焦点に据えたと言えるからである。その意味では、第一章で古典的モデルとして紹介した研究の多くは、この「伝統的パラダイム」の範疇に入ると言えるであろう。ただしここで注意を促したい点は、「伝統的パラダイム」に想定される人間の受動性には、神に対する受動性のみならず、心理学的決定論に従う受動性までも含まれることである。このようにリチャードソンが、受動的という共通項でこれらの受動性を一括したのも、彼のいう「新しいパラダイム」を際立たせるためであった。確かにこのような括り方は、「新しいパラダイム」の能動的側面を強調するには有効であるけれども、とりわけ回心の宗教的側面を示す非合理的な受動性が他の受動性と混同されてしまうという点では問題があろう。そこで、「伝統的パラダイム」を「神学的」な受動的人間理解を概括する概念と見なすこととし、それを非合理的受動性つまり宗教性を視野に入れた人間理解の系譜を辿るための概念として用いることにしたい。このように「伝統的パラダイム」を規定し直せば、第二章で宗教性とのかかわりで論及した研究群は、このパラダイムによって括られることとなろう。具体的に言うならば、スターバックやジェイムズによる「自己放棄」や「神秘主義」に関する議論、グレンステッドやパーガメントらによる「聖の侵入」という指摘、そしてプレストンの禅的な儀礼や座禅をめぐる論考などがその範疇に入ることになる。実際のところ、これらの所論はいずれも、合理的把握を越えた向こう側から、不意にこちら側に入ってくる何らかの作用や力に対して、受動的にかかわるという人間理解に基づいている。この非合理的な受動性を人間の宗教性と見なすなら、「伝統的パラダイム」に括られる数々の論考は、「宗教学的回心研究」が前提とすべき人間理解を構築する重要な手がかりを提供していると言えよう。確かにプラットやセルビーが批判したように、「伝統的パラダイム」は神学的な前提と無関係ではなく、その人間理解をそのまま「宗教学的回心研究」に移植するわけにはいかない。しかしながら、「神学的」な受動的人間理解を基礎とする「伝統的パラダイム」の系譜は、単にその神学的前提のゆえに切り捨てられるべきではなく、むしろ「宗教学的回心研究」を基礎づける学的資産として再評価されるべきなのである。この点については、改めて後述することにしたい。

ところでリチャードソンは、「伝統的パラダイム」の心理学的な決定論という側面を、「伝統的パラダイムの現代版」つまり「洗脳モデル」の特徴と見なした。この「洗脳モデル」を、彼は次のように説明している。

フロイトとその弟子らは、パウロの典型的な体験から間接的に引き出された回心観を暗黙のうちに広めてきた。つまり能動的な作用因が異なるにすぎないのである。フロイト派の人々にとって、無意識がその作用因なのである。このような心理学的で決定論的な見解の現代版は、「洗脳」「マインド・コントロール」という現代的なレトリックを用いている。(11)

この引用文で注目すべきことは、「伝統的パラダイム」と「洗脳モデル」がともに心理学的な決定論によって特徴づけられていることの他に、いずれにおいても人間を支配する「作用因」(agent)が据えられていることである。この点から言えば、リチャードソンのいう「洗脳モデル」とは、「伝統的パラダイム」の「神」を、単に「無意識」に置き換えたモデルにすぎない。ただしこの置換は、作用因に対する受動性という構造的な類似性を示唆するだけに留まらず、回心過程全体を合理的把握の枠内に押し込めることをも意味している。というのも、「無意識」の領域で生起する事象は、心理学や精神分析学によって合理的に扱われるべき対象だからである。その意味で「洗脳モデル」は、必然的な心的因果過程によって回心過程を説明するモデルであり、さらには回心の人為的な生起をも肯定するモデルなのである。したがって、そこでは人間の能動性が限りなく矮小化され、心的因果性や人為的操作に従う受動性が強調されることになる。このリチャードソンの見解に従って、「洗脳モデル」を、朝鮮戦争時代に戦争捕虜に対して実施された強制的説得に狭く限定するのではなく、精神分析学的な回心説明や社会心理学的なマインド・コントロール論にまで拡げて用いるならば、それは「心理学的」な受動的人間理解によって特徴づけられることになろう。

ここで、神学および心理学という学問的な観点から特徴づけた「伝統的パラダイム」と「洗脳モデル」とを区別する、別の論点についても触れておきたい。その区別について、リチャードソン自身は次のように述べている。

キリスト教文化のなかにいる多くの人々は、パウロのような回心体験が人々に生ずるのを歓迎すべきことと理解してきた（その出来事が人々をキリスト教の影響圏へ導く限りにおいて）。キリスト教の見解や宗教一般（あるいは劇的で感情的な回心という理念）に反対する人々は、その出来事をそれほど積極的には考えないであろう。とりわけ、「良い出来事としての回心」への悪意に満ちた反論は、因果的作用因について基本的に対立する見解をもつ西洋文化の一部の人々によって唱えられてきた。より心理学的傾向を有する精神医学者は、一般に、宗教とくに宗教的回心に対しては否定的な見解をもっている。(12)

要するに、「伝統的パラダイム」は回心を積極的に評価する一方で、「洗脳モデル」はそれを否定的に捉える、とリチャードソンは主張するのである。こうした回心に対する価値観の相違は、研究対象が異なるという点からも説明できそうである。というのも、「伝統的パラダイム」はいわゆる聖者の回心を想定して、護教的な論調を帯びることが多いのに対して、「洗脳モデル」は主に新宗教運動を対象とし、しばしばそれに批判の矛先を向けているからである。このことを人間理解に寄せて言えば、「伝統的パラダイム」が回心を歓迎すべき信仰の深まりとして捉え、回心者を謙虚な信仰者として扱う一方で、「洗脳モデル」は回心を精神病もしくは人為的操作の所産と解し、回心者を無能な患者もしくは犠牲者と見なしているとも言えよう。ちなみに、このように「洗脳」という概念そのものが特異な価値観に根差していることを、シンも「洗脳という解釈は、アメリカの啓蒙的／個人主義的な文化の前提に深く浸透していると思われる反宗教的偏見を明示している」[13]と指摘している。このように学問のパラダイムや概念の背後に、しばしば価値観が入り込んでいることには十分に留意すべきであろう。むしろ研究者の主観的な価値観が、人間理解をはじめ研究の方法や対象を規定していると言った方が的を射ているかもしれない。いずれにせよ一般に、神学的な「伝統的パラダイム」は、回心者の受動性を謙虚さや謙遜さといった信仰的要素として評価する一方で、心理学的あるいは精神分析学的な「洗脳モデル」は、同じ受動性を無能さや精神疾患と解する傾向があることを確認しておきたい。

以上の議論を踏まえ、「受動者な人間理解」の概要を述べておこう。ここでは、人間の受動性に着目する三つの観点を紹介した。すなわち、「社会学的」な受動的人間理解と「神学的」な受動的人間理解、そして「心理学的」な受動的人間理解がそれである。「社会学的」な受動的人間理解は、ストラウスのいう「受動主義」によって明示されるように、集団や社会の圧力や操作に受動的にかかわる人間を想定する点で特徴づけられる。そして

「伝統的パラダイム」の「神学的」な受動的人間理解は、神や超越者に対する非合理的な受動性によって特徴づけられ、「洗脳モデル」における「心理学的」な受動的人間理解は、心理学的な決定論に従う受動性を前提としている。このように受動性の性質によって「受動的な人間理解」を三つに分けたのも、宗教性を視野に入れた人間理解の模索を見通しよくするために他ならない。とりわけ「伝統的パラダイム」における受動的な人間理解を特徴づけることは、宗教性に焦点を合わせた人間理解を考察するうえできわめて大きな意味をもつ。この点に関するさらなる議論については、本章の第三節にて改めて触れることにしたい。

ところで、ストラウスやリチャードソンが受動的な人間理解に言及したのも、それらを批判的に再検討することによって、彼らが個の能動性に主眼を据えた、いわゆる「能動者パラダイム」を展開しようとしたためであった。要するに彼らにとって、「受動主義」や「伝統的パラダイム」、「洗脳モデル」によって開示される人間理解は、結局のところ乗り越えられるべき受動的な人間理解に他ならないのである。次節では、ストラウスやリチャードソンが基礎づけることを目指した「能動的な人間理解」について論ずることにしよう。

第二節　能動的な人間理解

本節では、「受動的な人間理解」と対立するかたちで展開された、「能動的な人間理解」について論ずることにしたい。そのさい、前節で指摘した三つの観点に従って、さしあたり「社会学的」な能動的人間理解、「心理学的」な能動的人間理解、「神学的」な能動的人間理解とに分けて議論をすすめることにしたい。

（一）「社会学的」な能動的人間理解

回心研究における人間理解の問題を浮き彫りにした先駆的な見解は、ストラウスによる「能動主義」の提唱であろう。これが前節で言及した「受動主義」の対立概念であることは言うまでもあるまい。ストラウスは、この「能動主義」のもとで、彼が「トリップ」（trips）と呼ぶ超越的な新宗教集団の信者の入会過程に伴う人生変化を捉えようとしたのである。注目すべきは、その過程に、彼が「創造的錯誤」（creative bumbling）と「創造的活用」（creative exploitation）という二つの局面を指摘した点である。前者は、自分自身あるいはその人生を変えるための手段を試行錯誤しながら探求する局面であり、後者はその転換的手段を道具的に活用する局面である。いずれの局面においても、求道者の能動的側面が強調されており、また「創造的」という語が示唆するように、その変化や転換が求道者の積極的な成果として認められている。このストラウスの見解には、初期の社会学的回心研究、とりわけL－Sモデルに想定されている人間理解に対する批判が込められていることは、次の記述からも明らかであろう。

初期の研究における求道者は一般に、成人として個人的な危機や挫折を味わった後に求道を始める、欺かれ、社会的に周辺的な「失敗者」である。現代の求道者はそれとは全く異なる。彼らは若く、決して欺かれておらず、教育を十分に受けており、――彼らの仲間のなかで突出した「成功者」ではないにせよ、「普通の社会」は成功者と見なすように――決して社会の屑ではない。(14)

要するにストラウスの描く回心者とは、単に能動的な求道者を指すに留まらず、一般的な意味での社会的な成功者とさえ言えるのである。しかもこのような回心者は、集団に影響をおよぼすほどの創造性をも備えている。この能動的で創造的なストラウスの人間理解は、「集団がいかに人間を変えるかではなく、絶えざる生の創出のなかで個々人がいかに集団を生みだし、操作し、利用するかが、興味深くまた問われるべき問題となってきたのである」[15]という、彼の論考を締めくくる一文にも明示されている。このように集団側の策略や操作というよりも、個人の能動的な求道に力点を置く観点を、ストラウスは後に「能動者パラダイム」と呼び直し、それについて彼は「能動者パラダイムは、一方で集団的な行為や制度にも十分配慮しつつ、具体的な人間が自身の社会的、現象学的な現実の構成と再構成をいかにおこなうかを研究することを試みる」[16]と説明している。つまり「能動者パラダイム」は、集団と個人との相互作用的な関係、より正確に言うならば、集団というコンテクストにおける個人の能動的な諸活動に着目するのである。その着眼の特徴は、集団の与える影響を、個人に直接的に作用する原因としてではなく、個人を取り巻くコンテクストとして認めるという点にある。それゆえに「能動者パラダイム」は、集団と個人との弁証法的関係を想定することから「相互作用主義」、あるいは集団をコンテクストと見なすことから「コンテクスト主義」とも呼ばれたのである。いずれにしても、個の能動性が確保されていることに注意したい。まさにこの点、つまり個の能動性が主眼に置かれるか否かという点で、「能動者パラダイム」は「受動主義」から根本的に区別されるのである。このことは、次に引用する「受動主義」に対する彼の批判のなかにも示唆されていよう。

回心に決定的な影響を与えるものを概念化したとしても、機械論的なアプローチは、回心現象を説明するには適切とは言えない。そのアプローチは決して「誤り」ではないが、全体的な状況を十分には汲み取ってい

ないように思われるのである。(17)

この「受動主義」批判の背後には、回心者個人の能動的な側面も考慮されるべきとの主張があることは言うまでもなかろう。ただしストラウスは、「受動主義」を徹頭徹尾否定したわけではなかった。むしろ彼は、「受動主義」に偏ることなく、個の能動性にも配慮することを力説したのである。その意味で「能動者パラダイム」は、個人の受動性だけでなく、能動性をも加味したより包括的な観点として提示されたと言えよう。

このような能動性への着眼は、ストラウスの「能動主義」の提唱を皮切りに、とりわけ社会学的な回心研究の領域において、一九七〇年代後半からにわかに脚光を浴びるようになった。例えば、「太陽の教会」(Church of the Sun) と呼ばれるオカルト集団への参与観察をおこなったリンチも、その集団への回心過程を詳述するに先立ち、想定すべき人間理解について次のように述べている。

個としての、そして集団のなかの個人は、自分自身の考え方や環境を、健全な仕方で、独立的にそして批判的に内省でき、また乗り越えることができる。人間は生来――一時的であったとしても――好奇心のある、知性を備えた、意義を伴った求道者であり、本を読み、それについて考えをめぐらす。これらの記述はいずれも社会学者を驚かせるものではない。しかし新宗教やオカルト集団の研究に一般的に用いられてきた回心モデルは、そのような尊厳をもつ主観を意図的に否定する傾向がある。「洗脳」という必然的な行動理論から、ロフランドとスタークのより柔軟な枠組みに至るまで、その背後には、人間が能動的で批判的、自己反省的な生き物ではないという仮定が存在している。(18)

この記述からも、リンチが個の能動性を認めてこなかった従来の人間理解を批判していることは明らかであろう。そしてストラウスと同様に、個人と集団との相互作用的な関係に注目していることから、リンチもまた相互作用主義的な観点から個の能動性を確保していると言えるであろう。さらにリンチがＬ－Ｓモデルを批判した同じ年に、Ｌ－Ｓモデルの提唱者の一人であるロフランドまでもが、自身のモデルを「きわめて反相互作用主義的である」と評し、次いで「人は単に受動的というよりも能動的であることを想定すべきだ」[19]と自説を批判したこともつけ加えておきたい。

こうした、個人と集団との相互作用というかたちで個の能動性を認めようとする一連の動きは、社会学的回心研究の大きな潮流を形成するに至った。この動向は、第一章でも指摘したように、回心をアイデンティティの変化として捉えようとした諸研究に顕著に反映されている。そもそもアイデンティティという概念に個人と集団との相互作用が含意されていることを鑑みれば、そこで個の能動性が着目されることは容易に察しがつこう。そこで、アイデンティティに最初に着目したトラビサノの研究を起点として、能動的な人間理解の系譜を辿ることにしよう。さてトラビサノは、アイデンティティを「位置づけられ、妥当化された公表」と規定し、「人々は、自分自身と他者との双方に対してアイデンティティを確立しなければならない」[20]と述べた。つまりアイデンティティとは、個人と社会とによって構成され、両者によって共有される一つの役割なのである。確かに、このアイデンティティの理解はそれほど目新しいものではなかろう。しかし、ここでとくに注目したい点は、トラビサノがアイデンティティという役割と、それを演ずる「行為者」(actor)との関係に着目しつつ、回心による変化を次のように説明したことである。

その行為者は長い間、自身の変化について思いめぐらす。その行為者と彼を取り巻く他者は、その変化を記念碑のように見なし、その人は自分自身と他者とによって、それまでとは全く異なる新たな人物として規定される。その行為者は、以前の談話の世界における仮定や根拠の「虚偽」を示すことによって、それまでの談話の世界の価値や意味を否定する新しい談話の世界をもつのである。その行為者は、新しいアイデンティティと観点とに深くかかわっているのである。(21)

確かに回心は、「行為者」自身とそれを見届ける「他者」との共同の所産と言える。ただし「行為者」は回心の主役であり、「他者」はそれを評価する観客であって、決してその逆ではない。このことから、トラビサノの回心理解は、どちらかと言えば行為者の能動性を重視する、能動的な人間理解に支えられていると言えるであろう。

このような能動的な人間理解は、アイデンティティの変化に着目する他の研究にも同様に指摘することができる。例えば、ペンテコステ運動への「傾倒」(commitment)の実証的研究をおこなったハインもまた、アイデンティティの変化を考慮に入れながら、個の能動性に着目した議論を展開している。彼女のいう「傾倒」とは、主に宗教集団の中核を構成する信者によって示される献身的なかかわり方を指す。それは、まさに従来の回心研究が扱ってきた対象と重なることから、彼女の研究を回心研究の一つと見なすことは十分に可能であろう。ここで留意すべき点は、ハインが傾倒過程に「アイデンティティ変更の経験」(identity-altering experience)と「橋焼き行為」(bridge-burning act)という二つの要因を指摘したことである。(22)「橋焼き」とは、「ある決定的な仕方で、行為者をより大きな社会から距離を置かしめる、公然の行為」であり、再びもとの社会に戻る道を断ち切るような、主観的な決断を伴う明らかに能動的な行為である。このように、アイデンティティという概念に加えて、「橋焼き」というきわめて能動的な行為によって傾倒過程を特徴づけたハインの研究もまた、間違いなく能動的な人間理解に基づいていると言えるであろう。ちなみにマクガイアは、ハインと同様にペンテコステ運動の信者を研究対象にしたものの、ハインが「橋焼き」の具体例として挙げた「舌がかり」(glossolalia)を傾倒の要因ではなく、むしろその象徴と捉え、傾倒機構の中心は「証言」(testimony)にあると論じた。[23] この両者の見解の相違は、ハインが中核的な信者を念頭に置いていたのに対し、マクガイアが比較的新しい信者を対象としたことに起因しているようにも思われる。しかし彼のいう「証言」が、必ずしも公に共有される必要のない、信者の自発的な語りである以上、彼の研究もまた能動的に語りを構築し得るという、能動的な人間理解に支えられていると言えるであろう。

これらハインやマクガイアの研究は、確かにアイデンティティ概念に依拠しているものの、能動的な「行為」に着目しているという点で、トラビサノの研究とは別の系統にあると言える。それに対して、トラビサノの研究を忠実に継承し発展させた試みとして、さしあたりゴードンの研究を挙げることができよう。彼は、第二章でも述べたように、トラビサノの「回心」と「代替」という二つのアイデンティティの変化に「強化」という第三の形式を加え、この「強化」という観点からイエス運動への若者の参加を説明したのであった。なお、ゴードンが「強化」を「部分的な回心」とも呼んだことから、「強化」を広い意味での回心と見なすことも可能であろう。その見地に立てば、彼自身は資料的な制約から「回心者」への言及は保留したものの、「強化者」という概念から彼の「回心者」理解を引き出すことも決して不可能ではあるまい。そこでまず、彼のいう「強化者」がアイデンティティとどのようにかかわっているかに着目してみよう。ゴードンによれば、アイデンティティは「内的で主観的な構成要素」と「外的で客観的な構成要素」、「感情的な構成要素」から構成され、さらにこれら三つの構成要素と「強化者」との関係は「強化者にとって、アイデンティティの探求は、アイデンティティの三つの構成要素すべてを確認したいという欲求を伴う」[24]と説明されている。加えてこれらの構成要素は、それぞれ「内的アイデンティティ」「社会的アイデンティティ」「感情的アイデンティティ」に対応していることから、「強化者」とはこれら三つのアイデンティティの確立を追求する者と見なすこともできよう。ただしこのことは、「強化者」に限らず、「代替者」や「回心者」にも当てはまると思われる。というのも、ゴードンは「強化者」と「代替者」との区別がただ家庭環境の相違にあることを示唆しており、三者の相違はアイデンティティを追求するいわば過程に求められているからである。このことからゴードンの研究は、過程を異にしつつもアイデンティティの確立を絶えず追求し続けるという能動的な人間理解を基礎としていると言ってよいであろう。

同様の人間理解は、リチャードソンによる「回心経歴」をめぐる議論にも示されている。この概念は、トラビサノの「代替」やゴードンの「強化」という概念に示唆されているアイデンティティの連続性に基づいており、リチャードソン自身は『回心経歴』という概念は、『連続的な代替』つまり自覚される困難を解決しようと努めるなかで、新しい信念やアイデンティティを次々と試すという考え方に依っている[25]」と述べている。ここで注目すべき点は、この概念が、新しい信念やアイデンティティを次々に「試す」という能動的な行為に支えられているということである。つまり「回心経歴」とは、自分自身にふさわしいアイデンティティを求めて試行錯誤する過程に他ならず、いわばアイデンティティの履歴なのである。このことからも、リチャードソンの「回心経歴」という概念にも、自身に適うアイデンティティを求め続けるという能動的な人間理解を指摘できることは明らかであろう。

ところで、トラビザノの研究を起点とする回心モデルには、第一章で論じたように、アイデンティティの変化を軸とするモデルの他に、能動的な役割演出に注目した役割モデルもあった。トラビサノ自身は役割をアイデンティティに寄せて「抽象的な全体」と解したけれども、ここでいう役割モデルは主観的認識というよりも客観的行動に焦点を合わせたモデルである。先述したように、この役割モデルは、役割演出という行動に着眼するがゆえに、数ある回心モデルのうちで個の能動性を最も強調するモデルの一つである。このような能動性の強調もまた、能動的な人間理解に裏づけられていることは容易に推察されよう。現にブロムリーとシュープの研究は、行動の変化が信念の変化に先立つことを主張することにより、ある役割を積極的に演ずるという能動的な人間を明示している。この役割モデルに想定される能動的な人間理解をさらに強調しているのが、UFOカルトへの参与観察をおこなったボルチである。ブロムリーらが心理学的な理論に役割理論の観点を新たにつけ加えようとしたのに対して、ボルチは心理学的な観点との訣別をより明確に打ち出そうとした。このことは、彼がその論文の冒頭で、回心について「人格や価値観、信仰、態度の変化というよりは、急速な役割学習の結果から生ずる」[26]と述べたことからも窺えよう。とりわけ彼の論点を特徴づけている点は、役割演出が「見せかけ」にすぎないとさえ言明したことにある。言ってみれば、彼のいう役割とは、己れの本心を覆い隠す演技に他ならないのである。それゆえ、ボルチが想定する回心者とは、いわば表の顔と裏の顔をもち、周囲の者だけではなく研究者の目をも欺くほど巧妙に振る舞う演技者なのである。このような人間理解を裏打ちするかのように、彼は次のように結論づけている。

人々が宗教的カルトに入るさいに、彼らはまず新しい役割を採用することによって自身の行動を変える。その変化は全体的で劇的であるかもしれないが、それらは必ずしも確信によって支えられているわけではない。本当の意味での信者による篤い信仰は、多くの場合、カルトの日々の活動に長期にわたって関与した後にのみ形成される。ある信者らは、それまでの疑問を解決することなしに、何ヶ月も過ごすけれども、外見では彼らが期待されたように行動しているので、依然として完全に傾倒しているかのように見えるのである。[27]

つまりボルチによれば、回心とは心的変化というよりは見かけ上の行動変化を起点とするのであり、したがって回心者とは、集団の操作に屈する犠牲者なのではなく、かえって集団を欺き、利用さえする狡猾な演技者なのである。

以上で述べた個の能動性の強調は、個々の研究に採用されている理論的枠組みに基づいているとも言えるであろう。つまりこれらの能動的な人間理解は、基礎となる理論的枠組みによっても支えられているのである。このことは、アイデンティティ理論や役割理論だけではなく、「合理的選択理論」に基づく回心研究の試みにも当てはまる。合理的選択の主体が回心者であるとすれば、そこに能動的な人間理解が認められることは当然であろう。現にガートレルとシャノンは、合理的選択理論を軸に、社会的ネットワーク（社会的見返り）と信念受容（認識的見返り）との多様な組み合わせによって回心の成否を説明する一方で、そこに要請される人間理解について次のように述べている。

要するにその理論は、宗教運動への加入者を、運動の信念や理念のもつ魅力を重視するとともに、信者もしくは非信者でいることの見返りや制裁を重視するかのように振る舞う者と見なすのである。[28]

この記述からも、彼らが何らかの見返りを求めるという能動的な人間を前提としていることは明らかであろう。このような人間把握は、「潜在的な回心者は、回心する効用と、回心しない効用とを天秤にかけている者として特徴づけられる」[29]との回心者理解にも裏づけられる。このことから明らかなように、ガートレルらが想定する人間とは、自らへの見返りを最大にするように行動する、きわめて合理的な人間なのである。

以上の学説史を念頭に置けば、回心研究という学問領域において、もっぱら人間の能動的な側面を強調する新しい傾向が現われつつあるとのリチャードソンの指摘も的はずれではなかろう。彼の主張によれば、とりわけ新宗教運動の研究では、受動的な人間理解を想定する「きわめて心理学的で決定論的」なパラダイムから、「より能動的で意味を探求する主観を肯定する」という「能動者パラダイム」への、クーン流の「パラダイム移行」が起こりつつあるという。つまりリチャードソンは、受動的で決定論的な古いパラダイムが、新しい「能動的パラダイム」に取って代わられつつあることを指摘し、しかもこのような動向を評価さえしたのである。このような彼の観点は、「能動者パラダイム」に関する次の叙述に明示されている。

いずれにしても、これらの研究者は、より能動的な主観が自身の回心を「成し遂げる」ことを認めてきたのである。彼らは、新宗教への回心がしばしば回心経歴を構成する一連の加入・脱会という行動を指し示し、個々人が自らの個性を経験したり確認したりするさいに、回心者の役割を演じつつ、しばしば回心者として振る舞う決断をするにすぎないことを指摘してきた。……この新しく生じたパラダイムは、何十年間も支配的であった伝統的な「パウロ的パラダイム」の現代版に対立する。[30]

この記述からも明らかなように、リチャードソンは二つのパラダイムを全く対立的に扱ったのである。このような捉え方は、ストラウスの「能動者パラダイム」の相互補完的な観点よりも、さらに個の能動性を強調していると言える。ただし彼はその後、この個の能動性を極端に強調する方向には向かわず、キルボーンとの共同研究のなかで回心を社会化の一形態と見なしたように、むしろ人間の受動的側面に配慮したモデルを支持することとなった。とはいえ、リチャードソンが社会学的回心研究の学説的な流れを「能動者パラダイム」と概括したことは、能動的な人間理解の系譜をつかむうえできわめて有効な視点を提供したと言えるであろう。いずれにしても、この系譜に属する回心研究で想定されている人間は、アイデンティティの確立であれ役割の演出であれ合理的な選択であれ、社会的な安定を追求する能動者なのである。このような一連の能動的な人間理解を、ここでは「社会学的」な能動的人間理解と概括しておくことにしたい。

(二)「心理学的」な能動的人間理解

以上で論じた能動的な人間理解は、むろん社会学的回心研究に固有のものでは決してなく、心理学的回心研究にも同様に認められる。つまり、リチャードソンが示唆したようなかたちで、心理学的回心研究を「受動者パラダイム」と一括することは必ずしもできないのである。そこで、確かにそれほど多いわけではないにせよ、「心理学的」な能動的人間理解を前提としている心理学的回心研究についても概観しておくことにしたい。

さて、心理的な能動性に着目した研究の一つに、さしあたりパロウツィアンの研究が挙げられよう。彼は、「認知欲求理論」(cognitive-need theory)に基づいて、PIL(Purpose in Life)テストによって得たデータから回心の心理的影響を考察した。このように、回心の要因や条件というよりもその結果や効果に焦点を絞った点は、彼の論考の特徴と言えよう。なお、そこに想定されている人間理解を読み解く鍵は、「認知欲求理論」という理論的枠組みにある。端的に言えば、「認知欲求理論」の基本的な人間理解が、そのまま彼の研究の人間理解に直結しているのである。パロウツィアン自身は、この理論に想定される人間理解について次のように述べている。

その理念は、与えられる刺激に対して、人々は全体像や形式、目的、意味を把握したいという認知的な欲求をもっているということであり、……この理論によれば、人生全体あるいは全宇宙とのかかわりにおいて自分自身を把握しようとするさいに、人々はその地図を完成させたい、つまり人生の目的や意味を理解したい

という欲求をもつのである。(31)

ここで確認しておきたい点は、この認知的欲求が無意識的な欲求ではなく、明らかに自覚的な欲求であるという点である。別言すればこの欲求は、心理的な能動性の起点となり得るのである。その意味で、ここで想定されている人間とは、常に人生の目的や意味を追求する求道者と言えるであろう。そしてパロウツィアンによれば、この欲求が満たされる、つまり人生に目的や意味を見出す体験こそが、回心なのである。したがって、パロウツィアンが想定する人間とは、より包括的で明確な自己や世界の認知的欲求をもち、その把握を自覚的に追求し続ける能動的な人間に他ならないのである。

ここで、能動的な人間理解に支えられた心理学的回心研究をもう一つだけ挙げておきたい。それは、回心を緊張に満ちた生活状況に「対処」(coping)する一つの手段として捉えた、パーガメントによる研究である。この研究は、彼自身が述べるように、従来の心理学的研究が宗教に対して否定的な見解を示すことの多い点を疑問視し、宗教の肯定的な側面にも配慮すべきことを力説した点で特徴づけられる。パーガメントが回心を実利主義的な観点から肯定的に捉えたことは、第一章で指摘したとおりである。ここでとくに留意したい点は、回心への積極的な評価が概して能動的な人間理解と結びつきやすいということである。さらに言えば、人間の能動性は、しばしば人間の健全性とも置き換えられさえするのである。それゆえに、人間の能動性の強調は、精神疾患に伴う受動性や宗教集団の策略に対する受動性の推定と対峙することになるのである。現に、回心を否定的に捉える見解の多くが人間の受動性に注視している一方で、回心を肯定的に捉える見解は、回心者を全く健全な能動者と見なす傾向がある。このことを踏まえれば、回心の実利的な側面を強調するパーガメントの所論が、能動的な人間理解に基づいているであろうことは難なく察せられよう。実際にこの推察は、「対処」というパーガメントの鍵概念によっても裏づけられる。彼は、「対処」が生活上のさまざまな困難に対する能動的な行為であることを、次のように説明している。

対処とは、緊張に満ちた生活状況に直面したさいに、意義を探求することである。意義を獲得し、それを最大限に高める努力のなかで、個々人は二タイプの対処メカニズム、つまり保持と転換のいずれかを身につけるのである。[32]

ここに記されている転換という対処には、回心が念頭に置かれていることは言うまでもあるまい。つまり回心は、個人の能動的な対処行動の一つなのである。したがってパーガメントの想定する人間とは、さまざまな困難を臨機応変の対処行動によって乗り越える意義の探求者なのであり、回心者とはそれを成功裏に成し遂げた能動的な人間なのである。こうした彼の人間理解は、次の記述に端的に示されている。

回心者＝犠牲者という考え方は、対処の能動的な次元、つまり個人的あるいは社会的な圧力がより広範におよぶ領域においてでさえ、個人が選択や決断をし続けるという事実を無視している。多くの回心者は、犠牲者というよりも、「求道者」——意義を探求するなかで根本的な転換を得ようと努めている人々——として記述されるであろう。[33]

このような彼の能動的な人間理解は、霊的回心の実証的検証を試みたジンバウアーとの共同研究にも反映されている。このことは、例えば「人生の困難を解決するために、回心体験を積極的に求める者」[34]あるいは「根本的な変化を積極的に探求し、選択する者」[35]との回心者理解からも確かめられよう。

以上の議論から明らかなように、パロウツィアンにせよパーガメントにせよ、彼らが想定する回心者とは、さまざまな手段を駆使しながら、心理的な安定や充実を絶えず求め続ける能動的な人間に他ならない。このような人間理解が、「心理学的」な能動的人間理解である。ところで、パロウツィアンの研究もパーガメントの研究も比較的近年の研究であるが、初期の心理学的回心研究にも能動的な人間理解を認めることができる。ただし、その人間理解に想定されている能動性は、心理学的理論の要請に基づくというよりも、むしろ神学的な前提をめぐる議論のなかでその道徳性が問われるかたちで強調されている。別言すれば、この道徳的な能動性への着眼は、伝統的なパウロ的回心の神秘性をあまりにも誇張することへの疑問から提起されているのである。このように道徳的な能動性がしばしば神学的前提に対する反発から導かれているにせよ、それは必ずしも神学的な枠組みそのものを斥けるものではなく、むしろ人間の道徳的な努力を評価するより広い神学的枠組みのなかで捉え直されている。そこで次に、前節で論じた「神学的」な受動的人間理解と対照をなすように、「神学的」な能動的人間理解と題して、道徳的な能動性に着目する回心研究の人間理解について考察することにしよう。

(三)「神学的」な能動的人間理解

スターバックやジェイムズによる古典的な回心研究は、もちろん回心の能動的側面を全く無視したわけではない。現にスターバックは、回心に「意志型」という形式を設定していたし、ジェイムズもまたこの「意志型」の事例が数多く存在することを認めていた。しかしながら彼らが重視したのは、「罪の自覚」や「自己放棄」といった人間の能動性が否定される局面であった。要するにスターバックもジェイムズも、回心の能動的側面を認めつつも、もっぱらその受動的側面に着目する立場に立っていたのである。この点に、福音主義的な神学の前提を指摘したのがプラットであった。確かにプラットは、ジェイムズの構造的観点を踏襲して、回心を「自然人」(natural man)から「新しい人間」(new creature)への「新生」(new birth)と捉えたけれども、彼はジェイムズの回心論が「神学的な先入観に規定されている」[36]点に疑問を抱いたのである。その批判の矛先は、ジェイムズが情緒的で突発的な回心の型のみに着目した点と、「罪の自覚」や「神への服従」を重視した点とに向けられ、プラット自身は「道徳的な努力」の末に達せられる漸次的な回心の方を重視した。つまり彼は、スターバックやジェイムズがそれほど関心を払わなかった「意志型」の回心の方に着目したのである。このような見地からプラットはさらに、神学的に評価の高いバンヤンやブレナードの回心を、道徳的に無意味で一時的な感情の起伏にすぎないと一蹴したのである。こうした彼の挑戦的な姿勢は、次の記述にも明示されていよう。

あらゆる場合において重要であったことは努力を留めることではなく、努力を始めることである。私がこのことを強調するのは、回心を渇望する者が自らの努力を放棄せねばならないという考えが、神学の今まで陥った最も危険な誤謬であるからに他ならない。[37]

このように神学的な前提を痛烈に批判したプラットの意図は、回心が単に瞬間的で神秘的な体験ではなくむしろ継続的で道徳的な努力の所産であることを強調することにあった。別言すればプラットは、回心を神の問題ではなく、人間の問題として捉えようとしたのである。このような彼の目論見は、当然のことながら、その人間理解にも反映されている。実際のところ、プラットが素描しモデルとする回心者は、「神への服従」と「努力の放棄」とによって特徴づけられる受動的な人間ではなく、明確な意志をもち、たゆまぬ努力を惜しまない能動的な人間であった。このように能動的な努力の末に獲得される統一的な自己こそが、プラットのいう「道徳的な自己」(moral self) に他ならず、この「道徳的な自己」の「新生」が回心なのである。このプラットの見解は、セルビーやフラワーといった後の研究者によって、スターバックやジェイムズのそれとは対極に位置づけられ、しばしば「極端」とさえ評されている。ここではこのプラットの回心論には、伝統的神学とは対峙するような人間主義的な人間観、さらに言えば神の恩寵の代わりに人間の道徳的努力を中心に据えた能動的な人間理解が想定されていたことを指摘しておきたい。

同様に、回心の道徳的側面と回心者の道徳的な行為とに着目した研究には、前章でも触れたコーンによる一連の発達論的な回心研究をも加えることができよう。とりわけ「批判的な道徳的回心」に関する彼の論考は、能動的な人間理解が明示され、しかもその道徳的側面が際立たせられている点で注目に値する。その人間理解を、コーンは「批判的な道徳的回心」に関する考察のなかで「人間は、自身の批判的判断において、最終的な価値基準を見出さなければならず、それによって自身の道徳的生活の創造者となる」[38]と表現している。つまり「道徳的生活の創造者」の誕生が、コーンのいう道徳的回心なのである。言うまでもなく、そこには道徳的生活を志向する能動的な人間理解が明示されている。なお、この道徳的回心によって達せられる自己を、コーンが「自由で責任ある価値の創出者としての自己」[39]と記したことからも、その能動的で道徳的な側面を垣間見ることができよう。

この能動的な道徳性について、コーンはメルトンに関する事例研究のなかで、より具体的に言及している。例えば、メルトンが「批判的な道徳的回心」を経験した後に至った実存状況について、彼は次のように記している。

メルトンは、もはや卑しい悪の世界に何もしようとしない独善的で社会的に無責任な隠遁者ではなく、いまや自らの責任が社会の根本的な構造にまでおよぶという道徳的に基礎づけられた態度を取ったのである。[40]

このように強い独立心と責任感とで支えられた精神を、コーンは「道徳的自律性」と呼び、その確立を「批判的な道徳的回心」の中心的な課題に据えたのであった。なお、この道徳的自律性が、単に心理的欲求の充足や社会的安定を志向する能動性ではあり得ないことは言うまでもあるまい。むしろそれは、利己的な欲求に左右されず、社会的権威をも批判し得るほどの、利他性と責任性を備えた自律性である。ただしこの道徳的自律性は、発達論的な終局ではなく、さらに宗教的回心を経て相対化されるべき発展途上の性質である。このように道徳的な創造者の自律性として示される道徳的な能動性は、たとえさらなる発達が期せられるにせよ、「批判的な道徳的回心」の主題であり、牧会ケアを見据えた神学的発達論に欠くことのできない一階梯に他ならない。その意味で、コーンの「批判的道徳的回心」をめぐる議論もまた、「神学的」な能動的人間理解に支えられていると言ってもよい。

以上、本節では回心研究に想定されている能動的な人間理解に着目し、それを「社会学的」な能動的人間理解と「心理学的」な能動的人間理解、そして「神学的」な能動的人間理解とに分けて概述した。ここで新たに問題となるのは、このような能動的な人間理解と、前節で論じた受動的な人間理解との関係であろう。それは、これまでの議論で浮き彫りにされた、一見すると鋭く対立する人間の能動性と受動性という二つの精神ベクトルをいかに位置づけるか、という問題とも言い得る。実にこの問題提起こそが、「宗教学的回心研究」に想定されるべき人間理解を論ずる起点となるのである。

第三節　逆説的な人間理解

本節での中心的主題は、これまで述べてきた人間理解、つまり「受動的な人間理解」と「能動的な人間理解」とをどのような関係に置き、それらをどのようにまとめ上げるか、という点にある。そこでとりわけ問題にしたいのは、「神学的」な受動的人間理解において示唆される非合理的な受動性つまり宗教性と、合理的な能動性とがどのような関係で結ばれるのか、という点である。この点こそが、「宗教学的回心研究」に想定される人間理解の核となる。さらに言うならば、受動性と能動性という一見すると相矛盾する人間の精神ベクトルの結びつき方にこそ、新しい人間理解を特徴づける点が存するのである。従来の回心研究は、多くの場合「受動的な人間理解」か「能動的な人間理解」かを二者択一的に想定してきたように思われる。そのことを最も端的に示したのはリチャードソンであろう。現に彼は、心理学的で受動的な「伝統的パラダイム」から社会学的な「能動者パラダイム」へという「パラダイムの移行」が生じつつあるとし、「受動的な人間理解」と「能動的な人間理解」とを対立的に扱っている。むろん、このようなリチャードソンの単純な図式化があらゆる回心研究に当てはまるわけではない。しかし従来の回心研究は、彼が指摘するように「受動的な人間理解」か「能動的な人間理解」かのいずれかの人間理解に固定されていたように思われる。少なくとも、ある一つの局面において受動的かつ能動的という人間理解が、具体的に示されることはなかったと言えるであろう。ところが、まさにその相矛盾する人間理解、つまり受動的であると同時に能動的という人間理解こそが、「宗教学的回心研究」の要めとなる人間理解なのである。そこで本節では、二つの人間理解がどのように共存し得るかを、非合理的な受動性と合理的な能動性との位置づけに寄せて考察し、いわば「逆説的な人間理解」について論ずることにしたい。

ところで、二つの人間理解を何らかの仕方でまとめようとした試みは、これまで全くなされなかったわけではない。例えば、ストラウスは「受動者パラダイム」と「能動者パラダイム」とを弁証法的な関係によって結び、「受動的な人間理解」と「能動的な人間理解」とを相互補完的な関係に置こうとした。より具体的に言うならば、ストラウスは、集団がコンテクストを付与するというかたちで個人に影響をおよぼす一方で、個人は集団を形成し利用するという、集団と個人との相互作用的な関係によってより包括的な人間理解を提示したのである。このことは、ストラウスの次の記述にも示唆されている。

あたかも人間が社会的力と相互作用的圧力の受動的対象であるかのように仮定することは、集団行動を扱うさいには、方法論的にきわめて有効である。そのアプローチは、社会的条件と回心との相互関係、および新しい信者を惹きつけ維持するために集団がいかなる組織化をおこないどのような方策をとるのかに注視してきた。その一方で我々は、求道者が、転換を追求するなかで、集団をどのように形成し使用するのかを考察したい。この二つのアプローチは補完的であり、対立するものではない。[41]

つまりストラウスは、相互作用主義という観点によって二つの人間理解を調和させようとしたのである。このような包括的な理解は、ランボーによるいわゆる「包括的モデル」(holistic model)にも示されている。前章でも述べたように、ランボーは、回心研究が「その現象の豊かな記述と、その健全性に対する敬意とを起点とすべき」[42]という見地から、回心の多面的で多元的な面をできるだけ包括的にかつ記述的にアプローチする立場を説いた。この包括的な観点は、当然のことながら、回心者の捉え方にも色濃く反映されている。例えばランボーは、新宗教運動と反カルト主義者との法廷での争点が回心者が「受動的な犠牲者」か「能動的な探求者」かという問題に帰着するとし、「実際には、ある人々は受動的で他の人々は能動的であり、あるときには多くの人々が能動的で他のときには受動的なのである」[43]と述べて、人間の両義性を指摘している。確かに、これらストラウスやランボーの見解は、個人と集団との動的な関係を捉えることで、能動的かつ受動的な人間理解を提示したと言えるであろう。ただし、その能動的かつ受動的とは、人によってあるいは時と場合に応じて、能動的になり受動的になることを意味するにすぎない。確かにそのことにより、より幅の広い人間理解が示されていると言えよう。しかし、この両義性を人間の存在構造に寄せて捉える方が、人間存在の真相とりわけその宗教的側面に迫り得るのではなかろうか。この点を念頭に置きつつ、今度は非合理的な受動性つまり宗教性に焦点を絞りつつさらに議論をすすめていきたい。

さて回心研究において、回心者の宗教的側面が着目されるべきことは、既にランボーによって次のように指摘されている。

> 学者が回心の原因や本質、結果をどんなに描こうとしても、回心は本質的に神学的であり霊的である。他の諸力が作用しているにせよ、回心者にとってその意味や意義、目的は宗教的であり霊的である。現象学的に言うなら、宗教的次元を否定する解釈は、回心者の体験を正しく評価することなく、その現象に対して不適切な、敵意さえある解釈の枠組みのなかに、その体験を押し込めようとするのである。ある心理学的そして社会学的な回心説明は還元主義的であり、回心者の体験が、研究者によって否定されないにせよ、それが値踏みされるなら、回心者は当然のごとく当惑するのである。[44]

ランボーのこの指摘は、回心研究が陥りがちな還元主義に対する警告として傾聴に値する。その一方で彼は、「宗教的もしくは神学的な観点に委ねる必要はない」[45]と述べ、神学的立場とも距離をとろうとした。このように宗教的次元に配慮しつつも、非神学的な記述的アプローチに徹しようとしたランボーの立場は、「回心は突然であり、漸次的である。それは完全に神のはたらきによって生み出され、完全に人間の行動によって生み出される」[46]という両義的な回心理解にも反映されていよう。そこでは、確かに、神のはたらきかけに対する非合理的な受動性が示唆されている。しかしランボーは、あくまで記述的態度を貫こうとしたために、神に対する受動的態度と人間の能動的な行動とを並記するに留め、両者の関係にまで踏み込んで論ずることはなかったのである。

ところで、問題の非合理的な受動性と合理的な能動性との関係については、シンの回心・洗脳論争に関する論考のなかでも若干触れられている。彼は心理学や社会学だけでなく、神学を含めたより総合的な観点の必要性を説き、「真の宗教的回心は、神への服従と神の恩寵を受けることのみならず、道徳的かつ人格的な完成に達するための人間の努力をも要する」[47]とのロナガンの神学的観点に基づいて、回心を「能動的かつ受動的な過程」と見なした。要するにシンは、道徳的な能動性と神に対する受動性とを互換的もしくは共動的な関係のもとで捉え、回心をそのダイナミックな展開として解したのである。ここで改めて考察したいことは、シンが指摘する「能動的かつ受動的」という在り方が、いかにして可能かという点である。とりわけ非合理的な受動性と合理的な能動性が、構造的に共存することが可能なのか、またそれが可能なら、その両者はいかなる関係にあるかが問われるべきであろう。残念ながら、シン自身はこの問題を深く掘り下げて考察することはなかった。しかし、彼が非合理的な受動性と道徳的な能動性とを共存し得るものとして扱った点には留意しておきたい。

さて、相対立する二つの精神ベクトル、つまり非合理的な受動性と合理的な能動性との共存関係について、一つの重要な示唆を与えているのは、回心研究の枠内で言えば、プレストンの「霊的回心」に関する論考であろう。彼は、カリフォルニアのある禅集団の参与観察に基づいて、回心過程における能動的実践と受動的態度との関係について次のように記している。

この過程には興味深いねじれが存在する。有能と感じられる自己は、その人がその実践を始めたさいに支配的であった自己ではない。その自己——言語的で高邁、一見すると統制がとれている——は、その儀礼において適切な行為を妨げるとともに、欲求不満や失望とを体験せしめる自己である。それゆえに、実践者には、徐々に受動的配慮の自己を評価し、そのようになろうと努める傾向が見られるのである。しかし実際には、この自己は依然としてきわめて未熟であり、その実践にさらに傾倒するなかでのみ実現され得る。これらの実践に従うほど、このような別の自己の可能性を実感するようになる。回心とは、これらの変化を自己のうちに意識的に認識し、これらの変化を実現させることに完全に没入するときに生ずると解されよう。(48)

つまり回心過程とは、能動的な自己と受動的な自己という、二つの自己が葛藤する過程なのである。前者は、言語能力あるいは思考能力を備え、自信に満ちあふれた能動的な自己であり、これが回心を妨げる正体に他ならない。その一方で後者は、禅の儀礼において重視される自己であり、「受動的配慮」(passively-attentive) に特徴づけられる受動的な自己である。その受動性こそが、悟りつまり霊的回心の条件となる非合理的な受動性なのである。したがってプレストンのいう霊的回心は、能動的な自己ではなく、受動的な自己において訪れるのである。別言すれば霊的回心は、能動的に体験されるのではなく、受動的態度に徹された末に向こう側から不意にもたらされるのである。ここで注目したいのは、受動的な自己といえども、少なくとも瞑想儀礼や座禅を実践する能動性は確保されているということである。問題は、その能動性が受動的な自己にとってどのような意味をもつか、であろう。換言すれば、能動的な所作と受動的な自己の実現つまり霊的回心とがどのような関係にあるか、である。この点について、彼は次のように述べている。

信仰の証となるこの自己を体感するか否かは、これらの実践の成果がその人の行為に現われるか否かと、ほとんど関係がないことに着目することが重要である。(49)

このように能動的な所作と霊的回心とが因果的に無関係であり、それでいて後者にとって前者は無意味ではないとすれば、両者はどのような関係にあるのだろうか。実にこの点こそが、繰り返し提起してきた問題点、つまり非合理的な受動性と合理的な能動性との接合点なのであり、さらに言えば「受動的な人間理解」と「能動的な人間理解」とが結びつけられる中心点なのである。それを、プレストンは「興味深いねじれ」と表現した。つまり彼は、瞑想や座禅の能動的な実践の目的が「受動的配慮」という非合理的受動性の開示にある点に着目して、両者の関係を「ねじれ」と呼んだのである。そこでは、実践的な能動性と宗教的な受動性とがいわば逆説的に結びついている。このような人間存在に根差す逆説性を中心に据えた人間理解が、本節でいう「逆説的な人間理解」に他ならない。そして、問題の逆説性に特徴づけられ、それを最も顕著に示す人間が、ここでいう「宗教的人間」なのである。

最後に、「逆説的な人間理解」を据えることの意義を改めて考察しておこう。この「逆説的な人間理解」の中核に据えられる逆説性が人間の在り方に根差す以上、非合理的受動性つまり宗教性もまた、一時的な環境や特殊な気質ではなく、人間の存在構造に根差すかたちで捉えられることになる。このことが実に注目すべき点なのである。というのも、このような人間の在り方に即した宗教性の把握は、宗教性を量的にではなく質的に特徴づけることを可能にするからである。仮に宗教性が質的に特徴づけられるなら、「宗教的回心」のみならず、それを経た「宗教的人間」もまた質的に特徴づけられることになろう。この点は、本章の冒頭で述べたように、ジェイムズやテイラーが逸した点であった。要するに「逆説的な人間理解」を据えることによって、「宗教的人間」に特有な逆説的な存在構造が浮き彫りにされるのであり、さらには人間理解という側面からも「宗教的回心」の宗教的側面に光が当てられることになるのである。こうして、人間存在の深遠に潜む逆説性を理解の中心に据える「逆説的な人間理解」は、「宗教的回心研究」を支える「宗教的回心」および「宗教的人間」の概念規定に欠かせない基礎となるのである。

注

1 James, W., *The varieties of religious experience: a Study in Human Nature*, Macmillan Publishing Co., [1902]1961, p. 195.
2 Taylor, B., Recollection and Membership: Convert's Talk and the Ratiocination of Commonality, *Sociology*, 12, 1978, p. 316.
3 Ibid., p. 319.
4 Straus, R. A., Changing Oneself: Seekers and the Creative Transformation of Life Experience, *Doing Social Life*, edited by J. Lofland, 1976, p. 252.
5 Lofland, J., "Becoming a World-Saver" Revisited, *American Behavioral Scientist*, 20, 1977, p. 817.
6 Straus, R. A., Religious Conversion as a Personal And Collective Accomplishment, *Sociological Analysis*, 40, 1979, pp. 158-159.
7 Long, T. E. & J. K. Hadden, Religious Conversion and the Concept of Socialization: Integrating the Brainwashing and Drift Models, *Journal for the Scientific Study of Religion*, 22, 1983, p. 5.
8 Ibid., p. 7.
9 Kilbourne, B. & J. T. Richardson, Paradigm Conflict, Types of Conversion, and Conversion Theories, *Sociological Analysis*, 50, 1988, p. 15.
10 Richardson, J. T., The Active vs. Passive Convert: Paradigm Conflict in Conversion/Recruitment Research, *Journal for the Scientific Study of Religion*, 24, 1985, p. 165.
11 Ibid., p. 166.
12 Ibid., pp. 165-166.

13 Shinn, L. D., Who gets to define religion? The Conversion/Brainwashing Controversy, *Religious Studies Review*, 19, 1993, p. 199.

14 Straus (1976), p. 270.

15 Ibid., p. 271.

16 Straus (1979), p. 162.

17 Ibid., p. 160.

18 Lynch, F. R., Toward a Theory of Conversion and Commitment to the Occult, *American Behavioral Scientist*, 20, 1977, p. 897.

19 Lofland (1977), p. 817.

20 Travisano, R. V., Alternation and Conversion as Qualitativery Different Transformations, *Social Psychology Through Symbolic Interaction*, edited by G. P. Stone & H. A. Farberman, Waltham, Mass.: Ginn-Blaisdell, 1970, p. 240.

21 Ibid., p. 244.

22 Hine, V. H., Bridge Burners: Commitment and Participation in a Religious Movement, *Sociological Analysis*, 31, 1970, p. 61.

23 McGuire, M. B., Testimony as a Commitment Mechanism in Catholic Pentecostal Prayer Groups, *Journal for the Scientific Study of Religion*, 16, 1977.

24 Gordon, D. F., The Jesus People: An Identity Synthesis, *Urban Life and Culture*, 3, 1974, p. 171.

25 Richardson, J. T., Conversion Careers, *Society*, March/April, 1980, p. 49.

26 Balch, R. W., Looking Behind the Scenes in a Religious Cult: Implication for the Study of Conversion, *Sociological Analysis*, 41, 1980, p. 137.

27 Ibid., p. 143.

28 Gartrell, C. D. & Z. K. Shannon, Contacts, Cognitions, and Conversion: A Rational Choice Approach, *Review of Religious Research*, 27, 1985, pp. 32-33.

29 Ibid., p. 34.

30 Richardson (1985), p. 172.

31 Palouzian, R. F., Purpose in Life and Value Changes Following Conversion, *Journal of Personality and Social Psychology*, 41, 1981, pp. 1153-1154.

32 Pargament, K. I., Religious methods of Coping: Resources for the Conservation and Transformation of Significance, *Religion and*

the Clinical practice of Psychology, edited by E. Shafranske, 1996, p. 217.

33 Ibid., p. 229.

34 Zinnbauer, B. J. & K. I. Pargament, Spiritual Conversion: A Study of Religious Change Among College Students, *Journal for the Scientific Study of Religion*, 37, 1998, p. 162.

35 Ibid., p. 163.

36 Pratt J. B., *The Religious Consciousness: A Psychological Study*, The Macmillan Co., 1924, p. 151.

37 Ibid., p. 156.

38 Conn, W. E., Conversion: A Developmental Perspective, *Cross Currents*, Fall, 1982, p. 326.

39 Conn, W. E., Bernard Lonergan's Analysis of Conversion, *Angelicum: annuarium unionis thomisticae/Pontificium Collegium Internationale "Angelicum"*, 53, 1976, p. 382.

40 Conn, W. E., Merton's "True Self": Moral Autonomy and Religious Conversion, *The Journal of Religion*, 65, 1985, p. 518.

41 Straus, (1979), p. 160.

42 Rambo, L. R., *Understanding religious conversion*, Yale Univ. Press, 1993, p. 11.

43 Ibid,, p. 59.

44 Ibid., pp. 10-11.

45 Ibid., p. 11.

46 Ibid., p. 176.

47 Shinn, L. D., Who gets to define religion? The Conversion/Brainwashing Controversy, *Religious Studies Review*, 19, 1993, p. 199.

48 Preston, D. L., Meditative Ritual Practice and Spiritual Conversion-Commitment: Theoretical Implications Based on the Case of Zen, *Sociological Analysis*, 43, 1982, p. 268.

49 Ibid., p. 268.

第五章　宗教学的回心研究

前章までの議論は、常に「宗教学的回心研究」の構想が念頭に置かれていた。その意味で、本章は、「第一部」の結論部分と言ってよい。また本章は、「第二部」の事例研究の起点でもあることから、本書の最要所とも言い得る。なお、ここでの主題をキーワードで示すと、それらは「宗教学」、「宗教的回心」、「宗教的人間」である。これらの語は、「宗教学的回心研究」の根幹を構成する概念とも言え、結局のところ、これらの概念規定を明示し、さらにその意義や可能性に論及することが本章の目的となる。本論に入る前に、まず本章のねらいと概要を示しておこう。従来の回心研究は、欧米の研究者に担われてきたために、キリスト教のconversionという概念を軸に展開されてきたと言える。しかし、キリスト教の枠を越えて、より普遍的な回心研究を目指すには、より広いコンテクストにおいてその概念を再検討すべきであろう。そこで第一節では、conversionと仏教の「廻心」とに共通する転換構造について論じられる。それにより、全く異なる宗教的伝統にも、共通の回心概念が成り立つ可能性が示され、特定宗教の枠を越えた普遍的な回心研究の基礎が確保されることになろう。続く第二節では、回心の比較研究の具体的な試みおよびその問題点が概観され、「宗教学的回心研究」の基本的な指針が確認される。そして第三節では、「宗教学的回心研究」を理論的に基礎づけ、また従来の回心研究からも特徴づける「宗教学の場」が考察される。以上の予備的考察を踏まえて、第四節において「第一部」の結論とも言うべき「宗教学的回心研究」の理論的な枠組みが提示されることになる。

第一節　〝conversion〟と「廻心」

（一）〝conversion〟について

まず最初に、キリスト教の文脈で用いられるconversionという概念について確認しておきたい。この語が実に多義的に用いられたことは、これまでの議論からも明らかであろう。実際に、この語のもつ多義性や多様性は、しばしば研究者を戸惑わせてきた。例えば初期の研究者の一人であるクラークは、「この語がもつ多様な意味による、概念の混乱を防ぐために、できるだけconversionという語の使用を控えることが賢明のように思われる」[1]とさえ述べて、conversionに替えて「宗教的覚醒」（religious awaking）という語を用いている。このような彼の慎重な態度は、『宗教的覚醒の心理学』という彼の著書のタイトルにも反映されている。また一九六〇年代までの心理学的回心研究を概観したスクロッグスとダグラスは[2]、回心研究が抱える諸課題のうちで、conversionの定義に関する問題を真っ先に挙げている。さらに最近では、ランボーが「conversionの定義は依然として厄介な問題として残されている」[3]と言明している。このように決して自明とは言えないconversionの意味を整理するには、もともとの意味から押さえておくことが必要であろう。そもそもconversionの意味は、「回転」や「転換」が基本であり、決して神学的な意味に限定されるわけではない。ちなみにOED（Oxford English

Dictionary）によれば、conversion の基本的な意味は、「Ⅰ．位置や方向、目的の方向転換、Ⅱ．性質や本質、形式、機能の変化、Ⅲ．同等の意味や価値の代替による変化」と概説されている。Ⅰは方向や方針の変更、Ⅱは質的な転換、そしてⅢは構造的な代替とでも言えようか。いずれにおいても、連続的な量的な変化というよりも、非連続的な質的あるいは構造的な転換が含意されていると見てよかろう。なおキリスト教の conversion は、OED ではⅡの質的転換の一つとして扱われており、それに関する説明を訳出すれば次のようになる。

ある人が、ある特定の宗教的な信仰や告白、教派に賛同すること、とりわけ偽りや誤りと見なされたものから、真理と見なされるものへと転ずること。

この意味は、言うまでもなく、一般にいう「改宗」に該当する。さらに、これとは別にもう一つ、次のような意味も並記されている。

罪人が神に救いを求めること：罪深く冒瀆的で現世的な状態から神の愛や聖徳の追求へ、という霊的な変化。

これは、必ずしも「改宗」を伴わない、より内的な信仰の深まりを指していると見てよいであろう。これを仮に「回心」と呼ぶなら、キリスト教の文脈で用いられる conversion には、結局のところ、「改宗」と「回心」という二つの意味を指摘することができそうである。現に、英訳聖書における conversion および convert にも、先述した二つの意味が認められる。そこで、先述した辞書的な意味を踏まえつつ、さらに各版の英訳聖書における具体的な表記から、キリスト教における conversion の核心に迫ることにしたい。

さて〈表三〉は、主な英訳聖書（新約聖書）の各版に、その原典にあたるギリシャ語聖書、さらには日本語訳聖書をもつけ加えた、conversion および convert という訳語を軸とする対照表である。この表からも明らかなように、これらの語の用い方は各版でまちまちであり、なかには CEV のように、conversion や convert が一度も用いられていない英訳聖書さえある。このことからも、conversion は、代替不可能な神学用語ではなく、むしろ可塑性に富む日常語であると言えよう。ここでとくに注目したいのは、conversion あるいは convert にあたるギリシャ語の原語が、次の二つに大別されるということである。一つは、「改宗者」を指す「プロセールトス」（*προσηλυσ*）であり、もう一つは「方向を転ぜしめる、向きを変えさせる」あるいは「向き直る、振り向く、回る」という意味の「エピストレプソー」（*επιστρεφω*）である。この二つの意味は、先述した「改宗」および「回心」にも重なり合う。つまり、英訳聖書における conversion および convert は、「改宗」と「回心」という意味に対応する、全く異なる二つの語源をもつのである。さらに、先に提示した表を詳しく見ると、これらの訳語のつけ方には、次に示す四つのパターンがあることがわかる。

（一）主に「エピストレプソー」の方を動詞の convert (v.) と訳す。（KJV, Darby, ASV）
（二）主に「プロセールトス」の方を名詞の convert (n.) と訳す。（RSV, TEV, NIV, NLT）
（三）「エピストレプソー」、「プロセールトス」ともに convert (v., n.) と訳す。（NASB, NAB）
（四）convert という訳語をいっさい用いない。（CEV）

このことから、伝統的な英訳聖書は「エピストレプソー」を convert (v.) と訳す一方で、近年の英訳聖書はむしろ「プロセールトス」の方を convert (n.) と訳すというおおよその傾向が指摘されよう。しかしながら、いずれのギリシャ語にも convert という訳語をつけることは可能であり、訳語のつけ方に厳格な規則があるわけではない。強いて指摘するなら、「エピストレプソー」には動詞の convert、「プロセールトス」には名詞の convert を

中心とする訳語対照表

TEV 1976	NIV 1978	CEV 1995	NLT 1996	口語訳 1955	新改訳 1970	新共同訳 1987
turn	turn	turn	turn	悔い改める	立ち返る	悔い改める
change	change	change	turn	心をいれかえる	悔い改める	心を入れ替える
convert	convert (n.)	follower	convert (n.)	改宗者	改宗者	改宗者
turn to God	turn	turn to God	turn from sin	悔い改める	悔い改める	立ち帰る
turn back	turn back	come back	turn again	立ち直る	立ち直る	立ち直る
turn	turn	turn	turn	悔い改める	回心する	立ち帰る
turn to God	turn to God	turn to God	turn to God	本心に立ちかえる	立ち返る	立ち帰る
be converted	convert (n.)	worshiped with	convert (n.)	改宗者	改宗者	改宗者
be converted	convert (n.)	worship God	convert (n.)	改宗者	改宗者	改宗者
turn to God	be converted	turn to God	be converted	改宗	改宗	改宗した
turn	turn	turn	turn	悔い改める	立ち返る	立ち帰る
convert (n.)	harvest	follower	good result	実	実	実り
first man	convert (n.)	first person	first person	初穂	最初の人	初穂
convert (n.)	convert (n.)	have faith	Christian	初穂	初穂	初穂
mature in the faith	convert (n.)	follower	Christian	信者になる	信者になる	信仰に入る
bring back	bring back	lead back	bring back	引きもどす	連れ戻す	連れ戻す
turn back	bring back	turn	bring back	引きもどす	引き戻す	連れ戻す

＊(n.)は名詞、(v.)は動詞

当てることぐらいであろう。しかし「エピストレプソー」と「プロセールトス」をともにconvertと訳せば、これらの原語の相違は跡形もなく掻き消されてしまう。そこで、あえて私見を述べるなら、パターン（一）のように、「エピストレプソー」をconvert (v.)（回心する）と訳し、「プロセールトス」にはproselyte（改宗者）という別の訳語をあてる方が、ギリシャ語の原語と英語の訳語がもつ本来の意味に即した訳し方であるように思われる。ただし、このような訳し分けは、conversionから「改宗」という意味をいったん切り離し、conversionをより内的な「回心」と捉え直すことをも意味する。参考までに、「エピス

表三：convert, conversion を

版名 参照箇所＼初版年	Textus Receptus 1550	KJV 1611	Darby 1890	ASV 1901	RSV 1952	NASB 1960	NAB 1970
Matthew13:15	επιστρεψωσιν	be converted	be converted	turn again	turn	return	be converted
Matthew18:3	στραφητε	be converted	be converted	tun	turn	be converted	turn
Matthew23:15	προσηλυτον	proselyte	proselyte	proselyte	proselyte	proselyte	convert (n.)
Mark4:12	επιστρεψωσιν	be converted	be converted	turn	turn	return	be converted
Luke22:32	επιστρεψας	be converted	be restored	turn again	turn again	turn again	turn back
John12:40	επιστραφωσιν	be converted	be converted	turn	turn	be converted	be converted
Acts3:19	επιστρεψατε	be converted	be converted	turn again	turn again	return	be converted
Acts6:5	προσηλυτον	proselyte	proselyte	proselyte	proselyte	proselyte	convert (n.)
Acts13:43	προσηλυτων	proselyte	proselyte	proselyte	convert (n.)	proselyte	convert (n.)
Acts15:3	επιστροφην	conversion	conversion	conversion	conversion	conversion	conversion
Acts28:27	επιστρεψωσιν	be converted	be converted	turn again	turn	return	be converted
Romans1:13	καρπον	fruit	fruit	fruit	harvest	fruit	fruit
Romans16:5	απαρχη	firstfruit	first-fruit	first-fruit	convert (n.)	convert (n.)	firstfruit
1Cor16:15	απαρχη	firstfruit	first-fruit	firstfruit	convert (n.)	first fruit	firstfruit
1Timothy3:6	νεοφυτον	novice	novice	novice	convert (n.)	convert (n.)	convert (n.)
James5:19	επιστρεψη	convert (v.)	bring back	convert (v.)	bring back	turn back	bring back
James5:20	επιστρεψας	converteth	bring back	converteth	bring back	turn	bring back

KJV: King James Version
Darby: John Darby's New Translation
ASV: American Standard Version
RSV: Revised Standard Version
NASB: New American Standard Bible
NAB: New American Bible
TEV: Today's English Version
NIV: New International Version
CEV: Contemporary English Version
NLT: New Living Translation

トレプソー」がconvert (v.) と訳されている箇所（KJV）の一つを次に訳出しておこう。

しかし私は、あなたが信仰を失わないように祈った。そしてあなたが回心させられた（be converted）ときには、あなたの兄弟たちを力づけてやりなさい。（ルカによる福音書第二二章三二節、KJVより訳出）

これは、いわゆる「最後の晩餐」のさいに、イエスが弟子シモンに語りかけた内容の一部である。ここではconvertが、「信仰を失う」と対置されていることから、それが「改宗」というよりも「信仰の深まり」を指していると言えるで

あろう。同じく「エピストレプソー」がconvert (v.) と訳される、もっとも代表的な箇所にも触れておきたい。

神は、彼らの目をくらませ、彼らの心をかたくなにした。それゆえに、彼らは己れの目で見ることがなく、己れの心で理解することも、回心させられる（be converted）こともない。私は彼らをいやすことはない。

（ヨハネによる福音書第一二章四〇節、KJVより訳出）

これは、イザヤによる預言の一部であり、新約聖書の他の箇所[4]でも、イエスに対する民の不信や無知を暗示するものとして引き合いに出されている。この一節に着目すれば、conversion は神によって目と心とが開かれることと解されよう。以上の議論から、convert の名詞形としての conversion は、神の意に従う新たな目や心を得ることであり、さらには神によって在り方そのものが再構築されるような信仰上の質的転換とも言えるであろう。このように conversion を、ある特定教団への加入というよりも、人間存在の質的な転換と見なすことで、注目すべきことにある可能性が拓かれてくる。それこそが、conversion と仏教の廻心との比較という可能性に他ならない。この点については、改めて後述することにしよう。

さて、conversion を単なる「改宗」とは異なる人間存在の質的転換と捉えることが、ギリシャ語の原語と英語の訳語とを生かす解釈に繋がり、なおかつより普遍的な視座をも付与するということをここまで論じてきた。この点に加えて、さらに注目すべきことをもう一つだけ指摘しておきたい。それは、convert が動詞として用いられるさい、多くの場合、能動形ではなく受動形つまり be converted というかたちで用いられることである。興味深いことに、この点は、若干の例外を除いて各版の英訳聖書において同様に確認される。とりわけ、能動的な訳を多用する近年の版でさえも、動詞の convert を用いるさいには、決まってそれを受動形にするという事実は注目に値する。このことから conversion は、能動的な転換というよりも、むしろ受動的な転換として特徴づけられよう。実にこの点こそが、単に人間の能動的な行動や人為的な要素には還元され得ない conversion の宗教的側面を示唆する、きわめて肝要な点なのである。というのも、この受動性によって、convert そして conversion の主体が、人間ではなく神やキリストにあることが示唆されるからである。つまり人間は、己れの意志や行為によって conversion するのではなく、むしろ神やキリストによって conversion させられるのである。その意味で言えば、神の呼び声に促されて人間が全存在を神に向け直すこと、この転換こそが conversion なのである。先に訳出した引用文のなかで、「回心させられた」と日本語としてはややぎこちない訳を筆者がつけたのも、神に向けられた conversion の受動的側面を明示したかったからである。ちなみに邦訳聖書では、「エピストレプソー」は「立ち直る」や「立ち帰る」という具合に、能動的に訳されている。確かに、近年の英訳聖書や邦訳聖書のように、その語を能動的に訳す方がはるかに理解しやすい文章となろう。しかしながら、わかりやすさを前面に出した近代的で人間主義的な解釈は、conversion およびその原語にも含意される、神に対する受動性つまりその宗教的側面を覆い隠してしまいかねない。このように考えると、KJV や Darby といった伝統的な英訳聖書の方が、conversion の宗教的側面の把握に余地を残していると言えるであろう。いずれにせよ、conversion を受動的な転換として捉えることは、その原語に忠実な解釈であるばかりでなく、conversion を特徴づける宗教的側面をも視野に入れるという点で、conversion の本質に迫り得る概念把握とさえ言えるのである。そこで、キリスト教の conversion を、さしあたり人間存在の受動的な質的転換と措定しておくことにしたい。

（二）「廻心」について

「廻心」あるいは「迴心」という語は、かなり古い漢訳経典から『正法眼蔵』や『選択本願念仏集』、『教行信証』、日蓮の遺文といった鎌倉仏教の典籍に至るまで、かなり広く散見される。その基本的な意味は、『仏教学辞典』（法蔵館）によれば、「心をひるがえすこと。邪悪な心を悔いあらためて仏の教えに従い（廻心懺悔）、または自己のさとりだけを心がける小乗の心をひるがえして大乗に向かい（廻心向大）、或いは自力の心を改めて他力の信心を得る（捨自帰他の廻心）などをいう」と説明されている。ここでいう、小乗の心と自力の心、そして大乗の心と他力の信心とがそれぞれ重なり合うと見れば、廻心には悪から善へという道徳的な更生と、小乗から大乗あるいは自力から他力へと向かう宗教的な転換という、二つの基本的な意味を認めることができよう。この辞書的な意味を予備知識としつつ、いくつかの仏教典籍のなかで、実際に廻心がどのように用いられているかを概観していきたい。

さて先述したように、廻心あるいは回心という語は、仏教典籍にかなり広く散見されるので、それらを逐一検証するわけにはいかない。そこで、これらの語に単に「心を廻らす」という意味のみならず、何か特別な意味を含意させている記述に着目することにした。そこでまず、空海の『十住心論』および『秘蔵宝鑰』にある廻心の記述に注目しよう。『十住心論』巻第四には、廻心について次のように記されている。

> 第七に定不定性を明かすとは、応果を得る人に二種の別あり、一には定性、二には不定性なり。もし定性の者は、この位に住して灰身滅智して無余界に入るなり。不定性の者は、善知識に遇つて廻心向大して、変易身を受けて、大行を修し終に正覚を成ず。(5)

また、『秘蔵宝鑰』第五抜業因種心にも、同様な観点から次のように記されている。

定性ある者は発生すべきこと難し。要ず劫限等の満を待つて、方に、すなはち発生す。もし不定性の者は劫限を論ずることなく縁に遇へばすなはち廻心向大す。(6)

ここでいう定性の者とは、声聞・縁覚の二乗の人、つまり自力の修行によって悟りに至ることと、その悟りの果とがあらかじめ定められている人のことで、いわば小乗の人である。その一方で、不定性の者とは、依るべき乗も悟りの果も定められていない、菩薩乗つまり大乗の可能性を有する人である。したがってここでいう廻心は、定性の者つまり小乗の人には無縁であり、不定性の者が小乗の心を廻して大乗の心を起こすことと解されよう。つまり廻心とは、悟りを得ることというよりは、そこに至る道筋を小乗から大乗へと乗り換えることなのである。このことから、空海のいう「廻心向大」とは、まさにこのような小乗から大乗への転換を指し示していると言えよう。さらに、この小乗から大乗への転換が、前節で述べた conversion と同様に、連続的な量的変化というよりも、むしろ非連続的で質的な転換であることも明らかであろう。この点に加えて、空海の廻心観で留意すべき点を、もう一つだけ指摘しておきたい。それは、「善知識に遇つて」もしくは「縁に遇へば」という表現によって、自力的要素には還元されない廻心の他力的側面が示唆されていることである。換言すれば、廻心は「善知識」や「縁」を介してもたらされるのであり、自力的行動や決断のみによる所産ではないのである。このことから、空海のいう廻心に「善知識」や「縁」に対する人間の受動性を認めることは、決して的外れではなかろう。この点もまた、後述するように、conversion との比較においてきわめて肝要な点となる。

ところで、空海とはまた別の角度から回心あるいは廻心という語を用いている仏者に、日蓮がいる。日蓮は、他の仏教諸宗派を痛烈に批判するなかで、これらの語を次のように用いている。

されば諸宗の祖師の中に回心の筆をかゝずば、謗法の者悪道に堕たりとしるべし。三論の嘉祥・華厳の澄観・法相の慈恩・東寺の弘法等は回心の筆これあるか。[7]

また日蓮は、他所でも「いかにいわうや、日本國の真言師・禅宗・念佛者等は一分の廻心なし[8]」と既存の宗派を断罪している。これら「回心」や「廻心」は、「謗法」と対置されていることから、それらの語は法華経に従う心へ転換すること、さらに言えば「法華経の行者」となることを指していると思われる。このことは、表面的に法華経を認めることだけに留まらず、法華経に全存在を委ねる実存的な決断を要請しているとも言えよう。したがって、日蓮のいう回心や廻心には、いわゆる「改宗」では汲み尽くせない、実存的な転換が含意されているようにも思われる。さらに「廻心せざれば、畢竟して成仏せず[9]」という記述に着目すれば、廻心があらゆる仏者が経ていくべき転換点でさえあることが窺えよう。こうした日蓮の廻心観は、法華経の受容を軸とする独自の見解ではあるものの、実存的な飛躍を要請するという点では、非連続的な質的転換としての conversion と重なり合うと見てよいであろう。

以上で取り上げた、空海そして日蓮による記述では、それぞれ廻心に固有の意味が認められるにせよ、それが主題として扱われたわけではなく、ましてやこの語が明確に定義されたわけでもない。それに対して親鸞の『唯信鈔文意』では、法照禅師の『五会法事讃』の「但使廻心多念佛」という記述に解説を加えるというかたちで、特筆すべきことに、廻心が次のように明快に論じられている。

但使廻心はひとへに廻心せしめよといふことばなり。廻心とふは自力の心をひるがへしすつるをいふなり。……自力のこゝろをすつといふは、やうやうさまざまの大小聖人善悪凡夫の、みづからがみをよしとおもふこゝろをすて、みをたのまず、あしきこゝろをかへりみず、ひとすぢに具縛の凡愚屠沽の下類、无碍光佛の不可思議の本願、廣大智慧の名号を信楽すれば、煩悩を具足しながら无上大涅槃にいたるなり。(10)

この引用文は、廻心が明確に規定されている点に加えて、その廻心が善悪の問題とは無関係であることが明記されている点でも注目に値する。このように自力に依り頼む心を棄て、すべてを他力に委ねることを強調する親鸞の廻心観は、唯円の『歎異抄』にも継承され、そこでさらなる議論の展開が見られる。その『歎異抄』において、その廻心が主題に上るのは、その第十六章においてである。そこでは廻心が次のように述べられている。

一向専修のひとにおいては、廻心といふこと、たゞひとたびあるべし。その廻心は、日ごろ本願他力真宗をしらざるひと、弥陀の智慧をたまはりて、日ごろのこゝろにては往生かなふべからずとおもひて、もとのこゝろをひきかへて、本願をたのみまひらするをこそ、廻心とはまふしさふらへ。(11)

ここで注目しておきたい点は、廻心が「断悪修善」とはっきりと区別されていることと、廻心が「たゞひとたびあるべし」と、それが一回限りのものと明記されていることである。これらの指摘は、廻心が反覆可能で道徳的な懺悔ではなく、むしろ自力否定から他力信心へと至る不可逆的な転換であることを示唆している。先に紹介した廻心の辞書的な意味を踏まえれば、要するに唯円は、廻心を「廻心懺悔」の意味で用いることを斥け、「捨自帰他の廻心」として捉え直すべきことを主張したのである。このことにより、廻心が連続的で量的な変化ではなく、非連続的な質的転換であることが、いっそう浮き彫りにされよう。この転換を人間の存在構造に寄せて捉え直せば、廻心とは、自力に依り頼むいわば自力中心の在り方から、もっぱら他力に依り頼む他力中心の在り方への存在構造の転換に他ならないとも言えるであろう。いずれにせよ、このように廻心から自力的で道徳的な側面が切り離されることで、一回限りの質的転換としての廻心が際立たせられるのである。このことは、conversionとの比較という点でも留意されるべきであろう。

このことに加えて、廻心の自力的で道徳的な側面が否定されるほど、その他力的な側面がますます浮き彫りにされることにも言及しておかねばならない。先の引用文で言えば、それは「弥陀の智慧をたまわりて」という表現に示唆されている。要するに廻心とは、己れの思考や行動などによって心を改めるというよりは、むしろ己れを超えたものに促されて心が転換させられることなのである。端的に言えば、廻心は「こちら側」で起こすのではなく、自力的な自己が否定された末に「向こう側」からもたらされる、いわば受動的な転換なのである。この廻心の受動的側面は、当然のことながら、廻心によって導かれる境地にも反映されている。その境地は「自然」とも呼ばれ、「本願をたのみまひらす」という受動的な在り方によって特徴づけられている。『歎異抄』第一六章では、この「自然」は「わがはからはざるを、自然とまふすなり。これすなはち、他力にてまします」[12]と説明されている。つまり「自然」とは、己れの能動性を留保し、他力において己れをもつことなのである。このような受動的な在り方が廻心の直接的な所産だとすれば、廻心とは、「弥陀の智慧」によって能動的な心が覆され受動的な在り方が開示される、存在構造の受動的な転換と言えるであろう。このように廻心をその受動性によって特徴づけることは、空海や日蓮のいう廻心にも通じるように思われる。というのも、空海のいう廻心には、「善知識」や「縁」に対する受動性、そして日蓮のそれには「法華経」に対する受動性を、それぞれ読み取ることができるからである。この点は、自力的で道徳的な「廻心懺悔」との相違を最も際立たせる点であろう。それゆえに、唯円が『歎異抄』において、廻心と断悪修善とを切り離したことは、宗教的経験としての廻心の核心を突く卓見とさえ思われるのである。このように、人間のいっさいの能動的営為から区別された受動的な側面にも着目するなら、廻心もまたconversionと同様に、非連続的な受動的転換として把握され得るであろう。もちろん、キリスト教のconversionと仏教の廻心とを安易にイコールで結ぶことは危険であり、さほど意味のあることでもないように思われる。しかしながら双方の概念に、神学や宗学を越え得る普遍性を認め、量的というよりも質的な、そして能動的というよりも受動的な質的な転換を認めることは、回心の普遍的な比較研究つまり「宗教学的回心研究」の論拠が確保されるという点で、大きな意義をもつものと言えよう。

第二節　回心の比較研究

先述したように、回心研究の主な担い手が欧米の研究者たちであったこともあり、キリスト教以外の宗教をも扱うようになった近年の回心研究においてでさえ、キリスト教のconversionの概念が暗黙の前提とされている場合が多い。しかしconversionをそのまま、キリスト教以外の宗教に移植したとしても、実りある成果を得ることには疑問符がつくであろう。そこで本節では、欧米の研究者たちによる回心の比較研究の試みと、仏教的な見地から展開された廻心をめぐるさまざまな議論とを概観したうえで、より普遍的な回心概念や回心研究が成り立つ可能性を探ることにしたい。その議論と考察が、「宗教学的回心研究」の構想に直結することは言うまでもなかろう。なお、概念上の混乱を避ける意味で、キリスト教の文脈に限定されるさいには〝conversion〟、仏教の文脈に限定される場合には「廻心」と呼び分け、両者の比較や普遍性を見据えている場合には「回心」と表記したことをつけ加えておく。

(一) キリスト教側からの視点

まずキリスト教伝統を背景にもつ研究者が、仏教における回心をどのように捉えてきたかについて論ずることにしよう。これらの議論は、conversionという概念を育んだコンテクストとは異質な仏教という宗教的伝統にconversionを見出す試みとも言える。したがってこれらの試みは、確かにキリスト教的な仏教理解を反映しており、仏教の宗学に即した廻心理解とは言い難い。しかしながら、これらの議論を特定宗教の枠を越えた回心の比較研究の試みと見なし、その論点を整理しておくことは、より普遍的な観点を探るうえでは不可欠な作業であろう。

さて『宗教的回心ハンドブック』(13)(以下『ハンドブック』と略す)は、四部構成の宗教的回心に関する論文集であり、その第一部には「比較宗教における回心」というタイトルがつけられている。そこには、ヒンドゥー教や仏教、イスラム教、ユダヤ教、新宗教における回心に関する論考が収められ、諸宗教を横断する普遍性を重視する編集方針が打ち出されている。そのなかで、仏教の回心について執筆したヒーベルトは、現在トリニティ神学校の人類学および宣教学の教授であるとともに、インドで伝道活動にも従事した経歴をもつ宣教師でもある。その意味で彼は、インド出身ではあるが、キリスト教的な視座の持ち主と言えよう。そのヒーベルトは、仏教における回心を、二つの次元つまり信念および行動の変化という次元と共同体への加入という次元とにおいて考察している。少なくともこれら二つの次元においては、キリスト教の conversion に相当する変化を仏教にも指摘できると彼は見たのである。その第一の次元、つまり信念および行動の変化という次元で言えば、小乗仏教の回心は「禁欲的な共同体内での自己鍛錬の過程」[14]とされる一方で、大乗仏教のそれについては次のように記されている。

大乗仏教における回心は、仏陀の言葉に対してではなく、その人格に対してである。仏陀は究極的な存在であり、唯一最高の実在である。仏陀を崇拝することは、その功徳を得ることであり、それによって救済に達する。[15]

さらにヒーベルトは、禅の回心を「万物との一体感という直接的な内的体験への飛躍」[16]つまり「悟り」への道を歩み始めること、またチベット仏教（金剛乗）の回心を広い意味で僧侶や神々を崇拝すること、狭い意味ではラマとして僧院に入り、深遠な奥義を研究することと述べている。これらの叙述は、信念および行動の変化としての回心を、宗派ごとに記述したものであり、いずれにおいても固有の信仰対象や道徳的で禁欲的な行動が着目されている。それに対して、もう一つの次元つまり共同体への加入という次元で言えば、出家した僧侶にとっての回心はサンガに入ることであり、その他の多くの在家信者にとってのそれは、「家で、もしくは絆の深い他の世帯との共同体にて、個人的に信心の努めをなすこと」[17]とされる。以上の概観からも示唆されるように、ヒーベルトの回心把握は、悔悛による道徳的な更生や受洗に伴う教会への加入を意味するキリスト教の conversion を、そのまま仏教の各宗派に適用したものと言えよう。このような記述的なアプローチは、確かに『ハンドブック』という書名にふさわしいかもしれない。しかしながら、このことによって conversion という概念の再検討が迫られているわけではなく、そのアプローチはやや一方向的な感が否めない。

その一方で、ラム（ミドルセックス大学・宗教間対話センター主任）は、仏教史に即したかたちで、仏教の回心を扱った。「悟りへの過程としての回心」と題する彼の論考[18]もまた、論文集『宗教的回心』の第二部「世界の宗教における回心」に収録されていることからもわかるように、やはり比較宗教という視点を備えている。彼は回心を「ある生活状況から別の状況へ入ることを明示する体験[19]」と規定したうえで、釈迦の「四門遊観」や「悟り」、その後の布教活動を概述したほか、アショーカ王の回心とその後の布教活動、アンベードカル博士によるヒンドゥー教から仏教への不可触民の集団回心などにも言及している。このことからも、ラムは仏教の回心に対して歴史的な観点からのアプローチを試みたと言えよう。そのさいに、彼がとりわけ着目したのが「三帰依」という儀礼である。それについて彼は次のように説明している。

それはまた、その人がそれによって中道に入り、聖化の諸段階に踏み出す最初の加入儀礼でもある。その後その人は、凡夫つまり「普通の人」であることをやめ、「高潔な人々の家族の一員」となり、悟りへ至る途上のあらゆる汚れを取り除き続ける。仏教は、儀礼的な参加や禁忌の回避によってではなく、もっぱら道徳的行為によって、新しい出発を表わしたのであり、それによって人は清浄もしくは高潔と見なされ得るのである。[20]

ここでは、仏教の回心が、加入儀礼を伴う道徳的な聖化過程の出発点として捉えられている。この回心把握が、キリスト教の洗礼や按手といった儀礼を想定していることは言うまでもないであろう。しかしその一方でラムは、双方の回心の相違について「キリスト教への回心者が洗礼や歓迎会を頂点とする公的教育の入門段階を経るような仕方で、仏教への回心が明示されることはほとんどない。……仏教への回心は、他の誰にも示す必要のない、心の内なる漸次的な変化であるように思われる」[21]と述べ、両者の相違を明示した。確かに、仏教の回心が集団の承認よりも個人的な内的変化に力点があるとするこの指摘は、当を得ていると言えよう。しかしながら、ラムが儀礼や歴史に焦点を合わせて考察したこともあり、残念ながら「内なる漸次的な変化」の内実にまで言及されることはなかった。

　以上の概観から、信念や行動の変化そして共同体への加入という観点に基づくヒーベルトの回心理解にせよ、儀礼や歴史に着目したラムの視点にせよ、これらはいずれもキリスト教の conversion を介して外側から眺めるようなかたちで仏教の回心を扱ったと言える。したがってそのアプローチの仕方は記述的であり、仏教に馴染みのない西欧の読者を想定した百科事典的な叙述に留まっている感が否めない。そのような次元を越えて、キリスト教の conversion と仏教の廻心との共通点や相違点を追究し、それを普遍的な観点へと練り上げるには、表面を撫でるようなアプローチではなく、内側から抉るようなアプローチが必要となってこよう。その意味で言えば、ヒックによる各宗教的伝統に見られる共通の救済構造に関する議論は注目に値する。というのも、確かにヒック自身は回心について直接的に論じてはいないものの、「自己中心から実在中心への人間存在の転換」[22]という彼独自の救済観は、第二章で示唆したように、人間存在の内側から捉え直された回心理解とも見ることができるからである。ここで、この点について若干補足しておきたい。ヒックは、イエスの教えの中心を「メタノイア」（*μετανοια*）という「根本的変化」を要請する点に求め、それをキリスト教における救済の核心をつく語と見なした。ちなみにヒックは、これが「日常的な自己完結した存在を越え出て、現世そして来世の神の国の一部になること」[23]によって達せられるとも述べている。このようにヒックが自己の根本的な変化を読み取った「メタノイア」は、もともと英語の〝repentance〟（悔い改め）に相当するギリシャ語である。ただし、この語は神のもとへ帰るという意味でも用いられることから、conversion の語源である「エピストレプソー」と意味の上で重なり合うことも少なくない。[24] 現に邦訳聖書（新改訳）には、「メタノイア」を「回心」と訳している箇所がある。[25] これらのことを踏まえれば、ヒックが「メタノイア」を「根本的変化」と述べた背景には、conversion も念頭に置かれていたであろうことは想像に難くない。したがって「罪深く疎外された自己中心から、新たに神に中心を置く、人間存在の転換[26]」というヒックの救済観は、まさに人間存在に寄せて捉え直された conversion 概念とも言えるであろう。しかしながら、ヒックが仏教の「涅槃」や「空」を、「実在」（Reality）という概念で置き換えた点は、仏教のキリスト教的解釈という側面を否定しきれない。というのも、彼の「実在」概念は「自己」と対置されており、このような「実在」の立て方は、後述するように仏教的な理解や把握と対立することになりかねないからである。しかし、「実在」の定立や内容の追究ではなく「人間存在の転換」への着眼を深める方に向かえば、より仏教に即した回心把握が可能となるばかりではなく、普遍的な回心理解にも道が拓かれることになろう。このような側面は、次に述べるように、キリスト教側というよりも、むしろ仏教側からのアプローチに示唆されている。

（二）仏教側からの視点

ここでは、キリスト教の conversion という概念に即して仏教の廻心を捉えるのではなく、むしろ conversion との相違を意識し、廻心に固有の側面に着目している研究を概観してみたい。これらの研究は、厳密に言えば廻心に関する研究であって、conversion の研究とは全く異質なものであるかもしれない。しかしながら、前節で論じたように、conversion と廻心に受動的な質的転換という共通構造が認められる以上、廻心の研究は、欧米の研究とは異なる角度からの回心研究の試みと見なすこともできよう。確かに、「廻心」およびそれとほぼ同義に用いられる「回向」という語は、決して conversion の訳語ではない。しかし廻心や回向という概念は、かえって conversion の本質を浮き彫りにするとさえ思われるのである。その意味では、以下に取り上げる廻心や回向に関する研究は、仏教的な観点からの conversion 概念の再検討に他ならず、従来の回心研究に新たな洞察を示唆しているとも言えるであろう。

さて寺川[27]は、親鸞教学の立場から、親鸞の「回向」理解に即した回心論を展開している。そこでは、回心は「本願の名号への帰入」あるいは「回向へ帰入」する側面と、「自力の心をひるがえし、棄つる」という側面とで特徴づけられている。つまり回心とは、「虚妄なる自我」の否定により、如来の「名号のもとにひれ伏す」新しい自我の顕現なのである。この親鸞教学に即した理解が、『歎異抄』における廻心の理解に直結することは言うまでもなかろう。現にこの理解に沿って、西田真因[28]は『歎異抄』における廻心を「自力のこころ」から「他力のこころ」への転換とし、廻心とキリスト教の conversion との比較を試みている。ただしそこでは、両者の共通性というよりも、それらの相違の方に力点が置かれ、キリスト教の conversion が「自己の〈外〉なる実在の神と出遇うという神体験が核心になっている」一方で、廻心は「〈阿弥陀仏〉の智慧の光のなかで自己が自己自身に出遇う」自己認識の転換とされている。そのうえで西田は、conversion を「向神性」、廻心を「向自性」と端的に特徴づけ、両者の相違を際立たせたのである。このように両者の相違の方が強調されるのも、廻心把握の起点が教義の側に置かれているためと思われる。確かに conversion と廻心には、それぞれの宗教に基づく相違が指摘され得ることは言うまでもない。しかし、人間の側を起点として考察すれば、むしろそれらの共通性の方が際立たせられるのではなかろうか。実にこの点こそが、神学および宗学の観点から、宗教学的な観点が区別される点であり、したがって「宗教学的回心研究」を特徴づける点なのである。この重要な点については、改めて後述することとし、ここでは寺川と西田がともに宗学的な観点に基づきつつ、自己の否定と新しい自己の誕生、換言すれば自己の死とその再生として廻心を捉えたことに留意しておきたい。

さて先述した二つの論考は、いずれも親鸞教学あるいは真宗学の立場に基づいていた。それに対して二階堂は、[29]禅の立場に寄せて回心論を展開している。それによると、キリスト教のconversionを「心的方向転換」という意味にとれば、禅にもそれを指摘できるという。そのいわゆる禅的回心とは、既存のあらゆる手段が尽きる「真の窮」を、自己探求によって突破することによって、最も深遠な自覚が成り立つことである。二階堂は、そのような覚者こそが「佛」であるという。つまり禅的回心とは、「佛」の誕生に他ならないのである。この見解には、確かに自力的な側面を重視する傾向が認められるものの、「真の窮」を自己の否定に重ね合わせれば、禅的回心にも自己の否定と新たな自己の誕生という真宗的な廻心と同様な構造を指摘することができよう。ただし、この禅的回心もまた宗学の観点から扱われており、やはりconversionとの共通性というよりも、それとの相違の方に力点が置かれている。とりわけconversionが神という「対象的な絶対者」を立てる一方で、禅的回心は神の啓示に依らない自己探求とされ、両者が明確に区別されている。このことは、「キリスト者の回心の如きは神への絶対的信憑を前提とする。禅者は対象的な祖や佛を殺すのである」[30]との記述からも裏打ちされよう。このように両者の相違を強調する二階堂の見解もまた、先述した西田の比較論と同様に、やはり人間の側というよりも教義の側に起点があると言ってよかろう。

以上で論じた宗学的アプローチに対して、本章で目指す宗教学的アプローチは、普遍的な人間存在を回心把握の起点とし、教義による相違というよりも、むしろ人間として在るという共通性に焦点を合わせる。つまりここで問題にしたいのは、教義内容ではなく、人間そのものなのである。このような見地に通じる所論として筆者が注目するのが、禅の体験に裏づけられ、しかも人間の側からの視点を備える、西田幾多郎の回心論に他ならない。西田は、最晩年の論文「場所的論理と宗教的世界観」のなかで、自身の回心観を次のように披露している。

我々の自己が宗教的信仰に入るには、我々の自己の立場の絶対的転換がなければならない。之を回心と云ふのである。故に回心と云ふことは、往々人が考える如くに、相反する両方向の一方から他方へと、過程的にと云ふことではない。……一転してその矛盾的自己同一に於て安住の地を見出すのである。(31)

このように、「自己の立場の絶対的転換」として回心を捉えた点には、教義の側からというよりも、人間の側からのアプローチが示唆されている。確かにこの論文では、キリスト教と仏教とにおける超越の方向的な相違も言及されているものの、回心に関してはむしろ宗教の相違を越える普遍性に力点が置かれている。このことは、西田が「如何なる宗教にも、自己の転換と云ふことがなければならない、即ち廻心と云ふことがなければならない。これがなければ、宗教ではない」(32)と記したことからも明らかであろう。その意味で、回心をめぐる西田の議論は、回心のより普遍的な概念規定を目指すうえで、きわめて示唆に富むのである。では、西田が「自己の転換」というとき、具体的にどのような転換を指しているのであろうか？　それを読み解く鍵は、「否定即肯定」あるいは「矛盾的自己同一」という一見すると逆説的な言葉にあると思われる。つまり「自己の転換」とは、「矛盾的自己同一的」な自己、つまり「世界を自己に映すとともに、絶対の他に於て自己を有つ」ような自己、「自己否定に於て自己を有つ」宗教的な自己の成立を意味するのである。したがって回心によって転換された自己は、自己の徹底的な否定がすなわち自己の究極的な肯定であるという逆説的なかたちで成立している。なお、徹底した自己否定とは、自己が成立する根源を自己自身に求めることが完全に否定されることであり、そのことは「永遠の否定」や「永遠の死」、「永遠の無」に直面するとも表現されている。この徹底した自己否定により、神や仏という「超越的な絶対者」がその根源となり、それによって在らしめられるような自己が成立し得るのである。つまり徹底した自己否定のうえに真の自己が確立されるという、一見矛盾する自己の存在構造、および絶対者と人間との逆対応的な関係を、西田は「矛盾的自己同一的」と表記したのである。このような宗教的な自己の誕生が回心なのであり、人間の存在構造に即して言えば、それは、自己の成立する根源を絶対者に譲り渡すという根本的な転換なのである。それゆえ回心には、自己を成り立たせる根源を手放すことが要請されるがゆえの、道徳心と宗教心との絶対的な断絶も示唆されており、その困難さは「自負的道徳家が宗教に入るのは、駱駝が針の穴を通るよりも難い」[33]とも表現されている。要するに西田のいう回心とは、単なる道徳的な更生とは次元を全く異にする自己の根源的な転換であり、しかも絶対的な断絶を飛躍する転換なのである。以上の考察により、西田の回心論は、教義というよりも人間の在り方への着眼によって、conversion と廻心との構造的な共通性が際立たせられている点で、回心の比較研究に有効な視座を提供していると言えるであろう。

本節を締めくくるにあたり、これまでの議論をまとめておこう。先述したキリスト教的な視点をもつ西欧の比較研究は、概して conversion という概念に基づき、しかも仏教の回心を外側から記述したような印象を与える。確かに、これらの研究では「悟り」にも言及されていることから、内面的な変化が全く無視されているわけではない。しかしながら、それらの研究がその内実に深く踏み込んでいない点には物足りなさを感じる。それに対してヒックの宗教多元主義における救済観を、人間存在に寄せて conversion を捉え直す試みと見なせば、それは人間存在に着目した比較研究の端緒を拓く議論として高く評価されよう。ただしヒックの「実在」という概念の立て方は、おそらく仏教の側からは相当の違和感をもって迎えられるように思われる。というのも、conversion と廻心との比較を試みた西田真因や二階堂はともに、キリスト教が自己の「外」に、言い換えれば「対象的」に絶対者を立てる点に、仏教との相違を指摘しているからである。その見地に立てば、ヒックのいう「実在」は、「自己」に対置され、あたかも自存するような印象を与えることから、「対象的」に定立されていると見なされよう。その意味では、宗教多元主義に基づくヒックの見解もまた、とりわけ「実在」という概念の立て方にキリスト教神学の観点が強く反映されていると言え、人間存在からのアプローチに徹したとは言い切れないであろう。そこで、自己という場、別言すれば、人間存在が成り立つ根底から、その場に徹するかたちで回心を捉えた試みとして、西田幾多郎の回心論に注目したのである。とりわけ「否定即肯定」という逆説を経て至る「矛盾的自己同一的」自己への転換という西田の回心理解は、回心の比較研究にとりきわめて示唆に富んでいる。というのも、「矛盾的自己同一的」自己の成立は、自己の内奥を掘り下げてゆくことで新たな自覚を得る禅的回心と重なると思われるし、また徹底した自己否定を介した自己肯定を強調する点は、「自力のこころ」から「他力のこころ」へという真宗的な廻心にも通ずるからである。それに加えてこの見地は、キリスト教の conversion 概念の再検討をも迫り、かえって受動的な質的転換という conversion の本質を浮き彫りにする視点を提供するようにも思われる。その意味で西田の回心論は、回心の比較研究とりわけ人間側を起点とする「宗教学的回心研究」の重要な足がかりを提示していると言えるであろう。

さて、繰り返し述べてきたように、宗教の相違を超えたより普遍的な視座は、人間存在にアプローチの起点を据えることによりはじめて得られる。つまり「宗教学的回心研究」は、人間存在という普遍的な場において、回心の宗教的側面を見据えつつ、それを教義の側からではなく人間の側から捉えるのである。ただし、それによって教義的な相違が全く消失するのではなく、それは個々の人間存在から眺められた相違として捉え直される。つまり教義的な相違は、人間の在り方を規定する仕方の相違として示されるのである。例えばキリスト教の conversion では、「高み」に対して自己が開かれる一方で、仏教の廻心では、「深み」に対して自己が開かれるように、教義によって自己の開き方が規定されるのである。このように各宗教の教義を自己の開き方を教示するものと解し、人間の宗教性を非合理的な方向に対する受動性や待機性に求めることで、回心の宗教的側面に配慮した、普遍的な回心研究の可能性が拓かれてくることになろう。この「宗教学的回心研究」を成り立たせる理論的な基礎が、次節に論ずる「宗教学の場」に他ならない。

第三節　宗教学の場

前節にて、「宗教学的回心研究」の基礎となる「宗教学の場」は、人間存在への着眼によって開示されることを論じた。このように、宗教的な次元を見据えながらもあくまで人間の側に留まろうとする態度には、言うまでもなく神学的あるいは宗学的な観点と一線を画すことが意図されている。要するに筆者は、人間存在という普遍的な場において捉える観点をもって、宗教学を神学や宗学から区別するのである。言ってみれば宗教学は、あくまで人間というフィルターを通してさまざまな事象を捉えるのである。あるいは、神学は人間の生の営みを「神の目」から捉えるに対して、宗教学はそれを「人間の目」から捉えると言ってもよい。こうした学術的視点の相違は、双方の研究対象がしばしば重なるだけにとくに重要である。実際のところ、宗教学の学説史とりわけその初期の段階では、神学との距離が常に意識されていたとさえ言えるし、宗教人類学、宗教心理学、宗教社会学、宗教哲学といった、宗教学という語を冠する研究はいずれも、人間の側を起点とするという点では一致している。このことからも、「宗教学の場」を人間存在に設えることは、決して的外れなことではなかろう。ただし、神学や宗学との区別のみによって宗教学の場が確保されるわけではない。というのも人類学や心理学、社会学もまた、人間のさまざまな生の営みに基づく学問であり、これらの学問と宗教学との相違は、ただ神学との相違を指摘す

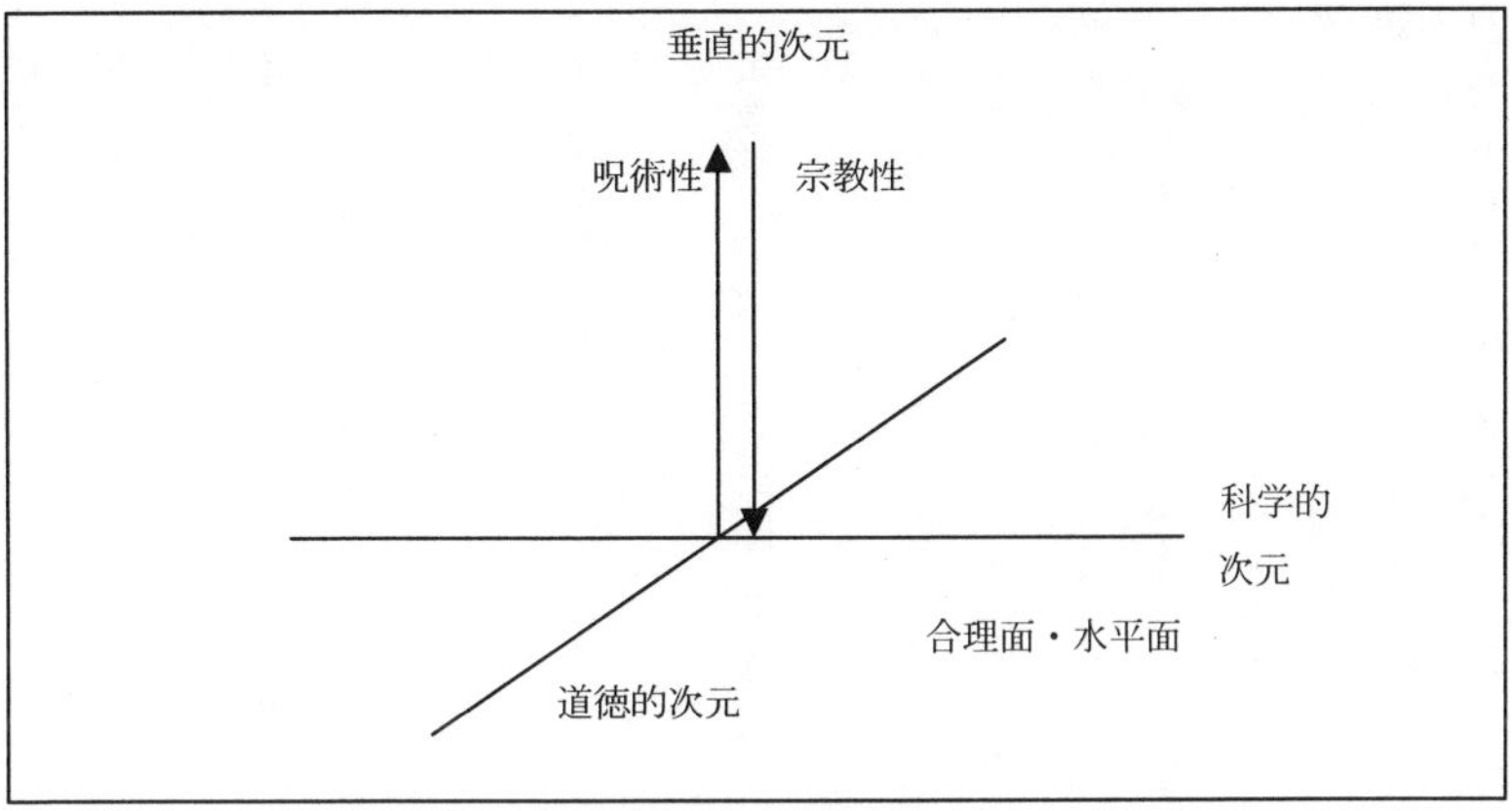

図三：宗教学の場

るだけでは明示され得ないからである。このように宗教学が、神学だけではなく、人類学や心理学、社会学とも異なる独自の観点を備えるべきと筆者が考えるには、それなりの理由がある。それは、宗教現象を他の現象に還元することなくそれに即して捉えることこそが、宗教学が担うべき最も重要な課題だと思われるからである。確かに宗教学は、人類学や心理学、社会学といった人文諸科学に隣接する学問であり、またこれらの方法論を巧みに取り入れながら発展してきた。別言すれば宗教学は、神学的な観点との相違を常に意識しながら、宗教現象の合理的把握を目指すかたちで展開されてきたのである。しかし宗教学が宗教をそれに即して理解するという独自の課題を自らに課す以上、それは神学からだけではなく、人類学や心理学、社会学からも区別される固有の場を備えてしかるべきであろう。このように神学や宗学だけでなく、人文諸科学の領域からも区別され、宗教的側面や宗教性を固有のものとして際立たせる場こそが、ここでいう「宗教学の場」なのである。仮にこれまでの宗教学史が、神学との差別化という見地から概括され得るならば、今後の宗教学は、人文諸科学との差別化をも視野に入れた固有の学問領域を目指すべきではなかろうか。本節での議論は、まさにその点を問題にしている。以下、前章までの議論を踏まえつつ、「宗教学の場」を他の学問領域が基づく場とは異なる固有の場として規定する理論的な枠組みについて論ずることにしたい。その結論を先取りするかたちとなるが、この「宗教学の場」を視覚的に示した図が〈図三〉である。

本節では、この〈図三〉を軸に議論と考察をすすめることにする。なお、ここに提示する宗教学の理論的な場は、より広範な宗教研究への適用も見据えてはいるが、何よりも回心を宗教学的に捉えることを念頭に置いていることを付言しておきたい。

（一）合理面・水平面

宗教学が宗教をそれに即して捉える以上、「宗教学の場」は、人間の宗教性を他の性質に還元することなく、それを固有の性質として浮き彫りにするような場でなければならない。とはいえ、宗教学の基本的な立場が、人間側に考察の起点を置く以上、問題の宗教性を神学的に定義するわけにはいかない。第二章にて宗教性を、さしあたり「〜でないもの」と間接的な規定を試みたのもそのためである。ここで鍵となるのは、「〜でないもの」の「〜」を明らかにすることであろう。この「〜」に該当するのが、〈図三〉の「合理面・水平面」に他ならない。実にこの「合理面・水平面」の規定が、宗教性の把握に直結するのである。さて、この「合理面・水平面」として筆者が念頭に置いているのは、とりわけ近代人が日常的な生を営む平面、つまり人間の手によって文化的あるいは社会的な生が営まれる、いわばヒューマニスティックな平面である。したがってこの「合理面・水平面」は、近代人が手に入れた信頼すべき足場であるとも言えよう。その近代人の目から見れば、いわゆる古代人の実存平面は、科学や呪術、宗教、道徳といった諸要素が混在する、かなりいびつなものに映ったとしても不思議ではあるまい。このいびつな実存平面に向けられた好奇の目が、草創期の宗教学を支えていたとも言い得よう。その意味では、「合理面・水平面」だけでなく、それに基づく宗教学もまた近代化の所産と言えよう。このように人間主義的な「合理面・水平面」が先鋭化される過程が近代化に他ならないとすれば、近代化は単純に宗教的次元の否定を招いたのではなく、かえってそれを固有の次元として際立たせたと見ることもできるように思われる。ただし、このような近代化の解釈をめぐる問題は、本節での議論の焦点ではないので、ここでは「合理面・水平面」の規定が宗教性の規定を裏から支えている点を確認するに留めておきたい。

この「合理面・水平面」についてさらに説明を続けよう。〈図三〉によると、それは「科学的次元」と「道徳的次元」との二次元で構成されている。前者は、必然的な因果関係が成立し、したがって自然科学的な説明が成立する次元である。仮にこの次元で人間を扱うとするなら、そこで浮き彫りにされる人間とは、生物としての人間、つまりヒトとしての人間である。したがって、この次元においては、もっぱら生物学的あるいは医学的な把握が目指されることになろう。要するに「科学的次元」で捉えられるのは、人間の生理学的・生物学的な側面であり、自然科学的な因果関係によって記述される側面なのである。したがってこの次元では、必然的で科学的な因果関係を超えるような、いかなる自己超越も扱われない。それに対して「道徳的次元」とは、必ずしも機械論的な因果論では記述されない利他的な道徳が成り立つ次元であり、調和のとれた対人関係あるいは社会関係を築くための能動的で意志的な脱中心つまり「自己犠牲」を念頭に置いた次元である。ただし、この「自己犠牲」を要めとする道徳は、論理的あるいは合理的な把握を斥けるわけではない。実際に、合理化された道徳を倫理と呼ぶこともできるであろう。したがって「道徳的次元」を加えることで、はじめて社会的あるいは文化的な動物としての人間が合理的に把握されることになるのである。このように「合理面・水平面」に基づく合理的な人間把握を目指すのが、心理学や社会学、人類学といった人文諸科学と言えるであろう。しかしながら、それによって人間存在がすっかり記述されるわけではなく、むしろ人間存在の最も深遠な非合理的な側面から目を逸らすことにもなる。その非合理性を、科学や理論の未熟さに帰着させるのではなく、むしろ固有の性質として認め、それを直視するために導入するのが、次に論ずる「垂直的次元」に他ならない。

(二) 垂直的次元

「合理面・水平面」に垂直に立てられる次元、したがって「科学的次元」にも「道徳的次元」にも還元され得ない次元が、ここでいう「垂直的次元」である。それは、先述した「合理面・水平面」が明確に設定されることではじめて開示されてくる次元であり、「聖」あるいは「超越」という概念が立てられる次元である。したがって、この次元が宗教学の成立の根幹にかかわっていることは容易に察せられよう。そこで、ここでは宗教学説史の展開に寄せて、「垂直的次元」およびそれによって開示される「宗教学の場」に説明を加えることにしたい。

さて、〈図三〉の「垂直的次元」に注目すると、そこには宗教性と呪術性とが正反対のベクトルとして示されている。二つの矢印のうち、中心から出てゆく矢印が能動性、反対に中心に向かう矢印が受動性であるとすれば、宗教性は「垂直的次元」における受動性、そして呪術性は「垂直的次元」における能動性として示されていることになる。ここで、宗教性と呪術性とを逆方向の精神ベクトルとして規定した点に、考察の焦点を絞ることにしよう。ところで、宗教性と呪術性のこのような規定に通じる学説としては、さしあたりフレーザーの呪術論を挙げることができよう。周知のように、彼はその主著『金枝篇』において、宗教を超自然的な力に対する「宥和」(**propitiation**) あるいは「慰撫」(**conciliation**) とし、その一方で呪術を非合理的な科学もしくは技術と捉えることで、両者を対立的に扱った。つまり宗教では、超自然的な力に対する受動性が示唆されている一方で、呪術には人間主体の能動性が示唆されているのである。さらに踏み込んで言えば、宗教における「宥和」や「慰撫」そのものには、確かに人間の能動性が認められるにせよ、その結果や効果に対して人間は全く関与できないことから、宗教は受動的な態度で特徴づけられるのに対して、「擬似科学」としての呪術は、それによる直接的な影響や効果が期待され、どこまでも能動的な態度に支えられている。確かに呪術と宗教との関係を進化論的に捉えるフレーザーの見解については検討の余地はあるものの、その呪術論に示唆される呪術と宗教の相違、つまり能動的か受動的かという心的態度の相違は、両者に概念的な区別を設けるうえで有効な視点と思われる。呪術と宗教との区別に関する同様の観点は、例えばマリノフスキーの所論にも指摘できる。両者の相違について、彼は次のように述べている。

呪術的行為では、その根底にある観念や目的は、常に明瞭で直接的であり、限定されているのに対して、宗教的儀式には、その後の出来事に対して、何の目的も据えられてはいない。……未開人は、呪術的な儀礼の目的について常に語ることができるが、しかし宗教的儀礼については、それが習慣だからそうするのだとか、そのように定められているからだと言うであろうし、さもなくば説明的な神話を語ることであろう。(34)

このように呪術をある目的を見据えた道具や手段と捉え、宗教を目的そのものと把握したマリノフスキーの観点にも、ある行動や所作の直接的な効果に対する心的態度への着眼を見て取ることができよう。彼が、呪術に対してより能動的な態度を、そして宗教にはより受動的な態度を認めていることは言うまでもあるまい。呪術と宗教をめぐる議論は枚挙にいとまがないが、石津照璽は「自己」への着眼から、両者の相違をより明快に論じている。

私は先に、呪術的な適応が自己の力を留保して、これに他の超自然的な力を加えて事に当るものであり、宗教的な適応は、主体がその主我的情欲的な自己の力を留保して、これに他の力を接ぎ足すのではなく、かかる自己なるものを否定し、これを超えるところにあるとした。(35)

この引用文から明らかなように、呪術的な態度では、自己の力が「留保」されているものの、自己そのものは否定されておらず、自己は超自然的な力を手段的に利用する主体として確保されているのに対して、宗教的な態度においては、その自己そのものが否定され、さらには自己が超越されるべきことが指摘されている。この「事に当る」自己さらには自己そのものに能動性を読みとるなら、呪術では能動性が確保される一方で、宗教ではそれが否定され、受動性が開示されることになろう。いずれにしても、筆者がここで確認しておきたいことは、呪術を能動性そして宗教を受動性によって特徴づけることは、学説史の観点から見ても決して的外れではないということである。

ここで、呪術と宗教との区別というよりも、むしろそれらと科学との相違に着目した所論についても触れておこう。その代表的な研究者がマレットである。彼は、呪術と宗教とを本来は独自なものとし、それぞれの心理的性質には「水と油」と形容するほどの相違を認めながらも、両者の区別というよりも、それらの結びつきの方に力点を置いた。このことは、マレットによる次の記述からも窺える。

私の一貫した目的は次のことを示すことにあった。それは、ある観点から見れば、呪術と宗教は概念的には区別されなければならないが、別の観点では、それらは矛盾なく結びつけられるであろう、ということである。(36)

このマレットの観点は、超自然的な神秘の領域を「呪術・宗教的」(magico-religious)と呼んで、宗教と呪術とを同一の領域で扱ったことにも明示されている。つまりマレットは、呪術と宗教の相違というよりも、両者が同一の領域にあることとの共通性の方に焦点を合わせたのである。その彼のいう「呪術・宗教的」という領域が、〈図三〉の「垂直的次元」と重なる点を鑑みれば、マレットは宗教性と呪術性の相違というよりも、むしろ「垂直的次元」と「科学的次元」との区別に着目したとも言えるであろう。

以上の概説をさらに大胆に拡げるならば、呪術・宗教・科学をめぐって展開された人類学的な宗教研究は、「垂直的次元」と「科学的次元」とで構成される場において宗教を論じたと言えまいか。もしそうなら、しばしば宗教と道徳との関係を問題とした哲学的あるいは神学的な宗教研究は、「垂直的次元」と「道徳的次元」とで構成される場を想定しているとも言えよう。もちろん、人類学的な研究においても道徳が扱われ、哲学的な研究においても呪術が論じられているけれども、このような観点から宗教学説史を概括することも不可能ではないと思われる。ちなみに、インガーは『宗教社会学』のなかで、科学・道徳・呪術・宗教という四つの要素を、宗教学の基礎概念として措定している。ただしインガーは「宗教は、究極的な科学であり、究極的な道徳であり、究極的な呪術である」[37]と述べたように、宗教を中心とする連続的でダイナミックな関係のうちで人間の諸活動を捉えようとし、宗教を他の要素と別次元の要素として扱ったわけではなかった。また宗教を社会現象から捉えようとするインガーの方法では、四つの要素が措定されているとはいえ、結局のところここでいう「合理面・水平面」に基づく宗教把握が目指されている。それに対して、ファン・デル・レーウが設定する「水平の道」(horizontale Weg)と「垂直の道」(vertikale Weg)という二つの道は[38]、「合理面・水平面」と「垂直的次元」に重なるという点で実に興味深い。そのレーウのいう「水平の道」とは、所与の生を単に受け入れるに留まらずに、人間が能動的に「力」(Macht) を追求する道であり、その一方で「垂直の道」とは啓示の道である。したがって「水平の道」はいわば合理的な人間の道である一方で、「垂直の道」は人間の理解や行為がいっさいおよび得ない啓示の道である。そしてレーウによれば、「水平の道」の限界と「垂直の道」の端緒とによって、「救済」つまりあらゆる宗教がそれに方向づけられる目標が構成されるのである。その意味でレーウは、人間の能動的な道が否定され、人間が受動的にならざるを得ないところ、つまり啓示の道が開示されてくるところを、宗教理解の中心点に据えたと言えるであろう。このようにレーウが人間の次元と啓示の次元とを区別し、「垂直の道」における人間の受動性を示唆した点には、宗教的事象や人間の宗教性の非還元的な把握が示唆されているようにも思われる。ただし二つの道によって開示されるレーウの解釈場は、筆者の提示する「宗教学の場」と完全に一致するわけではない。まず「垂直の道」と「垂直的次元」との相違に注目するなら、前者がもっぱらキリスト教的な啓示を想定しているのに対して、後者は例えば仏教の悟りや、いわゆる未開宗教の呪術をも射程に入れている。また「水平の道」では「文化」が念頭に置かれているのに対して、「合理面・水平面」では「科学」や「道徳」が想定されている点も指摘できよう。このような枠組みの相違は、もちろん何を研究対象とするかという問題関心の置きどころの相違を反映していると言える。いずれにしてもここで強調しておきたいことは、「合理面・水平面」と「垂直的次元」とで構成される「立体的」な場、つまり「科学的次元」「道徳的次元」「垂直的次元」の三次元で構成される場を「宗教学の場」として設定することは、学説史の展開から大きく隔たることはないということである。確かに〈図三〉の「宗教学の場」は、自己超越を基軸とし、あくまで回心をその宗教性に即して捉えるために設定された場である。しかしながら、この「宗教学の場」が宗教学説史からも裏づけられることにより、ここで目指す回心研究は、まさに「宗教学的」と呼ばれ得る根拠を得たことになろう。こうして「宗教学の場」は、「合理面・水平面」つまり人間側の生の営みに学の起点を据えるという点で神学から区別され、また

「垂直的次元」を考慮に入れた理解や解釈を目指すという点で心理学や社会学といった隣接諸科学からも区別される、「立体的」な人間把握の場として提起されるのである。次節では、以上の「宗教学の場」をめぐる議論を踏まえ、「宗教学的回心研究」の理論的枠組み、つまり「宗教的回心」と「宗教的人間」の概念について論ずることにしたい。

第四節　宗教学的回心研究

本章の冒頭で述べたように、「宗教学的回心研究」のキーワードは、「宗教学」「宗教的回心」「宗教的人間」である。「宗教学」という観点については、前節で論じたとおりである。この場が設定されることによって、「宗教学的回心研究」を支える中心概念である「宗教的回心」と「宗教的人間」とが明確に規定されることになり、「宗教学的回心研究」の理論的枠組みがはじめて明示されることとなる。その意味で、本節は本章の結論であるだけでなく、「第一部」の構想全体を照らし出す光源でもあるのである。なお「宗教的回心」と「宗教的人間」という二つの概念は互いに密接に結びついているけれども、便宜上これらの概念を別々に論じたうえで、これまでの議論と考察を踏まえつつ「宗教学的回心研究」の枠組みを改めて素描してみたい。

（一）宗教的回心

これまで「宗教的回心」を、さしあたり「人間存在の転換」と規定し、その宗教的側面をもって他の変化現象から区別しようと努めてきた。問題は、その宗教的側面を「宗教的回心」の概念にいかに盛り込むことができるかであろう。宗教性を「非合理的受動性」と捉えたり、conversion と廻心とを「受動的転換」と特徴づけたのも、第一に回心の宗教的側面を念頭に置いていたからに他ならない。そしてここで「宗教学の場」が据えられたことで、とりわけ宗教的側面について、さらに踏み込んだ概念規定が可能となる。そこでまず、「宗教学の場」が据えられることで、回心のどのような点が浮き彫りにされるかを確認しておきたい。端的に言えば、回心の最も非合理的な側面、つまり「垂直的次元」の向こう側からの作用、あるいは科学的にも道徳的にも説明され得ない力の作用に対する人間のかかわり方がそれである。別言すれば、そのような非合理的な力つまり垂直方向から介入してくる力が、人間存在を介してリアルなものとして把握されるということである。つまり「垂直的次元」の導入によって、垂直方向から迫る力の正体が直接暴かれることはないにせよ、その力のリアリティが最初から否定されることなく、それに応答する人間の受動的な在り方において把握されるのである。したがって回心の宗教的側面は、その決定的な契機に人間が垂直方向に自己を開くその在り方、より正確に言うならば、人間が自己を開く方向が科学的方向でなければ道徳的方向でもなく、他ならぬ垂直的方向である、という点にこそ認められるのである。そして、この垂直方向に開かれた在り方において、「高み」からであれ「深み」からであれ、垂直方向からの力の介入が把握されるのであり、より具体的に言えば、神の啓示や悟りといった還元不可能なリアリティがはじめて射程に入ってくるのである。このように垂直方向からの力を少なくとも否定しない余地を確保することが、「宗教学の場」を設定する第一の要点となる。

そして回心の必然的な因果性が否定されることが、その第二の要点である。とはいえ、先述した第一の要点と第二の要点とは決して無関係ではなく、それらは互いに密接に結びついている。というのも、垂直方向からの力の介入に余地を残すということは、因果連関の必然性を保留することでもあるからである。反対に、因果連関の必然性を保留することにより、そのような力が介入する余地がはじめて確保されるとも言えよう。実に第一章で論じた、「原因」から「条件」への視点変更は、まさにそのような余地を確保するための視点変更なのである。仮に回心過程が、何らかの理論やモデルによって因果的に説明し尽くされるとするなら、そこに垂直方向からの力を想定する必要はないし、そもそも「垂直的次元」を想定することすら必要ないであろう。要するに筆者がここで強調したいことは、垂直方向から作用する力が実在し、それがあらゆる回心を引き起こす原因だというのではなく、少なくとも概念的な枠組みには、そのような力のための余地を残すべく、必然的な因果性に基づく回心把握を差し控えなければならない、ということである。このような態度を欠いてきたために、従来の回心研究は、回心の最も中心的な部分を逸してきたのである。したがって、回心過程を因果的に捉える態度を保留することは、回心の宗教的側面の把握に道を拓くと同時に、回心研究の新たな可能性をも示唆することになろう。ただし、だからと言って、回心過程の因果的必然性を否定することは、心理的傾向や社会的環境による回心への影響を認めないということでは決してない。事実上、心理的要素や社会的要素なくして回心はあり得ないと言えるであろう。しかしながら、これらを回心の原因に据えたとたんに、回心の宗教的側面が隠蔽され、それと同時に回心研究は行き詰まりを見せるのである。そこで筆者は、従来の回心研究が回心の「原因」として追究してきたものを「条件」と捉え直すことを提唱したのである。いずれにしても、「宗教学の場」が据えられることで、因果律を超越する回心の最も深遠な非合理的な側面に光が当てられることになるのである。

以上の議論を踏まえて今度は、回心の質的な構造転換という側面に議論を移すことにしよう。端的に言えば、

「宗教学の場」から捉え直すことで、「宗教的回心」による質的な変化がどのように際立たせられるか、である。この質的転換という側面を浮き彫りにすることが、「宗教学の場」を据える第三の要点と言える。要するに回心前後の質的な相違もまた、「宗教学の場」つまり「垂直的次元」を含めた立体的な場において、はじめて明示されるのである。別言すれば、第二章でも示唆したように、ちょうど回心の断絶性や根本性が回心の宗教性をもって明らかにされ得るように、回心の宗教的側面への着眼は、回心の質的な構造転換という側面にも光を当てるのである。ここでとくに注意を促したい点は、「宗教的回心」後の存在構造が、垂直方向に開かれ、なおかつ垂直方向から秩序づけられていることである。つまり「宗教的回心」を経た人間存在にとり、垂直方向から非因果的に介入してくる力がしばしばその存在構造を秩序づける軸となっているのである。したがって「宗教的回心」後の存在構造は、この垂直方向から与えられる軸によって質的に特徴づけられるのであり、その特異性は「宗教学の場」をもってはじめて把握されるのである。

ところで、回心後の存在構造を支えるその軸は、人間が能動的に構築するものではなく、垂直方向の彼方から一方的に付与されるものであり、しかも非因果的に獲得されるものである。それゆえに、この軸の性質は、先述した「宗教学の場」の三つの要点によってはじめて浮き彫りにされるのである。このように「宗教学の場」をもってはじめて明示される非合理的な中心軸を、ここでは「垂直軸」と呼ぶことにしたい。実に、この「垂直軸」という概念を立てることに、「宗教学の場」を設定するねらいがあったと言っても過言ではない。実際のところ、この「垂直軸」という概念こそが、「宗教的回心」の概念規定の中心的な位置を占めるのである。なお、この「垂直軸」は本書の特有の概念でもあるので、ここでさらに議論と考察とを加えておくことにしよう。

さて、この「垂直軸」は、人間存在の中心軸を構成するという意味では、確かにヒックのいう「実在」に相当すると言える。ただし、「自己中心から実在中心の人間存在の転換」というヒックの救済観に示唆されるように、ヒックの「実在」は「自己」と対置され、自己を超越して外在するかのような印象を与える。その意味でヒックの「実在」は、一神教的な神が想定されており、神学的に措定されている感が否めない。このことから「実在」という概念は、宗教学的なアプローチを目指すには使いにくいところがある。そこで筆者は、ヒックによる人間存在への着眼を評価しつつ、その「実在」を、人間存在の側から眺めるようなかたちで「垂直軸」と捉え直したのである。この「垂直軸」は、当事者にとっては単なる概念ではなく、それによって存在構造が再構成されるほどのリアリティを備え、あらゆる能動的活動の原点ともなり得る中心軸である。このように「垂直軸」は、それ以上あり得ないような安定した「基底状態」を人間存在にもたらす一方で、徹底的に否定された受動的な自己のうえにのみ維持され得る、能動的な自己への誘惑に常に脅かされる不安定な軸でもある。一見すると相矛盾する「垂直軸」のこの性質は、それが受動的に獲得され否定的に維持されるにもかかわらず、新たな能動と肯定の原点となるところに起因している。別言すれば「垂直軸」は、古き自己の徹底した否定の末に獲得・維持され、新しき自己を秩序づける中心軸となるのである。この新しき自己の誕生、つまり「垂直軸」の獲得こそが「宗教的回心」の中心点に他ならない。ここで留意すべきことは、「垂直軸」を獲得するさいに人間ができることが、ただ「垂直軸」が据えられる方向に自己を開きつつ「待つ」ことであり、その「原因」を作り出すのではなく「条件」を整えることでしかない、ということである。したがって「垂直軸」の獲得において、もし人間の能動性の意義を認めるとするなら、それはただその能動的な自己を否定することにのみ存するのである。むろんそのような自己否定は、自己の「内」からなされる場合と、自己をとりまく環境や状況といった「外」からなされる場合とがあろう。しかし、いずれにしても「垂直軸」獲得の主体は人間側にはないのである。このような「垂直軸」の逆説的性質を踏まえれば、「宗教的回心」は、さしあたり「垂直軸の受動的獲得に伴う存在構造の転換」と規定されよう。実に、この暫定的な規定こそが、本章のさらには本書の要所であり、これまでの議論の積み重ねは、この概念規定を得るためにあったと言っても過言ではないのである。

最後にこの仮設的な規定を、より広い概念的な枠組み、具体的に言えば第三章で提示した回心類型論のなかで改めて捉え直してみたい。このことはつまり、「自己超越」に基づく「自然的回心」「道徳的回心」「宗教的回心」という三類型を、「立体的」な「宗教学の場」から特徴づけるということである。このことにより、「宗教的回心」の固有性だけではなく、「宗教学的回心研究」の焦点も改めて浮き彫りにされることになろう。ところで第三章で論じたように、「自然的回心」は、何ら自己超越を伴わない回心であり、ゆえにそれは科学的な理解や説明が可能な回心であった。したがって「自然的回心」は、〈図三〉で言えば「科学的次元」に留まる回心である。このことから「自然的回心」によって開示される存在構造は「直線的」なままである。その一方で、「自己犠牲」によって特徴づけられる「道徳的回心」は、〈図三〉の「合理面・水平面」において把握される回心であり、それによって開示される存在構造は「平面的」である。そして「宗教的回心」が「垂直軸」の獲得に特徴づけられることから、それによって開示される存在構造は言うまでもなく「立体的」である。このように、おのおのの回心によって開示される存在構造に着目すると、先述の回心類型は次のように整理されよう。

（一）自然的回心：「科学的次元」の一次元から構成される「直線的」な存在構造

（二）道徳的回心：「科学的次元」「道徳的次元」の二次元から構成される「平面的」な存在構造

（三）宗教的回心：「科学的次元」「道徳的次元」「垂直的次元」の三次元から構成される「立体的」な存在構造

この類型論に示唆されるように、おのおのの回心が区別され得るのは、ただ宗教学という「立体的」な場においてであり、したがって心理学的回心研究や社会学的回心研究においては、そもそもこのような類型論は成立し得ず、「宗教的回心」という概念もまた規定され得ないことになる。しかし、繰り返し言うように、心理学的回心研究や社会学的回心研究の業績を顧みる必要がないというのではなく、「宗教学的回心研究」は、従来の回心研究の業績を踏まえつつ「垂直的次元」を導入することで、より多元的な回心理解を目指すのである。そしてこの「宗教学的回心研究」は、回心のみならず人間そのものをより多元的により包括的に理解することにも繋がってゆくのである。

（二）宗教的人間

ここでいう「宗教的人間」とは、「宗教的回心」を経験した人間であり、したがって「垂直軸」を受動的に獲得した人間である。つまり「宗教的人間」は、「垂直軸」の保持によって特徴づけられる人間なのである。したがって「垂直軸」の性質は、そのまま「宗教的人間」の固有性として反映されることになる。なかでもとくに注目すべき「垂直軸」の性質は、その逆説的な性質である。この逆説性の根拠は、先述したように「垂直軸」が能動的に構築されるものではなく、それが「垂直的次元」の彼方から据えられる、言い換えれば受動的に獲得されるという点にある。加えて、その「垂直軸」が絶えざる自己否定においてのみ維持されるという点にも、その逆説性が認められよう。このように「垂直軸」が受動的に獲得され、否定的に維持されるという逆説性が、すなわち「垂直軸」の逆説性に他ならない。この逆説的な「垂直軸」が「宗教的人間」の存在構造を支える中心軸であり、その能動的な活動の起点でもあるがゆえに、「宗教的人間」の中核や根底には逆説性が潜んでいるのである。したがってこの逆説性こそが、「宗教的人間」を理解するさいの鍵なのである。なお、第四章で述べた「逆説的な人間理解」とは、このような逆説的な在り方を示す「宗教的人間」を念頭に置いた人間理解に他ならない。いずれにしても「宗教的人間」は、「宗教的回心」さらに言えば「垂直軸」によって他の人間と質的に区別される人間であり、「垂直軸」の逆説性に特徴づけられる逆説的な人間なのである。

ここで、「垂直軸」をもつことで特徴づけられる「宗教的人間」に固有の在り方、つまりその逆説的な存在構造に考察の焦点を合わせることにしよう。再述すれば、その存在構造の逆説性は、「垂直軸」と呼ばれるその中心軸が受動的に獲得され否定的に維持されるという点に帰着する。したがって問題の逆説性は、「垂直軸」が「宗教的人間」を秩序づける中心軸でありながら、その獲得や維持すらも己れの手の届く範囲にはないという点に存するのである。さらに「垂直軸」は、人間の能動性と鋭く対立するだけでなく、常にその能動性に脅かされ、その誘惑に晒されてもいる。それゆえに宗教者は、まさにそのような誘惑を斥け「垂直軸」が据えられる場を確保するために、修行に励み修道の道をゆくのである。このように、能動性に蝕まれかねない「垂直軸」によって支えられている存在構造は、確かに不安定だと言えるかもしれない。しかしながらこの「垂直軸」は、「合理面・水平面」の事象に左右されない絶対性と唯一性を帯びるがゆえに、従来の回心研究でもしばしば指摘されてきたような人格や自己の統一性や全体性をもたらし、「宗教的人間」の強靱さの根拠ともなるのである。要するに「宗教的人間」の存在構造は、「垂直軸」が立てられる場が確保される限りにおいて、現実世界のさまざまな逆境に屈しない強靱さと安定性とを示すのである。

このような人間存在の逆説性は、『諸相』の「自己放棄」に関する議論においても示唆されている。この逆説性は、例えば歴史上の宗教者が「自己放棄がもたらす平静な心の状態[39]」にあるというジェイムズの指摘や、回心と自己放棄との奇妙な関係に着目した次の記述にも見て取ることができよう。

緊張や自己責任、不安から、平静や甘受、平安への移行は、内なる均衡のあらゆる移行のうちで最も驚くべき移行であり、それは私がしばしば分析してきたところの、人格的エネルギーの中心の変化に他ならない。それについて最も驚くべきことは、その変化が行為によってではなく、ただ単にリラックスし、重荷を投げ下ろすことによってもたらされることが多いという事実である。[40]

言うまでもなく、「人格的エネルギーの中心の変化」とは回心のことを指す。ここでジェイムズが驚きをもって指摘しているのは、回心による精神的な安定が、能動的な行為ではなく、自己放棄によってもたらされるということである。換言すれば、回心は、自己が成し遂げるのではなく、むしろ自己を棄てることによって達成される、ということである。ここには、自己を棄てることが自己を作り上げることである、という逆説が示唆されている。このように逆説的で否定的な過程を、ジェイムズはとりわけ神秘主義者に認めており、そのことについて彼は次のように記している。

神秘主義者は、「絶対否定の方法」によってのみ、真理の肯定的な極に向かって旅をするのである。……より高次の肯定への道のりとしての否定という、知性による弁証法的な用い方に対して、個人的な意志の領域には、道徳的な否定という最も捉えがたいものがある。[41]

このようにジェイムズが神秘主義に認めた、否定を介した肯定という逆説性は、西田幾多郎が「否定即肯定」あるいは「絶対矛盾的自己同一」という語で示唆した逆説性とも重なってこよう。ただし西田の見解は、この逆説性が、ある性質を備えた特殊な人間のみならず、人間一般の存在の根底にまで認められている点で、ジェイムズのそれとは異なっている。このように西田が人間存在一般の根底に逆説性を据えたことは「我々は自己成立の根柢に於て自己矛盾的なのである」[42]あるいは「我々の自己は、自己否定に於て自己を有つ。我々は何処までも宗教的である」[43]との記述にも裏づけられよう。つまり西田は、人間が人間として成立する根底に矛盾性や逆説性を認めたのであり、人間本来の在り方そのものが逆説的であることを主張したのである。換言すれば、このように逆説的に在ることが、宗教的に在ることであり、人間本来の在り方とされるのである。また、そのように人間が在るところの根底、つまり徹底した自己否定の末に開示される無基底的な立場を、西田は「平常底」と呼んだ。それは、西田によれば「すべての立場が否定せられると共に、そこから、すべての立場が成立するのである、立場なき立場」[44]である。別言すれば「平常底」は、それ以上掘り下げられず、何からも限定され得ない根底であり、そこから「真の知識」や「真の道徳」、そして「真の自己」が創出される根底ともなるのである。したがって西田のいう「平常底」は、理知や道徳、そして自己までもが否定されるところに開示される場であると同時に、新たな知識と道徳、そして自己が再構築される場でもあるのである。この否定の終局、肯定の起点たる「平常底」という場こそ、本書の立場に即して言えば、「垂直軸」が据えられる場なのである。このことをさらに構造論的に捉え直せば、「宗教的人間」の存在構造は、否定され尽くされた根底に基づき、絶対的かつ唯一の中心軸に秩序づけられるがゆえに、それ以上安定した状態があり得ないような構造論的な「基底状態」にあるとも言えよう。ただし、そこで見過ごしてはならないのは、人間にとり「基底状態」ともなるその存在構造が、逆説性の上に成り立っているということである。その逆説性とは、自己に「基底状態」をもたらす「垂直軸」を獲得および維持するには、その自己が徹底的に否定されなければならないという逆説性、端的に言えば自己の否定による自己の肯定という逆説性である。それゆえに人間は、自身の存在と行動との基軸とも言える「垂直軸」の構築に直接的にかかわることができず、したがって人間が己れの手で為し得ることは、ただそれが据えられる場を整えること、西田の言葉を借りれば「平常底」という場に徹することでしかないのである。

このようにジェイムズや西田によって開示され、「宗教的人間」の構造的考察からも導かれる、こうした深遠な逆説性は、人間存在一般を読み解く鍵でさえあるように思われる。そして人間存在の根底と核心に存するこうした逆説性を、きわめて鮮明なかたちで浮き彫りにするものこそが他ならぬ「宗教的回心」なのである。それゆえに「宗教的回心」の研究は、「宗教的人間」の研究のみならず、さらに人間そのものの研究へと導かれ得るのであり、したがって「宗教学的回心研究」は、宗教学的な人間研究つまり宗教性を人間理解の中心に据えた「宗教人間学」の基礎研究ともなるのである。その意味で、本書の主題である「宗教学的回心研究」は、回心そのものの研究で完結するのではなく、その先には「宗教人間学」つまり人間をホモ・サピエンスでなければホモ・ファーベルでもなく、ホモ・レリギオスとして理解する一つの人間学の構想をも見据えているのである。そのさいに焦点になるのが、これまで繰り返し述べてきた人間存在の深遠な逆説性に他ならない。人間は、この逆説性を内に携えつつ生を営んでいるのであり、ゆえにこの逆説性からは決して逃れられない。この点にこそ人間存在の奥深さや神秘さがあるのであり、それを捉えることに人間理解の醍醐味があるようにも思われる。いずれにせよ「宗教学的回心研究」と題する本書に底流するのは、このような逆説的な人間とその在り方への関心であり、人間が逆説的に在ることがいかにして可能かという問題意識である。この観点から言えば、ここまで述べてきた第一部の理論研究は、人間の逆説性を際立たせるための理論的枠組みを導出することに集約され、第二部の事例研究は、そのような人間の在りようを具体的に描出することが目指されていると言えよう。その意味でも本書は、ある特殊な宗教現象に関する研究というよりも、むしろ人間存在一般に関する研究なのである。

本章での議論を締めくくるにあたり、先述した問題関心に寄せて、これまでの議論を整理し直しておこう。人間存在の中核と根底にはある逆説性が潜んでいる。ただしこの逆説性は、「垂直的次元」を立てる「宗教学の場」においてはじめて明示され得る逆説性である。そして、この逆説性をきわめて明確なかたちで開示せしめるのが、「垂直軸の受動的獲得に伴う存在構造の転換」と規定される「宗教的回心」に他ならず、したがって「垂直軸」に特徴づけられる「宗教的人間」の存在構造なのである。そして「宗教的人間」の存在構造が人間本来の在り方を示唆するという意味で、「宗教学的回心研究」は人間そのものの宗教学的な研究であり、ホモ・レリギオススという観点から人間にアプローチする「宗教人間学」の端緒ともなるのである。このように逆説性を人間把握の中核に据えることは、確かに筆者の一つの洞察にすぎないかもしれない。実際のところ、この段階では、その洞察を前提や仮設の域を出るものとして論ずることはできない。しかしながらこの洞察は、「宗教学的回心研究」の理論的枠組みだけに留まらず、その構築を念頭に置きつつ第一章より概述してきた回心研究史を構成する基礎でもあり、したがって第一部でのあらゆる議論と考察とを貫く生命線であったのである。そして、それはまた、第二部での事例研究の基礎的な洞察でもあることは言うまでもない。いずれにしても、この洞察がより説得力をもつには、第二部で展開する具体的な事例研究を待たねばならないであろう。ここでは、こうした洞察に支えられた「宗教学的回心研究」の理論的枠組み、つまり「垂直軸の受動的獲得に伴う存在構造の転換」という「宗教的回心」の概念と、「垂直軸」をもつ逆説的な人間としての「宗教的人間」という概念とを提示することをもって、本章での議論にいちおうの区切りをつけることにしたい。

注

1 Clark, E. T., *The Psychology of Religious Awakening*, The Macmillan Co., 1929, p. 39.
2 Scroggs, J. R. & W. G. T. Douglas, Issues in the Psychology of Religious Conversion, *Journal of Religion and Health*, 1967.
3 Rambo, L. R., Anthropology and the Study of Conversion, *The Anthropology of Religious Conversion*, edited by A. Buckser & S. D. Glazier, Rowman & Littlefield Publishers, Inc., 2003, p. 213.
4 マタイによる福音書第一三章一五節、マルコによる福音書第四章一二節、使徒行伝第二八章二七節が挙げられる。〈表三〉からも明らかなように、いずれの節でも、いくつかの英訳聖書によってconvert (v.) という訳語が採用されている。
5 『秘密曼荼羅十住心論』(『弘法大師空海全集』第一巻、筑摩書房、一九八三年、三四二頁)。
6 『秘蔵宝鑰』(『弘法大師空海全集』第二巻、筑摩書房、一九八三年、八四頁)。

7 『顕謗法鈔』（『昭和定本日蓮聖人遺文』〔改訂増補版〕第一巻、一九九一年、二六一—二六二頁）。
8 『報恩抄』（『昭和定本日蓮聖人遺文』〔改訂増補版〕第二巻、一九九一年、一二三二頁）。
9 「断簡三三七」（『昭和定本日蓮聖人遺文』〔改訂増補版〕第六巻、一九九一年、二九八一頁）。
10 『唯信鈔文意（専修寺本）』（『親鸞聖人全集』第三巻、法蔵館、一九六九年、一六七—一六八頁）。
11 『歎異抄』（『親鸞聖人全集』第四巻、法蔵館、一九六九年、三〇頁）。
12 同書、三一頁。
13 Malony, H. N., & S. Southard (Eds.), *Handbook of Religious Conversion*, Religious Education Press, 1992.
14 Hiebert, P. G., Conversion in Hinduism and Buddhism, *Handbook of Religious Conversion*, edited by H. N. Malony & S. Southard, Religious Education Press, 1992, p. 17.
15 Ibid., p. 17.
16 Ibid., p. 18.
17 Ibid., p. 20.
18 Lamb, C., & M. D. Bryant (Eds.), *Religious Conversion: Contemporary Practice and Controversies*, Cassell, 1999.
19 Lamb, C., Conversion as a process leading to enlightenment: the Buddhist perspective, *Religious Conversion: Contemporary Practice and Controversies*, edited by C. Lamb & M. D. Bryant, Cassell, 1999, p. 75.
20 Ibid., p. 79.
21 Ibid., p. 85.
22 Hick, J., *An Interpretation of Religion: Human Responses to the Transcendent*, Macmillan Press LTD, 1989, p. 36.
23 Ibid., p. 45.
24 この点については、Gillespie, V. B., *The Dynamics of Religious Conversion*, Religious Education Press, 1991, pp. 26-28 で指摘されている。
25 『新改訳聖書』（第三版）のヘブライ人への手紙第六章一節には、「ですから、私たちは、キリストについての初歩の教えをあとにして、成熟を目ざして進もうではありませんか。死んだ行ないからの回心、神に対する信仰」とある。
26 Hick (1989), p. 47.
27 寺川俊昭「回心」『大谷学報』第六一巻第四号、大谷学会、一九八二年。

28 西田真因「歎異抄における廻心の問題——キリスト教のconversion（回心）との比較思想的考察」『比較思想研究』第二一号、比較思想学会、一九九四年。
29 二階堂順治「禅の回心」『禅学研究』第五〇号、一九六〇年。
30 同書、一五〇頁。
31 西田幾多郎「場所的論理と宗教的世界観」『西田幾多郎全集』第十一巻、岩波書店、一九七九年、四一九頁。
32 同書、四二五頁。
33 同書、四一〇頁。
34 Malinowski, B., *Magic, Science and Religion and Other Essays*, Greenwood Press, [1948] 1984, p. 38.
35 石津照璽『宗教経験の基礎的構造』創文社、一九六八年、一六六—一六七頁。
36 Marett, R. R., *The Threshold of Religion*, AMS Press, [1914] 1979, p. 72.
37 Yinger, J. M., *The Scientific Study of Religion*, Macmillan Publishing Co., Inc., 1970, p. 80.
38 Van der Leew, G., *Phänomenologie der Religion*, J. C. B. Mohr (Paul Siebeck), 1956のエピレゴメナの「宗教」を参照のこと。
39 James, W., *The varieties of religious experience: a Study in Human Nature*, Macmillan Publishing Co., [1902] 1961, p. 230.
40 Ibid., p. 233.
41 Ibid., pp. 327-328.
42 西田幾多郎「絶対矛盾的自己同一」『西田幾多郎全集』第九巻、二一五頁。
43 西田幾多郎「場所的論理と宗教的世界観」『西田幾多郎全集』第十一巻、四四八頁。
44 同書、四五四頁。

第六章　宗教学的回心研究の方法

本章では、第二部の事例研究を見据えた具体的な方法論について論ずることにしたい。ここに提示する方法は、むろん筆者の構想する「宗教学的回心研究」を前提としている。ただしそれは本研究のみに通用する特殊な方法論ではなく、従来の回心研究で繰り返し指摘されてきた課題、つまり回心による時間的変化の把握という共通課題に正面から取り組む方法論でもある。したがってそれは、回心前後の変化を実証的に根拠づけることで、回心に関するより厳密な研究を可能にし、今後の研究により強固な理論的基礎を提供するような方法論とも言えよう。確かにそれは、あらゆる回心研究に適用可能な万能の方法というわけではない。しかし、さまざまな制約がありながらも、多くの回心研究が苦慮してきた難題に対して一つの打開策を提言するという点では、その方法論の普遍的な意義も認められるのではなかろうか。以下、「宗教学的回心研究」の具体的な方法について、どのような資料をどのように扱うのかという問題を軸に、その学説史的な意義も合わせて論ずることにしよう。

第一節　回心研究の資料と方法

従来の回心研究が拠り所としてきた資料は、スターバックやジェイムズらによる初期の心理学的な回心研究以来さほど変わっていない。確かに、回心研究に精神分析学や社会学の観点が導入されるに伴い、資料を分析する理論や資料を収集する方法には、さまざまな工夫が加えられたものの、質問用紙やインタビュー、告白録といった回顧的資料に依っているという点では変わりがない。これらの資料を回顧的と筆者が呼ぶのも、着目される記述内容そのものが、執筆時点から時間的にさかのぼる事柄であるからに他ならない。実は、ここに回心研究が抱える厄介な問題が存するのである。というのも回心が、瞬間的であれ漸次的であれ、時間的な変化である以上、その変化内容を正確に把握するには「回心前」の状態を押さえておくことが不可欠でありながら、回顧的資料からはその状態を直接的には知り得ないからである。こうした資料の限界に関しては、多くの研究者が繰り返し指摘してきた。例えば、スノウとマハレックは次のように述べている。

我々の概観は、回心の原因に関する多くの研究について深刻な問題を提起している。こうした研究の大部分は、資料を回心者自身に多くを依存してきた。もし回心が、それを通して談話の世界が主要な権威として機能するようになる過程なら、回心前の彼らの人生や動機についての彼らの説明はただちに怪しいものとなる。過去に関する見解は常に談話の世界というプリズムによって屈折される以上、談話の世界の変化は人生を見渡すための全く別の有利な観点を提供する。したがって、そこを回心者の回顧像が通過する媒介は、透明とはほど遠い。むしろ、それは回心に伴う理解と意味のスペクトルによって色づけられる。彼らの過去に関する情報源は信頼するにはほど遠いので、回心を生ぜしめたであろう要素についての偏見のない知識としては、回心者はただちに否定されるのである。したがって、回心について背後に潜む情報源を回心者のみに依存する研究は、その現象自体の基本的な性格のゆえに、その現象を説明できないという奇妙な矛盾に直面する。(1)

要するに回顧的資料は、それが回心者自身の手による場合でさえも、厳密には過去の精神状態を知る直接的な手がかりとはなり得ないと彼らはいうのである。このように、回心前の「過去」は、回心者の説明によって歪められるということを、スノウらは回心研究の「深刻な問題」と述べ、グレイルとルディは「方法論的な弱点」と記したのである。(2)

このような問題点あるいは弱点を根本的に克服するには、「回心前」の言動が直接示されている資料を入手することが必要不可欠である。この点を、ベイト・ハラミとアーガイルも次のように指摘している。

回心者に関する研究の多くは回顧的である。つまり、新宗教運動の信者や「再生した」人々は、自己報告されたさまざまな尺度で扱われているのである。そのサンプリングの過程は明確ではなく、たいてい研究者に協力しようとする意志を反映しているにすぎない。回心前に採取された尺度を含むような、回心や入会に関して先見性のある研究はほとんどない。理想的には、われわれが必要とするのは、人々が積極的な信者でいる期間あるいはその後（もし彼らが去るなら）において、宗教的アイデンティティが変化する前に個々人が調べられるような、予測的な研究企図である。もちろん、このような研究は、とても高くつき簡単ではないが、ある重要な問いに答えることを可能にするであろう。(3)

彼らは、このように回心研究の方法論上の課題を指摘したうえで、その一つの打開策として、実生活における客観的事実を根拠とする伝記的研究を提案した。ただし彼らの意図は、「身内の死や病気、離婚、経済的な損得」といった客観的事実を数量化し、それをもとに定量的分析をおこなうことにあった。確かに、この伝記的研究によって、回心者の主観性や回顧性という問題はある程度は回避されるであろう。しかしながら、定量的分析を施すには客観的事実が非常に狭く絞り込まれなければならず、そうすると研究者の前提が色濃く反映されることになってしまう。したがって伝記的方法は、定量的分析というよりも、むしろ個々人のライフヒストリーに即した事例研究に適した方法と思われる。そこで筆者は、回心前に記された日記や書簡といった手記資料に着目することで回顧的な歪みを回避しつつ、それらの資料に基づく伝記的な回心把握を提言したいのである。確かに、手記資料に基づく伝記的方法は、個々の事例分析が重視されることから、定量的分析に適しているとは言い難いであろう。しかしその方法は、回心前の主観の状態を知る直接的な手がかりを提供するという点で大きな利点をもつと思われる。この手記資料に基づく回心研究の方法論に立ち入る前に、先述した問題点や弱点に対して、従来の回心研究がどのように対処してきたかを概観しておきたい。

（一）回心説明の分析

回心者自身による回心説明の客観性を疑問視する見解は、既にベックフォードあるいはテイラーといった回心者の「語り」に着目した研究者によって示されている。例えばベックフォードは、「宗教的回心についての当事者本人によって報告された説明は、体験についての客観的で問題のない報告として受け取ることはできない」[4]ことを起点とし、回心者の説明が所属教団（ものみの塔）の歴史的状況に従うという事実を明らかにした。そのうえで彼は、回心者による回心説明が、教団から与えられる公式的な原理に従って再構成された物語であると結論づけたのである。そしてテイラーもまた、ウィトゲンシュタインの言語ゲームという観点から回心説明の事実性に疑問を投げかけ、次のように述べている。

回心についての回心者の説明は、「単なる」過去の出来事についての説明ではなく、回心についての語りという言語ゲームに不可欠な要素であり、そのなかで規則づけられた手続きが回心にその体験的な性格を与えるという作業なのである。(5)

つまりテイラーにとって回心説明とは、言語ゲームという規則のもとに肉づけされた語りなのである。さらに言えば回心説明は、回心体験の客観的な説明ではなく、むしろ回心体験を構築する作業なのである。現に彼は、回心体験から回心説明が生ずるだけではなく、回心説明が回心体験を導くという側面にも着目して、回心体験と回心説明との相互発生的な関係を指摘している。このように言語による説明が体験を形成するという観点を、テイラーはさらに実存的な考察に結びつけて、回心説明の成功が回心者の実存的基盤を構成することをも示唆した。要するに回心説明は、回心者の証であり、その根拠とも言えるのである。

以上の議論から明らかなように、ベックフォードもテイラーも、回心者の説明を額面通り受け取ることを差し控え、その説明内容というよりも、その説明を構築する枠組みやそれを可能にする実存的基礎を考察の対象とした。要するに彼らは、回心説明の内容から構造へと着眼点を変更することによって、先述した資料の回顧性という限界に対処したのである。こうして彼らによって切り開かれた回心説明の分析という視点は、その後の回心研究にも少なからず影響を与えることとなった。例えばロフランドとスコノフトは、ベックフォードの議論に基づいて、現実に関する次元を「生々しい現実」(第一の次元)、「回心者の説明」(第二の次元)、「研究者の解釈」

（第三の次元）と三つに区分することから独自の回心類型論を説き起こした。(6)つまり事実と説明との間に区別を設ける着想から、第三章でも述べたように、ロフランドらは類型論の基礎となる回心説明の六つの「モチーフ」を見出したのである。したがって彼らの所論も、回心説明の事実性だけでなく主観性にも着目することで、新たなアプローチを提示し得たと言えるであろう。このようにロフランドらが回心説明の「モチーフ」を問題にした一方で、回心説明を構成する「形式」、つまり「談話の世界」に着目したのがスノウとマハレックであった。彼らは、「談話の世界」の構造に着目することによって、回心者の意識構造の特徴を取り出そうとしたのである。このように回心説明の中身というよりもその構造に着目したという点では、彼らもまた回心説明の分析に新しい視点を提起したと言えるであろう。

以上で論じた所論はいずれも、回心者による説明を「過去」の直接的な資料とするのではなく、回心者の「現在」を分析もしくは解釈をするための資料として扱い、いわば回心者の「現在」の分析に徹することによって回心へのアプローチを試みたと言える。このように回心説明の内容と事実とを切り離し、回心説明の分析に徹した点は、確かに先述した回顧的な歪みへの対処法の一つとして評価できよう。しかし当然のことながら、そのことによって回心以前の「過去」が明らかにされるわけではない。したがって、回心者の「語り」に着目する研究方法によっても、回心による変化が実証的に示されるとは言い難いのである。

（二）時系列的研究

回心説明あるいは回心物語に着目した研究が、結局のところ「現在」の分析に終始したのに対し、いくつかの研究は、回心の時間的変化を把握することを目指し、複数の時点における資料の収集と分析を試みている。例えばパロウツィアンは、従来の回心研究が見過ごしてきた問題、つまり回心による時間的変化の把握という課題を正面に見据え、大学生九十一名へのアンケート調査を実施し、回心後における人生観の時間的な変化を捉えようとした。[7] なおこの調査は、回心してまだ日が浅い被調査者を確保することをも見越して、ある福音主義的集会の五日後に実施された。そして彼は、得られた資料に基づいて、調査時から遡って「一週間以内に回心した人々」「一ヶ月以内に回心した人々」「六ヶ月以内に回心した人々」「六ヶ月以上前に回心した人々」という四つのグループを設え、そのグループごとに調査結果をまとめた。彼がこれらのグループを、回心後の時間的経過を指し示すものと見なしたことは容易に察しがつこう。実際にパロウツィアンは、これらのグループ化された結果を時間軸上に直線的に並べ、そこから回心による影響を考察している。確かに、彼が回心の時間的変化を捉えようとした点は、回心研究の抱える難題に挑んだという点で注目に値するであろう。しかし彼が「横断面的で記述的」と呼ぶこの方法は、同一個体の時間的変化を追ったわけではなく、方法論的な厳密さを欠くことは否めない。やはり、たった一度きりの調査によって、回心の時間的変化を把握しようという企図には、最初から無理があったと言わねばならないであろう。また回心前の状態に言及することなく、もっぱら回心後の時間的変化を論じた点でも、パロウツィアンの研究は回心の変化そのものにはアプローチしきれていないと言えるであろう。

その一方でカークパトリックは、追跡調査を取り入れることによって、回心を含めた宗教的体験による影響あるいは宗教的観念の時間的変化を直接的に捉えることを試みている。[8] 具体的に言えば、彼は、四年前に実施された新聞紙上での調査（時間1）をもとに、その被調査者への追跡調査（時間2）を実施することによって、回心を促す心理的要素をより実証的に示そうとしたのである。このように同一個体（一四六名）の時間1と時間2における調査データを突き合わせる研究を、彼は「時系列的研究」（longitudinal study）と呼び、それを方法論の支柱に据えた。ちなみにカークパトリックはこの方法をもって、第一章で述べたように、「愛着理論」に依拠しつつ「宗教的信仰が愛情の欠如を補う」という仮説を論証しようとしたのであった。その結論の妥当性はさておき、彼が紙上調査と追跡調査とを組み合わせて、時間軸により忠実なかたちで回心による変化を捉えようとした点は評価されるべきであろう。

以上の概述から、パロウツィアンやカークパトリックは、資料の整理や収集の仕方に工夫を加えることによって、回心による時間的変化を捉えようとしたと言えるであろう。ただし彼らの方法に問題点が全くなかったわけではない。現にパロウツィアンの方法は、たった一回の調査で時間的変化を記述しようとしたために、あらゆる回心者が同じ時間的変化を経るという、かなり強引な前提に頼らねばならなかった。その点を克服したカークパトリックの時系列的方法もまた、時間的な隔たりがある二つの調査に共通する客観的な回心概念を欠いていた。というのも彼が追跡調査で用いた質問用紙には、宗教的経験や回心の有無をストレートに尋ねる質問が含まれ、回心の判断基準はもっぱら主観に委ねられていたからである。この点について、ジンバウアーとパーガメントは、主観の内的な基準が時間経過に伴って変化する可能性を指摘し、時系列的な研究方法を次のように批判している。

事前テストと事後テストとの値を比較するためには、二組の値の間には共通の測定基準がなければならない。自己報告指標を用いる研究者は、興味の次元を評価するための主観の内的基準が、あるテストから次のテストまで変わらないことを前提としている。もし、内在化された基準が変化するなら、事後テストの結果は、この移行の影響を受け、事前テストと事後テストの比較は混乱することになる。(9)

つまりジンバウアーらは、時系列的な研究を事前テストと事後テストの比較研究と呼び、その問題点として時間的な隔たりによる主観的な評価基準のゆらぎを指摘したのである。この問題点を解決するために彼らは「真の事前評価を事後評価と比較するのではなく、回顧的な事前評価を事後評価と比較するのである」[10]と述べ、むしろ回顧的資料を積極的に用いることを主張したのであった。要するに彼らは、回顧的な自己報告の限界を認めつつもそれを切り捨てるのではなく、評価基準が固定されることと多くの情報を入手できることから、かえって回顧的資料を見直そうとしたのである。確かに彼らが指摘するように、時系列的な研究が被調査者の主観的な判断のみに依拠するなら、そこから導かれる結論は客観性に欠くものとなろう。しかし、それを理由に資料の回顧性に孕む問題に目をつぶることはあまり建設的とは思われない。むしろ時系列的な研究に客観的な基準を導入することに努める方が、回心の変化をより厳密に捉える有効な方法となろう。まさにその方法、つまり客観的な基準を備えた時系列的な研究方法こそが、以下に論ずる文献資料を用いた研究方法に他ならないのである。

(三) 文献資料による回心研究

アンケートやインタビュー、告白録といった資料に伴う回顧的な歪みは、回心の変化を直接的に捉えることを著しく困難なものにする。回心説明の分析を試みる一連の研究は、その説明の内容から構造へと分析の視点を変えることによって、先述した資料の回顧性の問題に対処しようとした。端的に言えば、これらの研究は、現在を掘り下げてゆくことに徹したのである。その一方で時系列的研究は、資料収集の方法に手を加えることによって、回心の時間的変化を直接的に捉えようとした。しかしこの時系列的な研究にも、追跡調査を重ねることの困難さや、主観的基準の時間的変化などクリアしなければならない問題が残されている。そこで筆者は、文献資料とりわけ日記や書簡といった手記資料に着目したのである。とはいえ、単に手記資料を用いただけでは、資料の回顧性という問題を根本的に克服することには繋がらない。実際のところ、ジェイムズの『諸相』も、手記資料をふんだんに用いているけれども、必ずしも回顧的な歪みから逃れられているわけではない。というのもそれらの資料は、いずれも回心後の回顧的な記録であり、しかも再構成された回顧的側面が考慮されているとは言い難いからである。したがって、回顧的な歪みに左右されることなく回心の変化を捉えるには、単に文献資料を用いることだけではなく、それらの資料をどのように用いるかが問題なのである。

では、主観的で回顧的な歪みに影響されることなく回心による変化を捉えるには、具体的にどのような手続きを踏むべきであろうか？　それには、まず告白録や回顧録といった回顧的資料の記述内容から、「過去」の事実を探るという態度を差し控える必要がある。別言すれば、回顧的な資料を含めあらゆる文献資料を、執筆時の「現在」を指し示すものと見なすのである。このような資料の捉え方は、既に論じたように、回心説明の分析を基礎とする一連の研究にも応用されている。このように捉え直すことで、まず文献資料から回顧性が切り離されることになる。しかし、この操作のみによって、ただちに「過去」つまり回心前の状態が明らかにされるわけではない。問題は、回心を挟む期間に執筆された文献資料が、回心の変化を辿れる程度に現存するか否かである。もし、このような文献資料が回心を挟んで多く存在するなら、回心の変化を直接的に捉える可能性が拓けてこよう。実際のところ、一つ一つの資料に表現されている「現在」を、あたかも一つの流れのように繋ぎ合わせられるなら、それは回心の変化を浮き彫りにする最も直接的な論拠となることであろう。これを解釈学的に言い直せば、日記や書簡などの手記資料のみならず回顧録や論文なども含めたあらゆる文献資料を、執筆時の主観の「生の表現」と解し、それらをいわば「生の流れ」を再構成する材料とするのである。なお、この「生の表現」の背後には、言葉では汲み尽くせない生の営みが広がっている。その意味では、「生の表現」としての文献資料は、広大な生の営みのいわば「氷山の一角」であり、またそこから「生の流れ」を垣間見ることのできる窓とも言うことができよう。いずれにしても一つ一つの文献資料を、それぞれの時点における生の部分的な表現と見なすことで、回心による変化の直接的な把握が可能となってくるのである。ここで重要なことは、いかなる文献資料であれ、それを「史料」ではなく「生の表現」と見なす資料の用い方なのである。

この点をより明確にするために、同じ文献資料であったとしても、その用い方によって資料を次のように二通りに呼び分けることを提言したい。つまり、いかなる文献資料であれ、それを執筆時の生の直接的な表現と見なす場合それを「直接資料」と呼ぶ一方で、その同じ資料から執筆時より以前の生を捉えようとする場合、その資料は生の表現としては間接的であるため、それを「間接資料」と呼ぶのである。例えば、ある時点の生を捉えるさいに、後の回顧録や回想文を用いる場合、それらの資料は「間接資料」となる。しかし、その同じ資料をその執筆時の生の表現と見なす場合、それは「直接資料」となる。このことをインタビューやアンケートの資料に当てはめて言えば、これらの資料をそれ以前の過去を知るための資料として用いる場合、その資料は「間接資料」であり、同じ資料を調査時の主観の状態を知るために用いる場合、それは「直接資料」となるのである。再述すれば、「直接資料」と「間接資料」との区別は、資料そのものの性質ではなくその資料の用い方によるのである。

このような「直接資料」と「間接資料」との区別に注意を払い、もっぱら「直接資料」によって回心の変化を跡づけることができれば、資料の回顧性の問題は根本的に克服されることになろう。というのも「直接資料」に基づいて再構成された生の流れは、もはや資料の回顧性とは無縁であり、回心による変化を直接的に捉える論拠となり得るからである。もしこのような「直接資料」が豊富にあれば、アンケートやインタビューでは入手できない、回心前後の主観の在り方を捉えるための実証的な根拠が確保されよう。さしあたっての問題は、このような「直接資料」を回心前後に豊富に残しているような人物を事例に選ぶということである。序章でも述べたように、第二部の事例研究に近代日本の知識人を取り上げたのも、このような資料的な制約があったからに他ならない。一見して明らかなように、本書で取り上げる人物はいずれも、多くの文献資料が全集というかたちで体系的にまとめられており、しかもそれが比較的容易に入手が可能な人物である。当然のことながら、このような人物はかなり限定されるがゆえに、文献資料による回心研究は定量的な研究には適さない。しかしそれでも、従来の回心研究の最も大きな問題の一つを克服し得るという点では、この研究の意義は決して小さくはないと思われる。とりわけ回心の概念規定さえままならず、より厳密な議論や考察が求められる現在の回心研究の状況においてはなおさらであろう。次節では、以上で述べた「直接資料」を根拠とした理解や解釈を目指すさいに、その妥当性や客観性をどこに求めるか、という方法論の問題について論ずることにしたい。

第二節　解釈学的方法

回心研究で用いる資料を、できる限り「直接資料」に依ろうとすれば、当然のことながらそれに適った方法論が必要となる。このとき、とくに問われるべき問題は、客観性や妥当性の所在、つまりその研究が拠り所とする客観性や妥当性の根拠をどこに求めるかという問題である。従来の回心研究の多くは、なるべく多くの人々に質問用紙を配布・回収し、あるいはインタビューを実施することによって、数や割合に基づく統計学的な客観性を確保するか、もしくは既存の心理学や社会学の理論との整合性に基づくいわば論理的な客観性に依ってきたと言える。それに対して「直接資料」を時系列的に扱う方法が依拠する客観性は、個々の人物理解の包括性や一貫性に基づく、いわば解釈学的な客観性に他ならない。なお、ここで言う「解釈学」とは、全体と部分との循環論的関係を軸とし、「著者自身が自分を理解していた以上によく、著者を理解する」というディルタイの言葉に代表されるような客観主義的な解釈学を指している。したがってその立場は、「宗教学的回心研究」の客観主義的側面、つまり暫定的であるにせよ、さしあたり客観的な枠組みを起点とするという本書の指針とも嚙み合うことになろう。つまるところ、ここでいう「解釈学的方法」とは、「直接資料」から構成された人物理解と、それに基づく回心理解との解釈学的循環の関係に客観性を求める方法に他ならないのである。

ところで、先述したように解釈学的方法では、回心理解の客観性や妥当性は、人物理解の一貫性や包括性に基づき、またそれと同時に前者は後者を裏づける。このように、これら二つの理解つまり人物理解と回心理解は、一方から他方が一方的に導かれるという一方向的な関係ではなく、いわば全体と部分との解釈学的循環の関係にある。要するに人物理解と回心理解は、双方向的に根拠づけるという循環論的関係によって、双方の客観性と妥当性が確保されるのである。つまり、おのおのの事例研究のレベルで言えば、より適切な回心理解はより深い人物理解を可能にし、より包括的で一貫性のある人物理解はより的確な回心理解を可能にするという、循環論的関係が強められることによって理解の客観性が高められるのである。このような関係は、さらに「宗教学的回心研究」の理論的な枠組みにおいても成立する。つまり「垂直軸の受動的獲得に伴う存在構造の転換」という「宗教的回心」の概念規定と、それに基づく「宗教的人間」に関する考察もまた、解釈学的循環の関係で結ばれているのである。それに加えて、この抽象的な理論的枠組みと個々の具体的な事例研究との間にも、解釈学的循環の関係が成立する。つまり前章で論じた理論的枠組みは、個々の人物理解を構成する枠組みを提供し、その一方で具体的な人物理解の全体性や一貫性は、それを構成する理論的な枠組みを根拠づけるのである。したがって本書の構成に寄せて言えば、「第一部」の理論研究と「第二部」の事例研究もまた、解釈学的循環の関係にあるのである。このように幾重にも重なり合う解釈学的循環の関係、つまり抽象的には「第一部」で論じた回心概念と人間理解との関係、具体的には「第二部」で提示する回心理解と人物理解との関係、さらには「第一部」の理論研究と「第二部」の事例研究との関係という、三重の解釈学的循環の関係が重なり合うところで本書は成り立っているのである。もちろん本書は、このような絶えざる解釈学的循環の途上にあり、より多くの事例研究によって検証あるいは修正されるべき暫定的な成果ではある。しかしながら、このようないくつもの解釈学的循環の関係が成立するところに本書があるとするならば、そこにいちおうの客観性と妥当性とが認められてもよいであろう。いずれにせよ解釈学的方法とは、全体と部分、抽象と具象との解釈学的循環の関係のもとで捉え、双方の理解を並行してすすめる方法に他ならないのである。

さらに、この解釈学的方法は、これまで述べてきた資料の回顧性という問題を根本的に克服するだけでなく、前章で論じた「宗教学の場」に適合する方法でもある。というのも、宗教学を「垂直的次元を考慮に入れた解釈学」とし、「宗教学的回心研究」を「垂直的次元」の導入によって特徴づけるなら、「宗教学的回心研究」が拠り所とする客観性は、科学的あるいは合理的な客観性ではあり得ず、「立体的」な解釈の客観性に依らざるを得ないからである。要するに解釈学的方法は、回心の宗教的側面をも視野に入れつつ、それでいて客観的で妥当な回心把握を目指す方法とも言えるのである。

以上の議論からも明らかなように、解釈学的方法は、資料の回顧性という従来の回心研究が克服できずにいた問題を根本的に解決する方法論であるとともに、筆者が目論む「宗教学的回心研究」の諸議論を循環的にいわば有機的につなぎ合わせる方法論でもある。ただしこの解釈学的方法は、個々の事例研究に専心することを要請するため、事例の数という点では定量的な回心研究には遠くおよばない。したがって解釈学的方法による「宗教学的回心研究」は、心理学や社会学の理論や定量的資料に基づく従来の回心研究を斥けるのではなく、むしろこれらの研究と相互補完的な関係を構築することによって、今後の回心研究に確固たる基礎を据え、また新たな可能性をもたらすであろうことをここで付言しておきたい。

注

1 Snow, D. A. & R. Machalek, The Convert as a Social Type, *Sociology Theory 1983*, edited by R. Collins, Jossey-Bass, 1983, p. 280.

2 Greil, A. L. & D. R. Rudy, What Have We Learned From Process Models Of Conversion? An Examination Of Ten Case Studies, *Sociological Focus*, 17, 1984.

3 Beit-Hallahmi, B. & M. Argyle, *The psychology of religious behaviour, belief and experience*, Routledge, 1997, p. 119.

4 Beckford, J. A., Accounting for Conversion, *British Journal of Sociology*, 29, 1978, p. 249.

5 Taylor, B., Recollection and Membership: Convert's Talk and the Ratiocination of Commonality, *Sociology*, 12, 1978, p. 318.

6 Lofland, J. & N. Skonovd, Conversion Motifs, *Journal for the Scientific Study of Religion*, 20, 1981.

7 Palouzian, R. F., Purpose in Life and Value Changes Following Conversion, *Journal of Personality and Social Psychology*, 41, 1981.

8 Kirkpatrick, L. A., A longitudinal Study of Changes in Religious Belief and Behavior as a Function of Individual Differences in Adult Attachment Style, *Journal for the Scientific Study of Religion*, 36, 1997.

9 Zinnbauer, B. J., & K. I. Pargament, Spiritual Conversion: A Study of Religious Change Among College Students, *Journal for the Scientific Study of Religion*, 37, 1998, p. 177.

10 Ibid., p. 177.

第二部　事例研究

第七章　新島襄

はじめに

一九八三年から一九九六年にかけての『新島襄全集』[1]（全十巻）の刊行は、新島襄に関する学術的な研究に飛躍的な発展をもたらした。このことは、新島研究の重心が「顕彰」から「検証」へと移ってきたと本井の指摘するとおりである。[2]つまり『新島襄全集』という資料集は、「検証」という言葉に示唆されるより客観的な新島研究、別言すれば新島「先生」ではなく「人間」新島襄の研究を可能にしたのである。緻密な人物研究を基礎とする「宗教学的回心研究」にとっても、このような豊富な文献資料が容易に入手できることは好都合である。

さて、近年の新島研究では、本井が指摘するように、新島の人間性が着目され、いわゆる「等身大」の新島を描出することが目指されるようになってきた。このような動きは、学術的な人物研究の成熟度の高さを示す一つの指標である。確かに、新島を取り巻くさまざまな周辺資料を発掘し、それらによって新島の足跡を忠実に再現することは、新島理解の一助になろう。しかしながら、新島理解の核心に踏み入るには、これらの資料に基づきつつも、新島の信仰や宗教的側面に触れないわけにはいかない。むしろ新島理解の鍵は、そこにあるとさえ思われるのである。確かに、伊藤が述べるように[3]、キリスト者新島あるいはナショナリスト新島というイメージに偏ることは、歪んだ新島理解を生むと言えるかもしれない。しかし、合理的で平面的な理解に徹することもまた、とりわけ宗教と深いかかわりをもつ人物を理解するには適切な態度とは言えまい。そこで本章では、客観的な史実に基づきつつも、信仰や宗教性といった非合理的な側面にも配慮した、いわば「立体的」な新島理解を目指すのである。ただし新島の宗教的側面は、必ずしも史的資料によって直接的に示されるわけではなく、第三者の解釈を介してはじめて開示されることも認めなければならない。つまり宗教的側面の把握には、手記資料の「行間を読む」こともまた要請されるのである。その意味で言えば、本章で論ずる新島論は、新しい資料を発掘し歴史的事実の解明を目論む試みというよりも、「宗教的回心」の枠組みに即して、新島を「宗教的人間」として理解する試みなのである。したがって、そこで注目されるのは、歴史的事実そのものというよりも、むしろ彼の信仰や信念といったいわば精神的事実の方である。とりわけ本章の焦点となるのは、新島にとっての「垂直軸」が何であり、またそれがどのように獲得されたか、という点である。それらを明らかにすることは、確かに「宗教学的回心研究」の事例研究の不可欠な課題ではあるけれども、そのことは新島研究にとっても決して無意味なのではない。むしろ、この「立体的」な新島理解の試みは、従来の研究ではさほど注目されてこなかった新島の葛藤や迷いを際立たせ、かえって新島に固有の在り方を浮き彫りにさえするのである。このことから本章は、新島研究という見地に立てば、新島の宗教的側面に焦点を合わせた理解によって特徴づけられる、新たな新島論の試みとも言い得るであろう。

なお、ここでは第六章で論じた「解釈学的方法」に従って、なるべく「直接資料」を用いることを心がけた。しかし、そのような資料に乏しい青年期に関しては、"Why I Departed From Japan"（以下、手記（A）と略す）と"My Younger Days"（以下、手記（B）と略す）という二つの手記を「間接資料」として利用した。前者はボストン到着直後にハーディー夫妻に脱国の理由を説明するために綴った手記であり、後者はアメリカ滞在中に新島の親代わりとなったハーディー夫妻に感謝の意を込めて執筆されたもので、いずれも生い立ちから脱国して渡米するまでの経緯を記した手記である。どちらかと言えば、後者の方が内容の面でも表現の面でもより洗練されており、脱国前の新島を知る中心資料となる。実際に本章での新島論も、とりわけ脱国前に関しては、多くの部分を手記（B）に依っている。しかしながら手記（A）は、クリスチャンとしてのアイデンティティを確立する前の手記という点でとくに注目に値する。というのも、これら二つの手記にしばしば見られる事実説明の食い違いのなかには、単に語学能力の違いに帰せられるのではなく、むしろ自己理解の変化の反映と解される部分も見受けられるからである。とりわけ新島の脱国の動機を追究するさいには、手記（A）の方が直接的な手がかりとなる。このように「間接資料」には、執筆時の自己理解が反映されている可能性を常に念頭に置いておく必要があろう。なお「間接資料」を用いるさいには、できるだけ周辺史料などによって補うことに努めたことをつけ加えておきたい。

第一節　儒教的・封建的束縛と学問

新島襄（幼名・七五三太）は、天保十四（一八四三）年一月十四日、安中藩（三万石）板倉家に仕える祐筆、新島民治の待望の長男として、江戸の安中藩邸内に誕生した。当時、父民治は、書道の私塾も営んでおり、当然のことながら長男の新島に跡継ぎとして大きな期待をかけていた。しかし新島にとり、書道は「単調で退屈な作業」にすぎず、父の期待も重荷でしかなかった。例えば手記（B）には、書道に対する否定的な思いが次のように記されている。

私が跡継ぎとなり、書道の教授を手伝うようになることを父がどんなに望んでいたかを私は十分わかっていた。そのような単調で退屈な作業に専念することに私は非常に抵抗を感じたが、私は父によって少年時代の何年かは、四角張った文字を書きながら父が書いたものを繰り返し慎重に写すことに半日を費やすことを余儀なくされたのである。(4)

しかし、このような窮屈な拘束から逃れられる道が全く閉ざされていたわけではなかった。その逃げ道が、すなわち学問であった。当時の安中藩主・板倉勝明は、学問に深い理解を示し、蘭学者の田島順輔を召し抱えるなどして、西洋の進んだ学問や技術を取り入れることに積極的であった。その藩主勝明の命により、新島は田島から蘭学の手ほどきをうける三名の若者一人として抜擢されたのである。なお、当時十三歳であった新島は、選抜された三名のなかでも最年少であった。この蘭学への取り組みが藩政の一環とあれば、父といえども新島の勉学に口出しできなかったに相違ない。このように蘭学は、おもしろくもない作業や仕事を強いる儒教的な拘束から逃れる格好の口実となったのであり、また自由へ通じる希望の道でもあったのである。

しかし安政四（一八五七）年四月に勝明が病没し、その凡庸な弟勝殷が藩主を継いだのを境に、新島をとりまく状況が徐々に変わり始める。新しい藩主勝殷は、新島が評するに「もっぱら飲食に楽しみをもつ」凡人であり、「先見の明があり、確固たる目的をもつ」勝明とはあまりに対照的であった。この新しい藩主のもとにあっては、藩邸における学問への理解や熱意が失われていったことは想像に難くない。また、勝明の存命中には確かに正当化されていた蘭学への取り組みも、徐々にその意義を失っていったことであろう。いずれにしても、藩主が勝明から勝殷へと代わったことは、学問を志す新島にとっては大きな痛手だったのである。むろんこの勝殷に対する新島の反感は相当なもので、十四歳の頃に書かれたと思われる書簡には「勝○可誅乎、勝可誅乎」(5)と記し、殺意さえほのめかしている。この書簡が書かれたちょうどその頃、新島は一つの転機を迎えていた。というのも、蘭学教師であった田島順輔が幕府の命により長崎の海軍伝習所へ転出したことから、彼は蘭学の中断を余儀なくされ、一転して漢学に打ち込もうとしていたからである。このように、蘭学にせよ漢学にせよ、新島が学問を続けることにこだわったのも、それが儒教的あるいは封建的な束縛から自由を手に入れる唯一の手段だったからである。しかし、享楽的に流れてゆく藩邸の雰囲気にあっては、父が新島の勉学に疑問をもったとしても不思議ではあるまい。現に、この機に乗じて父が新島の学問に口を差し挟むようになったことが、手記（B）に次のように記されている。

父は、私がそれ以上学問を続けることが賢明かどうかを疑うようになった。私の学友に見られるこうした愚劣な連中に私が影響を受けることを心配したのである。それに加えて、父は依然として私が書道塾の後継者になるという希望を抱いていた。それゆえに父は、私の勉学に干渉するようになり、書道を教えることを手伝うようにせかし始めた。しかし私は、そうすることに大きな抵抗を感じたのであった。(6)

このように父が圧力をかけ始めたのは、おそらく、この頃に新島が元服していたこととも無関係ではなかろう。そして周囲の状況は、さらにその逃げ道を塞ぐかのように新島を追いつめていったのである。安政五（一八五八）年に新島が信頼を寄せていた漢学の師、添川廉斎が亡くなったこともその一つであろう。添川の死の直後に執筆された次の書簡の文面からも、新島の学問への取り組みに父があまり協力的でなかったことが垣間見える。

故託儒家欲学書、然未受俸、無俸不能託儒家、故迷惑不知所為、願君贈手書于幹父、使幹学書、其詞願如此書、此比亜夷数来請交易、日本騒動紛然将有乱、若及乱敬幹不能学書、今不学恐失時、宜使敬幹入塾開目矇、是僕之以赤心所願也(7)

この書簡は、新島の数少ない理解者の一人であった、家老の尾崎直紀に宛てられたものであり、その内容は大胆にも家老に父への説得を嘆願するものであった。そのなかで新島は、内乱のために勉学の時を逸することを恐れ、引き続き塾で漢学を学べるよう父を説得して欲しい旨を訴えている。しかしながら、その頼みの綱とも言える尾崎直紀もまた、同年七月十八日に亡くなってしまう。先に引用した書簡は七月上旬に書かれたものであるので、尾崎はこの書簡を目にしなかったかもしれない。いずれにしても新島は、貴重な理解者を一度に二人も失うこととなり、まさに孤立無援の立場に追い込まれたのであった。

さて、父民治にまして自由への道を妨げたのが、藩主勝殷の存在であった。勝殷は、十六歳の新島に藩邸の玄関番である「御広間平」を仰せつけたのを皮切りに、さまざまな藩務を課したのである。こうした藩務に新島は最初から嫌気を感じ、この束縛から何とか逃れようともがいた。例えば「御広間平」の任命からおよそ三ヶ月後、藩主に従って大阪に赴いた父の代理として祐筆を任せられたさいには、新島は藩務を故意に無視し、改めて蘭学の教師(杉田成卿とされている。その婿養子が新島の友人の杉田廉卿)の元に通っている。これは確かに、彼自身が述べるように、藩務を罷免されることをねらったデモンストレーションであり、封建的な束縛に対するあがきであったろう。しかしここで注目したい点は、一度は諦めたはずの蘭学への関心が再燃していることである。

この漢学から蘭学への方向転換の背後には、ブリッジマンの『亜美理駕合衆国志略』[8]（以下『志略』と略す）という書物との出会いがあったと思われる。このことは、従来の新島伝に修正を加えることにもなるので、資料批判を交えながら考察をすすめることにしよう。

ところで『志略』との出会いについては、注目すべきことに、手記（A）と手記（B）とでは、その記述内容に大きな相違が見られる。簡潔に言うとこの出来事は、手記（B）では二十歳のときの玉島航海に関する記述の後に、ごく簡単に触れられているのに対して、手記（A）では十六歳のときに再び蘭学を始めた契機として詳述されているのである。ちなみに『新島襄全集』第八巻の「年譜」では、手記（B）の記述に従って、『志略』を目にした時期は二十歳のときとされている。しかし、この『志略』との出会いに関しては、手記（A）の記述の方が信憑性があるように思われる。それは、単に手記（A）の方が説明が詳しいというだけでなく、手記（B）がクリスチャンの立場から執筆されているからである。当然のことながら、手記（B）では、『志略』よりも『聖書』との出会いの方がはるかに強調されている。要は、『志略』は『聖書』に出会うまでに触れた洋書の一冊にすぎないのである。また手記（B）において、『聖書』を通して「天父」という概念を知るに至った経緯を説明するために、新島がわざわざ段落を変えている点にも着目したい。つまり、この改行の前までは玉島航海を中心とする記述である一方で、改行後の内容は『聖書』との出会いに至る読書遍歴と見ることができるのである。したがって、この段落変更の前後の叙述は、時間軸に忠実に再現されているとは必ずしも言えないのである。これらのことから、『志略』との出会いに関しては、手記（B）よりも手記（A）の記述の方がより事実に近いように思われるのである。それを裏打ちするように、手記（A）には、『志略』との劇的な出会いが次のように生き生きと描かれている。

私はそれを何度も読み返しましたが、驚きのあまり脳が頭から溶け出すのではないかとさえ思いました。大統領選挙、無料学校や貧民救済施設、更生施設の建設、機械による労働など。私は、我が国の将軍は、アメリカの大統領のようでなければならないと考えました。そして私は心の中で次のようにつぶやきました。ああ日本の将軍よ！　なぜ我々を犬や豚のごとく見下げるのか？　我々は日本の民だ。もし我々を治めるのなら、実の子供のように我々を愛さなければならない、と。……私はオランダ語を学びたいとは思いませんでしたが、私の国の多くの人々はオランダ語を読んで理解していたので、オランダ語を学ばざるを得なかったのです。私はオランダ語を学ぶために、先生のお宅を一日おきに訪ねました。(9)

ここには、おそらく将軍や藩主を民が選ぶなど考えだにしなかったであろう、新島の鮮烈な驚きが克明に記されている。さらにそこには、先述したような藩主への反発が重ね合わせられていることも容易に察しがつこう。つまり手記（A）によれば、『志略』との出会いは、新島に強烈なカルチャーショックを与えたのであり、それが蘭学へと彼を向かわせたのである。この見地に立てば、新島と『志略』との出会いは、彼が十六歳のときにまで遡ることになる。それに対して手記（B）には、新島がかくも蘭学へと駆り立てられた理由が明らかにされていない。おそらく、クリスチャン新島にとって、政治的関心を喚起した『志略』よりも、信仰を裏づける『聖書』の方がはるかに重要だったのであろう。いずれにせよ、手記（B）の記述が時間軸に忠実であるとの前提に基づいて、新島と『志略』との出会いを二十歳のときとしてきたこれまでの定説は、それほど根拠がないように思われるのである。それに、文久元（一八六一）年に中国で出版された『連邦志略』を、文久三（一八六三）年の初めに新島が目にしたという従来の見解は、物理的に不可能ではないにせよ、かなり苦しい説明ではなかろうか。(10)そこで、ここでは手記（A）の記述に従って、安政六（一八五九）年、十六歳のときに新島は『亜美理駕合衆国志略』（一八四六年刊行）を友人の杉田廉卿から借りて読んだのを機に、それまで取り組んでいた漢学から、当時西洋の知識を学ぶ唯一の手段であった蘭学へと方向転換をし、それ以来蘭学者杉田成卿の家に暇をみては足繁く通った、と解しておきたい。

さて、西洋に対する知識欲に目覚めた新島は、藩務との板挟みをさらに切実に感じるようになった。手記（A）には、その葛藤のあまり一時は一種の鬱状態にまで陥り、医者に散歩をすすめられ、父には遊ぶ金までもらったことが記されている。しかしそれに追い打ちをかけるかのように、新島は十七歳のときに、藩主を警護する「御供徒士」をも命じられ、「臆病な藩主」のゆえにこれまで以上に藩務に縛りつけられたのである。しかし学問への未練を断ち切れない新島は、その直後にあたる万延元（一八六〇）年十一月、幕府の軍艦操練所へ入学し、そこに週三回通うことを許されている。もちろん、この軍艦操練所への入学もまた、藩主からの拘束から逃れるための一つの方便であった。新島自身が「私は幕府と結びつくことで藩主へ仕えることから逃れることを考えた」[11]と述べるとおりである。ただし、そこにより前向きで積極的な動機がなかったわけではない。例えば手記（B）には、その入学がオランダ語の物理学や天文学の数学の部分を理解するためであったことが記されているし、またオランダ軍艦の雄姿から強烈な印象を受けてからは、数学のみならず航海術を学ぶ必要性をも痛感したことが次のように回想されている。

それは私にとって、祖国の全般的な改善と刷新を叫び求める私の野心を呼び起こすための巨大な教育実体のように思われた。最初にすべきことは海軍をつくることと、外国との通商を容易にする外国船のような船を造ることだと私は考えた。この新しい考えは私をして航海学を究めることに駆り立てたのである。[12]

このように新島は、西洋の民主的な社会システムや自然科学や技術に対する、旺盛な知識欲をもっていたのであり、それもまた当時の新島を突き動かした原動力だったのである。ただしそれは、単なる知識欲というよりも、日本の将来を危惧する強烈な使命感に裏づけられた知識欲であった。しかし、その使命感や知識欲を押さえつけるかのように、藩主は新島にさまざまな藩務を課すのであった。例えば、軍艦操練所へ入学を果たした約四ヶ月後には、新島は藩主の警護役として江戸と安中との往復を強いられている。新島は、当時の心境を次のように振り返っている。

私が安中から帰ってきたとき、藩主に仕えることに全く嫌気がさした。私はそれから逃れるために家から逃げ出すことを計画したことがしばしばあったが、私はそれを実行するほど大胆ではなかった。私は非常に家に愛着を感じていて、両親と祖父をいたく悲しませ汚名をきせる原因となることを非常に恐れたのである。(13)

つまり当時の新島は、さまざまな藩務を強いる藩主勝殷への押さえがたい反発と、また当時の青年武士たちがしばしば共有していた愛国心に裏打ちされた西洋の知識への憧憬とのために、すぐにでも藩を飛び出したいという衝動を覚えつつも、家との絆のゆえにかろうじて封建的秩序に繋ぎ留められていたのである。

第二節　神の発見と封建的世界からの脱出

ところで、新島が封建的束縛のゆえに深刻な葛藤に苦しんでいたちょうどその頃、彼はたとえ一時的であったにせよ、あらゆる束縛から解放されるような機会に恵まれた。それは、文久二（一八六二）年十一月から翌年一月にかけて、安中藩板倉家の本家にあたる松山藩板倉家がアメリカから購入した木造帆船（快風丸）で、江戸と玉島（現在の倉敷市）を往復する約三ヶ月の航海であった。快風丸への乗船が実現したのも、言うまでもなく、約二年間にわたる軍艦操練所での修学経験があったからである。現に新島は、その航海中、船の位置などを観測する任に就いていたようである。この航海の意義について、新島自身は次のように書いている。

私はそれを非常に楽しんだが、私が青春を送った藩主の正方形の屋敷、天は小さな正方形からできていると私が思っていたその場所から離れて生活することは、有益なことであった。それはさまざまな人々と交わりさまざまな場所を目にする最初の機会であった。私の精神的な地平の範囲がその航海によって大きく広げられたことは明らかであった。(14)

この航海の様子は「玉島兵庫紀行」に生き生きと描写されており、その記述は新島がいかに解放感を満喫したかを物語っている。このことからもこの玉島航海が、新島にとりあらゆる束縛から解放される体験に他ならなかったことがわかるであろう。なお、この航海の経験は、後述するように藩を脱する重要な伏線となるのである。

さて、この玉島航海とともに新島に多大な影響を与えたのが、漢訳聖書との出会いであった。その時期は、手記（B）によれば、玉島航海を終えた文久三（一八六三）年一月以降のことと考えられる。さらに手記（A）には、漢訳聖書に触れて以来「私の心は、英語の聖書を読みたいという思いに満たされ、函館に行ってイギリス人かアメリカ人の聖書の教師を得ようと思い立ちました」[15]と記されていることから、漢訳聖書との出会いと英語への関心とは密接に結びついていると考えてよさそうである。ところで新島と英語との接点を示す最初の史実は、玉島航海直後の文久三年三月一八日から四月四日にかけて「英吉利文典」を筆写したことである。これらのことを踏まえれば、漢訳聖書との出会いは、文久三年一月から三月の間と推定される。おそらく新島は、玉島航海の直後に漢訳聖書の抜本を目にし、その内容をさらに詳しく知りたいと熱望したことから、英学を志したのであろう。[16]ここにおいて新島の関心は、蘭学から英学へと転換したのである。この英語習得にかける新島の熱意は、文久三年三月から四月にかけての「英吉利文典」の筆写の他にも、同年七月に「英吉利国音辞書」や「英利国文法書」の購入費用を藩庁より借用したことにも裏づけられよう。いずれにせよ新島の英学に対する唐突とさえ思われる関心の高まりは、聖書との出会いなくして説明できないように思われるのである。それに当時来日していた宣教師の多くが英語圏の宣教師であったことを鑑みれば、新島が英語を介して聖書に触れようとしたことは、むしろ自然であろう。では当時、読むことさえ禁じられていた聖書に、新島がそこまで魅せられたのはいったいなぜだろうか？　その疑問を解く鍵は、「天父」という概念にある。この概念がもつ意義は、手記（A）でも手記（B）でも同様に説明されているが、例えば後者では次のように述べられている。

神を我が天の父と認めた以上、私はもはや両親に縛られてはいなかった。親子関係についての儒教の教えが余りにも狭く誤ったものであることを私ははじめて発見した。そのとき私は「私はもはや両親のものではなく、神のものである」と言った。私を父の家にきつく縛りつけていた強い絆がその瞬間ばらばらに砕けた。私はそのとき自分の道を歩まねばならないことを感じた。私はこの世の両親よりも天の父に仕えなければならない。この新しい考えは藩主を棄て、一時的に家と祖国を離れる決心をする勇気を私に与えたのである。[17]

こうして「天父」という概念は、彼を引き留めていた家の絆を断ち切ることを可能にし、また封建的世界を脱する論理的な根拠を得さしめたのである。ちなみに北野は、この「天父の発見」を、「第一次の回心」あるいは「最初の回心」と捉え、それを突発的な宗教的経験と見なしている。[18] 確かに、この「天父の発見」という経験は、新島にとって一つの転機となっているけれども、そこに実存的な転換があったわけではなく、本書でいうところの「宗教的回心」とは区別されなければならない。その「宗教的回心」は、むしろ北野が「第二次の回心」あるいは「決定的回心」と呼ぶものに相当する。この点については、改めて後述することにしよう。いずれにせよ、玉島航海が自由と解放の空気を肌で感じさせた一方で、聖書の「天父」という概念は、少なくとも理屈のうえでは、家や藩といった儒教的あるいは封建的な絆を断ち切ることを可能にしたのである。これらをもって、家と藩とを後にする新島側の準備は整ったと見てよいであろう。

聖書に触れたちょうど一年後にあたる元治元（一八六四）年三月、ついに藩を脱する機会が新島に訪れる。このとき函館に向かっていた快風丸が品川に寄港したさいに、偶然にも新島は、その乗組員でかつて玉島航海に同行した仲間たちに再会するのである。それからの彼の行動は、実に迅速でかつ大胆であった。新島はこれを千載一遇の機会と捉えると、ただちに快風丸の所有者で安中藩主の本家にあたる松山藩主にかけあうなどの裏工作に着手し、わずか数日で函館遊学の許可を藩から得ることに成功するのである。その当時の気持ちを、新島は日記に「喜欣ニ堪兼不覚大声をして曰、嗚呼天我を棄てさるか、我業の成否此一挙にあり」[19]と記している。なお、函館行きの表向きの理由は、北海道で最初の学問所であった武田斐三郎（函館五稜郭の設計者）の「諸術調所」に一年間入門して、航海術や兵学を学ぶというものであった。むろんそこには、宣教師との接触をはかり、あわよくば海外渡航を実現させるという目論見があったことは想像に難くない。というのも、函館へ旅立つさいに、新島は『志略』の一部や海外の諸都市の位置を書きつけたノートを所持しており、このとき既に海外に目を向けていたことが窺えるからである。いずれにせよ新島は、函館遊学により家と藩とによる儒教的・封建的な束縛から合法的に解放され、また海外渡航の重要な足がかりを得たのである。その一方で、とりわけ両親や祖父に対しては大きな負い目を感じ、彼はその気持ちを例えば「此時母の顔色悲哀に堪さる様子、いかにして〔も〕気之毒万千なり、然れ共他日業成之後家に帰り、海山之恩を報すれば決して不孝之子に非ず[20]」と記している。この思いを新島は短歌に込め、函館へ向かう船上で次のように詠んだ。

武士乃思ひ立田の山紅葉にしききされはなと帰るへき[21]

この歌には、家の者に対する負い目と、大きな成功を収めるまでは故郷に帰らないという武士の自負とが端的に示されており、強い覚悟のようなものさえ感じさせる。つまりこの短歌には、一年間限定の函館遊学という名目以上の覚悟が込められているように思われるのである。その意味で、新島はこのとき、もはや途中で引き返すことのできない道、ただ進むしかない道に足を踏み出していたと言えるであろう。

元治元（一八六四）年三月十二日に品川を後にした快風丸は、約一ヶ月の航海の末、四月二十一日に函館に到着した。函館に上陸すると新島は、さっそく武田塾を訪ねたものの、武田斐三郎は江戸へ向かっており不在であった。武田塾で英語を学べないことを知るや、新島は早々とそこに見切りをつけ、武田塾の塾頭、菅沼精一郎の紹介によって、正教会のロシア人宣教師ニコライのもとに寄寓して英語を学ぶことにした。その当時、ニコライの側でも、それまで日本語の私教師を務めていた木村謙斎が秋田の大館へ引き上げたため、ちょうど新しい日本語の教師を探していたのである。確かに表面的には、両者の利害が一致したと言えるけれども、しかし双方の思惑にはやはりズレがあったと言わざるを得ない。というのも、新島がニコライを通して海外渡航を見据えていたのに対し、ニコライの方は最初の日本人信徒として新島を見ていたに違いないからである。ニコライによる「至れり尽せり」の処遇は、単に隣人愛の実践というよりも、ニコライの新島に対する期待の大きさの表われとも受け取れる。この両者のすれ違いは、新島がそれまで内に秘めていた計画を打ち明けたときに明確となった。新島は、五月二十四日の日記に「此日——君へ我心中をあかす」と記したごとくに、ニコライに宛てて次のように心のうちを打ち明けるのである。

日本にて「クライスト」教を学バんには、極めてかたかるべし、いかんとなれば、「クライスト」教は国禁のみならす、此地にて学ひ候得ば速やかにはまいり難からん、故にひそかに欧羅巴へ抜け行き、是非とも此の志を遂けんとそんし候、……且つ私学問の為めとて欧羅巴へ参り得べき工夫は、いかゝいたして宜しきか臥し而奉伺候[22]

しかし日本宣教を第一に考えていたニコライが、新島を引き留めたとしても決して不思議ではなかろう。現に手記（B）によれば、ニコライは新島の脱国計画に反対し、自分のもとに留まるよう説得したという。ここで注目しておきたいのは、キリスト教に対する新島の理解が、そのニコライ宛の書簡に次のように記されていることである。

近頃政府の政事益たゝす、国家益みだれ、物価益高登し、万民益困窮いたし候、さて国の有様かくなりしは、全く教のたゝずして、国人神の道を知らさるより然らしむるとそんし候、……国人をして尽く欧羅巴の強兵もやぶり難き独一真神の道を知らしめば、政もおのつから立ち、国も自らふるひ候半とそんし候、(23)

この書簡を宛てたのが日本人ではなく、宣教師ニコライであり、しかもこの書簡が脱国への理解を求める意図で執筆されたことを考慮すれば、この記述は新島の当時のキリスト教理解をストレートに表わしていると見てよいであろう。ここからも明らかなように、新島はキリスト教を祖国繁栄のいわば知的道具として捉えていたのである。この点は、新島の「宗教的回心」を論ずるうえで鍵ともなるので、とくに留意しておきたい。ところで、新島は、ニコライの他にも何人かに脱国計画を打ち明けていた。そのなかで直接的な協力者となったのが、武田塾の菅沼精一郎であり、その友人で函館神明社の宮司であった沢辺数馬（彼は後にニコライから洗礼を受け、日本人で最初の正教会の信徒となる）であり、またその沢辺の友人で、イギリス人ポーターの商会に雇われていた福士卯之吉の三名であった。もし幕府の許可なくして脱国して捕まれば、当の本人だけでなく、その協力者にも極刑がおよびかねないことを思えば、新島だけでなくその三人にとっても命がけの脱国であったと言えよう。その三人の友人に対して新島が「三名無事健全にして、予が帰国之上相見、相談、相酌、相喰ひ、深く松柏の交わりを結ばん事を」(24)願いつつ、アメリカの商船ベルリン号に乗り込んだのは、元治元（一八六四）年六月十四日の夜のことであった。

第三節　神との出会い

新島が脱国を企てた動機は、脱藩時のそれと大差ないように思われる。このことは、新島がベルリン号に乗り込む直前に、かつて詠んだ「武士の思ひ立田の山紅葉にしきぎずしてなど帰るへき」という短歌を想起し、また家の者に対する負い目から「いかにせん嗚呼いかにせんいかにせむ父母のこゝろをいかにとやせん」[25]と詠んだことからも窺えよう。つまり新島は、残した身内を憂慮しながらも、それを凌ぐだけの武士道的精神と、祖国繁栄に寄与したいという愛国精神、そしてまだ見ぬキリスト教国への憧憬といった強い前向きな動機に支えられていたのである。そして、このような新島の前向きの思いは、船上で経験するさまざまな屈辱にも耐えさせ得たのである。例えば、家では決してすることのなかった洗濯をしたさいには、「今は繻半三枚を洗ふ。我家に在し時自衣を洗らわす、然し今は学問之為とは申なから、自ら辛苦を知るは是又学問之一と明らめり」[26]と日記に記している。また新島が「貪慾鄙劣の者」と呼ぶ、セイヴォリー船長をはじめとする「洋人」からも、かなり屈辱的な扱いを受けたようで、その思いは「自従辞函楯　空被役洋人　憂国還憂国　憤然不思身」[27]という漢詩にも込められている。しかし新島は、このような逆境に屈することなく、前を見続け目的意識に徹したのであった。

元治元（一八六四）年七月一日に上海に到着したベルリン号は、そこから再び日本へ向かうことになっていたので、新島は別の船に乗り換えなければならなかった。そこが己れの転機にもなると察したのであろう、新島は上海入港の前日に髷を下ろしている。はたして、それから約一週間後に、新島は幸運にもワイルド・ロウヴァー号のテイラー船長に受け入れてもらえることとなった。この新しい境遇が「実に虎口を脱し漸佳郷ニ入りし心地なり」[28]と記され、テイラー船長についても「船主頗温和にして、我を役するに甚慇懃なり」[29]と評されていることからも、ワイルド・ロウヴァー号での処遇には新島はそれなりに満足していたと思われる。このとき新島が武士の命とも言える長刀をテイラー船長に贈ったのも、彼の感謝の気持ちを表するためであったのであろう。なお、こうしたテイラー船長との友好関係はこの航海の後も続くことになる。

さて、新島を乗せたワイルド・ロウヴァー号は、それから約九ヶ月におよぶ中国と東南アジアの交易を終え、約三ヶ月かけてインド洋、大西洋を経由して、慶応元（一八六五）年七月二十日、ついにボストンに入港した。確かに渡米という第一の目的は達せられたものの、当然のことながら、新島の将来が保証されていたわけではなかった。実際に、ボストンに到着する直前にテイラー船長にこっそりと渡したというメモには、当時抱いていた不安が次のように吐露されている。

もし十分な知識を獲得できないのであれば、どうして日本に帰り、藩主や家族や友人に顔を合わすことができるでしょうか。それは全く恥ずかしいことであります。私は知識を得ることを望んで、大迷惑をかけて国を出たのですから、このままですと彼らは私を犬や猫に等しいものと見做すことでしょう。(30)

ここに明記されているように、渡米の目的はあくまで「知識を獲得すること」であり、それをただでは帰れないという武士道的精神が支えていたのである。しかし、どこにも行くあてもない新島は、ボストン港でただ船番と掃除をしながら過ごす以外に何もできなかったのである。

この待機期間が約三ヶ月になろうとしていた一〇月一一日、ついに新島に転機が訪れる。ワイルド・ロウヴァー号の所有者であるハーディー夫妻が新島のことを聞きつけ、わざわざ彼を訪ねてきたのである。しかし意志の疎通が十分にとれなかった夫妻は、三日間の猶予を与えて新島にこれまでの経緯を書かせることにした。それこそが、手記（A）としてたびたび引用してきた〝Why I Departed From Japan〟である。ここに至って、手記

（A）の記述は、はじめて「直接資料」として使えることになる。その手記を締めくくる次の記述は、当時の新島の心境をよく表わしている。

私がここに着いてから、船長は長い間私を船に残したので、私は船の番をする乱暴で神を信じない男どもといっしょでした。そして波止場の男たちはみんな次のように言って私を脅すのでした。誰もお前なんか救ってはくれまい。なぜなら、戦争後のため、物価が上がっているからだ。ああ、お前は再び海に出ざるを得ないだろう、と。私も次のように考えました、衣食のために私は多くの労働をせざるを得ず、学校に払うお金を稼ぐまではどんな学校にも入れないだろう、と。そのような考えが私の頭に押し寄せたとき、私は満足に働くこともできず、本もあまり楽しく読めず、狂人のように長い間ただまわりを見回すばかりでした。私は寝床で毎晩神に祈りました、どうか私をみじめな状況に見捨てないで下さい。どうか、私に大いなる目的に至らしめて下さい、と。(31)

この手記を執筆した当時の新島は、一文無しであるばかりでなく、船上での会話ならともかく日常会話すらままならない一異教徒にすぎず、自身の無力さと寄る辺なさとを感じざるを得ない状況にあったと言えよう。別言すれば、新島にはこの境遇を自身で切り開く力は言うまでもなく、その可能性すら閉ざされていたのであり、ただ「待つ」ことしかできない、いわば「自己否定」の極致にあったのである。そのときの言いしれぬ不安は、「私を見捨てないで下さい」という神への祈りにも示唆されていよう。この祈りは、ボストン到着直後に購入したロビンソン・クルーソーの伝記に触発され、それに倣ったものかもしれない。あるいは、その手記を執筆したさいに、新島が書き留めたとされる英語の祈禱文を想起したのかもしれない。いずれにしても、こうした祈りの背後には、自身の無力さを徹底的に感ぜしめる「自己否定」の経験があったのである。もちろん、手記にしたためた神への祈りは、それを宛てたハーディー夫妻への訴えでもあったろう。はたして、この手記に心を動かされた夫妻は、新島を受け入れ、学費と生活全般の経費をも負担することにした。その朗報に接した新島は、ただちにハーディー氏に感謝の手紙を書き、その最後を次のような祈りで結んだ。

おお神よ！　もしあなたに目があるなら、私を見守って下さい。おお神よ！　もしあなたに耳があるなら、私の祈りを聞いて下さい。そして聖書によって私の目を開かしめて下さい。おお主よ！　私のハーディー様のうえにあなたの霊を送って下さり、彼が私をみじめな状況から救って下さるように導いて下さい。おお主よ、どうぞ、私のハーディー様から目を離さずに、彼を病と誘惑から守って下さい。(32)

この祈りで注目しておくべき点は、新島の神の捉え方である。この祈りが捧げられている神は、言うまでもなく単なる概念の神ではなく、新島の祈りに耳を傾け、彼を見守る人格的な神である。つまり新島は、儒教的・封建的束縛からの脱出を正当化する概念としてではなく、また祖国繁栄の道具としての知識としてでもなく、生々しい体験として神と出会ったのである。あるいは、かつて新島が「天父」の概念を見出したことを「神の発見」とすれば、長く辛い航海と極度の不安の末に、ハーディー夫妻に救われたことは「神との出会い」であったとも言えるであろう。いずれにしても新島にとっての神は、もはや単なる概念や知識ではなく、極度の不安のなかにあった自分を見捨てることなく救いの手を差し伸べた、人格的な存在となったのである。

第四節　愛なる神

さて新島は、当時ハーディー氏が理事を務めていたフィリップス・アカデミー[33]の英語科への入学を許され、また氏の紹介でヒドン夫人の家に下宿することとなった。その当時、ヒドン家には病身の弟と、神学生のフリント氏とその妻の合わせて四人が住んでいた。ヒドン夫人は食事や洗濯など新島の身の回りの世話に心を砕き、フリント氏は数学などを教え、フリント夫人は新約聖書を教えた。このような恵まれた環境を与えられたことを新島は「神の摂理と慈悲」と表現し、例えばハーディー氏には次のように書いている。

私が勉強の手を休めると、いつも神の慈悲とあなたの配慮を思い出し、神に感謝し、『あなたの名のゆえにこの貧しい者を救うハーディー様を祝福して下さい』とあなたのために祈りを捧げます。[34]

このような神への讃美は、決して表面的なリップサービスではなかったことは、キリスト教には無縁のはずの実父に対しても次のように書いたことからも窺えよう。

小子義神の加護によりてや甚健康にして日々学問修行仕をり候間、何卒何卒御安心可被下様奉願候（此神は日本の木像金仏とはちかひ世界人間草木鳥獣をつくりし神にて永生不朽、実に我等之尊敬祈禱すへキ神なり）[35]

これらの記述で注目すべき点は、「神の摂理」「神の慈悲」「神の加護」という言葉が示すように、新島が過去の一連の出来事から現在の恵まれた環境に至るまでの導き手として神を見たことである。別言すれば、新島にとり神の介入はもはや疑いようのない事実であり、神は生きて具体的にはたらきかける人格的存在となったのである。このことは、この頃に記された手記「箱楯よりの略記」が、「今は志願の通り安楽に諸学の修行する事を得たり。是全く在天不朽之真神吾をして此幸を得せしむるならん」[36]という文章で締めくくられていることからも裏打ちされよう。このように神を主語に据える捉え方は、「航海日記」や〝Why I Departed From Japan〟など、それまでに綴られた手記には見られなかった点である。いずれしても、新島にとり神は、愛や感謝の対象に留まらず、生きて具体的にはたらきかける人格的な主体であり、まさに暗闇のなかで見出した希望の光だったのである。そのことを新島は、脱国を手伝ってくれた福士卯之吉にも次のように力強く訴えている。

> ああ、友よ。キリストとは何者であるかをよく考えてくれ給え。それは暗闇のなかの光と同じものだ。ただしその光は太陽や月、星、ろうそくから出る光ではなく、未開で悪に満ちた世界を照らす真の光であり、救いの道に我々を導くものである。ろうそくの光は吹き消されるが、それは命を高める真の光であり、我々はいかにしてもそれを消すことができないものであり、我々はイエス・キリストを通してこの命を得るのである。『神はそのひとり子を賜ったほどに、この世を愛して下さった。…』新約聖書ヨハネ福音書三章十六〜十七節を見よ。[37]

その後頻繁に触れられるヨハネ福音書の聖句は、この書簡ではじめて引用されている。ただし、ここでの「救い」とは、罪からの救いというよりは、ボストン到着当時の極度の不安と寄る辺なさから救い出されたという実体験に基づいていると思われる。新島にとり、このような暗闇のなかにある無能で無力な異教徒に光を与え、救い出してくれたのが、他ならぬ神だったのである。新島はこの神に、「ひとり子を賜る」ほどの愛を見出したのである。彼がこのヨハネ福音書の言葉に強く惹かれたのも、この神の愛のゆえであろう。そして、新島がこの一節にいかに共鳴したかは、彼が最初にヨハネ福音書の日本語訳に着手したことにも示されている。こうして、ヨハネ福音書三章十六節は新島の信仰の原点となってゆくのである。

さて、このように愛なる神を実感したことにより、その後の新島には注目すべき変化が認められるようになる。「神に従わねばなりません」という神への忠誠と献身を誓う態度がそれである。別言すれば、新島にとって神は、もはや単なる概念や知識ではなく、己れの生涯をかけて仕えるべき主人となったのである。このことはヒドン夫人に宛てた書簡にも次のように明示されている。

慈悲深い神よ！　私の救い主、私の避難所、私の岩！　神は、私をハーディー氏やあなた、フリント夫妻へと引き合わせて下さったように、素晴らしい手のなかへ私を導いて下さいます。自分では稼ぐためのいかなる商売も知らない貧しく寄る辺もない異教徒に、どんなに素晴らしい神の摂理が働いたことだろうかと、ひとりごとを言っています。この考えが私の心に押し寄せてきたとき、私の感謝に満ちた涙があふれ、頬に流れ、私のハンカチを濡らしました。私を愛し私に慰めをかけて下さる神に私は誓いました、私は自分を捨て、日々の十字架を堪え忍びます。そのうち私は幾万もの悪魔が住む戦場へと赴き、我等の贖い主キリストの目的のために戦います。[38]

これは、新島が祖国宣教の意志を表明した最初の記述でもある。そこには、先述したように神とキリストとを

「目的」に据える新しい態度を指摘することができよう。この新しい態度や在り方こそが、その後の新島の生き方を決定づける基礎となるのであり、また新島理解の鍵ともなるのである。

ここで以上の議論を、新島の存在構造という観点からまとめておこう。脱藩あるいは脱国当時の新島は、封建的束縛から脱出することを正当化するための概念的な「道具」として、あるいは祖国繁栄に必要な「手段」の一つとして神やキリスト教を見ていた。つまり、かつての新島は、神やキリスト教を道具や手段として利用しようとしたのである。しかしながら、満足に会話すらできない無能で無力な異教徒にも、確かに神の導きとその愛が臨んだことを実感した後では、神やキリストはもはや利用すべき手段ではなく、己れが仕えるべき主人となり目的となったのである。このように神に仕えることを目的に据える、いわば「神中心」の在り方は、それまでの新島には見られなかった全く新しい在り方に他ならなかった。そして、この新島の在り方をその根底から転換させ、なおかつその中心的な位置を占めたのは、言うまでもなく愛なる神であった。換言すれば、新島にとっての神は、概念や知識ではなく、彼の在り方を支える中心軸になり得るほどのリアリティを備えるに至ったのである。しかもそのリアルなものは、こちら側が構築したものではなく、向こう側から一方的にもたらされたものであり、まさに暗闇に差し込んできた光だったのである。その意味で愛なる神は、新島にとり確かに「垂直軸」であり、しかもそれが受動的に獲得されていると言えるであろう。筆者は、ここに新島の「宗教的回心」つまり「垂直軸の受動的獲得に伴う存在構造の転換」を認めるのである。要するに新島は、徹底した無力さと寄る辺なさの体験、つまり受動的な態度に徹さざるを得ない「自己否定」の体験の末に接した、ハーディー氏をはじめ多くの人々の援助や協力の背後に、確かに愛なる神のはたらきかけを感じ取ったのであり、彼は一転してそれを自己の中心に据えたのである。実際に、この新島の「神中心」という在り方は、その後のさまざまな局面において、より具体的に指摘することができる。次節では、「神中心」という新島の在り方に寄せて、それ以降のライフヒストリーを追うことにしたい。

第五節　神への奉仕

神を利用する態度から神に仕える態度へという転換の萌芽は、既に慶応二（一八六六）年一月一日にハーディー氏に宛てた書簡に認められる。しかし、この転換がはっきり見て取れるのは、先に引用した、祖国宣教の意志がはじめて表明されたヒドン夫人宛書簡においてであろう。実に、この祖国宣教の意志の表明こそが、新島の「宗教的回心」を最も端的に示しているのである。というのも、新島にとって祖国宣教に従事することは、「キリストの目的のために闘う」ことに他ならず、したがってそれは神への奉仕の最も直接的な表現に他ならないからである。現にそれ以降、新島の書簡には宣教の意志を表明する記述が頻繁に見られるようになる。そのなかの一つである同年十月二十七日付のハーディー夫人宛書簡は、新島が受洗の希望をはじめて明らかにした点でも注目すべき書簡である。そこで新島は、受洗を希望する理由を次のように説明している。

もし、あなたとハーディー氏が賛成して下さるなら、私は次の聖餐式のときに入会したいと思います。いま私はイエス・キリストは我々の罪のために死んだ神の子であり、我々はイエス・キリストを通して救われることを信じます。私はイエスを他のどんなものよりも愛します。私はすべてを神に委ね、神の目から見て正しいことをおこないます。これは私の誓いです。私は日本に帰り、その民を悪魔からイエスのもとへと返すことに努めたいと思います。……しかし私の肉は霊より弱いので、私は教会へ入会してキリストと一つになりたいのです。それは、私がキリストのようになり、キリストの名のために私の国におおいに益となることをしたいからです。(39)

この記述によると、新島の受洗の動機は祖国宣教にあったことがわかる。つまり新島は、禁教体制下にある祖国での宣教活動というまさに命がけの事業を見据え、その意志が揺らぐことのないように受洗を希望したのである。そして実際に新島がアンドーヴァー神学校付属教会で洗礼を受けたのは、それから約二ヶ月後の十二月三十日のことであった。

ところで先行研究の多くは、この新島の受洗を彼の回心と同一視している。例えば魚木(40)は、新島のいう"conversion"を「回心入信」と訳し、それを受洗を指すものと解している。また新島研究の先駆者とも言える森中は、受洗を「霊的誕生」(41)と捉え、受洗そのものに転換的な意味を汲み取ろうとしている。しかしながら、先に引用した新島の書簡の記述によれば、受洗そのものが重大な転換をもたらしたというよりも、受洗はそれ以前にあった転換をより確実なものにするための公的な誓いであった。したがって受洗は、新島の「宗教的回心」そのものというよりも、むしろ「宗教的回心」を確固たるものにしたいという意志の現れであり、祖国宣教という神への奉仕に生涯を捧げることの誓いであったとも言うことができるであろう。

慶応三（一八六七）年六月にフィリップス・アカデミーを卒業し、同年九月にアマスト大学への入学を果たした新島は、よりいっそう精力的に学問に取り組むようになる。その学問に対する意欲は、例えばアマスト大学へ入学する直前に彼が「私は学問を心から愛しています。ですから私はそれから完全に離れることはできないのです」(42)と書いたことからも察せられよう。そもそも新島が脱国をしてまで渡米を果したのは、祖国繁栄に役立つ知識を身につけるためであった。この新島の初志は、祖国宣教の志と決して矛盾するものではなく、むしろそれによってますます固められたのである。実際のところ、父宛の書簡では「私事も無怠学問研窮いたし成業之上国家の為に寸力を尽さんと奉存候間」[43]と記され、学問が祖国繁栄のための手段と見なされている。この「国家の為」という側面は、とりわけ祖国の者に宛てた書簡のなかで強調されるものの、確かにそれは新島の学問観に一貫して認められる。しかしながら神への奉仕を自らの使命と定めてからは、国のための学問はとりもなおさず神のための学問ともなったのである。さらに踏み込んで言うならば、新島にとり学問とは、第一に祖国宣教という神への奉仕に不可欠な手段なのであり、祖国繁栄はその必然的な帰結と捉え直されたのである。端的に言えば、学問の目的はあくまで祖国宣教であり、祖国繁栄はその必然的な結果なのである。このように、祖国宣教と祖国繁栄とが新島のなかで直結していたことには十分に留意しておきたい。

ところで祖国宣教の道具としての学問に言及するさいに、新島はしばしば「すき」(plow)という言葉を用いている。この「すき」という言葉は、言うまでもなく、「手をすきにかけてから、うしろを見る者は、神の国にふさわしくないものである」(ルカによる福音書九章六十二節)という聖書の一節から採られている。新島がこの一節を思い出すのは、決まって祖国に後ろ髪を引かれるときであった。例えば、幕末の混乱を知った新島は、ハーディー夫人に次のように書いている。

江戸の人々は将軍の敵がこの町を攻めるだろうと恐れています。ですから私の父や他の家族のものは私に帰ってきて欲しいと思っています。しかし私は父のものではありません。手をすきにかけている者がどうして今更戻れるというのでしょうか? 私は主の仕事のために備えなくてはなりません。[44]

ここでもう一つ指摘しておきたい点は、新島がアマスト大学で熱心に学んだのは主に自然科学系の学問であって、神学ではなかったということである。そのことは、新島が明治三（一八七〇）年七月にアマスト大学を卒業したさいの学士号が、バチュラー・オブ・サイエンス（理学士）であったことからも裏づけられる。つまり新島は、自然科学を単に知的関心の対象ではなく、神のための学問さらに言えば祖国宣教の道具とも捉えていたのである。このことは、新島が抱くこととなる大学設立の構想とも決して無関係ではない。この点については改めて後述することにしよう。いずれにしても、アマスト大学で自然科学系の学問に専心していたときでさえも、新島は祖国宣教という悲願を抱き続けていたのである。実際に、アマスト大学での友人スマートに宛てた書簡では祖国宣教への思いを次のように吐露している。

三三〇〇万人の人々がいまだに福音に与《あずか》っていない。僕は祖国の人々のことを考えるといつも悲しく思い、神の意志に我が身を委ねたいと思うのである。すべての人々が神を知るということは、神の意志だと僕は思う。祖国にいる僕の友人たちに福音をのべ伝えることは、僕の喜びなのだ。僕は、手の震えと溢れ出る涙のためにしばし手紙を書く手を止めざるを得なかった。僕は、祖国の人々の悲惨な状況と、また真の神聖なる労働を必要としていることを思うと、悲しくてたまらないのだ。(45)

このような祖国宣教に対する熱い思いを秘めつつ、新島は明治三（一八七〇）年七月にアマスト大学を卒業、同年九月にアンドーヴァー神学校へ入学した。これをもって、新島が祖国宣教のための本格的な準備に入ったと見てよいであろう。ただしこの祖国宣教が神のためであると同時に、国のためでもあったことを忘れてはならない。現に新島がアンドーヴァー神学校で神学の勉強を開始してからも、国のための宣教という側面を重視していたことは、次の引用文からも明らかであろう。

小生亜国へ参りしより、如何して欧洲の各国及米利堅の、日に強大に相成しやを克々探索せし所、漸く其妙奥を見るを得たり、亜細亜及び欧羅巴の歴史を見るに、独一真神、……王中の王の真理、妙道を信奉せし人民は必らず栄へ、其を忘却せし国は益愚頓に陥る、[46]

もちろん、先述したように、キリスト教を知らない祖国の人々への書簡では国のためという側面が強調され、アメリカのクリスチャンに宛てた書簡では神のためという側面が強調されるという傾向は認められる。しかしながら、神学の勉強に着手してからもやはり、神のためそして国のためという二つの動機は、少なくとも新島のなかでは矛盾することなく結びついていたという点には注意しておきたい。

ところで、新島が実際に祖国宣教を実現させるうえで、大きな障碍になると考えられたのは、言うまでもなく入国の問題であった。アンドーヴァー神学校で、祖国宣教を見据えた神学の勉強を開始するとともに、この現実問題が新島のなかで大きく頭をもたげてきたのである。新島は、新政府の誕生に活路を見出そうとし、脱藩時の恩人である飯田逸之助に「小生帰国之一条如何致して宜し哉、何卒先生之周旋をわずらわし度候」[47]と記し、弟雙六にも「兄之帰朝之義は如何致而宜ろしき哉、貴殿知る所之如く乃兄は政府之許免を受ず夜半に楯館より出港せし故、其罪国刑を免れさるを不得、然し国家一変せしより法例も定而変革し、乃兄帰朝之義も可相叶とそんし候」[48]と相談している。おそらく、この問題を解決する糸口を見出すためであろう、明治四（一八七一）年三月に新島は当時ワシントン駐在少弁務使に着任して間もない森有礼とボストンで面会している。この会談で、新島は旅券取得にそれなりの手応えを得たにもかかわらず、注目すべきことに森との間にはある程度の距離をとろうとしたのである。おそらくそれは、「真神の臣」を自称する新島が、入国と引き替えに新政府に仕えるわけにはいかなかったからであろう。このような新島の微妙な立場は、フリント夫人に宛てた書簡にも次のように記されている。

ハーディー夫人が今まで私にかけた費用をすべて日本公使の森氏が支払うのではないかと私は心配しています。というのも、彼は私の教育にかかった費用の全リストの提示をハーディー氏に求めたからです。ハーディー氏がそのリストを渡すのではないかと心配しています。もし森公使から支払いを受け取ったら、そのお金によって日本の政府に縛られるからです。(49)

ここまで新島が政府による束縛に敏感だったのも、彼がただ神のみに仕えるという立場に徹しようとしたからであろう。あるいは、かつて父や藩という封建的な権威によって束縛されていた頃の苦い思いが脳裏をよぎったのかもしれない。いずれにしても新島は、政府によって束縛されることを極度に恐れたのである。このことは、新島が明治政府に旅券取得を申請するさいに、自分の居場所を明らかにすることに躊躇し、次のように記したことからも察せられる。

しかしさらによく考えてみると、私がここにいることを公然と知らせない方が私には都合がいいと思いました。というのはもし知らせれば、私は何らかの仕事あるいは何かについての勉強をするよう命令を受けるだろうからです。そのような場合、私はそれを手際よく断ることができません。というのも私がそうすれば、政府はもはや友好的でなくなるかもしれないからです。(50)

政府の出方によっては、新島はアメリカ国籍の宣教師として入国することさえも考えていたようである。しかし幸運にも、このような不安をよそに、明治政府は新島を貴重な人材と見なし、すぐに旅券を彼に発行した。そのうえ、政府は正式に留学の許可をも与え、脱国の罪も不問にした。日本国民として、しかも合法的に入国する道が整えられたという点では、入国および旅券の問題は、新島が望んだかたちで解決したと言えるであろう。

とはいえ、新島が立っているその微妙な立場が変わったわけではなかった。それが次に表面化するのは、明治五（一八七二）年三月に、新島が、岩倉具視使節団に協力するよう依頼されたときであろう。その具体的な仕事内容は、使節団の一人である田中不二麿文部理事官にヨーロッパ視察旅行に随行するというものであった。旅行そのものに強い関心を抱いていた新島にとって、それは自らの見聞を広げるまたとない魅力的な機会に映った。なおかつ、それによって得られる知識や経験は将来の宣教事業にも役立つと思われたに違いない。その一方でそれは、日本政府の甘い誘惑あるいは罠であるかもしれず、また学業の中断は一度手をかけた「すき」を手放すことでもあった。このような新島の葛藤や迷いは、ハーディー氏に宛てた次の書簡の文面にも認められる。

私はいくらかは田中氏の役に立つでしょう。しかし、もし私が彼にとって有用なものとなれば、彼は私を捕らえ日本に連れて帰るための罠を仕掛け、教育の目的のために私を利用するかもしれません。もし私が一度政府とかかわれば、私はその奴隷になるでしょう。私は何か良い仕事ができるかもしれませんが、政府の手に我が身を委ねることは私にとって最高の選択ではありません。私は既に最高の王、救い主を私の主人そして統治者と定めていますので、他のいかなる支配者も必要ではないのです。……今ヨーロッパを訪れることは私にとって素晴らしい機会です。私にとっては行かないことはむしろ犠牲です。しかし私がそこに行かないとしても私は多くを失うことにはならないでしょう、というのも私はアンドーヴァーで神学を勉強するからです。これは結論を出すのに非常に難しい問題です。[51]

結局のところ、このヨーロッパ視察旅行は、ハーディー夫妻をはじめ多くの人の後押しもあって実現する運びとなり、明治五（一八七二）年五月十一日、新島は田中文部理事官とともにニューヨークを発った。ただし新島にとって、はたしてそれが神に仕えることなのか、それとも神以外のものに仕えることなのかは、自分では判断しかねる難しい問題だったのである。はたしてヨーロッパ各地の教育機関を訪ね回ったこの視察旅行そのものは、とりわけ後年の教育事業の構想を具体化させたという点では確かに彼に大きな成果をもたらした。しかし皮肉にも、このことがかえって先述した迷いを再び喚起したのである。例えば新島は、ヨーロッパ視察旅行を終えた後に、ハーディー夫人に宛てて「私は田中氏とともに帰国すべきか、アンドーヴァーで学業を終えるためにアメリカに帰るか全く決めかねています[52]」と記してその迷いを告白している。こうして新島は、ここで再び、政府の教育事業にかかわるために田中文部理事官とともに帰国するか、あるいはアンドーヴァーに戻ってやり残した神学校の学課に取り組み宣教師の資格を取るか、という選択の間で同様な葛藤を経験するのであった。その当時の新島は、リューマチを患っていたこともあり、ハーディー夫人に相談をもちかけつつも、その気持ちは宣教師というよりも政府の高官の方に傾いていた。しかし依然として迷いと葛藤のなかにあったのであろう、そのわずか二週間後の書簡に、新島は「神の摂理が私をもう一度アンドーヴァー神学校へ連れ戻すよう、私のために祈っていただけませんか？[53]」と全く逆のことを書くのである。そして最終的には、新島は福音を伝える宣教師の道を選択し、ハーディー夫人に宛てて次のように記したのであった。

私はますます自分が救い主に捉えられた者であることを感じ、主のために働くのでなければ幸せを感じないのです。私の神学の課程はまだ半分も終わっていないので、私は復学して盲目な我が同胞に福音を伝えるために宣教師の資格を得たいと思います。自分の十字架を背負い我が主に従うことこそ私の最初の選択でした。それは私の最も幸福な選択であり、私はそれが最も良い選択であることを信じます。(54)

こうして、現実的な「国」つまりこの世的な政府の高官か、あるいは「神」つまり迫害の覚悟をも要する宣教師か、という二者択一の選択を突きつけられた新島は、葛藤や迷いを覚えつつも、最終的に「神」をとったのである。この決断は、自己の栄達を斥け、その中心を神に明け渡すという「自己否定」に他ならなかった。その意味で言えば、この選択問題は新島の在り方を問ういわば試金石であり、その決断により彼は「神中心」という在り方を改めて確認したのである。別言すれば、この一連の葛藤と決断は、新島をして神のみに仕えるという信仰の原点に立ち帰らせたのである。

ヨーロッパ視察旅行を終えた新島は、頭痛やとくにリューマチに悩まされていたこともあり、ドイツ西部のヴィースバーデンで約五ヶ月間にわたって静養したうえで、明治六（一八七三）年九月に帰米、アンドーヴァー神学校に復学した。その後、休学による遅れを取り戻そうと勉学に専心した結果、新島は翌年の五月にアメリカン・ボードの準宣教師に任命されることになった。それに先立ち、ボード側から提出を求められていた質問事項に対して、新島は祖国宣教への一貫した思いをもって次のように回答した。

私の見解としては、宣教師の義務は、人間の救いのために福音を述べ伝えることです。宣教事業に加わりたいという私の所願は、日本においてそれが必要であることと、その必要に応える奉仕をしたいという希望とに由来します。私は何らかの困難や試練に遭うでしょう。しかし私はキリストへの信仰だけでなく、彼の名のゆえに苦しむことも喜びと考えます。(55)

繰り返し述べてきたように、神に仕えるという新島の原点は、直接的には祖国宣教というかたちで示される。その意味で先に引用したボードへの新島の回答は、確かに新島の核心部分をストレートに表現したものと解されよう。しかしながら新島は、祖国宣教の熱意をきわめて独自の方向に展開しようとした。それこそが、新島のライフワークとも言える、祖国にキリスト教主義の大学を設立するという事業であった。この大学設立の構想の萌芽は、アマスト大学時代にまで遡ることができるように思われる。というのも、ヨーロッパ視察旅行に出発する前に、既に新島は次のように述べたからである。

何れ帰国之上は此道を主張し、有志之子弟へ相伝へ、益国を愛し民を愛するの志を励まさん事を望む、且兼て学び得し地理、天文、窮理、精密等の学をも伝へ、富国強兵之策を起すのみならず、人々己を修め、独を慎むの道を教へんと存候、(56)

この記述は、おそらくアマスト大学を念頭に置いていると見て間違いないであろう。そして、先述したように大学設立の具体的な構想は、ヨーロッパ各地の教育機関を巡回視察した経験によって固められたのである。その意味で、新島にとってヨーロッパ視察旅行は、改めて神に仕えるという彼の信仰の原点を見つめさせたと同時に、帰国後に取り組む祖国宣教の実践的な指針を定めさせたとも言えるであろう。この大学設立の計画について、新島は、明治七（一八七四）年七月にアンドーヴァー神学校を卒業する頃に、ボードの総主事であったクラークやハーディー氏に相談していたと思われる。というのも、卒業を目前に控えた同年六月二十九日付クラーク宛書簡に記されている「私の将来の計画」とは、大学設立計画を指すものと考えられるからである。しかしこの新島の計画は、クラーク博士にもハーディー氏にもそれほど歓迎されなかったようである。むしろ反対さえされたのではなかろうか。ボードの基本方針がもっぱら日本への直接的な宣教活動であったことを鑑みれば、クラーク博士やハーディー氏の反応が冷ややかであったとしても決して不思議ではなかろう。しかし新島は、十月九日にラットランドで開かれたアメリカン・ボードの第六十五回年次大会において、周囲の目をよそに、祖国に大学を設立する必要性を訴える演説をおこなったのである。その演説が多くの人々の心をつかみ、多額の寄付を集めたことは有名な話である。

さて、ここで改めて考察したいのは、その大学設立という事業が、新島にとってどのような意味があったか、という点である。新島の原点が、神に仕えるという点にあるのなら、他のアメリカン・ボードの宣教師たちと歩調を合わせて日本での伝道活動に従事してもよいはずであった。ハーディー氏や他の宣教師はむしろそれを期待していたと思われる。しかしながら、新島はそのような方向には向かわなかった。その意味で言えば、キリスト教主義の大学を設立するという構想は、ハーディー夫妻やアメリカン・ボードの願いでもなかったし、ましてや日本政府の指示に従うものでもなく、新島のなかで独自に練り上げられたものだったのである。そこには、高度な西洋諸科学の教育がキリスト教の伝道に直結する、換言すれば、科学は自ずと信仰を証しするという新島特有の前提があった。つまり新島のなかでは、自然科学をも含めた高等教育とキリスト教宣教とは、何ら矛盾するものではなかったのである。それに加えて、大学設立という事業は、「神」のためと「国」のためという二つの志向性を一つに結び合わせる焦点でもあった。ただし、その二つの志向性は並存していたわけではなく、新島が究極的には神に仕えるという選択をしたように、「神」の方が根底に据えられ、そのうえに「国」が載せられていたことに注意したい。つまり大学設立事業は、確かに表面的には「国」のためという側面が強調されているけれども、その出発点は「神」のためであり、新島にとりその事業はまさに神への奉仕に他ならなかったのである。いずれにしても、新島による大学設立の事業は、どこまでも神に仕えるという態度に貫かれ、それに支えられていることを忘れてはならない。つまり大学設立こそ、新島が神の愛に応えることのできる神への最大の奉仕であったのである。それはまた、新島襄という人間の在り方の最も端的な表現であり、彼の人生の結論であったとも言えるかもしれない。帰国後、キリスト教主義の私立大学設立に奔走した新島は、世間からは耶蘇教と批判され、宣教師たちからも十分な理解が得られたとは言い難い。そのようなほぼ孤立無援の立場にあっても、大学設立に新島が終生情熱を傾け続けることができたのも、神に仕えるという原点を見失うことがかなったためではなかろうか。新島の大学設立の構想も、それにかける彼の生涯もまた、神という「垂直軸」に堅強に秩序づけられていたのである。その意味で、新島襄を「宗教的人間」として理解することは、可能なばかりでなく、より包括的でかつより深い新島理解に繋がるとさえ言えるであろう。

おわりに

本章を締めくくるにあたり、新島自身がconversionという語を用いている文章を検討したうえで、改めて彼の「宗教的回心」についてまとめておくことにしたい。先述したように、新島のいうconversionは、先行研究がしばしば着目してきた受洗そのものではなく、それ以前にあった何らかの転換を指し示している。この点について北野は、「新島において『米国到着後』の回心は、事実上、受洗の時期以前になされていたと考えねばならないであろう」[57]と指摘している。ただし北野は、考察の焦点を「天父の発見」を軸とする「第一次の回心」の方に置き、受洗前の決定的な「第二次の回心」については、「受洗以前に何か特別の、回心と呼ぶべき経験が新島にあったかどうかは現時点では分からない」[58]として、そこに踏み込むことを避けた。しかし本章での議論の要点が、まさにその部分にあることは言うまでもなかろう。この点を探るにあたって、さしあたり新島自身が conversion という語をどのように用いているかを手がかりにしたい。

さて、新島が conversion という語を最初に用いたのは、テイラー船長の訃報に接したさいに、その家族に宛てた書簡においてである。そこには次のように記されている。

最後に一言言わせて下さい、「クリスチャンたれ」と。といいますのも、私は、あなた方がこの悲しい苦しみを、あなた方の心に何ら聖化の影響を受けることなく素通りして欲しくないからです。私はこの件についてはこれ以上何も言いません。けれども、もしあなた方に疑いや恐れ、嫌気、困難があるのなら、私の前に吐き出し、その状況をおっしゃって下さい。私はあなた方の conversion のために特別な祈りを捧げたいと思います。[59]

この記述から明らかなように新島は、conversion を心の聖化、つまり形だけのクリスチャンではなく心からのクリスチャンになることと解している。この点を踏まえて、新島が conversion という語を用いた別の箇所をさらに見ておくことにしよう。次の引用文は、宣教の意志を確かめるボード側の質問書に対する回答の一部である。

私の conversion は、この国に着いてからしばらくして起こりました。ただし私は神の言葉を読んだときから神とその光とを求めてきました。私の新しい体験とともに、同胞に福音を述べ伝えたいという欲求が生まれました。……私が conversion を実感する根拠は、増し加わるキリストへの信頼と、真理へのいっそうの同調とである。(60)

ここで注目しておきたい点は、渡米後間もなく conversion を経験し、それとともに祖国宣教の意志をもったと新島自身が記していることである。新島が受洗を希望したのは、祖国宣教の意を固めるためであったことを念頭に置けば、多くの先行研究が主張する conversion ＝「受洗」という図式は、少なくとも新島のなかでは成り立っていないことがわかる。

では新島は、何を指して、conversion という語を用いたのであろうか？　この疑問を解く鍵は、conversion とともに祖国宣教の意志が生じたという点にある。言ってみれば、新島にとり conversion の最も端的な表現は、祖国宣教の意志の表明に他ならなかったのである。この点を踏まえれば、新島をして祖国宣教の意を固めさせた体験、つまり愛なる神との出会いこそが彼の conversion の中心点であったと言えよう。向こう側から一方的に臨んだ神の愛を新島が謙虚に受け取り、しかもそれを自らを支える支柱にしたという点では、彼の conversion はここでいう「宗教的回心」とまさに一致することになる。

以上の議論から、改めて新島の conversion を「宗教的回心」に寄せて確認しておくことにしよう。新島は、財や身分はもちろん国や家もなく、言葉さえも満足に通じないなかで、全くの無力さと寄る辺なさのただなかから、ハーディー夫妻をはじめとする多くの人々の理解や協力によって救い出された。新島は、その経緯に単なる偶然を越えた必然つまり「神の摂理」を認め、そこに神の愛のリアリティを体感したのであった。このように向こう側から一方的に臨んだ神の愛を、新島は知識や概念としてではなく、生々しい体験として受け止めたのである。この神との出会いの体験にこそ、新島の「宗教的回心」の中心点がある。実際にこの経験を境に、それまで武士道的な「義の精神」と新しい学識を求める「知の精神」とに支えられていた新島の在り方は、自身に臨んだ神の愛に対するいわば「信の精神」に基礎づけられた在り方へと転換している。確かに、大学設立にかけた新島の生き様を見れば、彼は終生「義」を重んじ「知」を愛したと言えよう。また「国家の為」という態度も、脱藩以来、新島には一貫して認められる。しかしながら、こうした連続的な精神や態度に、愛なる「神」という新しい中心軸が据えられたのであり、それにより新島の在り方は根底から再構成されたのである。この存在構造の転換こそが、新島の「宗教的回心」に他ならない。確かに、神を中心とするその在り方は、ときに誘惑に揺れることもあったけれども、そのたびに新島は信仰の原点に立ち帰り、自己を否定しその身を神に委ねた。こうして愛なる神は、ますます彼の中心を占めるようになり、その存在構造を秩序づける「垂直軸」として確立されていったのである。このことは、新島が、ボードの宣教師となって最初の説教で神の愛を讃えるヨハネ福音書三章十六節を選んだことや、その聖句を終生愛し続けたことからも裏打ちされるであろう。その意味で、新島はどこまでも神に仕えるという生涯を生き抜いたのであり、したがって大学設立というライフワークは彼のそうした在り方の最も端的な表現だったのである。

以上の試論は、「宗教的回心」を新島理解の中心に置き、また新島を「宗教的人間」として理解する試みであった。したがってそれは、時間軸に沿って史実をまんべんなく記述するような仕方で新島の生涯を扱ったわけではないし、とくに彼の宗教的側面に焦点を絞ったという点では、いわゆる「等身大」の新島理解とは隔たった印象を与えるかもしれない。しかしながら、このような「立体的」な新島理解こそが、より包括的で深遠な新島理解に繋がるのではなかろうか。その意味で本章の新島論は、とりわけ人間主義的で合理的な新島理解に傾きがちな近年の新島研究の動向に一石を投じることにもなるであろう。

注

1 『新島襄全集』全十巻、同朋社、一九八三―一九八五年。

2 本井康博「新島研究の系譜と動向――『新島学』への道」、伊藤彌彦編『新島全集を読む』、晃洋書房、二〇〇二年。

3 伊藤彌彦『のびやかにかたる新島襄と明治の書生』、晃洋書房、一九九九年。

4 "My Younger Days"(明治一八〔一八八五〕年)『新島襄全集』七、一一頁。

5 安政五(一八五八)年書簡、『新島襄全集』三、六頁。

6 "My Younger Days"、『新島襄全集』七、一六頁。

7 安政五(一八五八)年七月上旬尾崎直紀宛書簡、『新島襄全集』三、四―五頁。

8 従来の研究では、新島が目にしたというアメリカ合衆国の歴史地図書は、一八六一年に刊行された『連邦志略』とされてきた。しかし、手記(A)の記述に従って、この書物との出会いを蘭学教師のもとに通い始めた一八五九年頃と解すれば、ブリッジマンによる書物は、一八三八年に刊行された『美理哥合省国志略』か、一八四六年に刊行された『亜美理駕合衆国志略』であったと考えられる。ここでは仮に後者とした。

9 "Why I Departed From Japan"(慶応元〔一八六五〕年)『新島襄全集』七、三頁。

10 『連邦志略』は、文久二(一八六二)年五月に、上海を視察に訪れた高杉晋作によって購入されている。ただし、同年七月に、高杉らが長崎へと持ち帰ったと思われる『連邦志略』のその後の行方は定かではない。

11 "My Younger Days"、『新島襄全集』七、一九頁。

12 同書、一八頁。

13 同書、一八頁。

14 同書、一九頁。

15 "Why I Departed From Japan"、『新島襄全集』七、六頁。

16 「年譜」には、文久元(一八六一)年に軍艦操練所で英学を学んだと記されているが、私見では、文久三(一八六三)年より前に新島が英語を学んだ可能性は低いと思われる。というのも、軍艦操練所で英学を教授したとされる中浜万次郎は、新島が在籍した期間には、小笠原諸島の調査と地図の作製に従事していたし、少なくとも文久三年より以前に、新島が英学を学んだことを裏づける史料はないからである。それに、文久元年頃に、オランダ語から英語への転換を促すような出来事があったとも考えにくい。これらのことから、「年譜」の記述は根拠が弱いように思われる。

17 "My Younger Days"、『新島襄全集』七、二〇頁。

18 北野裕通「新島襄における回心の問題」、『相愛大学研究論集』第七巻、一九九一年。

19 「函館紀行」(元治元〔一八六四〕年三月)『新島襄全集』五、九頁。

20 同書(同年三月)、九―一〇頁。

21 同書(同年三月十九日)、一一頁。

22 同年五月ニコライ宛書簡、『新島襄全集』三、一七頁。

23 同書、一六―一七頁。

24 「函館脱出之記」(同年六月)『新島襄全集』五、七〇頁。

25 同書(同年六月十四日)、七一頁。

26 「航海日記」(同年六月二十一日)『新島襄全集』五、三八頁。

27 同書(同年六月二十一日、七月六日)三八、四二頁。

28 同書(同年七月十日)、四二頁。

29 同書(同年七月十七日)、四三頁。

30 『新島襄全集』一〇、一九頁。

31 "Why I Departed From Japan" 慶応元(一八六五)年、『新島襄全集』七、七頁。

32 慶応元(一八六五)年十月十四日付ハーディー氏宛書簡、『新島襄全集』六、四頁。

33 一七七八年マサチューセッツ州アンドーヴァーに創立された、三年制の私立学校。現在でもアメリカで最も著名な大学進学予備校として知られる。一八〇八年には同じキャンパスにアンドーヴァー神学校が設立される。いずれもユニテリアンに対抗する伝統的なニューイングランド神学を基調としていた。ちなみに第四十三代アメリカ大統領ジョージ・ブッシュも、このフィリップス・アカデミーに在籍(一九六一―一九六四)していた。

34 慶応二(一八六六)年一月二十日付ハーディー氏宛書簡、『新島襄全集』六、五頁。

35 同年二月二十一日付新島民治宛書簡、『新島襄全集』三、二八頁。
36 「箱楯よりの略記」(同年二月二十一日)『新島襄全集』五、七九頁。
37 同年二月二十三日付福士卯之吉宛書簡、『新島襄全集』六、六頁。
38 同年八月一日付ヒドン夫人宛書簡、『新島襄全集』六、九頁。
39 同年十月二十七日付ハーディー夫人宛書簡、『新島襄全集』六、一一―一二頁。
40 魚木忠一『新島襄』、同志社大学出版部、一九五〇年、六九頁。
41 森中章光『新島襄先生』、洗心会、一九三七年、五四頁。
42 慶応三(一八六七)年八月二十六日付ハーディー夫人宛書簡、『新島襄全集』六、一九頁。
43 同年十二月二十五日付新島民治宛書簡、『新島襄全集』三、四九頁。
44 明治元(一八六八)年四月二十七日付ハーディー夫人宛書簡、『新島襄全集』六、一二頁。
45 明治二(一八六九)年三月十七日付ジョン・G・スマート宛書簡、『新島襄全集』六、四九頁。
46 明治四(一八七一)年二月二十五日付飯田逸之助宛書簡、『新島襄全集』三、八八頁。
47 同年二月十一日付飯田逸之助宛書簡、『新島襄全集』三、八三頁。
48 同年二月十一日付雙六宛書簡、『新島襄全集』三、八五頁。
49 同年三月二十一日付フリント夫人宛書簡、『新島襄全集』六、八二頁。
50 同年六月十三日付ハーディー夫人宛書簡、『新島襄全集』六、八五頁。
51 明治五(一八七二)年三月二十日付ハーディー氏宛書簡、『新島襄全集』六、一〇四―一〇五頁。
52 同年十月二日付ハーディー夫人宛書簡、『新島襄全集』六、一二一頁。
53 同年十月二十日付ハーディー夫妻宛書簡、『新島襄全集』六、一二三頁。
54 同年十二月十六日付ハーディー夫人宛書簡、『新島襄全集』六、一二三―一二四頁。
55 明治七(一八七四)年四月三十日付アメリカン・ボード宛書簡、『新島襄全集』六、一三七頁。
56 明治四(一八七一)年二月二十五日付飯田逸之助宛書簡、『新島襄全集』三、八八頁。
57 北野裕通「新島襄における回心の問題」『相愛大学研究論集』第七巻、一九九一年、五四頁。
58 同書、五四頁。
59 明治二(一八六九)年十二月二十一日付テイラー船長の関係者宛書簡、『新島襄全集』六、六四頁。

60　明治七（一八七四）年四月三十日付アメリカン・ボード宛書簡、『新島襄全集』六、一三六―一三七頁。

第八章　清沢満之

はじめに

清沢満之（旧姓：徳永、以下「満之」と記す）は、仏教とりわけ親鸞の教えを哲学的に基礎づけただけでなく、真宗教団の近代化にも尽力したことから、「近代の仏教者」[1]などと評されてきた。それに加えて、彼自身の「実験」に基づく生き生きとした信念の表白もまた、近代的な「個」の自覚に寄せて理解されている。[2]その意味で、満之は、確かに近代日本の精神的状況を端的に体現した一人と言えるであろう。しかし満之には、その痛烈な近代批判に示されるように、近代を越えて現代の諸問題を鋭く洞察する側面もあることも忘れてはならない。つまり満之は、近代の申し子であると同時に、その枠を越えてきわめて現代的な意義を有する人物なのである。とりわけその主体的に受け取り直された信仰は、現代人にも訴える力があり、高く評価されるところとなっている。例えば田村圓澄は、中世の親鸞が清沢によって近代に再生し得たと解し、「清沢の回心は、二〇世紀初頭における親鸞の回心でもあった」[3]と指摘し、また曽我量深は、満之への信仰上の恩を「蓮如を遙かに上廻って越え、我が親鸞に匹敵する」[4]とさえ述べている。このように、満之の血の通った信仰は、親鸞の信仰を生き生きと現代に伝え、今なお多くの人々を引きつけるに十分な魅力を備えているのである。現に没後一〇〇年に当たる二〇〇三年には、彼の思想や信仰の現代的な意味を問い直す動きがあちこちで見られた。一例を挙げるなら、『真宗教学研究』誌上では、二〇〇一年から二〇〇三年の三年間にわたって「精神主義と現代」というテーマが掲げられ、満之の「精神主義」がもつ現代的な意味がさまざまな角度から再検討されている。また時を合わせたように、満之に関する書籍も次々と刊行されている。なかでも特筆すべきは、『清沢満之全集』全九巻（岩波書店、二〇〇二—二〇〇三年）の刊行であろう。この新しい『清沢満之全集』には、旧『清沢満之全集』全八巻（法蔵館、一九五三—一九五七年。以下、旧『全集』と略す）に未収録の新資料も収められ、これが清沢研究の新たな基点となることは間違いない。とりわけ「生の表現」としての手記資料を重視する本書の立場からすれば、この新しい『清沢満之全集』の刊行は歓迎すべき事業である。ただし本章の意図は、没後一〇〇年を記して満之の意味を問い直すこうした動きに呼応することではないし、また満之の近代性や現代的意味を再考したり、ましてやその思想の宗学的な意義を考究することでもない。むしろ本章の目的は、より普遍的な観点から満之を「宗教的人間」として把握することにある。換言するならば、本章はその「宗教的回心」を理解の中心に据えた満之理解を目指すのである。この点は、多くの清沢満之論から本論が特徴づけられる点であろう。なお、この「宗教的人間」および「宗教的回心」という枠組みによって浮き彫りにされる事柄については、改めて後述することにしたい。

さて、満之の「宗教的回心」について論ずるさいに重要な手がかりとなるのは、真宗的な意味での「廻心」であろう。それは一般に、『唯信鈔文意』や『歎異抄』の記述に基づいて、自力から他力へとこころを翻すことと理解され、親鸞教学の鍵概念の一つに挙げられている。この「廻心」を人間の存在構造に寄せて捉え直すならば、本書でいうところの「宗教的回心」と重なることは第五章で述べたとおりである。その意味で「廻心」は、真宗的な文脈における「宗教的回心」とも言えるであろう。満之自身は、この「廻心」や「回心」という語を一度も用いることはなかったものの、その生涯や思想変遷には確かに「廻心」を認めることができる。実際に、いくつかの研究は、満之の「廻心」に焦点を合わせて考察を展開し、それを満之理解の軸に据えている。[5] そのさいに、これらの研究が決まって着目するのが、いわゆる「回想の文」として知られる日記の文章である。参考までに、その冒頭の部分を引用しよう。

回想す。明治二七年の養痾に、人生に関する思想を一変し、略ぼ自力の迷情を翻転し得たりと雖ども、人事の興廃は、尚ほ心頭を動かして止まず。[6]

多くの先行研究が指摘するように、「自力の迷情を翻転し得たり」という記述に満之の「廻心」を読み取れば、それは急激な転換というよりは、肺結核の発症に端を発する約九年にもおよぶ獲信過程と解されよう。ただしその過程は、後述するように、自力から他力へという直線的で不可逆的な過程では決してなく、自力と他力との間を実存的に揺れ動く複雑な過程であった。このような「自力から他力へ」という動きを「廻心」とするならば、満之には幾度かその「廻心」を指摘することができるであろう。実際に、「廻心」の中心点を「明治二七年の養痾」に求めるというよりも、むしろ後年の「精神主義」に認める見解もある。[7] このような見解の多様性は、満之の獲信過程つまり「廻心」の過程が決して単純ではなかったことを物語っていよう。本章では、こうした満之の実存的な揺れ動きを丹念に追いながら、最終的に「我信念」に吐露される信仰の極致にまで辿り着く複雑な過程を記述することにしたい。

なお、本章を構成するにあたり、筆者は「建峰」「骸骨」「石水」「臘扇」「浜風」という満之の諸号に着目した。これらの号は、その時々の在り方を端的に表わしているように思われ、とりわけ最後の「浜風」には、満之が自らの人生に下した結論が示唆されているようで実に興味深い。満之自身もまた、死の直前に書いた書簡のなかで、「浜風」という号およびそれ以前の諸号について次のように述べている。

「浜風」ト云フ号ハ近頃ノ得物デアリマス　大浜ハ風ノ多キ処ト云フ話カラ取リマシタガ丁度小生ノ如キ半死半生ノ幽霊ニハ適当ト感シテ居リマス　此一号ガ又小生ノ今日迄ノ諸号ヲ総合シテ居マスノモ自分ニハ面白ク存シマス　諸号トハ（在名古屋時）建峰（在京都時）骸骨（在舞子時）石水（在東京時）臘扇ノ四ツデアリマス(8)

このことから「浜風」に至るまでの諸号の変遷に着目することは、満之の自己理解に即した見方とも言えるであろう。その意味では、満之の人生の結論とも言い得る「浜風」に込められた真意を明示し、そこに至るまでの実存的な経緯を辿ることに、本章のねらいがあると言ってもよい。以下、「宗教的回心」を見据えた清沢満之論の試みについて論ずることにしよう。

第一節　「建峰」：報恩の学徒

満之は、文久三（一八六三）年六月二十六日、尾張徳川藩の藩士徳永永則の長男として誕生した。維新当時の下級武士の多くの家が経済的に困窮していたように、徳永家の暮らしぶりも決して楽ではなく、一家はお茶の行商などで生計を立てていたという。しかし先を見据えた父永則は、このような生活苦のなかにあっても、教育には熱心であり、満之を手習い塾や小学校に通わせた。その一方で満之の方も、父の期待に応えるかのように幼少時から神童ぶりを発揮し、小学校のときの成績は「常に級中の首位を占め」[9]ていたという。その満之を医者にしたいと考えていた父永則の意向に従い、満之は十二歳のときに設立されて間もない愛知外国語学校に入学し、さらに十五歳の春には愛知県医学校への入学を果たした。ちなみに「建峰」は、このように名古屋で勉学に励んでいたときの号とされている。そこには、高い理想を掲げそれを自らの手で実現させるという、青年らしい大志が感じられる。ところが、間もなくしてその医学校が廃校となり、満之は入学からわずか四ヶ月で退校を余儀なくされてしまう。おそらく、別の学校に入学し直すにも、貧しい徳永家には学費を捻出することも決して容易ではなかったに相違ない。そこで満之は、数少ない友人であった小川空順のすすめもあり、得度を受けて京都の東本願寺育英教校に入学することに意を固めた。後年、当時の心境を満之は次のように振り返っている。

私が僧侶にならうと思うたのは、坊主になれば京都に連れて行つて、本山の金で充分学問をさして呉れるとの事であつたので、自分はとても思ふ様に学問の出来ぬ境遇に居つたから、一生学問さして呉れると云ふのが嬉しさに、坊主になつた[10]

つまり満之は、僧侶になることと引き替えに、学問ができる環境を手に入れたのである。この回想談は、自己批判的な側面が誇張されている感も否めないものの、当時の徳永家の経済状況を考慮に入れれば、的はずれな説明でもないように思われる。ただ、それにつけ加えておきたいのは、満之がこの本願寺の配慮に大きな恩義を感じていた、ということである。父親譲りの武士道的な義理堅さや一徹さが、その恩義を仇で返すことを許すはずはなかった。このように、あくまで義を貫き、恩に報いようとする姿勢は、青年満之の基礎となっているようにも思われる。この点については、改めて指摘することにしたい。

さて、当時の東本願寺は、廃仏毀釈やキリスト教の台頭といった問題に対処するために、優秀な人材を育成することに努めていた。とくに優秀な者を選抜して東京へ留学させる制度は、こうした人材育成事業の一環であった。満之は、十九歳のときに、この制度によって東京留学を命じられ、東京大学予備門を経て二十一歳で東京大学文学部哲学科に入学した。予備門当時、物理学にも関心を寄せていた満之が、物理ではなく哲学を専攻したのは、もちろん本山への恩に報いることが念頭にあったからである。いずれにしても、仏教の哲学的基礎づけ、そしてキリスト教批判という課題は、本山の課題そのものであったと同時に、哲学者・満之の出発点でもあったのである。こうした課題への取り組みは、当時の大学のノートに既に見て取ることができる。例えば大学二年次のレポート"Essay on Spinozism"では、スピノザ哲学の汎神論的性質に寄せて次のようなコメントが加えられている。

これらの諸点は、スピノザへの徹底的な批判を呼んだ。とりわけキリスト教徒は一時も口をつぐむことはなかった。というのもスピノザ哲学は、キリスト教哲学を根底から破壊するからである。しかしこのことは、汎神論の必然的な帰結である。これらの諸点をめぐる対立は、一般にキリスト教と汎神論との争点であり、それらはキリスト教と仏教との争点であろう。(11)

ここで注目しておきたい点は、最初期のレポートにおいて、早くもキリスト教と仏教との対立点が意識されていたということである。そしてより踏み込んだキリスト教批判は、例えば大学四年次のノートに見られる「一因多果」において展開されている。そこでは、キリスト教的創造論の前提である「一因多果」は誤謬であり、仏教的因縁論を想定する「多因多果」こそが真の因果を説明すると主張されている。その一方で、仏教の哲学的基礎づけの着想もまた、東京大学時代のノートに認めることができる。例えば〝Good and Bad〟では、「(1) towards the Infinite; (2) towards the Finite. The (1) is good. The (2) is bad.」[12]と記され、無限に向かうことが善で、有限に向かうことが悪と規定されている。さらに〝Infinite and Finite〟では、同じく有限と無限との関係への着眼から、自力と他力との関係が次のように示されている。

(1) From the side of Finite (ordinary moral) — Self-exertion.
(2) From the side of the Infinite (ordinary religious) — Salvation by the other.[13]

自力の起点が有限側にあり、他力の起点が無限側にあると指摘するこの記述は、道徳と宗教との相違に言及している点でも興味深い。なお、こうした有限・無限の関係を軸とするこれら仏教の哲学的基礎づけの試みは、先述したキリスト教批判の議論とも不可分に結びついていたことをつけ加えておきたい。

ところで、先に指摘した満之の二つの課題、つまりキリスト教批判と仏教の哲学的基礎づけは、いずれも本山への報恩の最も端的な表現であったという点を忘れてはならない。言ってみれば満之は、本山の恩に対して彼が最も自信をもっていた学識をもって報いようとしたのである。それだけに、当時の満之が学問や学識に寄せる信頼は絶大であり、そのことは宗教と学問との関係にも反映されている。例えば、大学四年次のノートには、両者の関係が次のように説明されている。

宗教は経験より得たる方則に順ずるものに抗す可からず。宇宙全体の原因に就いても、其の各部の疑問に関しても、常に理学の明瞭に証明する所は之に順応すべし。即ち宗教は理学の及ばざる区域に於いて、其の解釈を予備するものゆへに、宜しく、整頓し分類したる経験の指揮する所に順ふべきなり。(14)

このように宗教は学理に従うべきだとする主張は、己れの学的能力によって本山の恩に報いようとする当時の満之の在り方を端的に裏づけていよう。そして、この報恩という側面を最も如実に伝えているのは、おそらく京都府立尋常中学校への赴任の件であろう。その当時の満之は、哲学科を卒業し大学院で宗教哲学を学びつつ、第一高等学校では講義も担当しており、世間の目から見てもエリート中のエリートであった。現に当時は、東京帝国大学の卒業者には教授や政府高官といった要職がほぼ無条件で約束されていた時代である。もちろん、報恩の情に篤い満之が政府に仕えようとしていたとは考えにくいが、しかし満之は、同志とともに東京に学校を開設して一派のために尽力しようとの大志は抱いていたようである。それに加えて、仲間内では本山のある京都は魔界のように思われており、一度京都を出た者はそこへは帰りたがらなかったとも言われている。それでも満之は、本山への恩義を後にして、自身の栄達を先にすることはできなかった。したがって満之にとって京都赴任とは、己れの志を半ばにして本山の要請に応えることに他ならなかったのである。そこには、仏教的な精神というよりも、むしろ「恩を仇で返す」ことを厭う武士道的な義理堅さや潔さが示されているように思われる。なお満之は、当時の決断を後年次のように述べたという。

予は国家の恩、父母の恩はいふまでもなく、身は俗家に生れ、縁ありて真宗の寺門に入り本山の教育を受けて今日に至りたるもの、この点に於いて予は篤く本山の恩を思ひ、之れが報恩の道を尽さゞるべからず。(15)

いずれにせよこの決断は、報恩の学徒「建峰」の在り方が最も端的に示されている事柄の一つと見なしてよいであろう。

さらに、京都に赴任した直後の明治二十一（一八八八）年八月に、跡継ぎを求めていた三河の大坊、西方寺に入り、清沢ヤスと結婚したこともまた、報恩の表われと言えよう。ちなみに満之自身は、この結婚について「小生の心底は聊か仏教維持の一端を補はんとするの精神に出で、兼て人類の大儀を果さんとする事に御座候」[16]と記している。ただしこの入婚の件では、西方寺・清沢家と徳永家との間に最初からすれ違いがあった。というのも満之は、入寺と入籍とを切り離して考え、徳永姓を名乗るつもりであった一方で、西方寺・清沢家の方では養子として満之を迎えたつもりでいたからである。この両家のすれ違いは、やがて両家のしこりとなり、後々にまで尾を引くことになる。この点については後述するとして、ここでは青年満之のいくつかの重大な決断の背後には、常に本山に対する報恩の思いがあったという点を確認しておきたい。

第二節　「骸骨」：真理の探究

明治二十一（一八八八）年七月に、二十六歳の若さで京都尋常中学校に校長として赴任してからも、満之は学問や教育によって大谷派や仏教の振興に貢献しようと努めた。この頃から、仏教教団の抱える課題を指摘する批判的な態度が認められることは注目に値する。例えば東本願寺での上棟式における講演会では、満之は次のように述べている。

　然ルニ仏教デハ。因果ノ理法ヲ説クニ道理ノ方バカリヲ打チ出シタモノデ。理窟ハ充分ツンデ居マスガ。実物実験ノ方ガカケテ居マス。[17]

もちろん満之は「仏教は宗教を完全に説き、先づ世間普通に説く所ろの宗教の真理は、尽く仏教中に含蓄せり」[18]と断言するほど仏教に傾倒していたけれども、その仏教が実験や実践を欠いた理屈づくめの宗教に留まっている点を問題視したのである。そして注目すべきことに、このような危機意識は、満之を極端なまでの禁欲生活へ駆り立てていったのである。この禁欲生活を徹すべく、満之は明治二十三（一八九〇）年七月には校長職を辞し、それまでの「西洋煙草をくゆらしたり、又は洋服なども新式なものを作り」[19]あるいは「香水をぷんぷんにほはせて、髪を真中からわけて居る」[20]ような生活や風貌を改めた。さらに翌年十月に実母を亡くしてからは、「白服に麻衣を纏ひ、一切の肉類を断ち、禁酒禁煙、全く所謂行者の振舞を為せり」[21]と言われるほど厳格な禁欲生活を実践した。このような禁欲生活は、真理たる仏教を「実験」や「実行」によって裏づける試みでもあったと言えよう。

　その一方で満之は、仏教の真理を学的に追究することも怠らなかった。その知的追究の集大成が、『宗教哲学骸骨』（以下『骸骨』と略す）である。それは、明治二十五（一八九二）年、満之が三〇歳のときに出版した代表的著作であり、そこには仏教を哲理化する構想が披露されている。また、そこでの議論は、その後に展開される思索の起点ともなっている。要するに『骸骨』は、それまで積み上げられた哲学的探求と、自らに課した厳しい禁欲生活によって研ぎ澄まされた感性とによる求道的所産であるとともに、またその後の知的探究の基礎ともなったのである。この書物にちなんでつけられた「骸骨」という号には、このように修養と学究とによって、事物の骨の骨つまり本質に肉迫しようとする満之の在り方が示されているようにも思われる。したがって、その思想的独自性やその背後に潜む意図を汲み取ることは、求道的哲学者としての満之を理解することにもなろう。以下、『骸骨』の主題を概観したうえで、それらを「生の表現」と解しつつ、そこから当時の満之の在り方を探ることにしたい。

さて『骸骨』のねらいをごくかいつまんで言うと、有限と無限という対立概念（第二章）を用いて、仏教の諸問題、つまり因縁果の理法（第三章、第四章）や道徳の基準（第五章）、自力と他力との関係（第六章）といった問題を体系的に説明することにある。まず『骸骨』の基礎となっている有限と無限の概念から確認しておこう。この有限と無限の概念は、『骸骨』の第二章「有限無限」において、「有限＝依立＝相対＝単一＝部分＝不完全」そして「無限＝独立＝絶対＝唯一＝全体＝完全」[22]という図式によって端的に示されている。これらの等式では有限と無限とが対置されていることから、両者の間には質的な区別が設けられているようにも見える。しかし、無限の外に有限があるのは先述の等式と矛盾することから、むしろ両者は同一体とされ、その関係はａ（有限）×∞（無数）＝∞（無限）との数式によって示されるという。要するに、無限とは無数なる有限の集合に他ならず、それらの間には神と人間とを隔てるキリスト教的な断絶ではなく、仏教的な連続性や連帯性が想定されているのである。この有限と無限との関係を、満之が仏教の諸問題を説明する鍵概念として用いたことは、これ以降の議論のなかで明らかとなろう。

続く第三章「霊魂論」では、霊魂に関する従来の諸説が概観されたうえで、霊魂が自覚作用および精神作用の本体であることが主張される。こうして霊魂の実在性が確保されたうえで、次の第四章では『骸骨』の一つの山とも言い得る「転化論」が展開されるのである。そこでは、有限と無限の概念に基づきつつ、仏教の因縁果の理法や霊魂開発つまり精神的な発達を明らかにすることが目指されている。そもそも「転化」とは、「有限より無限に向ふ」進化と「無限から有限に向ふ」退化との双方向の変化を指しており、一方向のみの変化を指す西洋的な「進化」に対置される概念である。したがって「転化論」とは、一言で言えば、万有の事物の変化を仏教的な観点から説明する論なのである。この論理の特徴は、原因と結果という二項ではなく、因縁果という三項でもって事物の変化を説明しようとした点にある。このことは、次の引用文にも明示されている。

一物一体の原因より結果に転化するに当りて其他の一切万有は此が助縁となるものにして因縁果の三者は常に相寄りて万有全体を尽すものなるが故に一切の転化は一方より言へば一物一体の作用なりといふを得れども他方より精密に言へば万有全体の作用即ち唯一無限の作用なりと謂はざるを得ざるものなり[23]

このように、一つの変化の背後に万有の有機的な関係を想定することには、仏教的な因縁果の理法の哲理化が意図されているとともに、神という究極的な原因を立てるキリスト教的創造論や、直線的で一方向的な因果関係を前提とする西洋思想や進化論への批判もまた含意されている。その意味で言えば、この「転化論」は、西洋の宗教や思想に対抗して満之が練り上げた、いわば仏教的論理の中心点であり最要所なのである。そして満之は、この「転化論」が有限界の原則であることを断りつつも、その適用範囲を無限の領域にも拡げ、転化を「因縁果の理法に随ひ真如と無明と因縁相結んで万法の果を生ず[24]」とも説明した。この考え方は、さらに「霊魂開発」つまり人間の精神的な覚醒や成長にも応用され、「有限の覚知が開発し進んで無限の境界に住するに至るとき其体も無限に転化せりと謂ひ難きにはあらざるべし[25]」と述べられている。このことから「霊魂開発」は、有限から無限への転化に他ならず、具体的には有限なる人間がその知覚を無限の境界にまで達せしめ、有限無限の本来の関係を自覚することと解されよう。この「転化論」を受けて展開される第五章「善悪論」では、善悪の標準をめぐる諸説が概観されたうえで、有限無限そして転化という諸概念に基づく道徳論の試みが披露されている。そこでの結論は、次のようにまとめられている。

宗教の目的は無限にあるが故に、之に向ふを善とし之に背くを悪とするなり　故に転化の二種中無限に向ふを進化といひ之に背くを退化といふなり　然れば亦進化を助くるは善にして退化を助くるは悪なりと言ふを得べし[26]

このように、無限への進化を善、有限への退化を悪と善悪を規定した満之のねらいが、仏教的な道徳論の構築にあったことは言うまでもなかろう。

そして最終章の第六章では、満之が後に「本章は宗教哲学中最も重要の点にして、已上の諸章は皆な其の準備也[27]」と述べたように、『骸骨』の最重要課題の一つである「安心修徳」の問題が論じられる。そこでは、キリスト教や西洋哲学への挑戦というよりも、むしろ仏教の側における重要な問題、つまり安心と修徳との関係および自力と他力との関係を明らかにすることが目指されている。まず、安心と修徳の関係に着目しよう。満之によれば、安心とは「有限が無限を信認する」ことを核とする知的元素である一方で、修徳とはその信認に基づく実践を意味する。端的に言えば、安心と修徳は、宗教の知的要素と行的要素なのである。そして注目すべきことに、この安心と修徳それぞれについて、自力門と他力門による相違が考察されるのである。前者の安心については、自力と他力との差異が次のように述べられている。

自力門の信者は内心の無限性を認信すれば其無限開発の疑なきに安心し他力門の信者は心外に無限体を認信すれば其救済摂取の疑なきに安心するなり(28)

つまり、自力門は自分自身の内側に無限（因性無限）を認めるのに対して、他力門は自分自身の外側に無限（果体無限）を認めるのであり、両者は安心の根拠の所在を異にするのである。さらに両門の安心の質的な違いについても、次のように指摘されている。

自力門には有限が進で之を得るものなるが故に所謂自力発得の安心なり　是れ有限の安心なり　然るに他力門にありては無限よりして之を与ふるものなるが故に所謂他力回向の安心なり是れ無限の安心なり(29)

このような自力門と他力門との相違は、行的要素である修徳に関しても「自力門は伏断を表面とし長養を裏面とするに対して他力門は長養を表面とし伏断を裏面とするものとす(30)」と説明されている。ここにいう「伏断」とは、無限の境界に到達するのに妨げとなる「妄覚」や「妄習」を斥けることを指し、「長養」とは、無限の境界に到達することを促す「真覚」や「真習」を育むことを意味している。このような行の直接的な目的の相違に加えて、修徳の行の軽重に関する両門の根本的な違いがさらに次のように論じられるのである。

自力門にありては有限が各々自力により大行を成就せんとするが故に其行たるや無限なり　然るに他力門にありては無限の方に於て之を成就せる故に有限は毫も修行を要せざるなり(31)

ここで注意しておきたい点は、自力門と他力門との相違に関するこうした議論の意図が、自力門つまり小乗仏教を斥け、他力門つまり大乗仏教を称揚することにあったわけではない、ということである。そのことを裏づけるかのように、満之は次のように述べている。

二門の説相異なる所あるも共に有限無限の懸隔を認むるに於いては一なり　然るに世人此の時間的空間的の上に就て一方を正とし他方を否とするが如きは不当の見解たるを免れざるべし[32]

したがって満之の関心は、自力門か他力門かという取捨選択ではなく、むしろ自力門と他力門との調和にあったのである。実際に、満之が自力門をも重視したことは「他力門も其究竟根底には自力成道の可得を定置するものたるなり[33]」との記述にも示唆されている。このことは、『骸骨』執筆当時の満之が厳しい禁欲生活を自らに課していたことを考え合わせれば、必ずしも不可解なことではなかろう。

ところで、『骸骨』の第一章「宗教と学問」にあえて触れなかったのも、それなりの理由がある。それというのも、第一章の主題は他章とは性格をやや異にしており、そこでは仏教の哲学的基礎づけあるいはキリスト教批判といった課題ではなく、むしろその課題に取り組む自分自身の姿勢が問われているからである。別言すれば、そこでは仏教を信仰することと仏教を哲理化することとの関係に言及され、まさに自分自身の実存的な問題が扱われているのである。その「骸骨」満之の在り方は、信仰と道理との関係を述べた次の引用文からも垣間見える。

若し道理と信仰と違背することあらばむしろ信仰を棄てゝ道理を取るべきなり　何となれば真の道理と真の信仰とは到底一致に帰すべきものなれども道理は之を正すに方あり　信仰は之を改むるに軌なければなり[34]

信仰と道理との一致を説きつつもここまで道理を主張した文章は、満之の生涯のなかでもきわめて珍しい。裏を返せば、当時の満之はそれだけ己れの学的能力に信頼を置いていたのである。確かに満之は、信仰と道理との相互補完的な関係を重視し、「道理と信仰とは互に相依り相助くべきものにして決して相害し相容れざるものに非ざるなり」[35]と述べている。しかし、ここで注意を促したいのは、満之がこうした相互補完的な関係を認めつつも、その重心を道理の方に置いたことである。このことは、『骸骨』の第一章が「信仰は道理によりて矯正せらるべきものたり　故に道理は宗教内に於て甚だ須要のものたるなり」[36]との一文で締めくくられていることにも示されていよう。これはつまり、仏教にとり哲学的な考究が不可欠であるとの主張に留まらず、自らが取り組んできた学問の有意義さの高らかな宣言に他ならない。このように知的にも行的にも真理を突き詰めていこうとする「骸骨」満之の姿勢は、次の講演文からも看取されよう。

況んや日本今日の状態は一も西洋二も西洋と云はんばかり、只管西洋輓近の小恩にのみ眩惑せられ居るにも拘らず、諸君が仏教の大恩を戴き歴史的の観察に基づき、弥々進んで仏教の真理を研究せられんこと余の深く希望する所なり、[37]

講演文を締めくくるこの一文は、西洋と格闘しながら仏教の恩に報いることを思い、その真理を追究しようと努める、「建峰」および「骸骨」という号に表示される満之の在り方を如実に伝えている。このような在り方をさらに掘り下げて言うならば、当時の満之を根底から支えていたのは、報恩の思いと卓越した学的能力そして禁欲生活を実践する意志力に他ならず、満之はいわば自分自身の足でしっかりと立っていたのである。

第三節　「石水」：死生の観想

『骸骨』の出版から二年後の明治二十七（一八九四）年四月、満之はその在り方が根底から揺り動かされる出来事に見舞われる。肺結核の発症がそれである。当時、肺結核は最も死亡率の高い不治の病であり、その病名を診断されることは死の宣告にも等しいものであった。現にこの病で命を落とす若者は、当時決して珍しくはなかった。いずれにしても、この肺結核という病は、「骸骨」という能動的求道の在り方に決定的な変更を迫ったのである。とりわけ、節制に徹したそれまでの禁欲生活を断念せざるを得なくなったことは、満之に自力的修行の限界を知らしめた。ちなみに満之は、当時の心境を「どうも一端心に思ひ込んだる意志に背く様の心持がして、何やら底気味が悪るくありました[38]」と振り返っている。このように禁欲生活の断念と療養生活の開始がそれまでの在り方を否定するものであったことは、「今までの徳永はこれで死亡した[39]」という満之の言葉にも裏打ちされよう。

さて満之は、周囲のすすめに従って、同年六月より兵庫県垂水に移って療養に専念することにした。当時の日記「保養雑記」には、天候や病状などに関する簡単な記述の他に、特筆すべきことに、死と生に観想をめぐらせた記述も含まれている。とりわけ、その観想から導かれた「宗教は死生の問題に就いて安心立命せしむるもの也[40]」という宗教の定義は実に興味深い。この定義を、それまでの宗教の定義、例えば「宗教は有限無限の調和（対合、コルレスポンデンス）也。……宗教は有限の無限に対する実際也。宗教は無限の自覚還元也[41]」といった

「骸骨」時代の定義と比較すれば、その特徴がよりいっそう明確になろう。このように死生という差し迫った問題から宗教を規定し直そうとしたことは、満之が宗教つまり仏教を単に学理の対象としてではなく実存的な問題として捉え始めたことを示している。そして満之は、ついに次のような境地に至るのである。

死は無限なり、不可思議なり。生や有限なり、以て限定し得べし。死や無限なり、以て限定し得べからず。生や可思議なり、以て思測し得べし。死や不可思議なり、以て思測し得べからず。……死生に対し其の情を均しくす。其の極や生即死、死即生、生死無差別、即ち涅槃邦の妙境に住す。是れ之を死生為一の玄廊と云ふ。[42]

この「死は無限なり」という記述が示唆するように、死を直視する経験は、満之にとって一つの無限体験でもあった。そして、この体験から導かれた「生即死、死即生」という覚悟が、死に言いしれぬ不安感を抱いていたであろう満之に、ある「安心」をもたらしたのである。それは満之にとり、理論や理屈を越えた「救済」の体験であり、いわば他力門の実験に他ならなかった。実際に、これを境に満之の思想は他力門の方へ大きく傾き、他力に力点を置く「在床懺悔録」や「他力門骸骨試稿」が執筆されるのである。例えば「在床懺悔録」では、「安心ノ道ニ自力他力ノ両門アリ　然ルニ独リ他力門ヲ勧ルハ如何」という問いに対して、「勧ル所ハ漫ニ他力門ト云フニアラズ　他力門中ノ他力門即チ阿弥陀如来ノ摂化ニ帰命スルノ一途ナリ」[43]と明らかに他力門が強調されている。加えて、自力門は「不安ノ道」他力門は「大安いノ途」とも記され、他力門の利点が力説されている。そして注目すべきことに、死生の観想は、満之をして思想的に他力門へ傾かせただけに留まらず、実存的に他力門を選び取らせたのである。そのことを示唆する記述を、次に引用しておこう。

故ニ哲学ハ何レヲモ取ラズシテ其調和ノ本源ニ達セントシテ永久ニ探究ニ従事スルナリ　宗教家ハ之ニ反シテ実際ノ修証ヲ先トスルカ故ニ或ハ甲説ヲ取リ（自力門ヲ組織シ）或ハ乙説ヲ取リ（他力門ヲ建立シ）各其一門ノ原理ヲ守リテ他ヲ容レサルナリ(44)

端的に言えば、哲学者は二門の調和を論ずる一方で、宗教者は二門のいずれかを選択する、というのである。この言説に従うならば、それまで自力門と他力門との学理による調和を論じていた哲学者・満之は、他力門を選び取ることで、はじめて宗教者となったのである。ここに「石水」満之の誕生を見てもよいであろう。満之自らが「回想の文」で「明治二七年の養痾に、人生に関する思想を一変し、略ぼ自力の迷情を翻転し得たり(45)」と記すとおりである。また、この「石水」という号には、満之が観想をめぐらした「死生」が重ね合わせられているようにも思われる。これらのことから「石水」とは、自力から他力への思想上の転換を表示するとともに、実存的な意味での宗教者・満之の誕生を告げ知らせる号とも言えるであろう。

ここで、満之が他力門を選び取ったことに伴う思想上の重要な変化について、もう一つだけつけ加えておきたい。それは、他力による「救済」論の展開である。この「救済」の問題は、『骸骨』ではそれほど注目されなかった主題である。しかしながら、自力が絶対的におよぶことのない「死」の深みをまざまざと見せつけられた満之にとり、自力を超越した他力側からの「救済」は、もはや素通りできない問題となったのである。この「救済」の問題は、「他力門哲学骸骨試稿」においてかなり踏み込んで議論されているけれども、ここでは満之の実存状況にもかかわってくる議論にとくに注目することにしたい。まず、他力の救済と自己の修行との関係について述べた箇所を引用しておこう。

无限ガ其本位ヲ棄却スルハ抑何ノ為ナルヤ　他ナシ衆生済度ノ大悲ニ起因スルモノナリ……此ニ依テ衆生ノ能ク此功徳ヲ受用スルモノハ自己ノ行業ニヨラズシテ全ク他力ノ救済ニ与恵スルヲ得ルナリ(46)

ここで注目すべき点は、救済は全く他力に起因するものであって、他力の救済は自力の修行と因果的に全く無関係と指摘されていることである。つまり救済は、他力による一方的な恩恵であり、決して自力の結果ではないのである。このことは、自力門と他力門とを区別する次の記述からも裏づけられよう。

自力門ニアリテハ開悟ノ頓漸不動也　他力門ニアリテハ開悟ノ早晩ハ簡択自在也……自力門ハ難行道ナリ　他力門ハ易行道ナリ　自力門ノ修行ハ専一不撓ナラサル可カラス　故ニ捨家棄欲等ハ勿論ナリ　他力門ノ行信ハ自然ノ発動ニヨルモノナリ　故ニ捨家棄欲等ノ必要ナシ(47)

確かにこれらは、自力門と他力門との相違に関する中立的な記述ではあるけれども、このとき既に満之が他力門を選び取っていたとするならば、その意味合いも変わってこよう。というのも、この自力と他力との対比は、厳しい禁欲生活を実践し自力修養に励んでいたかつての在り方と、自力の限界を思い知らされもっぱら他力救済に依り頼もうとする当時の在り方との対比とも受け取れるからである。このように両門が対比されるほど、自力修養から他力救済へという満之の実存的な転換が際立たせられてこよう。さらにこの転機に、死生の観想があったことを鑑みれば、血を吐きつつ死と向き合った経験は、満之をして他力救済の門を開かせたとも言い得よう。この点に着目すれば、多くの先行研究が指摘するように、転地療養期間におけるこの転換は、確かに満之の「廻心」であったと言えるであろう。しかし満之は、そこからさらに他力信仰を深めたのではなく、自力と他力との間を実存的に揺れ動いたのである。この点を明らかにするために、今度は、満之の実生活の方に着目しよう。

さて一家を挙げての転地療養は、収入の道が断たれるだけでなく、多大な出費が伴うことは言うまでもあるまい。実際に、転地療養が八ヶ月になる頃には、京都尋常中学校に勤めていたときの蓄えは底をついたと思われ、満之は義父の清沢厳照に宛てて、長男信一の養育費の送金を依頼する書簡を書いている。この書簡で注目すべき点は、送金を依頼する直前に、信一の送籍の件が触れられていることである。ここから推察するに、家族を扶養するだけの経済を確保するために、満之は籍の件で西方寺・清沢家に歩み寄ったのである。先述したように、清沢ヤスとの結婚当時、清沢家の方では満之を養子に迎えたつもりでいた一方で、満之は寺に入っても養子に入ることを承諾したわけではなかった。また武士気質の父永則が、家督を相続すべき長男満之を清沢家に養子に出すことに同意するはずもなかった。西方寺に入っても、満之が徳永を名乗っていたのはこのためである。しかし満之は、この問題をしばらく放置したがために、その間に生まれたミチと信一はともに私生児として戸籍に登録されてしまったのである。ちなみに満之は、後にこの不名誉な記載を消すために、煩雑な法的手続きに振り回されることになる。いずれにしても、満之とヤスの結婚には、最初から徳永家と清沢家のすれ違いがあり、それが両家のしこりとして残っていたのである。しかしながら、転地療養が長期におよぶにつれ、家族の扶養はどうしても清沢家に依存せざるを得なくなった。信一送籍の件や自身の養子入籍の件で満之が態度を軟化させ、問題解決に前向きの姿勢を見せるのは、こうした経済的な問題が背後にあったからであろう。言ってみれば、満之は背に腹は替えられぬ状況にあったのである。その満之が実際に改姓の手続きをしたのは、垂水を引き払った明治二八（一八九五）年の夏のことであった。なお、満之が生活全般を西方寺・清沢家に依存せざるを得なくなり、いわゆる「人情の煩累」に悶々とするのは、さらに後年のことである。ここでは、満之の他力信仰を揺さぶった「人情の煩累」が、垂水療養中に直面した戸籍問題や経済問題に起因することを指摘するに留めておきたい。

ところで、肺結核の発症以前から、また垂水での療養生活のなかにあっても、満之の頭から離れなかった事柄があった。それは、大谷派における教学振興という課題であった。実にこの課題こそが、その後の満之の在り方を大きく左右することになるのである。この点に言及するにあたり、垂水療養中の出来事として触れなければならないのは、真宗第一中学寮（旧：大谷尋常中学校）におけるストライキ事件であろう。それは、法衣の着用を義務づけられたことに反発した学生がストライキを起こし、当時の責任者であった沢柳政太郎がその任（寮長事務加談）を解かれたという事件である。その沢柳は満之の東京留学以来の親友であり、また満之とともに教学振興に心血を注いだ人物であった。満之は転地療養に入る直前に、この沢柳の大谷尋常中学校校長の就任にも尽力しており、その人事はいわば教学振興の重要な足がかりだったのである。したがって、教学精神に理解を示す沢柳の解任に至るこのストライキ事件は、単に着衣の問題に尽きるのではなく、宗教者の育成を見据えた、満之らの教育改革の挫折に他ならなかったのである。次に引用する書簡の記述は、沢柳解任の報に接して、満之がいかに憤慨しているかを示していよう。

諸方ヨリノ来翰ニモ万事ヲ放下シテ悠々保養スベシトアレトモ未尽地ノ菩薩未ダ煩悩ノ突撃ヲ免カレズ否大ニ之カ為ニ我良田ヲ占領セラレテ漸ク余地ナカラントス　アハレ死セン頃ニハ犬カ猫ニモ劣リヤセン　如カズ一度山下ノ時事ヲ拝聞シテ或ハ憤慨ノ為ニ病ミ又死スルモ亦犬猫病死スルニ勝ラズヤ(48)

このストライキ事件後の対応をめぐって、本山とりわけ渥美執事への不信感を募らせた満之らは、ついに教学振興を見据えた寺務所改革に着手するのである。井上豊忠の日記によると、本山への建言に始まる改革運動の計画は、明治二十八（一八九五）年六月二十二日の井上・今川・清川・稲葉の四名の会合が起点となっていることがわかる。[49]このとき、満之は垂水にて療養中であったけれども、この会合の模様は書面にて報告され、満之にも意見が求められていた。このことから、満之が改革運動の計画当初からかかわっていたことは明らかである。おそらくは、こうした動きに黙っていられなかったのであろう、小康を取り戻しつつあった満之は、翌七月に垂水を引き上げ京都へ移るのである。改革運動の発端となる建言書は、七月九日に本山に提出され、それは同月十八日に採用された。しかしその後の本山の対応は、結局のところ満之らの改革派（いわゆる白川党）を満足させるにはほど遠かった。現状では改革に見込みはないと踏んだ満之らは、「ヨシヤ此の際一度に立派なる改革は成し遂げられずとも、破壊丈にても沢山なり。今の儘に抛置するよりは遙に増なり」[50]と玉砕覚悟で、明治二十九（一八九六）年十月『教界時言』（以下『時言』と略す）の創刊をもって、ついに改革運動の狼煙を上げるのである。この運動の青写真は、渥美執事の更迭をはじめとする本山の人事改革および財政改革を経て、教学精神の興隆を軸とする全く新しい組織を構築するというものであった。はたしてこの改革運動は、多数の真宗大学生や門末が共鳴し、予想外の盛り上がりを見せて「大谷派革新全国同盟会」という全国組織が結成されるにまで至った（このとき、満之らは除名処分を受ける）。その結果、渥美執事は退陣に追い込まれ、議制局制度の改正や地方事務取扱所も廃止された。これらは、確かに改革運動の成果と言え、「破壊丈にても沢山なり」という最低限の目的は達せられたと言えよう。

しかしながらこの改革運動は、必ずしも満之らの意のままに展開されたわけではなかった。採択された肝心の改革案は骨抜きにされたうえに、改革側においても真宗大学生の暴走や「同盟会」の紛糾といった問題も噴出し、改革運動の指針そのものが見直しを迫られるようになるのである。現に満之は、「大谷派宗務革新の方針如何」と題する『時言』の社説で「革新の要は此宗教的精神を振作するに在り」[51]と主張している。そして明治三十（一八九七）年十一月に「同盟会」が解散に至ると、その後の『時言』誌上では僧侶の在り方を問題視する論調が目立ってくる。例えば「佛教者盍自重乎」で満之は、「僧侶の通弊は、漫に仏道を高遠に推して自ら卑陋の境に安んじ、其結果益す退歩堕落するに在り」[52]と当時の僧侶を痛烈に批判している。また「教界回転の枢軸」では、教団組織や構造の改革以前に僧侶自らが己れの行と信を見つめ直す必要性を満之は次のように訴えた。

今日の仏者に憂ふる所は実に此の自行の荒廃に在り、一心の安立を求めざるに在り　教界の革新を謀る者、宜しく先づ幣の由る所を究め、而して後之が計を為すべきなり、[53]

その当時、満之が『阿含経』や『仏本行集経』を愛読していたことを考え合わせれば、この一連の僧侶批判は己れに向けられた自己批判でもあったと思われる。そのことは、井上宛の書簡で「小生近日の幸楽は、病隙に聖経を拝見して、大聖の叱咤を感ずる事に有之」[54]と記されていることからも窺えよう。このように満之の視線が自分自身の内側に注がれていった背景には、いわゆる「天下七千ヶ寺」の現実の他に、病状の悪化もあったと思われる。現に満之は、明治三十一（一八九八）年一月以降は、喀血や咳苦のためにほとんど伏臥状態にあった。それに加えて、稲葉との往復書簡によれば、実父の扶養問題をめぐる経済的な問題もかなり切迫していた。このように周囲の諸事情は、満之をして外へはたらきかける活動から、内を見つめ直す省察へと向かわせたのである。そして同年四月三日、ついに『時言』廃刊が決定し、改革運動に区切りがつけられることになったのである。おそらくは、病状の悪化、経済的逼迫といった個人的な問題を抱える満之にとっても、それ以上運動を続けることは現実的に無理であったろう。しかし『時言』廃刊が、満之に与えた精神的打撃が決して小さくなかったであろうことは、廃刊が決定される数日前の日記に「精神鈍渋一事ヲ為スノ勇ナシ」[55]と記されたことからも推察される。

いずれにしても『時言』廃刊は、現実的な生活を含め、精神的にも満之に方向転換を迫ったのである。かくして満之は、新たな自己の在り方を模索し始めるのである。

第四節　「臘扇」：自己の省察

明治三十一（一八九八）年四月『時言』廃刊が決定すると、その直後にタイミングを計ったかのように蓮如上人四〇〇年忌を記して満之らの除名処分が解かれることとなった。この免赦は、満之側の手続きなどはいっさい略され、一般告示のみのかなり寛大なものであった。しかし、その背後に本山側の止むに止まれぬ事情を感じ取った満之は、それを冷淡な目で見ていた。とはいえ、この免赦によって、満之が僧侶として大浜の西方寺に入ることが可能となったことは事実であり、現に西方寺の方ではこの免赦に敏感に反応していた。そして同年五月には、実父も含め一家をあげて西方寺に転居したのである。ただしこの転居は、双方にとって必ずしも歓迎すべき事柄ではなく、むしろ苦渋の選択であった。というのも、西方寺では肺病人を受け入れることに難色を示す檀家があったし、一方で満之の方でも、西方寺への転居は自身の無力さを認めることでもあったからである。とりわけ父永則は、家督相続者を奪われた西方寺に厄介になることに最後まで躊躇していた。実際に、清沢家の人々と距離を置こうとした永則の態度に、満之はずいぶんと苦慮したようである。また当の満之も、僧侶としては全く俗受けしなかったと伝えられており、西方寺ではかなり肩身の狭い思いを強いられたと思われる。このような境遇は、当時の日記の標題を「徒然雑誌」から「臘扇記」へと改めたことにも示唆されている。「臘扇」とは「十二月の扇」を指し、文字通り何の役にも立たない邪魔なものを意味している。つまり「臘扇記」という日記の標題および「臘扇」という当時の号には、そのような無用の邪魔者という満之の自己理解が反映されているのである。ただし、この「臘扇」は、完全なる自己否定の甘受や諦めというよりも、むしろ自己の存在意義の希求を表示するものであった。このことは、論をすすめるなかで明らかにされよう。

さて「臘扇」満之にとり、とりわけ大きな意味をもったのが『エピクテタス語録』(以下、『語録』と略す)との出会いであった。明治三十一(一八九八)年八月より、独断で本山を出て東京留学を断行していた新法主大谷光演に請われて東京まで出たさいに(同年九月)、満之は宿泊先の沢柳宅でこの『語録』を偶然目にするのである。エピクテタスが古代ストア学派の哲学者であり、その思想が「自己の脆弱と云ふ事を論の起点とせり」[56]という程度の知識はあったものの、注目すべきことに、満之はこのときはじめてその思想に深く共鳴するのである。このことは、その後の「臘扇記」にエピクテタスの名と『語録』からの引用が頻繁に見られることからも裏づけられよう。このように満之がエピクテタスの思想に共鳴したという事実にこそ、「臘扇」という在り方を読み解く鍵が存するのである。このような見地から、さしあたり満之がエピクテタスの思想をどのように捉えたかを簡単に辿ってみよう。満之は、エピクテタスの思想を「死生命あり富貴天にあり」という論語の一節を「四方八面より思索観想して、澄心練心の工夫を為すもの」[57]と特徴づけ、その概要を次のようにまとめている。

此の如く、万事を如意と不如意の二者に区分し、己自ら為し得る善悪是非に対する判定や、願望や厭棄やの外は、一切不如意のもの(仮令自己が幾分の力を之に加へ与ふとも、他人他物等の之を妨害左右し得るものは尽く不如意のもの)と観念し、官爵名誉財産は勿論、身体すらも(故に生死も亦)不如意のものと観却し去るを以て安心場裏に逍遥せんとするが、右エ氏哲学の大要に有之候。[58]

要するにエピクテタスの思想は、己れの力がおよばない「不如意」なるものがあることを知らしめ、さらにそれが具体的に何であるかを教示したのである。また先の引用文は、満之がエピクテタスの思想を自身の問題にどのように重ね合わせていたかをよく伝えている。つまり満之にとっての「不如意」とは、死生は言うにおよばず、財産や職業、他人や外的環境が干渉し得るいっさいであり、さらに言うならば、満之を苦しめたいっさいのものであった。そして、苦の根源とも言えるこの「不如意」なるものに執着しないことから安心が導かれてくるのである。したがって「不如意」を知ることは、安心を得るための第一歩なのである。それと同時に「不如意」を知るということは、「如意」を知るということでもある。つまり「不如意」を知るとは、己れの無力さを知るに留まるのではなく、むしろ己れの力がおよぶ範囲を見定め、自己なるものを知ることなのである。この頃の満之が深い内面の省察に向かうのもそのためであろう。そこで今度は、その自己省察の跡を追うことにしたい。

自己トハ何ソヤ　是レ人世ノ根本的問題ナリ　自己トハ他ナシ　絶対無限ノ妙用ニ乗托シテ任運ニ法爾ニ此境遇ニ落在セルモノ即チ是ナリ(59)

天道ヲ知ルノ心是レ自己ナリ　天道ヲ知ルノ心ヲ知ルノ心是レ自己ナリ　天道ト自己ノ関係ヲ知見シテ自家充足ヲ知ルノ心是レ自己ナリ　自家充足ヲ知リテ天命ニ順シ天恩ニ報スルノ心是レ自己ナリ(60)

これらの自己省察は、自己の成立する根底がもっぱら他力や天命にあることを力説する点で、まさに他力信仰に根差した自己理解を指し示していると言えよう。このような自己の発見を満之の在り方に寄せて言い換えるなら、逆境に促された自己省察によって、満之は己れの依って立つ根底を他力のなかに見出し、その在り方の重心を再び自力から他力へと移したのである。なお、このような自己の自覚に注目する先行研究は少なくなく、例えば寺川は「乗托妙者の自覚」をもって「信念確立の時」と捉えている。[61] 確かに、この信念の確立に認められる自力から他力への転換は、ここでいう「宗教的回心」とも重なってこよう。しかしながら、「絶対無限」「他力」「天道」という無機的な表現は、どことなく満之との距離を感じさせ、それらを「垂直軸」と呼ぶにはまだリアリティに欠くところがあるように思われる。私見では、満之の他力信仰は、その後さらに深められるのである。その点については次節で改めて述べることにしたい。

こうしてエピクテタスの思想から導出された、いわゆる如意・不如意論は、他人や外物に左右されることのない純粋なる自己、つまり他力において成立する自己の発見を促した。このように不如意なることをことごとく斥けるだけではなく、むしろ如意なる領分を確保することにこそ如意・不如意論のねらいがあったとも言えよう。このことは、満之がエピクテタスの思想の要点を「天与ノ分ヲ守リテ我能ヲ尽スベシ」[62]と評し、不如意な「天与ノ分」とは別に「我能ヲ尽ス」べき如意なる領分が肯定されていることからも裏打ちされよう。このことはつまり、如意と不如意の区別さえ誤ることがなければ、そこが自力修善の新たな起点となり得ることをも意味している。現に満之は、如意・不如意論を、己れの自力的活動の新たな基盤に据えつつ、自力修善や道徳について踏み込んだ議論を展開している。例えば「有限無限録」のなかで、満之は「倹約ハ美徳ナリ」[63]あるいは「人生ハ角力場ナリ」[64]と述べて克己の自力的努力の必要性を説いている。このように満之が自力的側面を強調したことには、ある事情と関係があったと考えられる。それは、満之がその単独の東京留学を「宗門の前途に光あり」[65]と高く評価していた新法主大谷光演に請われ、明治三十二（一八九九）年六月に、その新法主の補導の任に就いたことである。注目すべきことに、先に例示した「有限無限録」は、満之が新法主補導のために東上したその当日より起稿されているのである。このことは、新法主補導というかたちで自己の存在意義を見出したことと「有限無限録」における自力的側面の強調とは、決して無関係ではないことを示唆していよう。言ってみれば、満之はこの東上により、西方寺という逆境の境遇から解放されただけでなく、「我能ヲ尽ス」べき責務をも見出したのである。見出したというよりも、与えられたと言った方が正確かもしれない。それゆえに満之は、この天から与えられた職務である「天職」への思いを次のように熱く語るのである。

我天職ハ天与ノ任務ナリ　之ヲ愛重セサルハ天与ヲ辱ムルモノナリ　若シ我職業ニ対シテ不満ノ念ノ生スルアルハ　是レ妄念ノ善心ヲ害セントスルモノナリ　当ニ勉メテ之ヲ払掃スベシ……如何ナル職業モ其正当ナル所ニ付テ之ヲ観察セバ畢竟絶対無限ノ価値アルニ至ルナリ(66)

この記述は、新法主の補導という任が、満之のまさに「天職」に他ならず、彼がその責務をいかに重く捉えていたかを示していよう。このように、与えられる責任や義務に対して、前向きな姿勢を見せていたちょうどその頃に、満之は、本山から勤学局に入ること、もしくは真宗大学への就職を要請されるのである。満之は、本山に対しては慎重な態度を崩さなかったものの、前々から教学振興には尽力してきただけに、真宗大学の件に対しては「一ッ前後左右を顧みず、盲目的に引受けても見度存候(67)」と、かなり意欲的な姿勢を見せている。はたして満之は、明治三十二（一八九九）年九月頃から、真宗大学の人事や建設費の工面などで動き回り、同年十月に真宗大学の東京移転が決定すると、より積極的に大学建設にかかわるようになるのである。

このように新法主の侍講と真宗大学建設に携わる一方で、満之は宗教と道徳との関係を盛んに論じていた。この時期に、満之が宗教と道徳の問題を再び取り上げたのも決して偶然ではない。というのも、徹底した自己省察の末に辿り着いた他力信仰と、新法主の侍講や真宗大学建設に責任をもつという道徳的で自力的な活動との関係を明らかにすることは、満之にとりきわめて重要な課題だったからである。さらに言えば、宗教と道徳との関係は、他力信仰と自力実践との関係のみならず、それはまさに自身の在り方の問題でもあったのである。その両者の関係について、満之は次のように述べている。

今道徳と宗教とを相関的に開説せば、其順序に於て、個人的完成の要求より、道徳的要求に入り、道徳的要求より、宗教的要求に入るの次第あるを見る　其実行的発現に於ては、吾人が根本たる宗教的安立を獲得せば、其必然的結果として、他人に対する道徳的云為の最も重要なることを覚知するに至るを見る。[68]

つまり精神的な欲求という面では道徳から宗教へ至る一方で、実際の行為という面では宗教的安立が土台となって、それが「必然的」に道徳的活動として結実するのである。換言すれば、宗教は道徳よりも高次である一方で、道徳は宗教の必然的な帰結なのである。その意味で、侍講や大学建設に従事することは、他力信仰の必然的な帰結に他ならず、またその信仰の確かさを証するものであったと言えよう。

ところで当時の満之が大学建設に奔走する一方で、白川党の同志らと慎重に協議を重ねつつ、本山に歩み寄る姿勢をも見せていた。そのことは、月見と関根に宛てた書簡[69]で、同志の「帰山」が提言されていることからも確かめられる。また稲葉宛の書簡[70]では、当局の大学建設への協力を条件に、本山当路者に協力する提案をもしている。このように、かつて対立していた本山と満之が妥協点を探ろうとしたこともまた、思想面に反映されているように思われる。とくに次に引用する「服従」に関する考察には、満之の本山との距離の取り方が示唆されているようで実に興味深い。

而して服従に就きては、更に此より大なるものあり、何ぞや、抵抗を至当となす場合に服従を為すこと是なり、此の如きは一方より見れば、寔に無気力無精神の行為なるが如しと雖ども、他方より之を見れば、実に非常なる気力と精神とを要するものなり、韓信の胯下に屈従せしが如き、大石の凌辱を甘受せしが如き、非常の智慮あり自信あるものにあらずば、決して能し得る所にあらざるなり、(71)

これは、満之がはじめて服従を主題に取り上げた文章からの引用である。確かに、この服従が本山への服従を意味すると断定するのは早いかもしれない。しかし満之が、引き続き本山に対して寛容的で救済的な態度をとろうとした一方で、自由と服従との並存を主張していたことは、決して偶然ではないように思われるのである。むしろ、服従を「勝れたる徳行」(72)とまで呼んだ満之の服従論は、本山との連携を図ることを支える理論的な根拠であったとさえ言えるのではなかろうか。ちなみに、明治三十四(一九〇一)年四月に開催された渥美一派と共催の講演会では、満之は「和衷協同」と題する講演をおこない、大谷派内における和合と一致を主張している。もちろん、こうした本山との融和には、真宗大学建設を首尾良く進めたいという満之のねらいもあったであろう。しかし、この大谷派の和合の主張もまた、単に表面的なリップサービスではなく、「服従」あるいは後述する「万物一体」といった論理によって裏づけられていた点には留意しておきたい。

このように他力信仰を起点としつつ、新法主の侍講や大学建設、本山との融和に尽力する姿勢こそが、「臘扇」満之の在り方を特徴づけていたと言えるであろう。このような満之の在り方をもとに主唱された思想的および実践的な運動こそが、いわゆる「精神主義」であった。この精神主義の思想的内容の検討に入る前に、まず満之が精神主義運動を展開するに至る経緯について簡単に触れておくことにしたい。既に述べたように満之は、教学振興を大谷派の存亡にかかわる一大事と捉え、その教学精神の興隆には使命感さえ抱いていた。その切実なる思いが、満之をして改革運動に駆り立て、また学事に積極的にかかわらせていたとも言えよう。さらにこの使命感や切実感は、満之をしてひそかにある構想を抱かせてもいたのである。それは、本山の営む学校とは別に、宗教的精神の涵養を目指す私塾を設けるというものであった。その構想は、既に垂水での療養中に「而シテスル事ハ何カト云ヘハ勿論法為山ノ事業只本山ト別立シテ洛ノ一隅ニ小舎ヲ開テ鉄石ノ心腸アル子弟を陶冶スルコト最モ可然歟トノ愚案ニ有之候」(73)と披露されていた。むろんその当時、この構想が具体化されることはなかったものの、そのときから既に満之が本山の学事とは別に子弟を教育する場を設けることを考えていたことには留意したい。はたしてこの構想は、それからおよそ四年半後にあたる明治三十三(一九〇〇)年十月、ついに「浩々洞」として実現するのである。そもそも浩々洞とは、満之が東上以来利用していた本郷森川町の仮寓(宗教視察のために渡米していた近角常観の宅)につけられた舎名であった。ただしそれは、多田鼎、佐々木月樵、暁烏敏らと寝食をともにする、一つの信仰共同体の名称でもあった。この浩々洞が、まさに「鉄石ノ心腸アル子弟を陶冶」する「小舎」となり、また明治三十四(一九〇一)年の年頭に創刊される雑誌『精神界』の発行所として、精神主義運動の拠点ともなったのである。その意味で、満之が主導する精神主義運動は、仏教界あるいは宗教界の将来を担う宗教指導者の育成にこそ、その原点があったとも言えるであろう。なお、この浩々洞が森川町にあった頃を中心に展開された精神主義を、ここではさしあたり「前期精神主義」と呼ぶことにしたい。以下、この前期精神主義の展開を辿りながら、臘扇「満之」の在り方を改めて問うてみたい。

さてエピクテタスの思想に基づく如意・不如意論が、満之をして自己省察へと導き、自己の発見を促したことは、先述のとおりである。このことが前期精神主義の基礎となったことは、「精神主義は自家の精神内に充足を求むるものなり、故に外物を追ひ他人に従ひて、為に煩悶憂苦することなし。……勉めて自家の確立を先要とするが精神主義の取る所の順序なり」[74]との記述にも裏打ちされよう。このように自己省察による「自家の確立」を満之が説くのも、そこが自己の立脚地となり、道徳的実践の基礎となるからである。前期精神主義は、この基礎から力強く展開される道徳的実践に特徴づけられる。このことは、次に引用する精神主義の定義からも明らかであろう。

吾人は只此の如き無限者に接せされは、処世に於ける完全なる立脚地ある能はさることを云ふのみ。而して此の如き立脚地を得たる精神の発達する条路、之を名けて精神主義と云ふ。……精神主義は、吾人の世に処するの実行主義にして、其第一義は、充分なる満足の精神内に求め得べきことを信するにあり。而して其発動する所は、外物他人に追従して苦悶せざるにあり。交際協和して人生の幸楽を増進するにあり、完全なる自由と絶対的服従とを双運して以て此間に於ける一切の苦患を払掃するに在り[75]

ここに「世に処するの実行主義」と言明されているように、精神主義は他力信仰という「立脚地」から展開される「社会国家の福祉」をもその射程に入れた実践主義なのである。さらに、この実践主義の必然的な帰結として「人生の幸楽を増進する」ことが想定されていることから、その道徳的実践には実益が素朴に期待されていると見てよかろう。このように道徳的実践の直接的な効果が肯定され、それが実際に目指されている点は、前期精神主義の重要な特徴である。さらに注目すべき点は、こうした実践主義が、強烈な責任意識を伴う全責任主義と結びついている、ということである。この点について、満之は次のように述べている。

吾人の生存は決して独立的の者でない、根本的に公共的の者であると云ふことを知るべきである、吾人の生存が根本的に公共的である以上は、吾人は社会公共の利害を以て自家の利害とし社会公共の責任を以て自家の責任とすべきである、[76]

特筆すべきことに、この社会公共に対する責任は、さらに世界万物に対する責任へと拡張されていくのである。例えば「吾人が世界万物に於て不浄醜陋を認むるときは、吾人は世界万物を咎めずして、自家の精神を責めねばならぬ」[77]あるいは「吾人は各自己の本位本分を自覚して、其適当なる業務に尽瘁し、以て万物全体の慶祥に資するの公徳を実行すべきなり」[78]と満之が主張するとおりである。このように万物全体のなかで自己を位置づけ、万物全体に責任を負うべきという、いわゆる全責任主義は、次の引用文にも端的に示されている。

我は天地万物に関して全責任を有するものであります、……万物一体の理想の上に立つ所の責任観は不分割的であります、……教員が悪い、事務員が悪い、僧侶が悪い、外教徒が悪い、と云ふ皆責任分割の主義に従ふものにして、精神的全責任の主義に反するものであります、[79]

この全責任主義を根底から支えている理論的な基礎が「万物一体」の理論である。これは、万物全体の有機的関係を前提とし、西洋の進化論や競争主義を根本的に克服する仏教的な理論として満之が頻繁に援用した論理である。さらにそれは、完全なる自由と絶対的な服従とを矛盾することなく結びつけ、有限的差別を越えて無限的平等の立場を開示する原理でもあった。その意味で「万物一体」は、前期精神主義における満之の宗教観と道徳観とを基礎づける根本的な原理であったとも言えよう。したがってこの「万物一体」の理論とそれに基づく全責任主義とは、ともに前期精神主義における満之の在り方の理論的な表現だったのである。そして、この理論的な裏づけのもとで、真宗大学の建設がすすめられ、本山や渥美一派との融和が図られていたのであった。それゆえに「服従」や「万物一体」に基づく全責任主義と、真宗大学の建設や本山との融和という実践的活動とは、いわば前期精神主義を牽引する両輪だったのである。

以上の議論から明らかなように、前期精神主義における「臘扇」満之の在り方は、他力信仰を不動の立脚地としつつも、万物全体にまでおよぶ強烈な責任感に支えられた道徳的で自力的な実践に重心を置いていたと言うことができよう。しかしながら、この前期精神主義に認められる満之の在り方は、明治三十四（一九〇一）年九月の真宗大学学監任命そして翌十月の真宗大学の開校を境に、徐々に変化を見せるのである。次節では、この変化に焦点を合わせつつ、満之が最終的に至った境地について述べることにしたい。

第五節　「浜風」：信仰の極致

明治三十四（一九〇一）年十月十三日の真宗大学移転開校式の式辞で、満之は学監として真宗大学の建学精神について次のように述べている。

本学は他の学校とは異なりまして宗教学校なること殊に仏教の中に於て浄土真宗の学場であります　即ち我々が信奉する本願他力の宗義に基きまして我々に於て最大事件なる自己の信念の確立の上に其信仰を他に伝へる即ち自信教人信の誠を尽すべき人物を養成するのが本学の特質であります、[80]

この式辞に言明されているように、真宗大学はそもそも布教者育成を主眼に据えた宗教大学であった。以前から布教者をいかに養成するかに一派の命運がかかっていると見ていた満之にとっては、この方針は彼の「天職」そのものであり、譲ることのできない一線でもあった。実は、この建学精神が後の大きな事件の伏線となるのである。その経緯については改めて後述するとして、ここではまず満之の学監就任と真宗大学開校とほぼ時を同じくして見られる精神主義における思想的な変化に着目したい。なお、真宗大学開校を機に見られる精神主義の新たな動向を「後期精神主義」と呼ぶことにする。

さて、この後期精神主義の萌芽として筆者が注目するのは、「光明主義」と題する文章である。そこにおいて「万物一体」に基づくがゆえの自由と服従との共存が主張されている点は、確かにこれまでの前期精神主義が踏襲されていると言えよう。しかしその一方で、「光明主義」には新たな局面が次のように示されるのである。

精神主義は万機摂取の一道の光明に従ひ、利己にもあらず、利他にもあらず、自由にもあらず、服従にもあらず、たゞ光明の導きのまにまに、活動するの主義なり。この点にては精神主義は光明主義と云ふも可なり。……精神主義は自由と服従を双運し、利己と利他と並進する主義なり。而してそを自ら知覚しつゝ為すにあらずして、光明の導きにて然らしめ給ふなりとす。(81)

ここで注目すべき点は、自由か服従か、利己か利他かを意識することなく、ただ光明の導きに従って行動するという、受動的態度が明示されていることである。その点は、前期精神主義における処世の実行主義を支える自力的で能動的な態度とは対照的と言えよう。このように、他力信仰を足場に展開する力強い能動的な態度ではなく、ただ他力的な導きに委ねようとする受動的な態度が示される点こそが、後期精神主義における新たな展開なのである。この精神主義における新たな局面は、次のように「他力主義」とも呼ばれている。

精神主義は各自の心中に満足を求め得と云ふ。忽にして之を見れば、実に自力全能を主張するもの丶如し。然れども、是れ未だ精神主義の実際に明らかなるものと云ふべからざるなり。精神主義はむしろ之に反して純然たる他力主義に拠るものと云はざるべからず。(82)

ここでは、精神主義が自力全能主義ではなく、むしろ全くの他力主義であることが力説されている。これをさらに具体的な例でもって説明したものが、いわゆる路傍の急患の例えである。

無限大悲が吾人の精神上に現じて、介抱を命じたまはゞ、吾人は之を介抱し、通過を命じたまはゞ、吾人は之を通過するなり。通過と介抱との二点に就きては、吾人は自ら虚心平気にして無限大悲の指命を待つあるのみ。(83)

この例えは、確かにやや極端な印象を与えるかもしれない。しかしそれは、道徳的な次元には収まらない他力主義の重要な側面を明示しているように思われる。より具体的に言うならば、この路傍の急患の例えによって、他力主義としての精神主義は、自力的で道徳的な実践から根本的に区別され、その独自の領域が開示されているとも言えるであろう。より一般的に言えばその例えは、他力主義つまり宗教が「反」道徳的なのではなく「非」道徳的であることを訴えているのではなかろうか。このように道徳だけに留まらず他の自力的なあらゆる活動を越えたところに宗教の境地が開示されることは、次のようにも説明されている。

宗教的天地に入らうと思ふ人は、形而下の孝行心も、愛国心も捨てねばならぬ。其他仁義も、道徳も、科学も、哲学も一切眼にかけぬやうになり、茲に始めて、宗教的信念の広大なる天地が開かるゝのである。(84)

このように前期精神主義では重視されていた学問や道徳といった自力的活動がことごとく否定されていることは、後期精神主義を特徴づけるきわめて重要な点である。つまり前期精神主義では宗教と道徳との調和や補完的関係が力説されていたのに対し、後期精神主義においては道徳が超克されるところに宗教が開示されてくると主張されるのである。それに加えて、それまで「絶対無限」や「他力」、「光明」などと呼んできたものを、「如来」と呼び始めていることも、後期精神主義を語るうえで決して看過することができない。例えば、満之は精神主義をこの「如来」に寄せて「然らしめんとて動くにあらずして、然らしめられて動くなり。即ち天意に頼りて動くなり、如来のみ心のまゝに動くなり。これ精神主義の活動なり(85)」と説明している。ここでとくに注目したい点は、「如来のみ心」という人格的な表現である。この表現には、それまでの「絶対無限」という哲理的な表現では汲み尽くせない温かみが込められているようにも思われる。ただし「如来」のこうした側面がより顕著に示されるようになるのはさらに後のことなので、ここでは「如来」という表現が真宗大学開校の頃から見られることを指摘するに留めておく。いずれにしても後期精神主義は、学理や道徳を含めた自力的活動に示される能動的態度ではなく、もっぱら「如来」に依り頼むという受動的態度によって特徴づけられるのである。

ところで、こうした前期精神主義から後期精神主義へという移行もまた、やはり満之の実生活に反映されていると推察したくなるであろう。しかしながら、そのことを直接的に物語る資料は、決して多いとは言えない。とはいえ、精神主義に見られるこうした変化の背景を探ることは、満之の最終的な信仰の境地を明らかにするうえでも必要不可欠と思われる。以下、わずかな手がかりをもとに、後期精神主義の展開を当時の満之の実生活に結びつけながら再考してみることにしたい。さて前期精神主義において、「服従」や「万物一体」の理論が主張された一方で、本山との融和が図られていたことは先述したとおりである。しかし、真宗大学が開校されると、本山との信頼関係は徐々に失われていったことがわかる。例えば、真宗大学開校からわずか一ヶ月後に記された書簡には、本山に対する不信感が「顧みて一派の裏面を観察致候へば、実に前途暗澹の景勢に有之候。決して校舎の建築移転を喜ぶ如き余地も無之かと存ぜられ候[86]」と記されている。この不信感が何に起因するかは定かではないが、月見宛の書簡には「昨年末、本山財政の景況誠に案外の至り、当路者の迷惑遥察罷在候[87]」とあるので、それは本山が抱えていた経済問題と関係があるのかもしれない。あるいは、この問題を足がかりに、再び山事にかかわろうとしていた渥美一派の動きを指しているのかもしれない。現に、当時の本願寺は生命保険事業の失敗などで多額の負債を抱え込んでおり、当路者であった石川舜台がその責を問われていたようである。やがて、この経済問題が引き金となって、明治三十五(一九〇二)年四月、ついに石川舜台は辞職に追い込まれ、満之らの改革運動によって失脚していた渥美契縁が再び実権を握るに至るのである。しかし、本山のこのような混乱に対して、満之は努めて傍観的な態度を取ろうとしていた。

実ハ頃日来本山時事ニ対シテハ当分緘黙ヲ守リ候方可然ト決定仕リ居候事ニ有之　特ニ過般ノ者宿会々議ノ如キ果シテ耄碌会議ノ馬鹿ヲ見候事ニ有之[88]

この書簡の記述には、満之が本山の権力争いに呆れ、本山と距離を置こうとしている様子が窺える。それに加えてここで指摘しておきたい点は、本山に不信感を抱くことと軌を一にするかのように「万物一体」に基づく議論が影を潜めていることである。前期精神主義において「万物一体」の原理が本山との融和に結びついていたことを念頭に置けば、本山に対して距離を取り始めたと同時に「万物一体」の原理が強調されなくなることは、むしろ当然と言えるかもしれない。

ところで、後期精神主義が展開される背景を探るうえで、もう一つ看過できない点がある。それは、満之が最も頭を痛めていた問題、つまり真宗大学の運営問題がそれである。この問題の核心は、本節の冒頭に記した真宗大学の建学精神に対して、学生たちが理解を示さず、それどころか反発さえしたという点にある。その問題が、いわゆる「パンの問題」である。満之はこの問題について次のように手厳しく諭している。

今や僧家の青年も、一たびパン問題の実際に想到するや、忽ち喪心して昔日の元気何処にか消散するものあるを見る。蓋し工夫の未だ熟せざるに因るのみ。……然れども、吾人が大悲光明の懐裡に摂護せられつゝあるの信念にして牢確なる以上はパン問題の如きは、畢竟紅炉上の点雪に過ぎざるなり。[89]

このように満之にすれば「パンの問題」など、信の確立という課題に比すれば取るに足らない生活問題であったが、しかし学生らはむしろそのパンを切実に求めていたのである。実際に、満之のもとには「学校ガ不親切」という不満が寄せられたり、教員免許の取得に関する要望も出されたりしていたようである。それにこの頃の満之は、さまざまな雑事に閉口して愚痴をこぼすとともに、「前週来心気悒鬱、殆んど厭世の情に堪へず」[90]と記すほど精神的にも疲弊していた。こうした真宗大学内の難題に直面していたちょうどその頃に書かれたのが、本章の冒頭でも引用した「回想の文」である。この文が「而して今や仏陀は、更に大なる難事を示して、益々佳境に進入せしめたまふが如し。豈感謝せざるを得むや」[91]との一文で締めくくられている点は、満之の直面していた問題の難しさを物語っていよう。[92]この「回想の文」が記された翌日には、近角常観の帰国にともない、それまで森川町にあった浩々洞を東片町へと移転していることから、この文はそれまでの自分自身を整理し、区切りをつける意味で記されたのかもしれない。そのように考えれば、移転直後に刊行された『精神界』第六号に「朧扇」時代の他力信仰の頂点とも言える一連の自己省察の跡を「絶対他力の大道」として発表したのも、己れの信仰の原点に立ち帰ろうとしたためとも言えるであろう。いずれにしても、浩々洞の移転および「回想の文」の執筆は、満之の内外の重要な節目となったのである。そして、これを境にその後の満之には、皮肉にも「回想の文」にあるような「大なる難事」が次々と降りかかる。移転直後の六月五日には長男信一を亡くし、さらに同年十月六日には妻ヤスを亡くしている。それだけに留まらず学生たちの関根主幹排斥運動の責を負い、同月二十三日には真宗大学学監の辞職を申し出るに至るのである。しかし満之の思想は、これらの逆境に屈するどころかますます深められ、その信仰はかえって生命力を湛えてゆく。このことから、むしろ「回想の文」執筆後の精神主義にこそ、後期精神主義の真髄が示されているとさえ言えるであろう。以下、とくに学監辞職の問題に注目しながら、後期精神主義がどのように深められていったのかを辿ることにしたい。

ところで、先述したパンを求める声に加えて、学生たちの間では、曾我量深や多田鼎といった若い研究科生が教師として抜擢されていたことへの不満もくすぶっていた。こうした要求や不満が、明治三十五（一九〇二）年十月、ついに関根主幹排斥運動として噴出したのである。二〇〇名近い学生たちが結束して提出した八箇条からなる改善要望には、関根主幹排斥の他に、若い教師の代わりにその道の大家を招聘することや文部省の認可学校とすることなどが含まれていたという。そのなかでもとりわけ注意すべきは、文部省の認可を得るとの一条が含まれていたことである。文部省認可学校には、上級学校進学や徴兵猶予という特典が与えられる代わりに、宗教教育の放棄が求められていた。加えて明治三十二(一八九九)年には、文部省訓令第十二号により、公立・私立を問わず認可学校での宗教教育は、課外活動も含めていっさい禁止されていた。つまり文部省の認可を得るということは、世俗的な特権を得る代わりに、宗教教育をいっさい放棄することを意味したのである。言うまでもなく、そのような学生の要望は、満之には絶対に受け入れられないものであった。このことは、満之自身がかつて『時言』誌上において、徴兵猶予の特権を得るために通則を削除した同志社を痛烈に批判したこと想起すれば明らかであろう。いずれにせよ学生たちの運動は、大谷派の未来を背負う人材つまり布教者を育成するという真宗大学の建学精神を根幹から揺るがし、満之の「天職」と鋭く対立するものだったのである。しかし満之は、少なくとも表面的には、学生たちと対峙する道はとらなかった。むしろ満之は、妻ヤスの忌中に西方寺で学生たちの動きについて報告を受けると、わずかその一週間後には辞意を表明し、実にあっさりと身を引いたのである。この学監辞職は、満之にすれば自身の信仰と信念は譲れないという意思表示であり、学生の現実主義的傾向に対する鉄拳でもあったろう。そのことは、辞職の経緯を説明する次の文面からも窺い知ることができる。

> 然るに此の忌中、更に一異変に遭遇仕り、真宗大学に於いて存外の紛擾的現象差起り、勢の進む所、恰も過年に於ける真宗中学寮の大紛擾と其の軌を同じうするやの恐有之。之を其の未だ発せざるに先だち、鎮火剤を投ずるの必要を相感じ、其の第一着とし、関根兄と小生とが断然辞職致候事とし、(93)

ここにいう「真宗中学寮の大紛擾」とは、満之が垂水療養中に起こった第一中学校におけるストライキ事件のことである。このストライキの本質が、学生たちの教学精神に対する反発であったことは既に述べたとおりである。そのストライキ事件が、関根主幹排斥運動と「軌を同じうする」という満之の理解は、満之がその運動を、単なる学生のわがままではなく、まさしく教学精神および建学精神への反抗と受け取っていたことの何よりの証拠である。そして、それに対する「鎮火剤」が学監辞職だったのである。

ところで満之の学監辞職は、何の計画性もなくあまりに唐突な印象を与える。というのも十月十四日に西方寺で事件の報告を受けた満之は、同月十八日に東上し、そのわずか五日後の二十三日には辞意を固めているからである。確かに満之の学監辞職の直接的な契機は、関根主幹排斥運動にあったと言えるであろう。しかしそれだけでは、満之の突然の辞職を説明し尽くせないように思われる。むしろ満之の内側にこそ、彼を辞職へと導いた要因があったのではなかろうか。そのことは、まず満之の職業観の変化に見て取ることができるであろう。前期精神主義においては、己れに与えられた責任や義務を全うすることが「天職」と呼ばれ、それを生命視することが強調されていた。しかし後期精神主義では、それを根底から覆すかのように、満之は次のような見解を示すのである。

他力の信仰によれば、自己の天職と云ふものを見ない、自己の義務と云ふものを見ない、凡て自己と云ふものを見ない、若し自己をみるときは罪悪である、我共のなさなければならぬと云ふのは外にあるではない、唯だ仏陀が命じ玉ふことをなすのである、仏陀が導く所に従ひ行くのである、……私は自己の義務と考てする行為を、天職と云ふならば、他力信仰の導によれる行為を聖職と云はんと思ひまする、(94)

このように「天職」よりも「聖職」を重視する見解が、辞職のおよそ二ヶ月前に示されていたことは注目に値する。それに従えば、真宗大学学監が「天職」だとすれば、その辞職は「聖職」であったと言えよう。このように浩々洞移転以降の満之は、いかに責任を果たすかではなく、いかにその身を如来に委ねるかに重心を移してゆくのである。このことを如実に伝えているのが「倫理以上の安慰」の次の一文であろう。

若し私にして、「責任」と言ふことを感するならは、モー昔に自殺して居らねはならぬ位である、しかし宇宙間一切の出来事に関しては、私は一も責任を持たない、皆如来の導き玉ふ所である。(95)

ここには、かつてのように如意つまり自力の領分を見定めて道徳的実践に従事していた在り方は微塵も認められず、「私は一も責任を持たない」という無責任主義と「皆如来の導き玉ふ所である」という如来信仰とが明示されている。実に、この無責任主義とそれに裏づけられた如来信仰とが、後期精神主義を最も特徴づけているのである。あるいは、前期精神主義では他力信仰に基づく全責任主義が主張されていた一方で、後期精神主義では無責任主義に裏づけられた如来信仰が力説されたと言ってもいいであろう。いずれにせよ後期精神主義では、能動的な能力や実践の起点としての自我または責任の所在としての自我がどこまでも否定され、その中心が如来に明け渡された「如来中心」という在り方が開示されてくるのである。このように論ずれば、「天職」であるはずの真宗大学学監を満之がいとも簡単に放棄し得た内なる理由が明らかになってこよう。思うにこの学監辞職は、如来にすべてを委ねるという無責任主義の表明だったのである。奇しくも、満之のこの辞職を、後先を考えない「無責任」な行動だと批判した者もあったという。しかし満之にとっては、それこそが如来信仰のいわば信仰告白だったのである。

さて学監を辞した満之は、周囲に惜しまれながら明治三十五(一九〇二)年十一月六日に西方寺へ帰った。その後の満之は、さまざまな重責から解放されたためであろうか、その日記や書簡の文面からはどことなく余裕さえ感じさせる。あるいはその余裕こそが、如来信仰の香りなのかもしれない。ところで「浜風」という号は、辞職後の西方寺での療養期間に作られた号である。この号について満之は、当時の日記に次のように記している。

実厳談話中、大浜は風の多き所なりと云々。仍て記念の為浜風の号を作製す。以為く病発予の如きものは蓋し所謂幽霊の浜風に擬するも亦可ならんか。予往年已来転用せる号を回顧するに建峰（住名古屋時）骸骨（在東京時）石水（在須磨時）臘扇（住東京時）の四あり、而して今浜風の一能く之を総合するを感ず。臘扇の号は在大濱時に作製せりと雖ども当時未だ大浜に安住するの意なかりし也。其此意を確立したるは、実に昨秋帰郷の時にあり、是に於てか大浜の地を表示せる一号ある亦可なんか。(96)

この記述によれば、「臘扇」時代には西方寺で療養していたとはいえ、そこを安住の地とは考えていなかったことがわかる。実際に「臘扇」満之は、如意の領分を求め、また自力の能を発揮すべく東上したのであった。しかし真宗大学を辞して帰郷した「昨秋」、満之はようやく大浜に安住する意を固めたのである。その意味で「浜風」という号は、西方寺を安住の地として受け入れ、ただ如来に身を委ねようとする満之の在り方を表わしていると言えまいか。そして満之が最終的に至った如来信仰の極致を述べた信仰告白が、絶筆「我信念」であった。最後に、この「我信念」のなかで、如来に依って立つという満之の在り方が最も如実に示されている部分を次に引用することにしよう。

私の自力は何等の能力もないもの、自ら独立する能力のないもの、其無能の私をして私たらしむる能力の根本本体が、即ち如来である。……私は此の如来を信ぜずしては、生きても居られず。死んで往くことも出来ぬ。私は此如来を信ぜずしては居られない、此如来は、私が信ぜざるを得ざる所の如来である。……私は私の死生の大事を此如来に寄托して、少しも不安や不平を感することがない。「死生命あり、富貴天にあり」と云ふことがある。私の信ずる如来は、此の天と命との根本本体である。(97)

ここには、自力の有効性が徹底的に否定されたうえで自覚される無力で無能な自己が、ただ如来によって在らしめられるという如来信仰の真髄が示されている。満之にとって如来は、なくてはならない命そのものであり、徹底した自己否定の末にのみ信知される、まさに「垂直軸」だったのである。満之が最終的に至った先が、ただただ如来に依り頼む境地であったとするならば、その人生は「垂直軸」を受動的に獲得する過程、つまり「宗教的回心」の過程に他ならなかったとも言い得よう。なお、満之が息を引き取ったのは、「我信念」を書き上げてからわずか一週間後の明治三十六(一九〇三)年六月六日、四十一歳のことであった。

おわりに

以上、清沢満之の生涯を、その在り方に着目しながら概述した。それを一言で表現するならば、自力と他力との間をまるで振り子のように揺れ動き、最終的には他力の方へ振り切った人生であったと言うことができよう。とりわけ自力から他力へという実存的な転換に着目すると、満之の生涯には三つの転換を指摘できるように思われる。その第一の転換は、「回想の文」にあるように、垂水での転地療養中に認められる。それは、学理による信仰の基礎づけや禁欲生活による実験といった自力に依り頼む在り方から、死生の観想を経て、他力救済による

「安心立命」に足場を据える在り方へと至る転換である。この転換の要点は「他力救済の発見」にあったと言えるであろう。また第二の転換が訪れたのは、教学精神の振興を目的とした改革運動に行き詰まり、さらに経済的な問題や病状の悪化といった理由から余儀なくされた西方寺での療養中のことであった。当時の「臘扇」という自覚は、エピクテタスの如意・不如意論に導かれて、満之をして「絶対無限の妙用に乗托」する自己の発見に至らしめた。こうした徹底した自己省察に基づく「自己の発見」が、満之の第二の転換である。そして第三の転換は、「回想の文」の執筆と浩々洞の移転とを境に、後期精神主義が深められるなかで認められる。とりわけこの転換を際立たせているのが、真宗大学の建設と運営への尽力に裏づけられた全責任主義から、学監辞職に表明される無責任主義への転換であろう。この無責任主義は如来信仰の裏面であることから、その第三の転換を「如来の発見」と呼ぶこともできるであろう。これら三つの転換のうち、第一の転換と第二の転換は先行研究で言及されることも多く、満之の「廻心」として注目されてきた。その一方で、これまで無責任主義に焦点を合わせることはあえて避けられてきたためか、第三の転換はそれほど論じられてこなかったように思われる。しかしながら筆者は、むしろこの第三の転換にこそ満之の「宗教的回心」の核心が存すると見るのである。そこで、本章を締めくくるにあたり、この第三の転換がもつ意味を改めて確認することにしたい。

　ところで第三の転換が他の二つの転換から区別される点は、一言で言えば自力の否定が徹底されていることである。そこでは、もはや自力がその能を発揮すべき余地は完全に放棄され、もっぱら他力に依り頼む在り方が開示されている。あえて自力の意味を問うならば、自力を否定することに自力の意味があると言えるにすぎない。この点を明快に論じているのが「宗教的道徳（俗諦）と普通道徳との交渉」である。そこでは、俗諦つまり宗教的道徳について次のように述べられている。

真宗の俗諦の趣意は其実行の方面に於て成効を求むるにあらずして、其他の点に於て効力があるのである。兎も角真宗の俗諦は其実行が出来て我等が立派な行ひをする様になるのを目的とするのではないのである。……然らば真宗の俗諦の目的は如何なる点にあるか。其実行の出来難いことを感知せしむるのが目的である。(98)

つまり俗諦の意義は、自力の無効さを自覚せしめることに存するのである。この自力の無効さを自覚することについては「我信念」にも次のように記されている。

此自力の無功なることを信ずるには、私の智慧や思案の有り丈を尽して其頭の挙げやうのない様になる、と云ふことが必要である、此か甚だ骨の折れた仕事でありました。其窮極の達せらるゝ前にも、随分宗教的信念はこんなものであると云ふ様な決着は、時々出来ましたが、其が後から後から打ち壊はされてしまうたことが、幾度もありました。(99)

このように、宗教的信念をつかんではそれが壊されるという経験を幾度もしたという満之の告白は、「我信念」の境地に至るまでに何度か転換点があったことを裏づけていよう。そして他力信仰の真髄へ至る道を阻み、つかんだと思った信念を打ち壊したものこそが、他ならぬ自分自身だったのであり、より厳密に言えば自力への未練だったのである。この自力を否定することにおいて、第三の転換は他の二つの転換よりはるかに徹底していたのである。現に満之は、第一の転換の後では改革運動に身を捧げ、そして第二の転換の後では真宗大学の建設と運営に心血を注ぎ、自力的活動の方に身を置いていた。しかし、満之にとりこれらの自力的活動は、信念の確立を促すというよりも、かえって他力信仰の真髄を覆い隠すものでしかなかったのである。満之がいとも簡単に学監を辞したのも、そのことを裏打ちしているように思われてならない。この他力信仰への道を惑わす自力の誘惑を完全に断ち切り、己れのすべてを如来へ委ねる宣言こそが、無責任主義だったのである。したがって無責任主義は、他力信仰の前に立ちはだかっていた最後の障碍を取り除く俗諦の極致なのである。その意味で無責任主義は一つの信仰告白であり、一般的な倫理道徳の物差しで評価され得るものではない。重要なことは、それによって自力が否定されればされるほど、如来が際立たせられてくるということである。つまり如来は、学理や修行といった能動的な努力の所産ではなく、むしろそれらを放棄するという徹底した自己否定の末に向こう側から訪れるものなのである。この如来への信仰こそが、満之が行き着いた真諦の極致であり、究極の他力信仰なのである。その境地で示される、どこまでも如来に依ろうとする満之の在り方は、まさに如来という「垂直軸」を備えた「宗教的人間」のそれと一致すると言えよう。いずれにせよ無責任主義によって切り開かれる如来信仰の境地こそが満之の信仰の極致に他ならず、最終的にそこに到らしめたのが「如来の発見」へと導いた第三の転換だったのである。したがって満之の「宗教的回心」は、第一の転換でも第二の転換でも完成されず、その過程は第三の転換をもってようやく完結を見たのであり、その意味で満之の一生は、如来を受動的に我がものとする「宗教的回心」の過程であったと言い得るであろう。

注

1 例えば、脇本平也『評伝清沢満之』法蔵館、一九八二年を参照のこと。
2 例えば、加藤智見『いかにして〈信〉を得るか――内村鑑三と清沢満之』法蔵館、一九九〇年、安富信哉『清沢満之と個の思想』法蔵館、一九九九年などがある。
3 田村圓澄「清沢満之と『精神主義』」『日本佛教史5・浄土思想』法蔵館、一九八三年、二九九頁。
4 『曾我量深撰集』第十一巻、彌生書房、一九七二年、二五二―二五三頁。

5 例えば、田村圓澄「清沢満之と『精神主義』」(注3参照)や、加藤智見『いかにして〈信〉を得るか――内村鑑三と清沢満之』(注2参照)、北野裕通「清沢満之の回心に関する一考察」『相愛大学研究論集』第八巻、一九九二年などがある。
6 「当用日記」(明治三十五〔一九〇二〕年五月末日)『清沢満之全集』八、四四一頁。
7 例えば、寺川俊昭『清沢満之論』文栄堂、一九七三年が挙げられる。
8 明治三十六(一九〇三)年六月一日付暁烏敏宛書簡、『清沢満之全集』九、三〇五頁。
9 旧『全集』一、五二八頁。
10 同書、五三九頁。
11 "Essay on Spinozism"(明治十七〔一八八四〕年)『清沢満之全集』四、三三二頁。
12 "Good and Bad"(明治十八〔一八八五〕年)『清沢満之全集』四、二一八頁。
13 "Infinite and Finite"(明治十九〔一八八六〕年)『清沢満之全集』四、一七四頁。
14 「宇宙之疑問」(同年)『清沢満之全集』四、一七八頁。
15 旧『全集』一、五九四頁。
16 明治二十一(一八八八)年七月二十七日付松宮全之助宛書簡、『清沢満之全集』九、四頁。
17 「因果之理法」(明治二十二〔一八八九〕年五月九日)『清沢満之全集』七、三一六頁。
18 「第三高等中学仏教青年会演説」(明治二十三〔一八九〇〕年二月)『清沢満之全集』七、三一八頁。
19 旧『全集』三、六七八頁。
20 旧『全集』三、六八〇頁。
21 旧『全集』三、六九〇頁。
22 『宗教哲学骸骨』(明治二十五〔一八九二〕年八月)『清沢満之全集』一、九頁。
23 同書、二〇―二一頁。
24 同書、二三頁。
25 同書、二三頁。
26 同書、二六頁。
27 「宗教哲学骸骨講義」(明治二十五〔一八九二〕年九月～翌年三月)『清沢満之全集』一、九六頁。
28 『宗教哲学骸骨』(同年八月)『清沢満之全集』一、二八―二九頁。

29 同書、三〇頁。
30 同書、二九―三〇頁。
31 同書、三〇頁。
32 同書、三一頁。
33 同書、三三頁。
34 同書、七頁。
35 同書、七頁。
36 同書、七頁。
37 「宗教論」(明治二十七〔一八九四〕年四月)『清沢満之全集』二、二八八―二八九頁。
38 「病養対話」(明治三十四〔一九〇一〕年七月末)『清沢満之全集』六、三五二頁。
39 旧『全集』三、七五五頁。
40 「保養雑記」(明治二十七〔一八九四〕年九月六日)『清沢満之全集』八、一一一頁。
41 「宗教哲学骸骨自筆書入」(明治二十五〔一八九二〕年九月~翌年三月)『清沢満之全集』一、三六――三七頁。
42 「保養雑記」(明治二十七〔一八九四〕年九月七日)『清沢満之全集』八、一一四―一一五頁。
43 「在床懺悔録」(明治二十八〔一八九五〕年一月)『清沢満之全集』二、五頁。
44 「他力門哲学骸骨試稿」(同年二月二十日)『清沢満之全集』二、六七頁。
45 「当用日記」(明治三十五〔一九〇二〕年五月末日)『清沢満之全集』八、四四一頁。
46 「他力門哲学骸骨試稿」(明治二十八〔一八九五〕年二月二十四日)『清沢満之全集』二、七二頁。
47 同書(同年二月二十日)、六八―六九頁。
48 同年一月四日付井上豊忠、沢柳政太郎、稲葉昌丸、今川覚神宛書簡、『清沢満之全集』九、九九頁。
49 旧『全集』五、二四九頁。
50 明治二十九(一八九六)年六月十二日付今川覚神、稲葉昌丸、井上豊忠、清川円誠宛書簡、『清沢満之全集』九、一二九頁。
51 「大谷派宗務革新の方針如何」(明治三十〔一八九七〕年九月)『清沢満之全集』七、一〇四頁。
52 「佛教者盍自重乎」(明治三十一〔一八九八〕年一月)『清沢満之全集』七、一四三頁。
53 「教界回転の枢軸」(同年二月)『清沢満之全集』七、一四五頁。

54 同年三月五日付井上豊忠宛書簡、『清沢満之全集』九、一六二頁。
55 「徒然雑誌第一号」（同年三月二十八日）『清沢満之全集』八、三〇五頁。
56 「西洋哲学史講義」（明治二十二〔一八八九〕年）『清沢満之全集』五、一〇四頁。
57 明治三十一（一八九八）年十月七日付清川円誠宛書簡、『清沢満之全集』九、一七三頁。
58 同年十月十日付草間（関根）仁応宛書簡、『清沢満之全集』九、一七六頁。
59 「臘扇記第一号」（明治三十一〔一八九八〕年十月二十四日）『清沢満之全集』八、三六三頁。
60 「臘扇記第二号」（明治三十二〔一八九九〕年二月二十五日）『清沢満之全集』八、四二四頁。
61 寺川俊昭「近代教学の確立者・清沢満之の歴史的意義」藤田正勝・安富信哉編『清沢満之その人と思想』法蔵館、二〇〇二年、二〇〇頁。
62 「臘扇記第一号」（明治三十一〔一八九八〕年十月十二日）『清沢満之全集』八、三五七頁。
63 「有限無限録」（明治三十二〔一八九九〕年六月〜八月）『清沢満之全集』二、一一一頁。
64 同書、一一五頁。
65 旧『全集』八、二〇二頁。
66 「有限無限録」（明治三十二〔一八九九〕年六月〜八月）『清沢満之全集』二、一一九頁。
67 明治三十二（一八九九）年七月五日付月見覚了宛書簡、『清沢満之全集』九、一九二頁。
68 「宗教と道徳との相関」（明治三十二〔一八九九〕年十一月）『清沢満之全集』六、二三三頁。
69 同年十二月十一日付月見覚了、関根仁応宛書簡、『清沢満之全集』九、二一五頁参照。
70 明治三十三（一九〇〇）年三月九日付稲葉昌丸宛書簡、『清沢満之全集』九、二二一頁参照。
71 「心霊の修養（服従）」（同年八月）『清沢満之全集』七、二三〇頁。
72 「服従の美徳」（同年十一月）『清沢満之全集』六、二六四頁。
73 明治二十八（一八九五）年一月七日付稲葉昌丸宛書簡、『清沢満之全集』九、一〇二頁。
74 「精神主義」（明治三十四〔一九〇一〕年一月）『清沢満之全集』六、三—四頁。
75 同書、三、五頁。
76 「心霊の諸徳（忍辱の心）」（同年三月）『清沢満之全集』七、二九八—二九九頁。
77 「心浄けれは世界浄し」（同年三月）『清沢満之全集』六、二七八頁。

78 「本位本文の自覚（『真の人』序文）」（同年四月）『清沢満之全集』六、三四三頁。
79 「精神主義（明治三十四年講話）」（同年七月）『清沢満之全集』六、三〇〇頁。
80 「真宗大学開校の辞」（同年十月）『清沢満之全集』七、三六四頁。
81 「心霊の修養（光明主義）」（同年十月）『清沢満之全集』七、二五八―二五九頁。
82 「精神主義と他力」（同年十一月）『清沢満之全集』六、七三頁。
83 同書、七四―七五頁。
84 「宗教的信念の必須条件」（同年十一月）『清沢満之全集』六、七七頁。
85 「心霊の修養（精神主義の活動）」（同年十月）『清沢満之全集』七、二五九頁。
86 同年十一月十九日付井上豊忠宛書簡、『清沢満之全集』九、二七八頁。
87 明治三十五（一九〇二）年一月十六日付月見覚了宛書簡、『清沢満之全集』九、二八〇頁。
88 同年四月八日付稲葉昌丸宛書簡、『清沢満之全集』九、二八六頁。
89 「パンの問題」（同年春）『清沢満之全集』六、三二三―三二四頁。
90 「当用日記」（同年三月二十六日）『清沢満之全集』八、四三九頁。
91 「当用日記」（同年五月末日）『清沢満之全集』八、四四二頁。
92 「回想の文」にいう「大なる難事」が、具体的に何を指すかは定かではない。確かに、長男信一の深刻な病状も「難事」に含まれるかもしれない。しかし満之は、死生の問題については、「石水」時代にめぐらせた観想のなかでいちおうの決着をつけていたと思われるし、実際にそれを裏づけるかのように満之は身内の死に意外なほど冷静に対処していた。その一方で、現実を優先させる学生たちの動きは、満之の「天職」とも言える真宗大学の建学精神を根底から否定するものであった。これらのことを考慮して、「難事」の中心は、むしろ真宗大学の運営問題の方にあったと解しておきたい。
93 明治三十五（一九〇二）年十一月十一日付井上豊忠宛書簡、『清沢満之全集』九、二九四―二九五頁。
94 「天職及聖職」（同年八月）『清沢満之全集』六、一一九―一二〇頁。
95 「倫理以上の安慰」（同年九月）『清沢満之全集』六、一二一頁。
96 「当用日記」（明治三十六（一九〇三）年四月二十六日）『清沢満之全集』八、四四九―四五〇頁。
97 「我信念」（同年六月）『清沢満之全集』六、一六二―一六四頁。
98 「宗教的道徳（俗諦）と普通道徳との交渉」（同年五月）『清沢満之全集』六、一五二―一五三頁。

99　「我信念」（同年六月）『清沢満之全集』六、一六一―一六二頁。

第九章　内村鑑三

はじめに

内村鑑三は、近代日本を代表するキリスト者であり、とりわけ自身の「実験」に基づいて発表された、数多くの論文や著作は、今でもなお多くの人々を引きつけるだけの魅力を備えている。それらは、頭で考え抜かれた神学的所産というよりも、むしろ直接的な体験や直観的な感性から導き出された信仰告白であり、それを読む者には、クリスチャン内村鑑三の息づかいが伝わってくる。それに加えて、内村のライフワークとも言うべき『聖書之研究』において展開された、無教会主義、日本的基督教論、再臨思想といった独自の主張は、日本キリスト教史や日本近代思想史のうえでも、決して看過することはできない。さらにまた、さまざまな意味で西洋や近代と正面から向き合い格闘し続けた内村の足跡は、近代日本を考察する有効な手がかりになることも間違いなかろう。このように内村は、一信仰者としてもまた研究対象としても非常に魅力に富む人物と言える。このことは、彼に関する研究の多さや多様さからも裏づけられよう。このような内村に対する関心の高さは、当然のことながら人物研究の成熟度にも結びついている。例えば『内村鑑三全集』全四十巻（岩波書店、一九八〇―一九八三年）の刊行や『内村鑑三研究』（キリスト教図書出版社）という専門雑誌の発行、そして周辺資料を収集・整理した鈴木範久『内村鑑三日録』全十二巻（教文館、一九九三―一九九九年）の出版などはそのことを物語っていよう。とりわけ『内村鑑三日録』などによって周辺資料にまで研究の裾野が拡げられている点は、内村研究の成熟度の高さを示すものとして特筆すべきであろう。いずれにしても、内村鑑三という人物がもつ魅力のゆえに、内村研究はかなりの広がりと深さとを見せているのである。

また「回心」（**conversion**）という事柄一点に絞っても、内村自身がそれを強調したこともあり、それに関する研究は、枚挙にいとまがないほどである。例えば中沢[1]や日永[2]は、内村の罪の事実とりわけ破婚に焦点を合わせ、その罪からの救いという観点から回心を捉えようとし、渋谷[3]や生越[4]はその罪意識に着目しつつ内村の回心過程を心理学的に分析している。同じく心理学的な分析を試みたもののなかには、罪意識というよりも、むしろ神観念の変化の方に着目した矢沢[5]の論考もある。さらに鈴木[6]や富岡[7]は、信仰義認という立場から内村の回心を捉え、どちらかと言えば道徳的行為の無力さの自覚に焦点を当てている。これらの研究が、神やキリスト、罪といった概念や神学的な枠組みを少なくとも斥けてはいないのに対して、小原[8]は内村の回心をもっぱらシーリー総長との人格的邂逅によるものとし、それを全く人間主義的に捉え直している。このように内村の回心に関する見解は、実に多岐にわたっている。このようななかで、あえて本章で内村の回心を問うことの意味とそのねらいとを最初に明らかにしておきたい。

本章の目的を端的に言えば、それは「宗教的回心」および「宗教的人間」という枠組みに基づいて内村を理解することに他ならない。そのさいにまず問題となるのは、内村自身がもつ回心の自覚と、本書でいう「宗教的回心」とが一致するかどうかであろう。先行研究の多くは、内村の自覚に寄せて彼の回心を論じてきた。それに対して本章では、内村の回顧的な自覚をいったん保留して、「宗教的回心」という枠組みからのアプローチを試みる。このことは要するに、回顧的記述つまり「間接資料」を直接的な根拠とすることをいったん差し控え、あくまで「直接資料」に基づいて内村の「宗教的回心」を捉えるということでもある。ただしこのことによって「間接資料」は、切り捨てられるべきではなく、むしろ「直接資料」を補足する資料として生かす方が建設的であろう。このような見地から言っても、回心に言及している「間接資料」に一瞥しておくことも決して無駄ではなかろう。そこで本論に入る前に、「間接資料」に見られる内村自身の回心理解を確認しておくことにしたい。

ところで、内村の回心観を最も明確に示しているのは、おそらく「コンボルションの実験」であろう。コンボルションとは、言うまでもなく conversion をカナで表記したものであり、それについて内村は次のように述べている。

コンボルションは英語である、之に適当の訳字が無いから原語其儘を用ゐるのである。之を改悔に訳して足りない。コンボルションに深い改悔が伴ふが、コンボルションは遙かに改悔以上である。之を改心と訳しても足りない、コンボルションは過去を改めて新たに将来に臨むと云ふが如き軽い事でない。……コンボルションは人に霊的造化が行はるゝ事である(9)

このように内村は、「コンボルション」が人間の「改悔」や「改心」ではなく、神による「霊的造化」であると論じたうえで、その過程には「罪の自覚と其結果たる自己の消滅」と「キリスト十字架の承認」という二つの段階があることを指摘し、さらに「コンボルションの中心はキリストの十字架の発見である」と結ぶのである。このように「コンボルションの実験」は、conversion に関する基本的な概念説明とそれに基づく内村の解釈とが明示されている点で実に興味深い文章である。ただし、そこには内村自身の「実験」は記されていないので、それに関しては他の資料で補う必要がある。この点について言及していると思われる部分を次に引用しておこう。

余の生涯に三度大変化が臨んだ、……其第二回は余がキリストの十字架に於て余の罪の贖を認めし時であつた、其時余の心の煩悶は止んだ、如何にして神の前に義からんとて悶え困みし余は『仰ぎ瞻よ唯信ぜよ』と教へられて余の心の重荷は一時に落ちた、余は其時軽き人となつた、余は其時道徳家たるを止めて信仰家となった、余は余の義を余の心の中に於て見ずして之を十字架上のキリストに於て見た、而して是れ今より三十二年前であってアマスト大学の寄宿舎に貧と懐疑とを相手に闘ひつゝありし時であつた。(10)

これによれば、conversion の中心たるキリストの十字架の発見が、アマスト大学時代にあったことがわかる。実に、その過程を当時の日記を軸にして綴った手記が "How I became a Christian"(以下、『余はいかに』と略す)である。その冒頭で、内村は次のように述べている。

私はクリスチャンになった「理由」ではなく「過程」を書こうと思う。いわゆる『回心の哲学』は私のテーマではない。私はただその『現象』のみを記述し、私よりも哲学的に訓練された精神の持ち主に材料を提供したいと思う。(11)

つまり『余はいかに』は、自身の回心過程に関する記述的記録なのである。もちろん『余はいかに』の主題でもある内村の conversion と、本書でいう「宗教的回心」とを盲目的に重ね合わせることは差し控えなければならない。しかし、この自伝的記録をはじめ先に引用した回顧的資料の記述内容を、本章の議論のたたき台にすることはできるであろう。

このような内村自身の回心観や回顧録を念頭に置きつつ、本章ではさしあたり『余はいかに』で言及されている期間つまり米国留学から帰国するまでの期間を取り上げて、彼の「宗教的回心」について論ずることにしたい。なお、英語で出版された『余はいかに』は、「異教徒の回心者」から欧米のクリスチャンとりわけ宣教師に向けて発せられた、いわば信仰上の独立宣言のような性格をもつ。それゆえ日記の全記録が掲載されたとは考えにくく、確かに資料の意図的な取捨選択はあったと思われる。しかしその点を考慮に入れたとしても、そこに掲載されている日記の記述そのものは、とりわけ青年内村の在り方を探るにはきわめて貴重な「直接資料」であることには変わりはない。以下、主に『余はいかに』の日記の記述とその当時執筆された書簡とに基づきつつ、内村の在り方を追うことにしよう。

第一節　キリスト教と友情

内村鑑三は万延二（一八六一）年二月十三日、上州高崎藩士内村宜之の長男として江戸の武士長屋に生まれた。父宜之は、学問に長け藩主輝照の侍講を務めていたうえに、政治的な手腕も買われて藩政にもかかわっていた。しかし廃藩置県のあおりを受け、明治五（一八七二）年、宜之は免職となり学区取締に任命された。内村が高崎藩の英学校や東京の有馬私学校で英語を学んだのは、ちょうどこの頃のことである。ちなみに当時の英語は、西洋のすすんだ技術や制度を学ぶ主要な手段であり、英語を修めることは将来出世する条件の一つだったのである。

続いて内村は、明治七（一八七四）年より官立の東京外国語学校英語学科で学び、そして明治十（一八七七）年九月には官費生として札幌農学校に入学した。当時、決して裕福とは言えなかった内村家にとって、農学校の官費制度は大きな魅力だったのである。この札幌農学校入学以降については、『余はいかに』の日記をはじめとする「直接資料」に基づきながら論をすすめることにしたい。

札幌農学校へ入学してから約三ヶ月後の日記に、内村は「『イエス教』の門をくぐった」[12]と記した。それは洗礼を意味しているのではなく、“Covenant of Believers in Jesus”（イエスを信ずる者の契約）に署名したことを指している。この「契約」は、伝統的キリスト教の基本的な信仰箇条とモーセの十戒をモデルとした道徳的な誡めとから成る神への誓いであった。それはもちろん秘蹟とは無関係であったけれども、「門をくぐった」という記述に示唆されるように、内村にとってそれは確かにある境界線を越える実存的な決断であったと思われる。内村が他の級友たちよりもかなり遅れて、しかも「強いられて」ようやく署名に応じたのも、「契約」がキリスト教への傾倒を要請していたからであろう。武士道的な生真面目さをもつ内村が、それを形式的で軽々しい約束事とは考えなかったとしても不思議ではあるまい。いずれにしても「契約」への署名は、内村にとって実存的な飛躍を伴うキリスト教への入教だったのである。ちなみに『余はいかに』ではそれは多神教から一神教への転換として強調され、さらに後年には信仰の最初の段階あるいは生涯に臨んだ第一の変化として重視されている。確かにクリスチャン内村の立場から見れば、この契約への署名は唯一神の信仰への重要な契機であり、実際にその新しい神観念が内村に与えた影響も小さくなかったと思われる。しかしながら、内村にとって「契約」への署名がもつ意味はそれだけではなかった。むしろ当時の内村にとっては、神観念の問題よりも友人関係の方が切実だったとさえ思われる。というのも内村が署名に渋々応じたのも、親友の太田稲造（後の新渡戸稲造）や宮部金吾が既に署名をすませていたことが大きく関係していたと考えられるからである。つまり「契約」に署名することは、太田や宮部らの仲間に入ることでもあったのである。あるいは、内村は親友たちから孤立することが耐えられなかったがゆえに、キリスト教に足を踏み入れたとも言えよう。このことは、内村が信仰の「兄弟」たちとの絆を中心に学生生活を送っていたことからも裏づけられる。また内村が自分のクリスチャンネームを「ヨナタン」としたのも、ヨナタンのダビデに対する友愛を念頭に置いていたからに他ならない。いずれにせよ札幌農学校時代の内村の信仰は、同期生七人との交わりや友情が中心に据えられていたのである。現に、当時の日記に目を通すと、交友の喜びを記した記述が目立つ。例えば、「午後、『六人兄弟』とともに森で過ごした。山葡萄や野いちごを食べ、祈り、歌って楽しんだ。とてもすばらしい日であった」[13]、「我々の新生（つまり洗礼）の一周年記念。七人兄弟と茶話会を開き、何時間か楽しい会話をした」[14]、「午後七時に札幌に着いた。再び兄弟が顔を合わせ、喜びが尽きなかった。兄弟たちの愛と誠実さに深く心を打たれた」[15]といった記述を挙げることができよう。ここから推察するに当時の内村の信仰は、神と我という一対一の関係というよりも、むしろ「兄弟」たちとの絆が中心だったと思われる。さらに言えば、当時の内村にとってキリスト教の信仰とは、「兄弟」たちとの友愛を保証するものであり、逆に「兄弟」たちとの友愛はキリスト教の信仰をさらに堅固にしたに違いない。要するに札幌農学校時代の内村のキリスト教とは、愛と友情の宗教に他ならなかったのである。このことから、当時の内村を支えていたのは神やキリストそのものというよりも、むしろ神やキリストを介した友情であったと言うことができるであろう。

さて最終学年を迎える頃には、内村は教派の壁という問題を目の当たりにするようになる。具体的には、当時札幌にあった聖公会とメソジストの教会のうち、いずれの教会で受洗したかによって「兄弟」たちが引き裂かれるという事態に直面したのである。そのことは、愛と友情とを説くキリスト教の教えとは完全に矛盾すると思われただけでなく、何よりも「兄弟」たちの絆が否定されることを意味した。この不条理に強く反発した内村らは、自らの信念を貫き信仰の絆を守るために、いかなる教派にも属さない独立教会の設立を画策するのである。それ以降の『余はいかに』の叙述が独立教会の建設に関する日記の記述を軸にすすめられていくのは、おそらく教派に固執する欧米の教会や宣教師への批判も込められていたからであろう。とはいえ日記の記述の多さから判断して、独立教会の設立は間違いなく内村の最も大きな関心事の一つであったと思われる。実際に内村は、新教会建設のための土地や建物の選定、およびそのための資金繰りなどにも積極的にかかわっている。ところがこの動きに水を差すかのように当初この教会建設に資金を提供していたメソジスト教会は、内村らの教会に独立性の強さを察知するや一転して資金の全額返還を求めてきたのである。このことは、後述するように教会が完全なる独立を果たす大きな足かせとなっただけではなく、教派や外国宣教師に対する内村の反感をますますあおることとなった。いずれにせよ内村は、農学校卒業後も、愛と友情の宗教としてのキリスト教を擁護すべく独立教会の設立の中心的な存在として尽力したのである。

第二節　罪の自覚

明治十四（一八八一）年七月に札幌農学校を卒業した内村は、入学時の規定に従って同年十月より開拓使御用掛という官職に就いた。月三十円という俸給は、その当時の巡査や教員の初任給が八円であったことを考え合わせれば、かなりの高給であったことがわかる。それを当てにしたのであろう、内村の手狭な実家に叔父の家族が転がり込んできたうえに、父の事業が失敗したことも手伝って、内村は大所帯の経済的な責任を一人で背負うことになった。宮部に宛てた書簡に、内村はそのことを「陰鬱で恐ろしく、また意気消沈させる[16]」光景だと表現し、また平安をかき乱す大きな障碍だとも記している。しかしながら開拓使の仕事そのものには、それなりのやりがいを感じていたと思われ、同年十一月十日付の宮部宛の書簡には北海道の漁業という大事業を一手に引き受けることに誇りさえ感じていたことが記されている。それと並行して、内村は教会の活動も積極的にすすめ、同年十月二十三日には札幌基督教青年会（YMCA）を結成し（内村は副会長に就任）、翌月十二日にはその開会式を開催している。ちなみにメソジスト教会が資金の返還を求めてきたのは、それから約五〇日後の明治十五（一八八二）年元旦のことであった。当時会計に責任をもっていた内村は、その資金返済のためにかなりの心労を強いられることとなった。そのことは、内村が自分の月給の多くを教会に捧げていることや、宮部に教会の詳しい経済的状況を説明したうえで、再三にわたって献金を催促していることからも察せられよう。いずれにしても当時の内村にとって、これら漁業の仕事と教会の活動とが己れを支える二本の柱だったのである。しかしやがて内村は、いずれの面でも大きな壁にぶつかることとなる。まず内村が直面したのは、教会内での人間関係の問題であった。とりわけ、内村より五歳年上の農学校一期生で当時札幌農学校の助手を務めていた佐藤昌介との仲は、あまり思わしくなかったようである。例えば内村は、その佐藤を「彼がそんなにも社会に気を配るなら、彼がキリストに仕えることができるかは疑わしいと僕は思う[17]」と批判している。この佐藤への不信感は、宮部宛の書簡でより具体的に記されている。

この日（三十日）、北海講学会という新しい組織の開会式がおこなわれるとの報告がある。……その基本的な構成員は、農学校の反キリスト教のほぼ全学生と幾人かの卒業生（すべて非信者!）、有力な役人や一般人らである。クリスチャンはその会員になることは許されていないが、S. S. 氏はその会員なのだ。僕にはその理由が解らない、というのもその会はその集会を日曜日に開くからである。彼の日曜日の教会への出席は非常に不規則的である。その会は、我々のY. M. C. A. に直接反対する立場にあるように思われる。[18]

この「S.S. 氏」とは、言うまでもなく佐藤昌介のことである。ここで示されている北海講学会とYMCAとの対立は、佐藤と内村の対立を暗示しているようにも思われる。年下の内村が教会を仕切っていることに、佐藤がおもしろく思わなかったとしても不思議ではなかろう。実際に次の記述からは、内村に強く反発した佐藤が教会と距離を取り始めたようにも読める。

僕が一方を喜ばせようとすると、別の人が来て我々の計画を変えてしまう。しばしば、僕は失意の中に投込まれる。また、ある人は『もし、君が主張する組織に従ったら、教会はバラバラになり、僕自身も教会から離れるだろう』と言うのである。兄弟よ、僕は公職から身を引くべきだろうか？[19]

そして北海講学会の開会式が開催された当日に書かれた書簡には、内村は「神はいろいろな性格の人をつくり、そのすべてが神の子であるが、もし可能なら、同じ性格の者のみがいっしょになって働く方がよい。僕は馬の骨格を組立てる中で同じ事を既に経験している」[20]と記し、佐藤との訣別をも示唆するのである。これらの記述から察するに、内村が佐藤との人間関係に相当な神経を使っていたのは事実であろう。

またそれに加えて、教会内での恋愛関係でも、内村は苦しい立場に立たされることになる。内村が記した書簡を手がかりに、この点を明らかにしてみよう。

足立君は水野さんに既に溺れている。彼は今の深草少将というべきである。というのも、彼はほとんどいつも彼の恋人のもとを訪れており、夜非常に遅くに帰宅するからである。彼はおそらくこの冬に雪の中に埋められるだろう。[21]

小野小町のもとに通いつめ、ついには雪のなかで果てた深草少将に足立を重ね合わせていることから、内村は足立の行動を皮肉り、水野と足立の恋の行方を冷ややかな目で見ていたことがわかる。しかし二人は結婚話をすめるほどの仲になっており、現に足立は既に自分の両親に結婚の意志を伝えていた。ところが彼の両親は、どうやらその結婚にそれほど前向きではなかったようである。それに加えて、足立とその両親との間を取りもつメッセンジャーが内村であったことが事態をさらに複雑にした。

足立君のことは、僕は太田君を介して君に伝える。どうか高塚と足立の両親には、僕が彼の結婚に関する意見を彼に伝える以外には何もできないと伝えてくれたまえ。僕は今後、この事にはかかわらないようにしたい。『愛の秘かな喜びに関しては、相談を引き受けない』というのは僕のモットーであるべきだと思う。兄弟よ、僕を憐れんでくれ。僕は肯定と否定の間に立っている。一方を喜ばすには、一方を失望させなければならない。僕は足立君と関係が悪くなることを案じる。しかし、僕としては『気が狂っているかどうかは、それも神のため』である。[22]

この記述から推察するに、内村は足立に対して良心の呵責を感じながらも、仲介役という立場を利用して足立と水野の結婚に干渉しようとしたのである。さらに、そのことを内村は「神のため」と言って正当化すらしている。

またその一ヶ月後の書簡では、下等動物が発情期に自分の相手を探すのに他を押しのけるように、人間も同じ事をするのだと述べたうえで「醜い奴らを捨て、この架空の女性から離れるな。……僕の本当に心と心の通い合う友は、働いている『相撲取り』『小さな女教師』だけである」[23]とまで記すのである。「相撲取り」「小さな女教師」とは、言うまでもなく水野のことである。これらの記述から、内村が足立と水野との関係に干渉しようとしていたことは明らかであろう。確かにこれらの記述は、何でも言える親友に宛てたものであり、実際に内村が露骨な行動をとったとは考えにくい。しかし内村がそのような思いをもっていた以上、彼の言動が周囲の誤解を招いたとしても不思議ではないであろう。事実、内村はこの件で教会員たちから厳しい非難を浴びるのである。このことについて内村自身は次のように記している。

足立君の結婚の事に干渉したとして、教会からは姦淫者あるいは結婚する友を羨む者として見られ、そのような公の見解を打ち消すのにかなり苦労せねばならなかった。[24]

このように、佐藤昌介との人間関係のこじれ、そして足立と水野との三角関係というほぼ時を同じくして生じた二つの出来事によって、内村は教会内で精神的にかなり追いつめられていったのである。

さらに注目すべきことに、内村はこのとき「僕の将来はどうなるかわからない。北海道の漁夫になるか、ガリラヤの漁夫になるかは、言うことができない」[25]とはじめて将来の方向性についての迷いを口にするのである。言うまでもなく「北海道の漁夫」とは開拓使の役人を意味し、「ガリラヤの漁夫」とは福音の伝道者を指す。確かにこの迷いは、内村自身が言うように、独立教会やＹＭＣＡの運営をめぐる重責と翌年に控えた水産博覧会の多忙な準備との板挟みに起因していた。しかしながら、この迷いが教会内の人間関係や恋愛関係の問題と時を同じくして告白されたことは、決して偶然ではないように思われるのである。さらに言えばその迷いには、単に教会活動と仕事との両立の困難さだけではなく、内村と教会との間にできつつあった距離をも感じさせるのである。確かに内村は、水産博覧会の準備のための長期出張などに多くの時間を費やさざるを得なかったことから、教会の重責からは外れたと考えられる。そのことは、教会の詳しい内部事情を伝える記述は明治十五（一八八二）年三月二十一日の書簡を最後としていることからも裏づけられよう。しかしこうした教会との距離は、単に仕事の多忙さだけでは説明がつかないように思われる。とりわけ同年四月以降、教会に関する記述が激減していることは、たとえ出張旅行が多かったにせよ不自然に思えてならない。思うに内村は、このとき既に札幌教会での居場所を失いつつあったのではなかろうか。この点を「間接資料」で補うならば、『基督信徒の慰め』の「キリスト教会に捨てられし時」という章で、学生時代の楽しい信徒の交わりに続いて内村が次のように記していることが注目されよう。

然れども此小児的の感念は遠からずして破砕されたり、余は基督教会は善人のみの巣窟にあらざるを悟らざるを得ざるに至れり、余は教会内に於ても気を許すべからざるを知るに至れり、加之余の最も秘蔵の意見も、高潔の思想も、勇壮の行績も、余をして基督教会に嫌悪せしむるに至れり。(26)

このように内村が教会内で居場所を失いつつあったとするなら、教会への愛着や関心が失われていったとしても不思議ではなかろう。それに内村には、教会員たちの不信感を払拭できるほどの謙虚さや器用さもなかった。つまり当時口にした「北海道の漁夫」か「ガリラヤの漁夫」かの迷いは、教会内での疎外感に根差していたのであり、しかも「ガリラヤの漁夫」としての働き場所を失いつつあった内村には、もはや「北海道の漁夫」に徹する以外に己れを正当化する道は残されていなかったのである。そしてそのことを裏づけるかのように、内村は水産関係の仕事に打ち込んでいったのであった。

しかしちょうどその頃、内村は一途に打ち込もうとした仕事の面でも大きな転機を迎えていた。それは、明治十五（一八八二）年二月八日に開拓使が廃止されたことに端を発する。開拓使の代わりに札幌県、函館県、根室県の三県が新たに設置され、内村は農商務省管轄の札幌県の役人として働くことになったのである。これは単なる配置換えではなく、内村の仕事内容にも直接かかわる出来事であった。というのも開拓使廃止の背後には、政府が財政難から開拓事業に見切りをつけたという事情があったからである。そのことが内村に委ねられる予算の大幅な削減、あるいは仕事内容の見直しを意味したであろうことは想像に難くない。実際のところ、開拓使廃止が内村の仕事に与えた影響は決して小さくなく、内村はたびたび次のような不満を口にするのである。

僕が今就いている仕事上の立場は、嫌気がさし、重苦しく、満足できず、また腐敗している。僕はいまやほとんどやることがない。僕の上司は、科学の有用性をわかっていない。彼らは舌が回り文章が上手い人間を有用な者と考えている。我々札幌県のクリスチャンの役人は、県の高圧的で気まぐれな行政には躓きの石なのだ。純粋な良心をもち、真理と誠実とに従う高い志をもつ人間は、このようなことに我慢できない。……僕は今年の秋に将来のことを考えるために東京に行かなくてはならない。本当の科学がしたいか？　それなら札幌県を去れ！　キリスト教を広めたいか？　それなら役職を辞めよ！　何もしない役人に三〇円は高すぎる。(27)

この記述に示されるように、開拓使から農商務省へという移行は、もっぱら実学や実益の偏重を招き、そのことは学問志向の強い内村をいたく失望させ、嫌気をも感じさせたのである。そのうえ、先述したように、内村はもはや札幌の教会にも居場所を失いつつあった。現に内村が教会のなかで孤立していることを象徴的に示す出来事も起きている。ちょうどその頃、内村が新たに集会を設けようとしたところ、太田稲造をはじめ他の教会員の理解を得られず、結局そこにはともに水産博覧会の出品委員に任命された伊藤一隆しか来なかったという。[28] このように役人の仕事に失望し、教会でも孤立の度を深めていた内村は、もはや札幌に留まる理由さえも見失いつつあったのである。先の引用文の「札幌県を去れ！」「役職を辞めよ！」という内なる声は、いずれも札幌を去ることを促す声であった。この時点で内村は、仕事を辞め札幌を去ることを考え始めたと言っていいであろう。しかしながら、内村には簡単に札幌を去ることができない現実的な事情もあった。それは、札幌農学校官費生は卒業後少なくとも五年間は官職に就いていなければならないという規定と、何よりも隠居した父に代わって内村家の家長として一家を養わなければならないという責任があったからである。

明治十五（一八八二）年十二月、このような問題を抱えつつ内村は、翌年三月から開催される水産博覧会の準備のために上京した。この上京を、内村は自身の将来の方向性を見定め、重大な決断を下すための機会にしたいとも考えていた。この上京のさいに、内村はメソジスト教会への最後の返済金をも託されていたので、奇しくも、札幌教会が完全な独立を果たすと同時に、彼は札幌を去る具体的な準備に着手したことになる。実際にその後の内村は、札幌の教会の代わりとなる教会を探し求めるかのように東京の教会を訪ねたり、官職を退く件で弁護士に相談をもちかけたりして、東京に留まる道を模索していた。そして明治十六（一八八三）年三月一日から八日まで開催された水産博覧会を無事終えると、内村はいよいよ自身の身の振り方について最終的な決断を下すことを迫られるのである。その決断を前に内村は揺れに揺れ、三月二十日付の太田宛の書簡では「僕は『どのように、いつ、どこで、キリストと国のために最も役に立ちうるかを熟考する』という自分自身の問題ほどには、公の仕事に喜びを感じないのだ」[29]と悩みを打ち明けている。ここで「どこで」をわざわざ"WHERE"と大文字で書いて強調したのも、言うまでもなく内村が「札幌」か「東京」かで迷っていたからである。さらに四月十二日の日記には"Depression; no sprits."[30]とあるから、このときの苦悩が相当に深かったことが窺える。そして四月二十二日、内村は東京に残る決断を下し、ついに辞表を提出するに至るのである。次に引用するのは、その直前に書かれた書簡の一部である。

僕の立場は、君のそれと同じように、すべてが暗く絶望的だ。……熟考の末、僕は、少なくともしばらくの間は東京に留まって、自分自身の改善を図った方が良いという結論を出した。僕が最も心配するのは、必ずやってくる貧困でも、僕の目的を達するのに大きな障害となるであろう弱い健康でもなく、僕に与えられていると信じている仕事すなわち札幌での教会の仕事である。県の役人の腐敗や不公平、札幌では研究の機会がないことは、僕をはねつける。しかし、五年以上の交流や、僕が不信仰な説教をおこなった小さな小屋によって堅く結びつけられた心温まる友情は、とりわけ僕を引きつける。憎しみと愛情、敵と友、どちらが強いのか、反発か魅力か？　百日以上も僕はこの重大な問題に苦しんできた。そしてその結論はまだ完全には出していないが、反発の方に重心が少し移っているように思われる。これは僕が札幌の兄弟を愛していないからではなく、札幌をより愛するからである。僕は今日、東京に滞在中の佐藤君に辞表を提出するところだ。[31]

このように内村が札幌に未練を感じていたのは、この書簡にあるように「兄弟」との友情のゆえであったろう。しかしその過去の交わりは、もはや内村を引き留めるほどの力はなく、結局のところ内村は東京で新たな道を模索することを選んだのである。このように内村が生活苦というリスクを背負ってまでも東京を選んだのも、官の腐敗や学問上の不満に加えて、もはや札幌の教会は内村にとって居心地のよいところではなかったからではなかろうか。先行研究では、内村が札幌を去った理由としては、教会内の人間関係はそれほど注目されていないけれども、[32]後に内村が再び農商務省に就職したことや、彼が特定の教会に所属しようとしなかったことを考慮すれば、むしろ人間関係の問題こそが内村をして札幌を去らせた最大の原因であったようにも思われる。そして辞表を提出したその日の日記に「過去の罪を深く悔いた。そして己れの努力で自分自身を救うことの無力さを感じた」[33]と書いたのも、おそらく札幌の教会を去るに至らせた自身の軽率な言動や性格上の欠点を己れの罪と認めたからであろう。いずれにせよ札幌を去る決断をしたさいに、内村がこのように己れの罪を強く自覚したという点には十分に留意しておきたい。

さて内村が東京に留まる決断をした直後にあたる、明治十六（一八八三）年五月八日から五日間にわたって、第三回全国基督教信徒大親睦会が開催された。そこに参加した内村は、「空ノ鳥ト野ノ百合花」と題する演説をおこない、新島襄をはじめ当時のキリスト教指導者たちに強い印象を与えている。内村はその大会に札幌教会代表として参加したが、彼はこのとき既に札幌教会を去る決断をしていたことから、この親睦会は居場所のない自分をアピールする絶好の機会であったに違いない。そして、おそらくはこの親睦会が縁となったのであろう、内村は当時学農社を経営していた津田仙と熱海に出かけるなどして親しく交わり、幸運にもその学農社の講師として働くこととなった。こうして東京で何とか糊口を得たものの、内村は札幌の教会という拠り所を失ったことで、言いようのない空虚感に襲われていた。ちなみに『余はいかに』では、それは「何かによって、どうにかして埋められなければならない真空」[34]と表現されている。この「真空」を、内村はまず宮部や太田との友情によって満たそうとした。大げさとも思われる書簡の記述はこのことを端的に物語っていよう。例えば、宮部に宛てて内村は次のように書いている。

しかし、この世のあらゆる悲しみと苦痛のなかにあっても、僕にはあふれんばかりの喜びが沸いてくる。というのは、僕には、肉の兄弟、いや時には両親よりも心が近い友がいて、またともに涙を流し喜んでくれる友がいて、僕自身よりも僕のことを知っている友がいるからだ。僕にこのような友と身内とがいなかったら、この世は無に等しい。(35)

また内村は、太田にも次のように記している。

兄弟パウロ、僕は君を愛し、今の僕のたった一人の古き友として君を信じている。僕は君のところへだけ、励まされ心温まる忠告を求めて飛んでゆける。そして君のなかにだけ、僕は良い最も安全な避難場所を見出せるのだ。(36)

まるで恋文のような文面からも、親友との真摯な交流によって心の空洞を埋めようとしていたことが察せられよう。またこの頃の内村が、特定の教会に属することなく、さまざまな機会に知り合ったクリスチャンと個人的な付き合いを続けていたことも、彼が人情的な慰めを求めていたことを示していよう。なお『余はいかに』では、このような当時の信仰は「感傷的基督教」と回顧されている。

このように心の傷を人情によって癒そうとしていたちょうどそのとき、具体的に言えば明治十六(一八八三)年八月に、内村は浅田タケと出会うのである。意気投合した二人は結婚を前提とした交際を続けたものの、タケとの結婚はとくに内村の母に強く反対され、内村は泣く泣くタケとの仲を諦めざるを得ない状況に追い込まれてしまう。ちなみに、先に引用した太田宛の書簡は、タケとの交際が行き詰まりつつあったときに書かれたものである。さらに、それに追い打ちをかけるかのように、同年十月に津田仙の学農社が閉鎖されることになり、内村は再び職を失うという憂き目にあう。同年十二月に再び農商務省に勤めることになったものの、札幌時代と同じ省の官職に就くことは、その腐敗や実利的傾向に嫌気を感じていた内村にとっては当然不本意なものであった。結婚も仕事も思うように事が進まず、内村の内面には再び暗さと絶望感が漂うようになる。例えば、宮部に宛てた書簡には「職業選択において、数週間も続いた荒れ狂った混乱は、まだ僕の心のなかを占めている」[37]と記されている。その一方でタケとの結婚についても、太田に宛てて「しかし僕に関しては、事態はますます困難になり、僕は仲を切ってしまわざるを得なくなった。彼女は激しく泣き、僕も泣いた。しかし、この状態で僕はいったいどうすべきなのか？」[38]と書いた。ところが年が明けて明治十七（一八八四）年二月になると事態は好転し、二人はついに三月二十八日に結婚式を挙げる。そしてこの結婚について、内村自身が「神と人類の双方に貢献したい（神が許せば）というのがお互いを引き合わせた唯一の動機であった」[39]と記したように、彼はこの結婚に特別な意味を認め大きな希望を抱いたのであった。

しかしながら、神と人類のためであったはずの結婚生活は長く続くことはなく、結局のところ約八ヶ月で破局を迎えることとなった。[40]この破婚からくる精神的な打撃は相当なもので、責任転嫁あるいは自己正当化ともとれる記述に続けて内村は次のように記している。

天の父よ、私はいったいあなたに何をして、このような厳しい罰を受けるのでしょうか？　あなたに奉仕するのに私は熱心ではなかったのでしょうか？　私の祈りはあなたの栄光を証ししなかったのでしょうか？　それとも私の神には耳がないのだろうか？　そのような疑問が一度に心に沸き、実際に僕は憂鬱と失望に押

しつぶされてしまった。……僕にとって全宇宙は、不和と矛盾と無情に満ちあふれている。(41)

つまりこの破婚は、単に妻を失ったという出来事に留まらず、信仰の友からも孤立し、何よりも神に見放されたという体験だったのである。言ってみれば、このとき内村はそれまでのあらゆる拠り所を失ったのである。ここにおいて、必死に埋めようとしていたあの「真空」が再び顕わにされたのである。大きな精神的な痛手を負った内村が、藁にもすがる思いで半ば強引に渡米を決行するのは、その直後の明治十七(一八八四)年十一月のことであった。

第三節　罪の深化

内村を乗せた「シティ・オブ・トウキョウ」号は、明治十七(一八八四)年十一月六日に横浜を出港し、同月二十四日にサンフランシスコに到着した。渡米した当初の計画では、かつて学農社で内村が親交を結び、その当時米国公使館通訳官を務めていたホイットニーのつてを頼って、フィラデルフィアの実業家で富豪のモリスに会い、そこでペンシルヴァニア大学で医学を学ぶ道を模索するつもりでいた。ホイットニーは、ペンシルヴァニア大学の医学部で学んだことがあり、同じクウェーカー教徒としてモリスとも親交があったのである。内村は、十二月十五日にそのモリスと面会を果たすものの、当時は不況であったためモリスといえども内村にすぐに職を紹介することはできなかった。たとえ大学から奨学金をもらうにせよ、内村は少なくとも大学が始まる九月までは、生活するだけの糊口を確保する必要に迫られていた。そのような内村を受け入れたのがエルウィン白痴院の院長カーリンであった。慈善事業にも関心をもった内村は、新学期が始まるまでの期間、そこで寝食を保証される代わりに看護人として働くことになったのである。内村は、明治十八（一八八五）年一月一日よりその勤務に就き、その日の日記には「私に道を示して下さったことに、神に感謝を捧げた[42]」と記した。

さて当時の内村にとって、破婚による強烈な罪意識を乗り越えることが最初の課題であった。彼は、破婚という事実そのものに罪を認め、その罪ゆえに苦しんでいたのである。例えば、看護人として働き始める直前に内村は父に宛てて「嗚呼主ヨ、我ノ罪ヲ許シ玉ヘ、……我主ノ為メニ尽サント欲シ返テ主ニ向テ大罪ヲヲカシタリ、我主ヨリ恵ヲ受クルニ不適当ナルモノナリ[43]」と記している。また親友らにも、己れの罪を認める記述を繰り返し、宮部には「僕は感極まって泣いた。僕は最善を尽くしたのだから、間違ってはいないと思っていた。しかし違うのだ。僕が不義だったのだ[44]」と書き、太田にも「僕には誰の前にも全く弁解の余地がない。人間には誤りがつきものだが、僕がやったような誤りは人間のやることでない[45]」と書き送った。このように罪意識に苦しむ内村は、今度は読書のなかに慰めを見出そうとした。例えば内村は、旧約聖書のヨブ記を読み「ヨブ記を読む。おおいに慰められる[46]」と日記に記した他にも、フィリップス・ブルックスの『イエスの感化』を読んだ感想を次のように述べている。

あの『イエスの感化』という小さな本は、僕に素晴らしい光を与えてくれた。そして、僕は、人生がとても明るくなったことを神に感謝する。イエスとその生涯に、僕があんなにも苦しんだ多くの艱難の説明を見出したのだ[47]。

要するに内村は、破婚に集約される「暗い過去」をいわば人生の肥やしとして積極的に捉え直そうとしたのである。[48]しかしながら「暗い過去」は常に内村につきまとい、彼が罪の意識から逃れられることはなかった。それを裏づけるように、内村は太田に宛てて次のように書いている。

今日、僕はとても孤独を感じている。そして今「涙」のなかで「過去と未来」に思いをめぐらしている。恐ろしい過去、失敗と過失による一連の空白！　約束された未来、ただキリストのうちに！　けれども、僕が過ごした八年にわたる暗い道のりのただなかにあって、時間や環境によって朽ちることのない、人々の愛にあふれた心を想うことは何と甘美な記憶であろう。もし過ちをするのが人間であれば、僕はまさにそれである。ああ、あの狂気の期間、僕が「お姉さん」と呼んだ人と出会ったとき、僕は彼女を両親以上に愛したのだ！　おお！　悪魔の策略にはまったあの恐ろしい期間、僕は神聖なるものと誤解した熱烈な愛情の奴隷であったのだ！[49]

この罪の問題に加えて、このとき内村は新たな課題とも向き合わねばならなくなった。それは、一言で言えば、イエスは神か人か？　という教義上の問題である。ただしそれは、単に概念の問題に留まるのではなく、内村の在り方とも密接にかかわる問題であった。というのも、イエスが神であれば他者からの救いの可能性が拓けてくるけれども、イエスが人であればイエスを理想的なモデルとしつつ、あくまで己れの努力で罪を清算しなければならないからである。イエス理解に関するこの問題は、正統的信仰とユニテリアニズムとの最も鋭い対立点であることは言うまでもあるまい。むろん、正統的信仰がイエス＝神として捉える立場である一方で、ユニテリアニズムはイエス＝人として捉える立場である。当時の内村は、少なくとも思想的には、前者の立場つまり信仰義認に基づく正統的信仰の立場を表明していた。例えば、看護人として働いた初日の日記には、内村は「昨夜、『信仰によって義とされる』ことについて、おおいに感じるところがあった」[50]と記している。しかしながら、己れの罪を償うかのように慈善事業に従事し、読書によって罪意識の軽減をはかるという罪への対処の仕方は、むしろユニテリアン的であったと言えよう。ちなみに、内村がいつも世話になっていたカーリン夫人や、内村が強い印象と影響とを受けた白痴児童教育者ジェームズ・リチャーズはユニテリアンであり、実際に内村はこれらの人々から少なからず影響を受けていた。このように当時の内村は、正統的信仰かユニテリアニズムか、イエスは神か人間か、という問題に明確な結論を出すことができずに混沌としていたのである。次の日記の記述は、内村がユニテリアニズムの特徴を的確につかみつつも、それを完全に受け入れられず、かといって完全に斥けることもできないという迷いのなかにあったことを端的に物語っていよう。

人間の能力に関する最も高次の観念こそが、その最も純粋で最も高次な形式であるユニテリアニズムの根源であろう。しかし人間は、自身の努力によっては、考えられる最も高次な道徳的態度に達することはできない。それゆえに、人間は自身の貧弱な知能に適うようにキリストを引きずり下ろすのである。神の観念は、キリストに至るまでは完全に明確である。ここですべてが行き詰まる。キリストさえなかったら、僕の神観念はどんなにか明快なことだろう、としばしば思うのである。[51]

また内村は、クエーカー教徒のモリス夫妻とも親しくしており、フレンド派の集会で演説をしたこともあった。このように当時の内村は、信仰の立場を異にする多くの人々に囲まれて生活していたのであり、おそらくそのなかで己れの信仰を改めて見つめさせられたのであろう。しかし、こうしたさまざまな信仰の立場を理論や理屈によって評価することは当然不可能であった。そこで内村がとったのが「実験」という方法であった。それは、判断の基準を理論や理屈ではなく、自身の経験や直観に置くという方法である。そこには、確かに「内なる光」を重視するクエーカー主義の影響も考えられなくもない。さらにまた、内村がファーナルドやスウェーデンボルグなど「霊的」な著作に接近し、その関心を徐々に霊に向けるようになるのも、周囲の人々の意見ではなく自分自身の「実験」でもって教義や信仰の問題に結論を出そうとしたからであろう。いずれにしても「実験」という態度は、内村をして神との一対一の関係へと導いていったのである。したがってキリストが神か人かという問題も、神からの直接的な啓示によってのみ結論が下されるべき問題だったのである。しかしそのような経験に先立って、内村は己れの罪についてさらに深刻な葛藤を通過せねばならなかった。

さて、エルウィンで看護人として働いていたこの期間に、内村は、札幌農学校を卒業して以来先送りしてきた問題にも向き合うことを余儀なくされた。実にこの問題こそが、内村の罪の意識をさらに深化させることになるのである。その問題とは、かつて内村が「北海道の漁夫」か「ガリラヤの漁夫」かで悩んだ、進路選択の問題であった。この問題について内村が迷い続けていたことは、太田に宛てて「身も心も他の誰よりも弱く、養うべき大きな家族がありながら、この僕の人生の目的はいったい何だろう？　自分でさえも答えることができない」[52]と記すとおりである。このような迷いを見せつつも、この書簡を書いた時点では、内村はペンシルヴァニア大学の医学部に入るつもりでいた。それは渡米当初から抱いていた計画であったし、またその医学部の出身であったカーリン院長が内村にも慈善事業を日本で展開してもらいたいと考えていたことも、内村の医学部入学を後押ししたと思われる。現に内村自身も、日本で慈善事業にも取り組む意志を次のように披露していた。

私はここエルウィンに留まり、ペンシルヴァニアの白痴者と精神薄弱者のための施設に関する、構成や運営について学んでいます。私は、さらにさまざまなキリスト教の施設について知り、できることなら（神が許し給うなら）貧者を支援するよう祖国にはたらきかけ、そして人道的な仕事にさらに関心を払い、少なくとも武装した戦士の数を増やすことによってキリスト教が最も優れていることを示して、揺らぐことのないようにしたいと思います。(53)

ところが明治十八（一八八五）年五月に、保養を兼ねて欧米旅行中であった新島襄とフィラデルフィアで再会することで、これまで具体的には示されなかった伝道者への道が内村の前に突如として開かれるのである。それは、聖職者養成をその教育理念の柱として掲げるアマスト大学への入学という道であった。このアマスト大学は、新島が二年間在学し同志社のモデルともなった母校であり、新島がシーリー総長をはじめとして太いパイプをもつ大学であった。このアマスト大学への入学は、ペンシルヴァニア大学医学部への入学と意味のうえで鋭く対立する道であった。というのも、アマスト大学入学は福音伝道者を目指すことを意味し、キリストに直接仕える道である一方で、ペンシルヴァニア大学入学は直接的にはこの世に仕える道であったからである。内村は前者を「直接伝道」と呼び、その一方で後者を間接的に福音伝道に携わるという意味で「間接伝道」と呼んだ。実にこの直接伝道か間接伝道かの問題こそが、農学校卒業以来、決断を先送りにしてきた実存的な問題だったのであり、また内村の罪意識をさらに実存的な次元にまで深めた問題だったのである。以下、この進路選択の問題をめぐる内村の心の動きを詳しく見てゆくことにしよう。

明治十八（一八八五）年六月二日の時点では、内村はアマスト大学への入学つまり直接伝道の道に従うことを心に決め、新島に「私の魂は、アマストを慕い求めています。そこで、私は数年前から取り組み始めた研究、つまり生物学的、地質学的事実による聖書解釈を追究したいと思います(54)」とその意志を伝えていた。しかし内村がこの書簡を書いて間もなく、皮肉にも彼の前には、間接伝道の道もまた整ってくるのである。具体的に言えば、内村がカーリン院長に連れられてワシントンでの米国慈善矯正大会（六月六日〜十九日）に参加したさいに、モリス夫人からはペンシルヴァニア大学医学部入学を経済的に後押しする申し出があり、さらに時を同じくして東京のホイットニーからはペンシルヴァニア大学学長に奨学金の件を依頼した旨を知らせる書簡を受け取ったのである。カーリン院長をはじめ周囲の人々も、内村が医学部に入学することを勧めていた。また、養うべき家族をはじめ将来のさまざまな現実面を考えると、この間接伝道の道は内村には非常に魅力的であった。現に内村は、ワシントンから帰った直後に新島に宛てて次のように書いている。

あらゆる点を考慮に入れると、私が思うに、医学を勉強しながら非常に有益に二、三年を過ごすことができます。その理由は以下の通りです。1、医学は、たいてい生物学の最高の知識を得る正しい方法であること。2、医学的知識は、私が福音を説くことを神が許し給う場合、非常に有益であること。3、それは、政府や会社の援助に頼らずに、生計を立てるのに役立つこと。とりわけ日本では、「経済的自立」は伝道者にとって必要不可欠だと私は思います。……先生の親切な取り計らいを、私の一方的な事情のためなのですが、私が返事を差し上げるまでしばらくの間待っていただきたく思います。(55)

このように間接伝道に傾く偽らざる気持ちを記す一方で、内村は直接伝道に背を向けることにも良心の呵責を感じないではいられなかった。そして同じ書簡のなかで、内村は直接伝道と間接伝道とのはざまで激しく揺れ動く己れの心を次のように告白するのである。

私は極端に自己中心的ではないでしょうか、新島先生。もし、私がそのように映るなら、先生に対する私の信頼においてのみお許し下さい。私は先生の忠告を受けたく思います。もちろん、私は私のものではなく主のものです。今の私にとっての最大の敵は、貧困でもなければみじめな労働でもなく、私の利己心、堕落した、偽りに満ちた、傲慢な心です。私の慈善行為でさえ、プライドと賞賛という外套にすぎなくなることもしばしばです。私は、友人が非難するような私の気質のためではなく、私が主の道を行かないで自分の道を歩みつつあるのではという怖れのために迷うのです。(56)

つまり、この直接伝道か間接伝道かの迷いは、単に人情的な板挟みによる悩みではなく、信仰をとるか現実をとるかという、己れの在り方を決する究極的な決断を目の前にした深刻な葛藤だったのである。ここで、この選択の問題にさらに考察を加えておくことにしよう。直接伝道の道とは「主の道」であり、最も直接的に「キリストのために働く」ことができる道であったけれども、それは地位や名声、財といった現実的な足場を無慈悲に放棄する道であった。内村にすれば、それは完全なる自己否定の道に他ならなかった。だからこそ、内村は以前からこの道に踏み込むことに言うに言えない抵抗を感じてきたのである。その一方で間接伝道の道は、友人や家族らの賞賛や安定した生活を約束するであろうけれども、その道を選ぶことはキリストに背を向けることになりはしないかという不安がつきまとった。したがってこの進路選択の問題は、己れを棄ててキリストをとるか、キリストを棄てて己れをとるか、という究極的な実存的な問いかけだったのである。そして注目すべきことに、内村はこの問題で身悶えするなかで、自己を正当化し守ろうとする利己心という内なる敵を見出したのである。この利己心という敵は、慈善行為で克服されるようなものではなく、かえってそれを隠れ蓑にしてしまうような狡猾な敵であった。直接伝道の道を遮り、間接伝道を選択させようとするものの正体はこの利己心であり、養うべき家族、不適応な性格、健康とは言えない体もすべては自己正当化の道具にすぎなかった。その一方で、この利己心を牽制し、直接伝道の道から外れることに警告を発する良心という別の心があった。要するに直接伝道か間接伝道かの葛藤は、表面的には「聖職者」になるか「医者」になるかの迷いであったけれども、それは「キリストに仕える」か「この世に仕える」か、「主の道を行く」か「自分の道を行く」か、さらに言えば「キリストを愛し自分を棄てる」か「自分を愛しキリストを棄てる」かという実存的な問いをめぐる、利己心と良心との鋭い対立に他ならなかったのである。次の記述は、その二つの心の激しい葛藤を物語っていよう。

この日は、重苦しく過ごしました。それは、白痴児が私の手を煩わせる(今ではずいぶん慣れましたが)からではなく、私の弱さ、愚かさ、不信仰さに対する深い後悔の念が私の良心にあるためです。……私はこれまで二人の主人に仕えてきました。この世と救い主です。私は心を一つに定めることができません。ですから、これらすべての困難が生じるのです。(57)

このような利己心と良心との鋭い対立と葛藤がおよそ一ヶ月におよんだ頃、内村は自身の霊と肉とが引き裂かれるような矛盾を感じつつ、ついに新島に次のように書き送るのであった。

私の将来に関しては、繰り返し、繰り返し考えてきました。しかし、未だに何らはっきりとした結論には達していません。……霊について語ることができないなら、私は哀れです。しかし、みじめにも私は、なりたいと思うものになれません。それゆえに、心は霊の法則に従い、この肉体は罪の法則に従うのです。いったい誰が、私を罪に満ちたこの肉体から救い出すことができるのでしょうか?(58)

ここで注目すべきことは、利己心をめぐる葛藤がついに罪の意識にまで達したということである。より具体的に言うならば、内村は「なりたいと思うもの」すなわち聖職者になれないことに己れの罪を見出したのである。この罪は、性格上の欠点でもなければ、破婚に代表されるような過失でもない。むしろそれは、己れの肉体に宿る利己心であり、さらに言えば利己的な自己そのものであった。ここにおいて内村は、実存的な次元において罪を自覚したのである。それは、欠点や過失といった道徳的な次元の罪ではなく、いくら看護人として善行を積み重ねたとしても解決されない罪、己れの肉体に不可分に備わる罪であった。言うまでもなくこの実存的な罪は、これまでのように慈善や解釈によって回避されるような性質の罪ではなかった。こうして罪の自覚が実存的な次元にまで深まることにより、内村の在り方はその根底から揺り動かされたのであり、その激震は彼の在り方が根本的に転換されるまで収まることはなかったのである。

第四節　贖罪の啓示

先述したように、内村は進路選択の問題について激しく葛藤し続け、依然として結論を出しかねていた。しかし先に引用した七月十五日付の書簡を書いた時点で、内村は少なくともペンシルヴァニア大学への道を断念することに気持ちが傾いていたことがわかる。というのも、ペンシルヴァニア大学から提示された条件は完全に満足のゆくものではなかったし、モリス夫人の経済支援にも「道義的影響」を感じ、その援助を謝絶することをほのめかしているからである。かといって、そのときの内村には直接伝道の道に飛び込むだけの勇気もなく、彼は日本に帰ることが神の意志ではなかろうかとまで考えた。このように内村は、米国に留まるならアマスト大学への入学を選ぶより他はないと考えていたものの、[59]しかし自分が聖職者にふさわしい人格や信仰を備えているとはとうてい思えなかったのである。そこで、内村はただ「キリストの愛の実感」を求めることにした。キリストがともにあること、それこそが内村の唯一の希望だったのである。こうして内村は、直接伝道の道を歩むさいの確固たる拠り所となるようなキリストの直接的な臨在感を求めて、明治十八（一八八五）年七月二十七日に漁業の視察を兼ねてボストン近郊の漁村グロースターへと旅立つのである。このグロースターの近海は米国有数の漁場であり、ワシントン大会で水産調査官のウィルコックスを紹介してもらって以来、そこは彼が休暇中に一度は訪ねてみたいと考えていた場所であった。そのグロースターにおいて、内村は「キリストの愛」を求めて断食と祈禱のうちに過ごし、ついに次のような決断を下すに至るのである。

この八日間、聖霊の降臨を求めて一心に祈って過ごし、ありがたいことに、その願いは聞き届けられたように思います。……私のすべての生涯を神に委ねましたので、私の将来については何も申し上げることはありません。私は、ご配慮に甘えて、アマストへ行くつもりです。そして、福音の伝道者になるという長い間も ち続けていた意図を実現するつもりです。[60]

そして、内村はさらなる確信を求めて祈禱と断食の生活を続け、最終的には新島に「私の魂の最大の重荷は、グロースター湾に投げ込まれ、二度と目に入ることはなくなりました」[61]と書き、積年の迷いを断ち切ったことを宣言した。またこの決断は、利己心という最大の敵を斥けた信仰の勝利でもあった。それだけにこの経験は、次の引用文に示唆されるように、内村の信仰にも大きな影響を与えたように思われる。

帰れよ、幼き児童の心に帰りて、己が無識と無力とを覚れよ、さらば乃ちナザレのイエス吾等の眼を開き給はんなり。噫、人が迷信といふ処のもの、即ち十字架の上の死の信仰、之れぞ吾等が千代の磐、生涯の錨なるかな。(62)

内村のいうこの「十字架の上の死の信仰」とは、職業や家族、名誉、プライド、そして己れをすべて棄てた末に得られた信仰であり、まさに己れに死ぬ信仰であった。このような信仰に達したことを内村は「私はいまや完全に幸福です。そして新島先生、私はいまや自己と呼ぶものに死ぬ準備ができたと先生に言わなければなりません(63)」と新島に報告している。そして、この己れに死ぬ信仰によって得られたのは「非常なる歓喜」であった。この抑えがたい喜びを、内村は友人たちにも「キリストが訪れれば、不幸に花が咲き、それらは神聖化される(64)」あるいは「久しき間余の心を苦しめたる懊悩と苛責とは、今や余が胸にあることなし、げに其中より救ひ出されて、……この世の冬のいかに冷く怖ろしき時と雖も、我が救ひの主の懐には歓喜、希望の花温かく咲き満つるなり(65)」と伝えている。このような己れに死ぬ信仰つまり自己放棄と自己否定の信仰は、確かに内村に喜びと希望とを与えた。ただし、このとき内村とともにあったキリストは理想的な師であり、苦しみをともにする同伴者であった。このような師たるキリスト、同伴者たるキリストは愛や慰めを与えることができても、進路選択の問題を通して自覚した罪、自分の肉体に不可分に備わる罪、己れの存在を揺り動かした実存的な罪を根本的に解決する存在ではなかったのである。(66)したがって、十字架上の死と己れの死とを重ね合わせることで得られたこうしたキリスト観は、依然としてイエス・キリストは神か人か、そして正統的信仰かユニテリアニズムかという問題に結論を出せるものでもなかったのである。確かに、進路選択の問題が解決されることで一時的な解放感はあったものの、しかしそれを通して自覚された罪の問題やキリストの問題は未解決のまま残されたのであった。

明治十八（一八八五）年九月、福音の伝道者になる希望を胸に抱いて、内村はアマスト大学に入学した。シーリー総長の配慮もあり、内村には勉強するには申し分ない環境が与えられた。そのことを裏打ちするように、当時の日記や書簡の文面は、それまでのような罪と格闘する暗さは影を潜め、福音の伝道者になるという喜びと希望で満ちている。さらには伝道に対する抑えがたい衝動すら覚え、内村は次のようにも記している。

もし、科学や哲学が人間の魂を救うことができないのならば、何故すべての勉学をただちに辞めて、すぐにでも実際的な伝道に出かけないのか？　このような疑問が僕を悩ませる。(67)

このように福音伝道への情熱を内に秘めつつ、内村は黙々と勉学に励み、日々の新しい知の発見に心を躍らせていた。ただし日記や書簡を見る限り、それほど交友関係はなく、おそらくは孤独と貧とに耐えながら、学問に専心していたのであろう。このようにアマスト大学での勉学では確かに知的に啓発されることが多かったものの、それは先述した実存的な罪やキリストの問題の根本的な解決には無力であった。(68)

しかし、自己との格闘の末に見せつけられたあの実存的な罪は、ある日突然、しかも根本的に解決されるのである。その日こそ、内村にキリストによる贖罪が啓示された日に他ならない。その日の日記の記述は次のとおりである。

僕の人生のなかで最も重要な日。今日ほどキリストの贖罪の力が僕にあからさまに示されたことはなかった。

神の子が十字架にかかったという事実のなかに、僕の心をあれほどまでに打ちのめしたすべての艱難の解決がある。キリストは僕のすべての負債を肩代わりしてくれ、堕落前の最初の人間のような純粋さと罪のない状態にまで引き戻してくれる。いまや、僕は神の子である。そして、僕の義務はイエスを信じることである。イエスの目的のために、神は僕に必要なものはすべて与えてくれるだろう。彼は僕を彼の栄光のために用い、ついには僕を天国に救い上げるであろう。(69)

ここでとくに注目すべき点は、この日の日記において「贖罪」(atoning) という語がはじめて使われた、ということである。このことは、いくら強調してもし過ぎることはない。仮に、これが内村の偽らざる精神的事実だとすれば、それをもって内村が贖罪を「実験」したとも言えるであろう。確かに、内村自身が回顧するように「徒に自己の内心のみを見る事を廃めよ、貴君の義は貴君の中にあるに非ず、十字架上のキリストに在るのである」(70)とのシーリー総長の助言が転機となったのかもしれない。しかし当時の内村にとって重要なことは、この言葉を発したシーリー総長の人格そのものというよりも、この言葉を通して与えられた啓示であった。それゆえにこの贖罪が示されたという日の訪れは、日記や書簡だけでなく『余はいかに』の説明を考慮に入れたとしてもやや唐突な印象を受けるのである。しかしこの唐突さは、むしろ贖罪信仰獲得の本質的な側面を浮き彫りにしているようにも思われる。というのもこの贖罪信仰は、合理的な学問の積み重ねによってでもなければ、優しさや温かさといった人格的な感化によって得られたものでもなく、いわば向こう側から一方的に啓示されたと言わざるを得ないからである。その贖われるべき罪とは、言うまでもなく過去に経験した数々の失敗や過失というよりも、むしろ己れに宿る実存的な罪であり、もはや自分の力ではどうすることもできない罪であった。つまり、この己れに宿る罪がキリストによって贖われることの啓示、言い換えれば贖い主としてのキリストの受動的な発見、これこそが内村の贖罪信仰の本質なのである。しかもそれは、理性ではなく霊的直観によって感得した生々しい体験であった。こうして啓示された贖罪主キリストは、内村のまさに「垂直軸」となってゆくのである。次節では、この日を境として内村の在り方にどのような変化が見られるかを論ずることにしたい。

第五節　贖罪主キリストの意味

内村がエルウィンで看護人として働いていたときに、イエス・キリストが神か人か、ひいては正統的信仰かユニテリアニズムかで混沌としていたことは既に述べた。この問題は、内村が直接伝道の道を決断することで解決したわけでもなく、またアマスト大学での勉学によって結論が得られたわけでもない。少なくとも、このことを示す資料は見当たらない。しかし贖罪の啓示を境として、このキリストの問題が一気に解決されるのである。先述したように、明治十九（一八八六）年三月八日つまり内村に「贖罪の力」が示されたというその日の日記で注目されるのは、贖罪主としてのキリストが明示されていることである。それ以前にも、確かに「信仰による義」あるいは「キリストゆえの義」といった信仰義認の捉え方は散見されるけれども、そこではキリストと贖罪という概念は必ずしも結びついていない。少なくともそれまでの内村は、贖罪について自分の言葉では語っていない。ところが三月八日をもって「贖罪の力」は内村にとって紛れもない事実となり、このときキリストと贖罪とがしっかりと結びつくのである。つまりその日こそが、贖罪主キリストが啓示された日なのである。この贖罪主キリストは、いわば慰めのキリスト、愛なるキリストとは全く次元を異にする存在である。というのも慰めのキリスト、愛なるキリストは人間イエス・キリストであり得ても、贖罪主キリストは人間イエス・キリストではあり得ず、神なるイエス・キリストに他ならないからである。ここにおいて、キリストの問題は明快に解決されるのである。言うまでもなく、内村がここで獲得した信仰は、イエス・キリスト＝理想的人間あるいは師と捉えるユニテリアニズムではなく、イエス・キリスト＝神として捉える正統的信仰である。内村がこの贖罪信仰に入ることにより、キリストについて迷いがなくなっていることは、次に引用する書簡の記述が示すとおりである。

余は又、人は行ひによりて義とせらるてふユニテリアン的立説を到底解し能はざるなり、余がキリストを神なりといへばとて、素より天の父を神なりといふと同一の意味に於てするにはあらず、然れども此一事は我れ堅く信ず、イエスキリストは生ける神の子なることを、……彼れが人間なりや否やは別の問題なり、然れども、彼の死（字義通りなる）によれる贖罪の大事実は、たゞに人間本心の要求たるのみにあらず、余にとつては、実に又知識上の必要条件といはざるべからざるなり。(71)

このように内村がイエスの神性を認めることによって、三位一体の教義についても疑念がなくなっていることも忘れてはならない。参考までに、この点を「間接資料」によって補っておこう。三月八日の記述に続けて、内村は次のような回想をつけ加えている。

僕の部屋のあった最上階まで地下室から石炭バケッを運び上げる間でさえ、私はキリストや聖書、三位一体、キリストの復活といった諸問題に瞑想をめぐらしていた。私は、中間の階にまで登ると、二つのバケツ（バランスをとるために二つ運んだのだ）を一度下ろすのだが、そのときその場で、「石炭の丘」からの途上で私に示された三位一体に関する新しい説明に対して、熱烈な感謝の祈りを捧げたこともあった。[72]

贖罪信仰によって開示されるイエスの神性は、このように父と子と聖霊の三位一体の説をも裏打ちするものだったのである。実にこの三位一体を認めるか否かも、正統的信仰とユニテリアニズムとの対立点に他ならず、この点でも内村の「実験」は正統的信仰に矛盾しなかったのである。イエスを人と捉え、創造主のみを唯一なる神とするユニテリアニズムは、確かに一神教の観点では合理的であったけれども、内村の「実験」はその人間主義的な合理的理解を斥け、一見非合理的な三位一体の説を支持したのである。ここから内村がユニテリアン批判に傾いてゆくことは、もはや必然的と言えるであろう。内村は、あるユニテリアンの婦人が単なる信仰による救いを否定し、おこないによる救いを強調したことを取り上げて、次のような批判を加えている。

彼の婦人がいへる、キリストの御言葉の中には「単に信仰による救ひ」の教理なしといふ説には、如何にしても余の服し難き処なり。もし仮りに然りとなさんか、「爾の信なんぢを救へり」、「新約の我血」等の御言葉の意味は、之をいかにして解すべけんか。……実にこゝぞとつかまへ処のなき信念なり。凡そ此くの如き人は世に珍しからず。其信仰はひたすら寛裕に、又限りなく博大にして、――其代り、拡り大いなれば、水はひたひたと底浅き類の信仰なり。[73]

ここで改めて注目したい点は、人間の行為による救いを主張するユニテリアニズムの救済観を内村がはっきりと否定しているということである。それによって内村は、人間の側に救いの主体があるのではなく、それはあくまでキリストの側にあることを明示したと言ってもよいであろう。

このように内村が、人間の側ではなく神やキリストの側に起点を据えた観点を手に入れることで、それまで謎に包まれていた預定の教義にも光が当てられることになる。この預定の教義に関して言えば、札幌農学校時代の日記で『召命』について困惑する」[74]と記されたのが最初の記述である。この日記の記述に対する『余はいかに』の解説によると、ロマ書九章がその問題の部分である。ちなみに聖書のその箇所では、召命がもっぱら神の選びであり、人間の努力は召命とは全く無関係であることが論断されている。おそらく農学校時代の内村にとって、道徳的努力が召命に結びつかないことは、どうしても不可解だったのであろう。それは、召命を人間側の問題として捉えることから導かれる疑念であった。しかし、この召命の問題を神やキリストの側から捉えるなら、人間の道徳的努力はもはや二次的なものにすぎなくなる。こうして贖罪信仰によって開示された神やキリスト側からの視点は、それまで預定の教義に抱いてきた疑念をも一気に解消するのである。

預定の教義を研究し、その重要性に強く胸を打たれた。心は喜びに躍った。誘惑は過ぎ去ったかのように思われ、僕の心の気高い部分がすべて感動で燃えた。僕が神の選ばれた者の一人ならば、また世界の基礎ができる前から彼の相続者として預定されているのなら、どこに誘惑する者がいるというのか![75]
おお、すべてのクリスチャンを謙遜にさせる思想よ! 僕が選ばれた一人であるとは、僕にどんな価値があってのことだろう? 僕は日々、罪を犯しているというのに![76]

これらの記述からも明らかなように、預定の教義はもはや懐疑の対象ではなく、召命の喜びをもたらす信仰の首石にさえなったのである。

こうして贖罪の啓示という一点から、キリストの問題、三位一体の教義そして預定の教義といった難題が次々と解決され、内村の前からは「躓きの石」がすっかり取り除かれるのである。さらにその影響は、教義的な側面だけに留まらず、内村の自然観や歴史観にまでもおよぶのである。内村は宮部に宛てて次のように書いている。

僕は、自然と歴史と聖書が人類に対する神の啓示の三脚であることを知って喜んでいる。これらは、並行して非常な関心をもって研究されることが可能だ。キリストは聖書だけでなく、他の二つの秘密を解く鍵でもある。(77)

贖罪主キリストの発見は、信仰の側面だけに留まらず、このように自然や歴史をも見渡す高くまた広い視野を内村にもたらしたのである。このとき内村は、あらゆる事柄をキリストの目から捉えるような視点を手に入れたと言ってもよいであろう。

このことはまた、視点の移行だけに留まらず、内村の在り方の重心がキリストの方へ移行したことをも示していた。つまり贖罪主キリストの発見は、内村の思想上の変化だけではなく、内村の在り方にも確実なる変化をもたらしたのである。このことは、内村がたった一人で聖餐式をおこなったことからも窺える。その様子は、次に引用するように、当時の日記に美しく綴られている。

夕方は、澄み渡り美しかった。ちょうど僕が夕食に出かけようとしたときに、僕が肉に死ねば悪魔は僕を打つことはできないという考えが浮かんだ。そしてこの『罪に死ぬ』ことは、僕の罪深い心をのぞきこむことによってではなく、十字架につけられたイエスを見上げることによって成し遂げられる。僕を愛して下さる方を通して勝者以上の者になることができる。その考えは非常に元気づけてくれ、その日のすべての重荷を完全に忘れた。感謝が僕の心に満ち、僕は主の晩餐に与ることによってその日を記念したいと思った。そして、僕は一房の山葡萄から少量のジュースを絞り、それを小さな陶器の皿に載せた。また、僕はビスケットを小さく割いた。僕はそれらを清潔なハンカチの上に置き、その前に座った。感謝を捧げ祈禱した後に、僕はその主の体と血を大いなる感謝の心で取り上げた。言葉にできない神聖さであった。僕はこれを生涯にわたって何度も繰り返しおこなわなければならない。(78)

この「罪に死ぬ」という信仰が贖罪信仰を指していることは言うまでもなかろう。山葡萄のジュースとビスケットで象徴されるキリストの血と体は、自分ではどうすることもできない実存的な罪の代価であり、この聖餐式は、それに対する内村の偽らざる感謝を捧げる儀式に他ならなかった。この一人聖餐式は、内村がせずにはおれなかった儀式であり、内村がキリストの贖罪をいかに体感しているかを指し示すものと言えよう。内村にとって贖罪は、単なる概念ではなく、紛れもない事実だったのである。このように義務や形式からではなく、心からキリストに感謝を捧げる内村の姿勢には、まさに幼子のようにキリストに素直に心を開いている様子を認めることができよう。このようにキリストに依り頼む内村の在り方は、次に引用するいくつかの書簡の記述にも明示されている。

刑務所に入れられても、最も親しい友達や身内に裏切られても、キリストのような方がともにいて下されば、それは試練でも何でもなくなる。(79)

一つだけ僕に欲しいものがある。それはキリストである。キリストが僕の心にいらっしゃれば、もうそれ以上欲しいものは何もなくなる。(80)

しかし、実際のところ僕は一人ではない。僕のなかにキリストがいるという実感が増していくことは、一万人の友や同僚、そしてエジプトのすべての富に勝る。(81)

これらの記述から、内村にとってキリストがいかに大きな心の拠り所であるかがわかる。このような内村の在り方は、「キリスト中心」と言っても差し支えないであろう。要するに贖罪主キリストは、内村の存在を成り立たせる「垂直軸」となったのであり、それまでの彼の在り方を根底から再構成する基軸となったのである。しかもこの「垂直軸」が向こう側から与えられている、つまりそれが受動的に獲得されていることから、「贖罪の力」が啓示されたという明治十九（一八八六）年三月八日こそが、間違いなく内村の「宗教的回心」の中心点であったと言うことができるであろう。

その後、内村は明治二十（一八八七）年六月にバチュラー・オブ・サイエンス（理学士）を取得してアマスト大学を卒業し、福音伝道者の道に進むべく同年九月に会衆派のハードフォード神学校に入学する。ところが神学校での修学課程に失望したのに加え、不眠症による体調不良をも引き起こし、内村は入学からわずか四ヶ月あまりで退学してしまう。しかしそれは、内村が求め続けた信仰と神学校での教育とのギャップを考えれば、むしろ当然の帰結と言えるであろう。そして内村が贖罪信仰という大きな財産を携えて帰国するのは、明治二十一（一八八八）年五月のことであった。

おわりに

以上で展開した内村論は、贖罪信仰の獲得を中心に据えた内村理解の試みであり、それはとりわけ内村の罪意識および罪観念の変遷に焦点を当てたという点で特徴づけられるであろう。実は、内村が『余はいかに』で触れなかったのもまた、この罪の問題なのである。内村は、明らかにそれを意図的に隠した。決して記憶から抜け落ちてしまったのではない。心の深い傷だからこそ、内村はそれにあえて触れようとしなかったのである。しかし贖罪信仰を獲得するに至るまでの内村の歩みを跡づけるには、罪の問題はどうしても言及しなければならない核心部分であった。というのも、贖われるべきその罪の内実が明らかにされない限り、贖罪の意味も曖昧にされてしまうからである。ところで内村が隠したのは、罪の問題と密接にかかわる二つの事実である。一つはタケとの破婚であり、もう一つはエルウィンで看護人として働いていたときの進路選択の問題である。前者については、内村の罪意識に直接関連する問題として多くの先行研究が注目してきたので、ここで改めて触れる必要もなかろう。問題は後者である。この進路選択の問題は、従来の内村研究ではさほど注目されてこなかった主題であり、評伝でも実にあっさりとした言及しかされていないことが多い。[82] この問題に踏み込んで論じているものを挙げるなら、管見のおよぶ範囲では、新資料の公表を兼ねたケーリの論考と鈴木俊郎の内村伝[83]ぐらいであろう。ただしそのケーリや鈴木の論考においても、この進路選択の問題を、罪意識の深まりという観点では扱っていない。しかしこの進路選択をめぐる葛藤によって、内村がキリストに背を向けようとする利己的な肉の心を目のあたりにし、欠点や過失という道徳的な罪ではなく、霊はキリストを求めながら肉はそれを妨げるという実存的な罪を自覚させられたことはやはり看過することができない。この罪は、過ちを犯したがゆえに成立する罪ではなく、己れの肉体に不可分に宿り、人間の努力と神の恩寵との隔絶を暗示する罪である。この罪の自覚があったからこそ、内村は贖罪の啓示へと導かれたのである。換言すれば、あの進路選択をめぐる葛藤を通して己れに宿る罪をいやというほど見せつけられたことによって、贖罪信仰の獲得の条件が整えられたのである。人間存在という観点に寄せて再述すれば、己れのあらゆる能力や努力が無効であることの徹底的な自覚、つまり徹底した自己の否定こそが、「贖罪の力」が啓示される条件となったのである。本章の議論を一つの内村論の試みとするならば、このように進路選択をめぐる葛藤を機に深められた罪の意識や自覚を、贖罪信仰の獲得に至る重要な契機と解したことに、その特徴を認めることができるであろう。

最後に、内村の「宗教的回心」についてまとめておこう。本章の冒頭でも述べたように、内村の自覚するconversionと本書でいう「宗教的回心」とが一致するかどうかについては、さしあたりこれを保留した。しかし以上の議論を踏まえれば、両者が見事に一致することが明らかとなろう。本章を締めくくるにあたり、この点に改めて言及することにしたい。内村がいうコンボルションつまりconversionは、アマスト大学での贖罪信仰の獲得を指していることは言うまでもないが、ここで注目すべきは、アマスト大学時代のその体験を境に存在構造の転換が確かに認められるということである。このことは、教義的な問題をはじめ自然観や歴史観までもがキリストを軸として捉え直されていること、そしてキリストこそがすべてという内村の態度によっても裏づけられるであろう。つまり贖罪が啓示された後の内村の実存平面は、贖罪主キリストの発見という一点を中心にして広がっているのであり、別言すれば内村の在り方は、贖罪主キリストという一点から再構成されているのである。このように内村の在り方を根底から支えるこの贖罪主キリストは、むろん内村自身による概念的な構築物ではなく、贖罪の啓示とともに向こう側から開示された実在である。その意味で贖罪主キリストは、内村にとり確かに「垂直軸」に他ならないのである。以上のことから、贖罪主キリストという「垂直軸」が啓示を介していわば受動的に獲得されることにより、内村の在り方は確かに「キリスト中心」へと転換されていると言え、内村の「宗教的回心」はすなわち贖罪信仰の獲得であったと結論づけることができるであろう。なお、この贖罪信仰は、内村のその後の生涯を貫く主題ともなっており、後に展開する再臨信仰とともに、内村理解の柱であることを言い添えておきたい。

注

1 中沢洽樹『内村鑑三――真理の証人』キリスト教夜間講座出版部、一九七一年。
2 日永康「内村鑑三の回心」高橋三郎・日永康編『ルターと内村鑑三』教文館、一九八七年。
3 渋谷浩「若き内村の罪意識――その書簡を中心に」『内村鑑三研究』第二十一号、一九八四年。
4 生越達美「内村鑑三――苦悩と回心の軌跡」堀孝彦・梶原寿編『「内村鑑三」と出会って』勁草書房、一九九六年。
5 矢沢英一「内村鑑三の回心の研究」『内村鑑三研究』第二十七号、一九八九年。
6 鈴木範久『内村鑑三とその時代』日本基督教団出版局、一九七五年。
7 富岡幸一郎『内村鑑三』五月書房、二〇〇〇年。
8 小原信『評伝内村鑑三』中央公論社、一九七六年。
9 「コンボルションの実験」『内村鑑三全集』三二、三一二―三一三頁。
10 「基督再臨を信ずるより来りし余の思想上の変化」『内村鑑三全集』二四、三八四頁。
11 “How I became a Christian: Out of My Dairy”『内村鑑三全集』三、七頁。
12 同書（明治十〔一八七七〕年十二月一日分日記）、一八頁。
13 同書（明治十一〔一八七八〕年九月二十九日分日記）、二七頁。
14 同書（明治十二〔一八七九〕年六月二日分日記）、三一頁。
15 同書（同年八月二十五日分日記）、三四頁。
16 明治十四（一八八一）年九月三十日付宮部金吾宛書簡、『内村鑑三全集』三六、九頁。
17 同年十一月十日付宮部金吾宛書簡、『内村鑑三全集』三六、一四頁。

18 明治十五（一八八二）年一月三十日付宮部金吾宛書簡、『内村鑑三全集』三六、三一―三二頁。
19 同年一月二十日付宮部金吾、太田稲造宛書簡、『内村鑑三全集』三六、二六頁。
20 同年一月三十日付宮部金吾宛書簡、『内村鑑三全集』三六、三五―三六頁。
21 明治十四（一八八一）年十一月十日付宮部金吾宛書簡、『内村鑑三全集』三六、一四頁。
22 同年十二月十五日付宮部金吾宛書簡、『内村鑑三全集』三六、一九頁。
23 明治十五（一八八二）年一月二十日付宮部金吾、太田稲造宛書簡、『内村鑑三全集』三六、二七―二八頁。
24 同年一月三十日付宮部金吾宛書簡、『内村鑑三全集』三六、三五頁。
25 同書、三六頁。
26 『基督信徒の慰め』、『内村鑑三全集』二、二四頁。
27 明治十五（一八八二）年六月十五日付宮部金吾宛書簡、『内村鑑三全集』三六、四三頁。
28 鈴木範久『内村鑑三日録1』、一二五頁参照。
29 明治十六（一八八三）年三月二十日付太田稲造宛書簡、『内村鑑三全集』三六、五三頁。
30 "How I became a Christian"（同年四月十二日分日記）『内村鑑三全集』三、六八頁。
31 同年四月二十二日付太田稲造宛書簡、『内村鑑三全集』三六、五三―五四頁。
32 例えば鈴木範久『内村鑑三日録1』には、「辞職の理由としては、研究志向、身体の不調、上司の役人への不満、これに加え札幌教会の独立達成の四点をあげておきたい」（一四三―一四四頁）とある。
33 "How I became a Christian"（明治十六〔一八八三〕年四月二十二日分日記）『内村鑑三全集』三、六八頁。
34 同書、六七頁。
35 同年六月八日付宮部金吾宛書簡、『内村鑑三全集』三六、六〇頁。
36 同年九月二十一日付太田稲造宛書簡、『内村鑑三全集』三六、七五頁。
37 同年十二月宮部金吾宛書簡、『内村鑑三全集』三六、八六頁。
38 同年十二月二十八日付太田稲造宛書簡、『内村鑑三全集』三六、八九頁。
39 明治十七（一八八四）年三月二十八日付宮部金吾宛書簡、『内村鑑三全集』三六、一〇六頁。
40 破婚の原因については、日永康「内村鑑三の回心」や鈴木範久『内村鑑三日録1』で興味深い言及がなされているものの、資料の限界もあり内村側の立場からの考察に留まっている。しかしこの問題については、タケ側からの考察もつけ加えられるべきであろう。とりわけ、内村の母とタケとの嫁姑関係は、この破婚と無関係ではないように思われる。もともとタケとの結婚には反対していた母とタケとの関係は、決して円満ではなかったと推察されるうえに、肝心の内村は仕事上の出張も多く留守がちであった。母とタケとの唯一のパイプであった内村が不在となれば、残されたタケの気苦労は相当なものであったろう。なお、七月下旬に榛名湖調査に出張したさいに、内村がタケを同伴したのも、家に残ることにタケが強く抵抗したためとも思われる。いずれにせよ、義母とは上手くやっていけず、夫も留守がちという孤独な境遇にあっては、他の男性信者に相談をもちかけたとしても不思議ではなかろう。この行動が周囲の誤解を招き、それが破婚の一因になったとすれば、内村家の嫁姑の関係もこの破婚と無関係ではないように思われる。

41　明治十七（一八八四）年十月二十七日付宮部金吾宛書簡、『内村鑑三全集』三六、一一四、一一六頁。

42　"How I became a Christian"（明治十八（一八八五）年一月一日分日記）『内村鑑三全集』三、一〇〇―一〇一頁。

43　明治十七（一八八四）年十二月二十二日付父宛書簡、『内村鑑三全集』三六、一二二頁。

44　明治十八（一八八五）年一月七日付宮部金吾宛書簡、『内村鑑三全集』三六、一二七頁。

45　同年一月十九日付太田稲造宛書簡、『内村鑑三全集』三六、一三〇頁。

46　"How I became a Christian"（同年一月六日分日記）『内村鑑三全集』三、一〇一頁。

47　同年二月十六日付太田稲造宛書簡、『内村鑑三全集』三六、一三二頁。

48　このような罪の解決法は後の内村に従えば「忘罪術」と言うべきものである。『求安録』には、「罪より脱して始めて罪を思はざるに至る、罪を思はずして罪より脱するにあらず」（『内村鑑三全集』二、一八〇頁）とある。

49　明治十八（一八八五）年三月一日付太田稲造宛書簡、『内村鑑三全集』三六、一三八―一三九頁。

50　"How I became a Christian"（同年一月一日分日記）『内村鑑三全集』三、一〇〇頁。

51　同書（同年四月八日分日記）『内村鑑三全集』三、一〇六頁。

52　同年三月二十三日付太田稲造宛書簡、『内村鑑三全集』三六、一四五頁。

53　同年三月二十四日付クラーク宛書簡、鈴木範久『内村鑑三日録1』、一九三頁。

54　同年六月二日付新島襄宛書簡、『内村鑑三全集』三六、一六四頁。

55　同年六月二十一日付新島襄宛書簡、『内村鑑三全集』三六、一七五頁。

56　同書、一七六頁。

57　同年七月五日付新島襄宛書簡、『内村鑑三全集』三六、一八〇頁。

58　同年七月十五日付新島襄宛書簡、『内村鑑三全集』三六、一八四頁。

59　同年八月七日付の新島の書簡によれば、内村はアマスト大学へ入学する意志を少なくとも七月下旬には新島に伝えていたことがわかる。ただしこの決断を伝える書簡は、残念ながら未発見である。
60　同年八月十日付新島襄宛書簡、『内村鑑三全集』三六、一九〇―一九二頁。
61　同年八月二十二日付新島襄宛書簡、『内村鑑三全集』三六、一九六頁。
62　同年八月広井勇宛書簡、『内村鑑三全集』三六、二〇〇頁。
63　同年八月二十二日付新島襄宛書簡、『内村鑑三全集』三六、一九六頁。
64　同年十月二十一日付藤田九三郎宛書簡、『内村鑑三全集』三六、二一〇頁。
65　明治十九（一八八六）年一月広井勇宛書簡、『内村鑑三全集』三六、二二四―二二五頁。
66　『求安録』には、「伝道師たるの決心にして余を罪より解脱すること能はざれば」（『内村鑑三全集』二、一七二頁）とある。このことは直接伝道を選択することによっても罪から逃れることはできなかったことを示唆している。
67　明治十八（一八八五）年十二月三日付小野谷敬三宛書簡、『内村鑑三全集』三六、二一九―二二〇頁。
68　『求安録』では「学は罪よりの隠れ場所にあらずして、かえってこれを顕明ならしむるものなり」（『内村鑑三全集』二、一五五頁）と記され、学問が「脱罪術」としては無効であることが主張されている。また、例えば「クリスマス夜話＝私の信仰の先生」に出てくるシーリー総長の助言「内村、君は君の衷をのみ見るから可ない。君は君の外を見なければいけない。何故己に省みる事を止めて十字架の上に君の罪を贖ひ給ひしイエスを仰ぎ瞻ないのか。君の為す所は、小児が植木を鉢に植えて其成長を確定めんと欲して毎日其根を抜いて見ると同然である。何故に之を神と日光とに委ね奉り、安心して君の成長を待たぬのか」（『内村鑑三全集』二九、三四三頁）からは、贖罪信仰を得る前の内村が、一人学問に励みながらも自分の内面にある罪を見つめ、かえって罪の意識に苦しむ姿が想像できる。
69　"How I became a Christian"（明治十九〔一八八六〕年三月八日分日記）『内村鑑三全集』三、一一七―一一八頁。
70　「聖書研究者の立場より見たる基督の再来」『内村鑑三全集』二四、五七頁。
71　明治十九（一八八六）年六月広井勇宛書簡、『内村鑑三全集』三六、二三六―二三七頁。
72　"How I became a Christian"『内村鑑三全集』三、一一八頁。
73　明治十九（一八八六）年七月十九日付広井勇宛書簡、『内村鑑三全集』三六、二四〇頁。
74　"How I became a Christian"（明治十三〔一八八〇〕年十二月二十六日分日記）『内村鑑三全集』三、四〇頁。
75　同書（明治十九〔一八八六〕年六月三日分日記）、一一九頁。

76 同書（同年六月五日分日記）、一一九―一二〇頁。
77 同年十月六日付宮部金吾宛書簡、『内村鑑三全集』三六、二四七頁。なお、自然と歴史と聖書を三位一体のように捉えることのような考え方は、贖罪信仰を獲得する前の明治十八（一八八五）年八月十日付書簡のなかにも見出せるものの、そこではキリストとの関係には言及されていない。
78 “How I became a Christian”（同年九月十三日分日記）『内村鑑三全集』三、一二一―一二二頁。
79 同年十月六日付宮部金吾宛書簡、『内村鑑三全集』三六、二四六頁。
80 同年十一月三日付宮部金吾宛書簡、『内村鑑三全集』三六、二五〇頁。
81 明治二十（一八八七）年七月二十七日付宮部金吾宛書簡、『内村鑑三全集』三六、二六二頁。
82 オーテス・ケーリ「内村の決断の夏――一八八五年」『人文学』第二十四号、一九五六年。
83 鈴木俊郎『内村鑑三伝　米国留学まで』岩波書店、一九八六年。

第十章　高山樗牛

はじめに

高山樗牛（本名：高山林治郎、以下「樗牛」と記す）は、明治の文芸評論家、思想家、詩人、日蓮崇敬者として知られ、とりわけその強烈な自我の主張は、近代的自我の典型的な表出として注目されてきた。(1)確かに、樗牛の思想は、近代日本のエートスを探る足がかりとして実に興味深いと言える。また近代思想史において樗牛を位置づけることも、間違いなく樗牛理解の一つであろう。しかし本章で目指すのは、他所でも繰り返し述べてきたように、「宗教的回心」および「宗教的人間」という枠組みから樗牛を捉えることであり、その存在構造を明らかにすることである。つまり本章で展開する樗牛論は、思想史や文学史のなかで樗牛を位置づけることや、近代的自我の覚醒という精神史のなかで樗牛を論ずるのではなく、その思想展開や文芸活動が依って立つ根底に注目し、その在り方を問題にするのである。そこでの焦点は、さしあたり樗牛に「宗教的回心」と呼び得る在り方の転換があるかどうかに絞られよう。別言するならば、樗牛が辿った複雑な思想的変遷の根底に、「垂直軸」の受動的獲得およびそれに伴う存在構造の転換が認められるかどうかである。このような問題意識から説き起こされる樗牛論の意味については、改めて論ずることにしたい。

さて、樗牛の回心あるいは信仰に触れている研究はいくつか挙げられるけれども、それらの樗牛の宗教的側面に関する評価は全く二分されていると言ってよい。この見解の相違は、樗牛に関する最も初期の研究書である姉崎正治・山川智応共編の『高山樗牛と日蓮上人』[2]で既に認められる。例えば姉崎は、樗牛の信仰的な覚醒について「茲に上首上行の大覚醒に到達したると同じく、樗牛は実に日蓮のこの覚醒に著目するに及んで、心霊信仰の奥に入り」[3]と述べ、樗牛を「信仰の人」と評している。その一方で山川は「ただ惜しむべきは、到着すべき宝処まで到達しなかった」[4]と述べ、樗牛が完全なる覚醒をしたとは認めなかった。このような見解の対立は、後の研究にも指摘することができる。その後の樗牛研究において、樗牛の回心を肯定あるいは評価する立場で言えば、高須が、晩年に安心立命に達したと樗牛を解しており[5]、松本もまた、樗牛が病気の懊悩を克服しきれなかったとしながらも「少なくとも死に関しては、諦観的態度を見ることができる」[6]と述べて、そこに「人格の安定」つまり回心を認めている。ところがその一方で、秋山は、樗牛が宗教的雰囲気を求めていたことを認めつつも、それは宗教的「回心」というよりも宗教的「関心」にすぎず、悟りを得て信に入るまでは至っていないと論じている[7]。また綱澤も同様な観点から「宗教に関心を示し、同情を寄せる樗牛ではあるが、……信仰のなかに、己のすべてを没入させることはなかった」[8]と述べ、樗牛の信仰を決して深いものとは見ていない。このような見解の相違は、とりわけその信仰的あるいは宗教的な側面に関して、樗牛がいかに捉え難い人物であるかを物語っていよう。したがって本章の樗牛論は、このきわめて難解な樗牛という人物をその根底から把握する試論とも言えるのである。以下、樗牛のライフヒストリーと思想的変遷とを追いながら、その試みを展開することにしたい。

第一節　浪漫主義：理想と現実のはざま

高山樗牛は、明治四（一八七一）年一月十日、現在の山形県鶴岡市に齋藤親信の次男として誕生した。そして二歳のときに、父親信の実兄にあたる高山久平の養子となり、その後は官吏であった養父の勤務地に従い、幼少を山形で過ごし、少年時代には福島の小学校および中学校に通った。中学校時代の樗牛は、成績優秀で、詩文にも秀でた非凡な少年であり、また未来に大志を抱く少年でもあった。このことは、彼が当時の日記に「余輩僻奥の一学生、歳未だ十四に充たずと雖も、切磋汲々として奮励せば、豈何ぞ雷鳴の轟轟たる、此山の如く為らざるを憂へんや」(9)と記していることからも窺えよう。このような多感で鋭敏な少年にとって、時代の先端をゆく東京は実に刺激的に映ったに相違ない。明治十九（一八八六）年十月に養父の転任に伴って上京した樗牛は、さっそくその翌月には東京英語学校へ入学し、現実的には第一高等中学校への入学を目指し、将来的には東京帝国大学への入学を夢見て勉学に励んだ。この英語学校でも樗牛は好成績を修めており、実父に宛てた書簡では「毎月試験成績は通例中等以上にて、席順にては生員五十名位の中十番を下らざるを常とす。現に先月は試験成績優等の為め昇級致し、且つ本月の月謝を免ぜられ候」(10)と誇らしく報告している。しかしながら、この時点で既に樗牛は第一高等中学校の受験には失敗していたと推察される。というのも、この書簡のなかで、彼は仙台の第二高等中学の補欠試験を受ける予定についても記しているからである。当時仙台に新設されたばかりの第二高等中学校は、東京大学予備門の伝統を引き継いだ第一高等中学校とは異なり、伝統もなく設備も不十分であり、学生数も定員割れするほどであったという。樗牛が受けた二高の補欠試験は、このような定員割れを補うものであったと思われる。この補欠試験を樗牛が甘んじて受けたのも、おそらく樗牛が養父母の経済的負担を考慮したからであろう。

さて、補欠試験に合格した樗牛は、明治二十一（一八八八）年一月に、第二高等中学校予科へ「仮入学」を果たした。ただし、この二高への「仮入学」は、第一高等中学校から東京帝国大学へという彼の青写真が崩れたことを意味するだけでなく、自分よりも能力的に劣ると見ていた者が「本入学」していたことから、樗牛にはきわめて不本意で屈辱的な結果であった。それに加えて、樗牛は東京にも強い未練を抱いていた。プライドの高い樗牛にとって、仙台の二高へ入学することは「都落ち」に他ならなかったのである。このような入学当初の心境を、樗牛は親友に宛てた書簡で次のように吐露している。

東京に居れば、万事目に見るもの、耳に聞くもの、皆吾人の思想を刺撃して、吾人の精神を活発にし、壮快にし、政治思想（ちと大袈裟なれど）を発達せしめて、吾人をして卑屈に遠ざからしむるが故、吾人の進路にはいと都合よかるべく、……当地は、当時雪降のみつゞき、東京の『晴天無雲翳』の天気とは雲泥の差あり。当地は、なる程大は大なれ共、其繁華の所は二三丁の間にて、其余は残墻印蔦根、廃礎染狐糞の処のみにして、一向つまらなき場所なり。(11)

樗牛にとり東京は、将来の活躍を約束する希望の地であり、仙台はその挫折の地だったのである。彼が幾度とも漏らす仙台や二高に対する不満は、現実的な環境だけでなく、少年の頃から「必ず後日揚名以て天下に顕はす」(12)と勉学に励んできた樗牛のプライドの高さにも起因していた。このことは、自分が仙台にいる「恥」を隠すために、友人に宛てた葉書をわざわざ東京から投函することを依頼したことからも察せられよう。そして、このような憂鬱な感情は、入学当初だけではなく二高時代全体をも支配していたのである。入学から半年後の書簡(13)で、樗牛が箇条書きに列挙した「不愉快の種」と「愉快の種」からは、当時の樗牛の生活と心境とを垣間見ることができる。その主なものを拾ってみると、「不愉快の種」には、貧乏、ともに語る友がいないこと、同朋の器量が小さいこと、学校の厳しい規則、自分が抱いている大志を他人が知らないこと、などが挙げられており、その一方で「愉快の種」には、朋友との談話、読書、文章がうまく書けること、兄弟父母との懇話、などがある。しかし樗牛によれば、総じて「不愉快の種」の方が強いという。そこからは、友との表面的な会話や読書、作文などで貧と孤独を紛らそうとするものの、憂鬱で不快な感情を拭えないでいる樗牛の姿が浮かび上がってこよう。

このような不平不満に加えて、関心のない勉学への嫌気から、ついには学校も欠席がちとなり、樗牛は人生の悩みをも口にするのである。

弟こと、当時不愉快のことのみ多く、学校の事等は何も手につかず、欠席又欠席、あしきこととは知りながら、不平が持病の是非もなさ！……愁々思に悩む、夫れ人生を如何せんや。(14)

この憂鬱な感情から生まれた人生に対する懐疑は、二高時代の樗牛の胸裡を常に去来していたと思われ、その偽らざる疑問を「人生終に奈何」という文章で次のようにぶつけている。

生前の事業、夢中の観の如く、死後の名聞、草露の如くんば、茫然たる吾が生、夫れ何くにか寄せん、大哀と謂はざるべけんや。嗚呼人生終に奈何。予、往を顧み来を慮り、半夜惘然として吾れ我れを喪ふ。(15)

この二高時代の陰鬱な感情の、いわば論理的な表現が「厭世論」と題された論文であった。この論文は、まさに厭世的な自身の性情から次のように説き起こされている。

吾れ人が好んで世を厭ひ、若しくは好んで世を厭はんとする傾向あるは、抑々何が為ぞ。之れ予が読者の前に呈出したる一大疑問也。[16]

この疑問から展開される論調はきわめて懐疑的であり、例えば「吾れ人は失敗に遭はんが為に尽力し、死に終らんが為に生くる者にあらざる乎」[17] あるいは「之れ此世の生活が如何に苦痛に充ち、悲哀に塞がれるかを示すものにはあらざる乎」[18] といった悲観的な文章が並んでいる。こうした現世への懐疑に彩られる思想を、樗牛は「厭世主義」と呼び、それを論理的思索の軸にしている。この「厭世主義」は、彼の歴史観にも反映され「人間が歴史は希望の歴史なり、否、希望を求めて煩悶するの一大哀史なり」[19] とも述べられている。その見地から言えば、人類の歴史とは、永遠に達することのない希望と理想に煩悶しながら向かう哀れな人類の営みなのである。この悲観的な歴史観は、まさに樗牛の自己理解に重ね合わせられていると言えよう。このように「厭世論」は、決して理想に到達することのない、苦痛と悲哀、煩悶に満ちた現実への懐疑を、論理的に表現したものに他ならないのである。その一方で、この厭世的傾向を詩的に表現しているものが「吾妹の墓」であり、愛の霊妙さを記した「愛」であった。例えば後者では、ゲーテやダンテなどの「厭世詩人」らが、愛を失い、愛を捨てた悲哀のなかにあるとされ、さらには「愛は実に詩人の生命也。愛の外に真詩なく、詩の外に真愛なし」[20] と、愛の喪失による厭世的感情こそが詩の原点であることが指摘されている。また「傷心録」でも「人と世とは浮べる塵の如し。……望みの門にたどり行く吾等、却て之に背いて馳せつゝあるを知らずや。……昔日歌舞の地に衰残の黄花を擁する身には、望みなるものは徒に傷心の魔鬼にあらざる乎、非乎」[21] と散文詩調の文章で自身の厭世観を綴っている。このように二高時代の樗牛は、人生や現実に対する厭嫌と懐疑とに逃れがたく囚われていたのであり、それをあるときには論理的に、あるときには詩的に表現したのである。この悲観的で厭世的な感情は、とりわけ樗牛の恋愛観や詩的感性と不可分に結びつきながら、彼の最も深いところを脈々と流れていたのである。

さて、明治二十六（一八九三）年九月に、樗牛が念願の東京帝国大学哲学科への入学を果たすと、それまでの厭世的で陰鬱な感情は少なくとも表面的には影を潜めた。しかしその厭世的な傾向が完全に払拭されたわけではなく、それは例えば読売新聞の懸賞小説に入選した小説「滝口入道」（明治二十七〔一八九四〕年）の作風にも認められる。この小説は、栄華をきわめた平家一門の没落を背景に、齋藤滝口時頼が、恋愛や忠孝、義理、人情のはざまを葛藤しながら揺れ動く様を感傷的な美文で描いた作品であり、かなわぬ恋の美しさや現世のはかなさを基調としている。その主人公である滝口時頼が、名もなき郷家の娘「横笛」への片思いを父にたしなめられたのを機に遁世するというモチーフは、当時樗牛が親しんでいた近松戯曲にも通じるところがある。そのことは、樗牛が近松門左衛門の人生観を「彼が此の人生観の因となりしものは、自然感情にして、之が縁となりしものは、社会の制裁、人事の錯誤、及び彼が没道義的傾向なり」[22]と評し、近松戯曲の核に「自然感情」つまり男女の本能的な恋愛感情を認めたことからも裏打ちされよう。このように社会的道義よりも恋愛感情を先立てる作家を、樗牛はしばしば「厭世詩人」と呼び、とりわけ近松を日本の代表的な「厭世詩人」として高く評価したのである。それればかりか樗牛は日本文学史上にシェークスピアよりも「真に一の巣林子を得んことを望むものなり」[23]と近松待望論まで披露している。このように、社会や道徳よりも恋愛感情を重視する表現は、後に主張される美的生活論を彷彿させる。この点は、樗牛の思想的展開を論ずるうえでも看過できない点であろう。いずれにせよ、東京帝国大学時代の樗牛にも、恋愛感情を称揚する詩的で厭世的要素が確かに受け継がれていったのである。ただし、「滝口入道」が匿名で発表されたように、この厭世的で浪漫主義的傾向は、樗牛の隠された側面であり、いわば裏の素顔に他ならなかったのである。

ところで、東京帝国大学への入学は樗牛の悲願であったこともあり、彼は一転して勉学に励んだ。そのためか、苦痛や煩悶に満ちていた現実は、理想を見据えた現実として捉え直され、さらにその理想を目的に据えた実践が重視されている。このことは、例えば論文「人生の価値及び厭世主義」で「理想は唯現実を通じ、現実に依りて接近し現化し得らるべきものなることを記憶せざるべからず[24]」というかたちで示されている。このように、理想が現実から遊離しているのではなく、現実から接近可能あるいは実現可能とされ、理想と現実の連続性が強調されている点には注目したい。この連続性を保証し、その根拠となるのが、道徳および知識に他ならない。このことに関して、樗牛は次のように記している。

道徳的生活は即ち考察的生活なり。故に高尚なる道徳は高尚なる知識を予想す、知識は道徳に於て欠くべからず、現実と理想とを調和するものなればなり。[25]

このように主張される現実と理想との調和は、それまで手の届かなかった理想が現実的な努力目標となったことを示唆していよう。その背景には、悲願の東京帝国大学入学があったことは言うまでもない。その意味で、理想と現実との連続性や調和を認め、実際にそれを追求する姿勢は、再び自信を取り戻したプライド高きエリート樗牛の復活を告げ知らせているとも言えるであろう。[26]

それに加えてこの頃、樗牛が道徳の価値や内実についても積極的に論及していた点も注目に値する。例えば論文「道徳の理想を論ず」では、「道徳は人心最高の原理にして、又最高の活動なり[27]」と記され、道徳がかなり重視されていたことがわかる。その道徳に関する議論で焦点となるのが、個人と社会との関係であろう。それについて樗牛は「社会は個人の人格を撲滅して自己を発達するに非ず、個人は社会の人格を否定して自己を現化するに非ず」[28]と述べている。それに従えば個人と社会は、一方を他方のために犠牲を強いるのではなく、相互補完的な関係にあることになろう。この論文が日清戦争直後に執筆されたことを考慮すれば、個人が社会や国家を凌ぐとまではいかずとも、個人が社会や国家の前で否定されておらず、また屈してもいない点には留意されるべきであろう。なお、このような両者の関係は、後に展開される日本主義にも継承されることになる。以上で論じたように、東京帝国大学時代の樗牛は、その根底には個人的な恋愛感情への同情や、しばしばそれと結びつく愛と美に対する厭世的で詩的な感性を携えつつ、その一方では合理的な考察に裏づけられた道徳を力説するという二つの顔をもっていたのである。その二つの顔のうち当時前面に出ていたのは、表向きの顔とも言うべき、知識を誇り道徳を力説する自信に満ちたエリートとしての顔であった。ただし、いずれの面においても、樗牛の自己がその存在を力強く訴える余地が確かに確保されていたことには注目しておきたい。

このように樗牛は、大学生活の前半でこそ、勉学に励み小説や論文の執筆にも積極的に取り組んだものの、大学生活の後半からは病との闘いを強いられることになる。それは、卒業の前年にあたる明治二十八（一八九五）年十一月に日光中禅寺湖方面への遠足に無理をおして参加し、持病の気管支カタルをこじらせて入院したことに始まった。当初それほど深刻には受け止めていなかった症状は思いのほか重く、不本意ながら学業を中断して療養に専念せざるを得なくなったのである。約四ヶ月にもおよんだ転地療養により、学業が妨げられただけでなく、療養費もかなりかさんだことから、樗牛は養父母に対する後ろめたさを禁じ得ず、当時の心境を次のように吐露している。

たゞ一人、心にも無き旅路をさまよひ申候こと、まことにまことに残念千万に有之、たゞたゞ御すいりよう願上候外無御座候。……年よりし親共の心の中察しやれば、胸もはりさくばかりに御座候。[29]

ちなみに、樗牛が孤独で無念の療養期間を熱海で過ごしていたときに、わざわざ東京から見舞いにやってきた姉崎正治とは、それ以降樗牛がその心境を包み隠さず打ち明けることができる無二の親友となった。

さて樗牛は、療養のかいあって明治二十九（一八九六）年四月には大学に通えるまでに回復し、復帰からわずか三ヶ月後の七月には、十七人中五番という好成績で及第卒業することとなった。そして奇しくも樗牛は、同年九月に仙台二高の教授に任命され、再び仙台の地を踏むこととなったのである。同学科を卒業した同期で親友の姉崎正治や桑木厳翼が大学院に進学するなどして東京に留まったのに対して、樗牛はそれ以上養父母に経済的な負担をかけたくはなかったのであろう、職に就くことを選んだのである。したがって樗牛にすれば、二高の教授職拝命は決して納得のいくものではなかった。むしろ、かつて樗牛が学生として二高に入学したときのように「都落ち」という失望感すら抱いていたのである。このことを樗牛は実兄に宛てて次のように書いている。

在京之友人中には、地方行を切にとゞめくれ候ものも有之候得共、事定候後に候へば、何ともいたし方無之、遂に今日の仕ぎと相成、自分ながら余り感心仕らず候。唯小弟刻下の大事は、健康を回復するにあれば、しばらく閑地につきて保養可然と、是も一原因に有之候。(30)

この書簡によれば、今回の仙台行きは不本意ではあるけれども、それも一つの保養だと割り切っているところが見受けられる。それゆえ仕事に対する熱意もそれほどでもなく、相変わらず東京への未練を断ち切れずにいた。

教授連は都落之連中故、意気沮喪之もの多きやに相見え申候。直前不撓之大猛勇心あるものは極めて少なきやに相見え申候。英語の教員などは実にいやいやに相成申候。都こひしくこひしくて日々茫然暮居候、御哀憐被下度候。[31]

このように樗牛は、着任早々、早くも仕事に嫌気を感じ、東京へ出たい気持ちを押さえきれないでいたのである。樗牛にとって東京はやはり、将来の立身を約束する希望の地であり、先駆的な活動の舞台であった。また桑木に宛てた別の書簡では、友人たちの活躍について触れたうえで「人生の目的など云ふこと、今更中夜の疑問として心に浮申候」[32]と記し、再び人生の懐疑を抱いている。二高時代にも仙台や二高への不満から「人生を如何せんや」と人生の懐疑を口にしたことを想起すれば、仙台という地は人生の意味が疑われるほど、樗牛には留まるに耐え難く、友人たちの活躍からも疎外された僻地だったのである。これらのことから、とりわけプライドの高い樗牛が機会さえあれば再び東京へ出たいと考えていたとしても不思議ではなかろう。実際に、樗牛は学生ストライキ騒動をきっかけに、明治三十（一八九七）年三月、着任からわずか七ヶ月にして二高を辞職し、博文館の大橋乙羽の誘いに応じて雑誌『太陽』の主筆として再び東京で活動することとなったのである。

第二節　日本主義：合理的国家主義の宣揚

明治二十八（一八九五）年に創刊された雑誌『太陽』は、あらゆるジャンルを網羅する総合雑誌であり、当時の定期刊行雑誌のなかでは分量、発行部数ともに他誌の追随を許さなかった。この『太陽』との出会いは東京帝国大学在学中にまで遡り、樗牛は卒業までの約一年間、当時創刊されて間もない『太陽』の文芸欄に匿名で評論を寄稿していたのである。この関係は、樗牛が二高教授に就任することで一度は断ち切られることとなったものの、先述したように樗牛は明治三十（一八九七）年四月から、再び『太陽』でしかも主筆としてペンを執ることを決断したのである。言ってみれば樗牛は、地方高等学校の無名の一教授で留まるよりも、言論界をリードする評論家になることを選んだのである。樗牛がこの『太陽』の主筆として活躍した、いわゆる『太陽』時代は、明治三十年十二月の杉さと子との結婚、明治三十三（一九〇〇）年六月の長女初子の誕生とも重なっており、樗牛の人生のなかでも最も自信に満ちあふれ、最も活動的で生産的な時期であった。この時期に樗牛が高々と掲げた思想こそが日本主義だったのであり、それは東京帝国大学時代に主張した合理的な思想と、日清戦争以降に急速な高まりを見せていた国家主義とを融合させたような思想であった。この日本主義を、樗牛は次のように定義している。

日本主義とは何ぞや。国民的特性に本ける自主独立の精神に拠りて、建国当初の抱負を発揮せむことを目的とする所の道徳的原理、即ち是れなり。(33)

この「道徳的原理」としての日本主義は、さらに当時の「国粋保存主義」との比較から「是の著大なる差別は、内にありては即ち国民的意識の明白なる自覚なり。外に表はれては即ち内外事物の真正の性質に拠りて其の取捨選択を決し、其の方法の全く研究的なることなり」(34)と特徴づけられている。要するに日本主義は、国民意識の「自覚」と歴史的で比較文化的な「研究」とに基づいている点で、国粋保存主義とは一線を画すというのである。このことから明らかなように、樗牛の日本主義は、当時の時流を踏まえつつも、きわめて合理的な道徳原理として提唱されたのであった。

このように日本主義の合理性と道徳性とが強調されるほど、非合理的要素をもつ宗教が斥けられることは容易に察しがつこう。現に樗牛は、宗教をその非合理的な側面に寄せて「現実生活の自然的経過によりて到達すべからざる一種超自然的理想を思慕し、或る超理的方法によりて之に到達し得べしとする所の、一種の信念」[35]と規定している。このように、非現実的な目的と非合理的な方法とによって特徴づけられる宗教が、合理性を強調する日本主義と相容れないことは言うまでもなかろう。さらに樗牛による宗教批判の矛先は、宗教の非合理性だけではなく、宗教が国家主義と対立する点にも向けられていた。そのことは次の記述においても明らかであろう。

吾等は我が日本主義によりて、現今我邦に於ける一切の宗教を排撃するものなり。即ち宗教を以て、我が国民の性情に反対し、我が建国の精神に背戻し、我が国家の発達を沮害するものとなるものなり。[36]

このように樗牛が、宗教が国家にとって不要であるだけでなく、害でさえあると主張したのも、宗教と国家とが構造的に鋭く対立するからに他ならない。より具体的に言えば、宗教が「個人の無限の幸福」を主張する個人主義あるいは「世界の平等の博愛」を標榜する世界主義である以上、それは国家主義と根本的に相容れないと樗牛は論断したのである。その対立点はつまり、個人または世界を先立てるか（宗教）、国家を先立てるか（日本主義）という点に集約されよう。なお、宗教を特徴づける個人主義および世界主義という二つの主義に、樗牛は「是の二者は単に空想上の理論としては、多少の興味なきに非ずと雖も、現実世界に於て吾人が行動の実際的主義としては、毫も其の価値あるものに非ず」[37]との見解をつけ加えている。つまり樗牛は、少なくとも現実的な方便としては、宗教は全く無益だと主張するのである。以上の議論から日本主義は、歴史的あるいは比較文化的考察に基づく合理的で実践的な思想であり、それはまた理性と現実とに信頼を置く当時の樗牛の在り方を端的に示しているとも言えるであろう。

しかしながら樗牛の日本主義は、国家至上主義という体裁を整えながらも、その一方で個人という側面を全く切り捨てたわけではなかった。この点こそが、後に展開される個人主義の伏線として看過できない点なのである。またそこに、日本主義を単なる「スローガン」として片づけることのできない固有の観点をも指摘できるように思われる。その問題の国家と個人との関係について、樗牛は「国家は人類発達の必然なる形式なり。人は一人にして生息すること能はず、……現実界に於ける一切の活動は、其の国家的たることに於て最も有効なりとす」[38]と述べている。つまり樗牛によれば、国家とは一人では生きることのできない人間の最も有効かつ必然的な存在形式なのである。その意味では、国家はたとえ唯一で絶対的であるにせよ、個人が生きるための一つの手段に他ならないことになろう。それについて樗牛は、国家主義が人生の幸福を実現するための唯一の手段であり、それゆえに「方法目的」言い換えれば事実上の目的であるとも説明している。とはいえ、たとえ唯一であれ国家が手段であることには変わりなく、個人の幸福が目的に据えられ、自己が主張される余地がしっかりと確保されている点は注目に値しよう。

確かに、日本主義は当時の樗牛の代名詞とも言える思想であり、あたかも彼の自己理解を代弁するかのような思想であった。しかしそれは、やはり世間に見せていた表の顔だったのである。その一方で、人生や現世に対する懐疑に起因する樗牛の厭世的な裏の顔は、日本主義を高らかに宣揚していたときにも垣間見せていた。例えば在学中に転地療養したさいの心境を散文詩調に表現した「わがそでの記」には、憂鬱な感情が次のように綴られている。

まことに病は親しむべき友にてはあらざりき。沈みもだえたるこゝろに、人生は其の憂鬱なる一面をも迫るなり。……われや何の為に独り此世にとゞまれる。山青く水白く、幾千よろづの是の大塊に、人や生るゝ何の因、何の縁ぞ。[39]

ここに記されているのは、大学時代の療養期間中に襲われた厭世的な感情であり、確かに『太陽』時代のそれではないかもしれない。しかし、この文章が日本主義の提唱と時を同じくして執筆されたという事実には注目すべきであろう。また当時の樗牛がやはり厭世的で詩的な感性をもっていたことは、「失恋の詩人」バーンズが亡き妻を偲んで詠んだ詩「天上のメリー」についての評文「たそがれの辞」からも窺い知ることができる。そして「死と永生」では、特筆すべきことに、日本主義であれほど批判した宗教を「生きむが為の教に非ずして、死せむが為の悟り也」[40]と捉えて一定の理解を示し、さらには死を起点とする次のような人生観まで披露するのである。

死を考ふるは即ち人生の目的を考ふる也、如何にして生くべき乎の問題は、即ち如何にして死すべき乎の問題也。死を考ふるは死滅を考ふるに非ずして永生を考ふる也。死は人生の究竟なるが故に、永生は人生の目的也。[41]

ここでいう「永生」とは、現世での功績によって後世の人々のなかで生きることを意味し、来世を想定した永遠の生命の類ではない。しかしながら、個人主義や日蓮主義を提唱する前に、しかも洋行断念という挫折を味わう前に、樗牛が人生の懐疑や死を起点として宗教や永生といった事柄にまで言及した点には着目しておきたい。また樗牛が「ロマンチシズムと人生」と題する講演をおこない、そのなかで方便主義の社会に浪漫主義運動が起こることを望む旨を述べて周囲を驚かせたのもこの頃のことである。これらのことは、樗牛が日本主義という表の顔を見せながらも、それと矛盾さえする裏の顔をもち続けていたことの何よりの証拠である。ただし樗牛の本質とも言えるこの裏の顔は、当時はまだはっきりとした輪郭をもっていたわけではなく、彼の胸の奥底に潜んでいたのである。

ところで、日本主義を提唱していた頃の樗牛は、「吾人の生活は所詮義務の連鎖なり」[42]とこぼしたように、理想よりも現実のなかに身を置いていた。このことは、『太陽』での活動時期が、仕事の面でも家庭生活の面でも、樗牛の最も創造的で生産的な時期と重なっていたこととも無関係ではなかろう。そして当時の樗牛は、依然として自信にあふれ、時には驕慢とさえ思わせるプライドの高さをも見せていた。例えば、パリ博覧会へ出品する美術品の鑑査官の任命を辞退した理由を、樗牛は「私と同時に同官に任命せられし人々は、いずれもクダラヌ人々にて、不肖ながら共に肩を比ぶるには慚愧の至に付、任命を辞退候訳、別に仔細無之候」[43]と言い放っている。このように現実に生き、人一倍プライドが高く、自信に満ちあふれていた樗牛が、この世の地位や名誉に無関心であったはずがない。当時、地位や名誉を格段に高める絶好の機会であった「洋行」を、樗牛は「若し夫れ洋行を以て名誉の回復所、攻撃の避難所、責任の忌避所となすが如き風習は、断じて矯正せざるべからず」[44]と批判したものの、それは樗牛の願望の裏返しでもあった。現に明治三十三（一九〇〇）年五月、樗牛がその洋行を命ぜられると、彼は手の平を返したように次のように記している。

是度私事文部省留学生として欧羅巴へ派遣被仰付、多分今月末には辞令交付可相成候、但出発は今年度中にて、多分来年二月ころなるべくと存候。是は美術並に美術史研究之為にて、年限は三年、帰朝後は京都帝国大学に教授として奉職之予定に御座候。……右洋行之事はかねての本願にて、私出身之為には至極幸之事と喜居候。[45]

当時文部省は、明治三十(一八九七)年に創設されたばかりの京都帝国大学に、文科大学を設置することを見据えて、教授就任予定者に海外留学を命じていたのであり、その一人に樗牛が選ばれたのである。この洋行後に約束されていた、国の最高の教育機関あるいは研究機関の帝国大学教授の職は、立身出世を切に願う樗牛がまさに待ち望んでいたものであった。

ところが、このように順風満帆と思えた樗牛の人生は、かつて療養を強いられた肺の病によって再び遮られることとなる。洋行を一ヶ月後に控えていた樗牛は、明治三十三(一九〇〇)年八月八日に突然喀血し、入院療養のために洋行を翌年二月に延期せざるを得なくなったのである。当時の心境を、樗牛は一足先にドイツへ留学していた姉崎に宛てて「僕の運命は目下の場合一頓挫した。先には洋々たる春の海の如き希望もないでもなかったが、今や暗雲悲風前路を壅塞する様な感覚無きにしもあらずだ」[46]と書いている。しかし、小康状態が続いたこともあり、樗牛自身は洋行の望みを捨てずにいた。実際のところ、病気の根本的な治療のため、洋行の予定はさらに三月、四月と延ばされていったものの、洋行への道は閉ざされたわけではなかった。ところが四月の渡航の一ヶ月前に、今度は体を心配した家族に反対され、樗牛はさらに六ヶ月の延期もしくは辞退を余儀なくされるに至るのである。熟考の末、樗牛はついに洋行を断念し、無念さをにじませつつ姉崎に次のように書き送った。

洋行は断然見合はせることに決心した。……自分一人ならぬ身の、かばかりの病気のために、数年来の希望を空しうするのは是非もないが、いさゝか遺憾にたえぬ。……あゝ過ぎ去れることは是非もない、そればとて僕はこれと云ふ未来の見透しもない。かゝる時に人は往々薄志弱行に陥るものぞと覚悟はして居る。[47]

確かに洋行断念は、立身出世という人生の挫折であり、樗牛が「不健康は最大の罪悪だ！」[48]とまで言い放ったように、病は現実世界での成功を遮る大きな障碍であった。しかしこの出来事は、樗牛を別の世界に目を向けさせる契機となった。より具体的に言えば樗牛は、これを機にその重心を現実の世界から、再び厭世的で詩的な世界へと移していったのである。実際に、喀血から洋行断念に至るまでの約七ヶ月間に、詩人そして文明批評家として樗牛が高く評価するニーチェ、ドイツの自然主義作家であるズーデルマン、ハンガリーの作家であるヨーカイ、シェンキェーヴィチのクォ・ヴァディスなどに触発され、もともと樗牛に秘められていた裏の顔とも言える浪漫主義的傾向が徐々に顕わにされている。次節の主題となる樗牛の個人主義や美的生活論は、このように樗牛の根底に秘められていた裏の素顔が表の仮面を突き破り、それに明確な形が与えられたような思想であった。

第三節　個人主義：美的生活への憧憬

洋行断念により、現実世界での成功を諦めることを余儀なくされた樗牛は、それまで内に秘めていたもう一つの世界を強く意識させられるようになる。その世界とは、プライドに支えられ合理と道徳とによって支配された秩序的な世界ではなく、現世を厭い恋愛を歌う詩的で浪漫的な世界であった。言ってみれば洋行断念により、方向転換を迫られたというよりも、それまで樗牛の表面を飾ってきた仮面が剝ぎ取られて、彼の本質的で裏の素顔が顕わにされたのである。しかしありのままの自己を直視することに樗牛は戸惑いを覚え、彼はしばしば矛盾と煩悶とにさいなまれていた。姉崎に宛てた公開書簡のなかで、樗牛はその矛盾と煩悶について次のように吐露している。

予は矛盾の人也、煩悶の人也。予が今日までの短き生涯は、実に是の矛盾煩悶の中に過ごされたり。予は是の苦痛を解脱せむが為に予の為し得べかりし殆ど総ての方法を尽したり。然れども其の効果として見るべきもの一もあらざりき。予が得たる些細の知識は予に光明を齎らさずして、却て暗黒を与へたり。予は意志の鍛錬によりて是の疑案を解決せむと努めしが、予が感情は是の目的に対して強かりき。……畢竟悟らむが為には、吾が情、強きに過ぎ、迷はむが為には、吾が知、明なるに過ぐ。予は是の中間に佇徊して、遂に其の適帰する所を知らざる也。(49)

このように、樗牛自身は己れの矛盾煩悶を理性と感情との葛藤に帰しているけれども、これまでの議論を踏まえれば、それはむしろ合理的で道徳的な表の仮面と、感情的で詩的な裏の素顔との鋭い対立を示すものと言えよう。別言すれば、この矛盾煩悶は、現実世界での挫折そのものというよりも、それを契機に感情的な素顔が否定し難く浮き彫りにされたことによって生じたのである。このような矛盾を内に秘めたありのままの自己を直視し、それに忠実であろうとした試みこそが樗牛の「個人主義」であった。この個人主義は、ニーチェの個人主義を樗牛なりに咀嚼し、彼独特の感性によって基礎づけられたものであった。樗牛は、このニーチェの個人主義を「現時の民主平等主義を根本的に否定し、極端にして、而かも最も純粋なる個人主義」(50)と評し、とりわけこの主義に基づくニーチェの強烈な人格が実際にドイツの人々の心を捉え、新たな時代精神を形成しつつあることを彼は驚きと称讃とをもって迎えていた。このニーチェの強烈な個人主義によって、樗牛の素顔つまり厭世的で詩的な裏の顔は、よりいっそう明確な形が与えられ、ついには樗牛特有の個人主義へと練り上げられたのである。ちなみに樗牛自身は、この個人主義を「ロマンチシズムの臭味を帯びて居る一種の個人主義」[51]と評している。この個人主義について、ここでとくに注目したいことは、その思想的内容がいくつかの点で、かつての日本主義のそれと鋭く対立するという点である。その要点をかいつまんで言えば、一つはそれまで樗牛の表面を飾ってきた合理や道徳への批判、もう一つはどこまでも己れに忠実であれという主張に貫かれる美的生活論である。この二つの主張は、確かに互いに密接に結びついているけれども、ここでは便宜上それぞれの観点に分けて論ずることにしたい。

(一) 道徳批判

樗牛のなかで独特の個人主義が明確になるにつれて、かつて提唱していた「道徳的原理」としての日本主義はきわめて奇異なものとして彼の目に映るようになった。そのことは、次に引用する姉崎宛の書簡の記述からも裏打ちされよう。

此頃は宗教(僕の)に関して思念することも往往にある。同時に僕の個人主義とでも云ふべきものが一層明瞭になつた。ドーモ日本主義時代の思想が、僕の本然の皮相なる部分の発表に過ぎなかつたことが今から思はれる。[52]

ここに明記されているように、日本主義は表面的な思想であり、したがってそれはやはり素顔を隠す仮面だったのである。そして、この日本主義に対する違和感もまた、次のように告白されている。

僕は曾て日本主義を唱へて殆ど国家至上の主義を賛したこともある。今に於ても此の見地を打破るべき理由は僕には持ち得ぬ、唯是の如き主義に満足の出来ぬ様になつたのは、僕の精神上の事実である。(53)

このような日本主義への批判や違和感は、日本主義を支えていたいくつかの論点、つまり合理的な道徳、宗教批判、国家至上主義といった主張に対する異議を必然的に伴うことになる。ニーチェのような強烈な個性や人格こそが時代精神を形成するという樗牛の個人至上主義が、国家至上主義というかたちをとる日本主義と対立することは火を見るより明らかであろう。さらに、日本主義と相容れないという点で、批判を繰り返していた宗教に対しても「曾ては一種の反感を以て迎へたが、今では如何なる宗教に対しても少くとも同情を以て見る迄になつた」(54)と述べている。宗教を一つの個人主義と見なす樗牛の宗教理解を踏まえれば、こうした宗教への接近はむしろ自然であろう。

このような日本主義批判のなかでとくに注目したいのは、日本主義を根底から支えていた合理的な道徳に対する痛烈な批判である。ただし個人主義において批判される道徳とは、空虚な概念に留まる道徳、その人の人格や信仰に基づかない表面的な道徳である。これらの道徳が「人間本然の要求」つまり本能的欲求とは無縁なら、そのような道徳はむしろない方がよいとさえ樗牛は言い切る。そして人間に幸福をもたらすのは、道徳ではなくむしろ本能であるとまで主張されるのである。それゆえに樗牛は「人生本来の幸福を求めむには、吾人の道徳と知識とは余りに煩瑣にして又余りに迂遠なるに過ぐ」(55)と述べるのである。樗牛によれば、このように本能や欲望が充たされる快楽こそが人間を満足させるにもかかわらず、人類は道徳と知識によってその事実から目を逸らし

「虚偽の生活」を営んできたという。そしてこの虚偽を吹聴してきたのが、短絡的な哲学的思索や西洋の倫理書の概説のみで人生を語ろうとする「道学先生」に他ならないと断じ、樗牛は彼らを次のように批判するのである。

人生は事実也、空理に非ざる也。漫りに主義を標榜し学説を糊塗す、畢竟何の関する所ぞ。道学先生、好んで理を談ず、疑ふらくは中心果して信ずる所ありて然る乎。(56)

樗牛によるこうした一連の道徳批判は、かつて自身の素顔を覆っていた仮面への批判でもあり、自己を偽ることへの徹底的な抵抗であったとも言えよう。このことはまた、次に述べる美的生活論にも直結している。

(二) 美的生活論

樗牛は、表面的な合理性や道徳を斥け、それまで秘められていたありのままの自己、つまり性欲も含めあらゆる欲求をもつ自己に、どこまでも忠実であろうとした。このようにあらゆる欲望を肯定し、それを求める偽らざる自己を直視しそれに従えという、大胆な主張を展開した論文が「美的生活を論ず」である。そこでは、美的生活はさしあたり「糧と衣よりも優りたる生命と身体とに事ふもの」(57)あるいは「人性本然の要求を満足せしむるもの」(58)と定義され、本能の欲求とりわけ性欲を満たすことに人生の幸福があるとさえ断言される。さらにこの美的生活は絶対的な価値をもつ点で、相対的な価値に留まる道徳や知識から根本的に区別されている。それゆえ樗牛は絶対的な価値を追求することを「美的」とも言うのである。その意味で言えば、絶対的な価値をもつと見なす事柄に生涯を捧げる生活こそが美的生活なのである。したがって美的生活には、彼自身が述べるように、修道生活も含めていくつものかたちがあり得ることになろう。ただし樗牛がとりわけ重要視した美的事柄は、男女の恋愛であった。樗牛によれば、恋愛の当事者にとってその恋愛感情は「イントリジック」であり、それこそが絶対的な価値をもつというのである。要するに樗牛のいう「美的」とは、理性によって客観的に規定されるものではなく、感性によって主観的に感得される絶対的なものなのである。樗牛が「爾の胸に王国を認むるものにして、初めて與に美的生活を語るべけむ」[59]と述べるとおりである。以上のことから、美的生活とは、客観的な善悪の基準を度外視して、もっぱら主観的な絶対的満足を追求する生活に他ならないと言えるであろう。

このような美的生活を志向する樗牛の個人主義は、本能的な自己を抑圧する表面的な道徳や知識、学問を斥け、そのような自己にどこまでも忠実であれという主張に貫かれる個人至上主義であると言い得よう。そしてその個人主義は、個々人の感性に基づく主観的な満足主義であり、それはかつて日本主義という「道徳的原理」を掲げて自己を偽ったことへの自己批判でもあったのである。

しかしながら、このように樗牛が個人主義を主張し、ありのままの自己を凝視したところで、彼が煩悶や迷いから解放され、安心を得たわけではなかった。美的生活論を発表した当時も、樗牛は未だ得られぬ心の拠り所を求めて彷徨していたのである。そのことを裏づけるかのように、樗牛は、姉崎に宛てて「思へば懐疑に陥る人は不幸なものだ。安心は何時求めらるゝものか。僕の今日は、肉体的にも、精神的にも、飢えて居る、and hungry man is always weak!」[60]と書いている。また美的生活論に対するかなり強い風当たりも、プライドが高く傷つきやすい樗牛にとっては耐え難い重圧であった。樗牛は当時の苦悩を姉崎に次のように吐露している。

> 時に深夜自ら省みて、其の云為の常道に外れたるものあるを思ひ、自ら我心の健康をさへ疑ふこと無きに非ず。……何れは我心の澄む時やがて来りぬべし、今の我に於て如何ともすること能わざる也。あゝ唯恥かし

きは世上の万人よりは君一人の見る眼也。高山こそは小事の得喪によりて、かくも迷ひ惑へるよと想はれむことの口惜しさよ。……筆執れば人に狂なりと呼ばれ、物言へば君は健かなりやと問はる。曾ては吾れに理想の天地ありしが、今や無し。新たなる光明を捉ふれば、人は見て悪蛇の眼ぞと誡めり、吾が手は久しうしてバイロンが詩集に触れぬ。[61]

このように己れの脆弱さを見せつけられ、自身に哀れささえ覚えた樗牛であったが、ニーチェの思想に惹かれる事実は否定し得ず、「唯自ら省みて、心のまゝにして自ら欺かざりしを喜ぶのみ」[62]とあくまで自己に固執しようとした。樗牛には、もはや信じられるものが脆弱な自己以外に何一つなかったのである。このように、外からの批判によって自らの脆弱さを露呈させられた樗牛が、いかなる状況にも左右されない強者や天才に憧れたとしても不自然ではなかろう。現に樗牛は、次の記述に示されるように、己れの拠って立つ確固たる安立の基盤を天才によって得ようとしたのであった。

吾人が天才を嘆美するのは、吾人の精神的生活を豊富にし、是れによりて自ら慰め、自ら励み、かねて是の世に処する安立の地盤を求むるにあるのだ。俗学者流の生活する世界以上に於て、吾人の理想的天地を建設するの希望は、是等天才偉人の先蹤によりて少なからず確かめられ、且つ励まさるるのだ。吾人は是の希望によりて吾人の人格を修養し、吾人の信仰を堅むるのだ。[63]

ここで注意しておきたい点は、樗牛が天才から得る慰めだけで満足したのではなく、天才に倣って自己を鍛える、さらに言えば、自ら強者あるいは天才になることを望んだということである。このことは、「天才は吾人に訓へて曰く、爾等力めて我れの如くなれ。我れは是れ強者と優者との先駆也と」[64]との記述からも察せられよう。このように強者を求めてやまない樗牛の前に、絶対的な確信のもとでいかなる迫害にも動じない超越的な強靭さをもつ天才として現われたのが、他ならぬ日蓮だったのである。

第四節　日蓮主義：霊性の自覚

そもそも樗牛が日蓮に傾倒してゆくきっかけを与えたのは、田中智学の『宗門の維新』であった。樗牛がとくに関心を寄せたのは、日蓮が田中へ与えた感化の大きさであり、それこそが樗牛をして日蓮研究に駆り立てた動機であった。『宗門の維新』の評文を執筆したちょうどその頃に、樗牛が上旬に鎌倉に移り住んだのも日蓮研究に専心するためであった。樗牛は日蓮研究に賭けたと言ってもいいだろう。実際にその後の樗牛は、法華経や日蓮の遺文を読むことに没頭し、次の記述に示されているように、日蓮は日本随一の天才、さらには崇拝すべき存在へと高められていったのである。

> 殊に開目抄、種々御振舞抄等之諸篇に於て、感激、夜眠を為さず候ひき。是人こそ独り鎌倉時代ノ偉人なるのみならず、本邦稀有之天才なるべきかと愚考仕り、猶其人物を一層深く了得せむが為、法華経読誦罷在候。[65]
> 日蓮研究は愉快なる一事業に有之候。上人は実に日本第一の偉人と思はれ候が、貴兄所見如何。小生は日本

二千五百年史中是人に於て、始めて崇拝的英雄に遭遇せしの感あり、(66)

このような日蓮への傾倒は、樗牛をして「涙後録」と題する日蓮の小伝を描かせた。この「涙後録」は、幾多の迫害や死の危機に遭いながらも、法華経のためなら死をも厭わないという姿勢を貫き通した日蓮の生きざまを描いた作品である。注目すべきは、この「涙後録」を樗牛自身が「ニイチエ主義を文体の上に発現したるものに候」(67)あるいは「僕の精神を日蓮の自叙を假りて現はして居る」(68)と評したことである。この点を踏まえて言えば、日蓮は紛れもなくニイチェのいう天才であり、したがって美的生活の体現者だったのである。それゆえに日蓮は、世間からの批判に自らの脆弱さを露呈した樗牛の理想的なモデルでもあり、自分自身のあるべき姿が具現化された存在だったのである。その意味では、当時の樗牛にとり日蓮は、確かに個人主義でいうところの理想的な天才であったと言えるであろう。ただし、仮に鎌倉に移り住んで以降に展開される一連の思索や活動を日蓮主義と呼ぶなら、この日蓮主義における日蓮は、単なる天才ではなかったことに注意しなければならない。別言するならば、樗牛にとって日蓮は、己れの単なるモデルに留まらなかったのである。その点にこそ、日蓮主義が個人主義から区別されるべき根拠があり、また日蓮を他の天才たちと全く同列には扱えない理由が存するのである。以下、日蓮主義を個人主義から特徴づける主要な点に着目しつつ、容易には解きほどくことのできない複雑で入り組んだ樗牛の精神的変遷を追うことにしたい。

さて、日蓮主義を特徴づける点として最初に指摘しておくべき点は、樗牛が日蓮の「精神」を直接的に受け取り、日蓮の生き生きとした生の息吹を感じていたということである。それを裏打ちするように、樗牛は「此頃は日蓮上人の研究に身を委ねて居る、此英雄の生活によりて、吾等の弱き命の強くなる様に感じらるゝ」(69)あるいは「予は法華宗の信者にはあらざれども、日蓮上人の人物をば歎美して措かざる者也。かゝる偉人を想ふ毎に、吾が心の強くなる心地す」[70]と記している。このように樗牛は、己れの脆弱な命や心を強くする力を日蓮から直接感じ取っていたのである。このことは、日蓮の遺文に対する樗牛の接し方にも、はっきりと見て取ることができる。次の引用文は、樗牛が日蓮の遺文の文字を単に表面的に追いかけていたわけではないことを如実に物語っていよう。

上人の文は文に非ずして精神也。人は文字を見ずして血涙の痕を見、章句を読まずして師子吼の響を聞く。斯くても文章の極意は達せらるれ、人は何が故に巧ならむとは力むるぞ。げに文は人なりけり。[71]

この「文は人なり」という言葉は、樗牛の日蓮との出会い方、つまり樗牛が遺文から直接的に日蓮の精神に触れていたことを示唆していよう。

注目すべきことに、このように日蓮の精神に触れることにより、樗牛の思想にはある重大な変化が現われる。それは、一言で言えば「霊性」の覚醒である。このことを最も端的に示しているのは、おそらく宗教や信仰に関する樗牛の一連の考察であろう。例えば樗牛は、霊性という観点から宗教を次のように定義している。

人間霊性の無限なる欵求に応え、理義会通の境域を離れて無上超絶の真理を示現し、吾人の精神的生活に、最高の希望と安慰とを与ふるもの、是を宗教と為す。[72]

こうした霊性に基づく宗教理解の意味は、樗牛がそれまで宗教をどのように捉えてきたかを概観すれば自ずと明らかになってこよう。例えば、東京帝国大学時代の樗牛は、宗教を「あらゆる詩中の尤も詩的なるものと謂ふべき也[73]」と述べ、宗教批判に傾いた日本主義時代には「宗教の主性は迷信なり[74]」とまで論断し、その後にはやや同情的に「宗教とは、生きむが為の教に非ずして、死せむが為の悟り也[75]」とも記していた。いずれの宗教理解もその当時の樗牛の関心を反映していると言えるけれども、霊性という語は用いられていないし、実存的な関心も希薄である。しかしいまや、宗教の目的とされる「霊性の安慰」が樗牛の最大の関心事となったのである。それに加えて樗牛は「吾人の求むる所のものは信仰也[76]」あるいは「信仰は生命也[77]」と述べ、信仰に対して実存的にかかわるようになるのである。こうした樗牛の宗教観や信仰観の変化が、日蓮の精神に触れた時期とほぼ重なり合うということは、きわめて示唆的と言えよう。つまり日蓮との出会いは、樗牛に霊性を覚醒させ、その在り方にもある変化をもたらしたのである。以下、この変化に考察の焦点を絞っていくことにしよう。

さて樗牛が、霊性の安慰や生命なる信仰を、日蓮に求めたことは言うまでもあるまい。その探求の結実が「日蓮上人とは如何なる人ぞ」という文章であった。それは、日蓮の小伝という点では「涀後録」と重なるものの、両者の間には問題関心に根本的な相違がある。というのも「涀後録」は、迫害に屈しない日蓮の「強さ」に焦点を合わせていたのに対して、「日蓮上人とは如何なる人ぞ」は、むしろその強さの根拠とも言うべき日蓮の「真相」つまり「信仰」を主題としているからである。このことは、次のように提起される問題意識のなかにもはっきりと認められよう。

吾人の主旨は、上行菩薩の自信に到達するまでの日蓮上人の教判及び信仰上の経歴を明らかにするにあり。……日蓮は如何にして上行菩薩の自信に到達したりしや。是の自信は、彼れの性格、信仰、事業の上に如何の影響を与へしや。[78]

この日蓮の「上行菩薩の自信」こそ、樗牛による日蓮理解の中心点である。そのさいに樗牛が注目したのは、日蓮の信仰の真偽というよりも、むしろその信仰の超越性であった。

唯是の確信が、日蓮の精神に於て無上絶対の事実なることを知れば則ち足る。見よ見よ、確信を得てより彼れの性格の偉大さは殆ど人界の規矩を超越しぬ。彼は是れによりて天地人生の上に無限の威力を得ぬ。……彼は是の確信の力によりて、天下万国の一切衆生に向つて無上の権威を有てるものの如く教訓し、告知し、且つ命令せり。彼は、自ら是の如き権威を有せることを疑はざりし也。彼は国家政府が是の確信の前には如何に小弱なる者なるかを見ぬ。(79)

このような日蓮の超越的な権威に触れることにより、樗牛は、現世のいかなる権力、国家さえもおよび得ない、霊性という権威が支配する世界を認めるに至るのである。それは、霊性によってのみ開示される異次元の世界であった。

吾人は是の世に於て別に霊の国土を有す。吾人は是の霊性の支配の下に、如何なる人をも、如何なる国をも、征服し君臨し、且つ審判し得る者なることを悟れ。是に於てか吾人に自由あり、希望あり、栄光あり。所謂る祝福せられたる生活、即ち是れ也。(80)

この霊性の支配する世界とは、それまで樗牛が行き来していた理性が支配する合理的世界や情緒的で詩的な浪漫的世界でもなく、それら二つの世界を超えた第三の超越的世界であった。樗牛は、この第三の世界に身を置くことで、超越的な自由と独立性とを得ようとしたのである。
ところで、樗牛が「日蓮上人とは如何なる人ぞ」や「日蓮と基督」を執筆していたちょうどその頃に、彼は自己をめぐって深刻な葛藤を経験していた。確かに日蓮によって、霊性が支配する新たな超越的な世界が開示され、樗牛はそこに唯一の希望を見出した。しかし樗牛は、霊性の支配する超越的世界に安住し、現世をも支配するほどの強靱な超越的自己を確立させていたわけではなく、現世に根を張る自己との深刻な闘いを強いられていたのである。樗牛はその苦闘を次のように表現している。

外には生活の為に戦ひ、内には病苦の為に悶きつゝある自分は、更に病よりも貧よりも、恐らく天下の如何なる物よりも強い『己れの心』と云ふ大敵と闘はねばならないのだ。……自分は自分の存在の根底が或る悪魔の手斧によりて打たれつゝある様に感じた。自分は暗黒の中に立つてこの悪魔と格闘を試みたが、自分の力が勝てば勝つほど自分の胸の苦しみはますます激しくなる。自分は自分の剣を以て斬る所の敵は、自分の胸にあることを忘れたのだ。自分は愕然として胸に手をあてた。そして自らの刃の痕より混々として流れ出づる血潮によりて自分の喉を潤した時、悪魔の声は吾れ自らの声の如く『吾は汝なり』と勝ち誇りげに自分の耳に囁いた。(81)

この記述は、樗牛の鋭い自己洞察の跡を窺わせる。樗牛の鋭い感性は、己れが目指す信仰の境地が徹底した自己否定を要請することを直観的に感じ取っていたのかもしれない。いずれにしても樗牛は、目指す境地を遮っているのが他ならぬ自己であることに気づき、そこに自分で自分の首を絞めるような深刻な自己矛盾を感じたのである。

しかし、己れを委ねる無邪気さも勇気ももち合わせていなかった樗牛は、結局のところ、否定すべき自己に固執するより他なかった。そして樗牛は自己との闘いから一転、「イゴイスト」を自称し、ついには次のように開き直るのである。

イゴイストたる自分を外にしては、別に自分といふものが、此の世の中には無かるべき筈と、自分は固く信じて居るのである。自分は、社会や国家の中には存在して居らぬ、社会や国家が却て自分の中に存在して居る。[82]

この「イゴイスト」を標榜する超越的自己は、言うまでもなく、日蓮をモデルにしている。このことは、樗牛が日蓮を「偉大なるイゴイスト」と評し、「僕は日蓮に於て其の信念の為に国家をも犠牲とする偉大なるイゴイストを観た。今日の道学先生的倫理説に勝えざる僕の大なる安慰は、此人の此特質に現はれた。是の如くにして安立し得らるべくむば、天下他に何物を要せざる如く感ぜらるゝのが、僕の目下の病気であらうも知れぬ」[83]と述べたことからも裏つけられよう。つまり樗牛は、どこまでも自己の信念を貫き通し、現世を超越した偉大なる「イゴイスト」として日蓮を見たのである。その意味では、我欲に囚われた者も、偉大な宗教家もともに「イゴイスト」となろう。いずれにしても樗牛が追求したのは、合理性でも道徳性でもなく、もっぱら「イゴイスト」の超越性であった。それゆえに樗牛にとって日蓮の信仰の善悪や真偽はどうでもよく、ただその超越的な強さだけが問題だったのである。それを裏づけるように、樗牛は「吾れは唯客観的に見たる信仰、もしくは教理の実質を外にして、形式上より日蓮の人格に就いて其の崇高偉大を讃歎せるに候ひき」[84]と述べている。このように樗牛は、もっぱら日蓮の存在形式、言い換えれば「己れの信仰する所の真理に無上の価値を置く」[85]という日蓮の在り方を追求したのであった。

しかし樗牛は、日蓮にとっての「法華経」あるいは「真理」に代わるものをいっさいもたぬまま、ただ日蓮の「特質」や「形式」のみを真似てあまりにも性急に現世を超越しようとした。別言すれば樗牛は、超越的な自己を一気に確立させるために、己れを支える信仰の内実をいっさい問うことなく、ただひたすら現世を超越することを求めたのである。それゆえ、樗牛にとって「真信」か「迷信」かは全く問題にはならなかったのである。それを裏打ちするかのように、樗牛は「迷信と云ひ、真信と云ひ、つまりはどちらでも好いのである。唯必要なるは精神である。赤誠である、不惜身命の大勇猛心である」[86]と述べている。このように、ひたすら現世を超越することを求めた樗牛の最晩年は「吾人は須らく現代を超越せざるべからず」[87]という墓碑銘に集約されると言っても過言ではなかろう。このように現世を超越することのみにこだわった樗牛は、しばしば霊性を離れてまでもそれを求めた。

吾人に三つの理想あり。一に曰く完全なる性欲。二に曰く安眠。三に曰く平和。唯是れのみ、あゝ唯是れのみ。[88]

此の生の憂苦を免るゝの道、たゞ三つあり。永き恋か、早き死か、然らざれば狂。あゝ吾人は孰れを択ばざるべかざる乎。[89]

これら性欲や安眠、煩悶後の平和、そして恋、死、狂はいずれも、たとえ一時的であったとしても、現世の苦を忘れ、現世の超越を可能にする手段に他ならなかった。しかし、信仰の裏づけを全く欠いたまま、超越的自己を一気に作り上げようとした樗牛の試みが行き詰まりを見せたことは言うまでもあるまい。彼が最後まで迷いと苦悩のなかにあったことは「病は年と共に加はれども、信は獲難く迷は深し。徒に惆悵して低回すれども、道遠くして日暮れなむとす」(90)あるいは「兎角は色心共に相応せず、見思の惑未だ断たず、煩悩懊悩の状情御憐察を給はるべく候」(91)との記述からも窺えよう。このように、日蓮によって開示された信仰の形式のみに憧れ、したがって超越的な自己を支える「垂直軸」をもち得なかった樗牛は、結局はあるがままの自己にしがみつくより他なかったのである。死の直前に書かれたと思われる次のメモはそのことを示唆しているように思われる。

一心の正しきに住して、己れの信ずるところを守る、世に処するの道、唯是あるのみ。(92)

結局のところ樗牛は、日蓮によって霊性を喚起され、その鋭い洞察力をもって「法華経」を中心に据えた日蓮の存在構造を的確に見抜いたものの、脆弱な自己を他にして確実なものは何一つ見出せなかったのである。日蓮によって開示された境地を捉え、そこに唯一とも言える希望を見出しつつも、最終的にそこに至り得なかったことは、樗牛最晩年の悲劇であったと言えよう。そして明治三十五（一九〇二）年十二月二十四日、樗牛は迷いと苦悩のうちに三十二年という短い人生に幕を閉じたのであった。

おわりに

高山樗牛は、その複雑な思想変遷が示すようにさまざまな顔をもつがゆえに、包括的で一貫性のある理解を提示するにはきわめて困難な人物である。このような樗牛の多面性は、確かに一貫性のある体系的な理解の妨げとなるかもしれない。しかしながら、それこそが樗牛の魅力とも言えるのである。本章は、このような樗牛に三つの異なる側面、つまり情緒的で詩的な側面と、合理的で理知的な側面、そして霊的な超越的側面を見出し、これらの諸側面の葛藤や対立の過程として彼の生涯を描いた。この三つの側面に留意しながら、樗牛の在り方に注目するならば、日本主義においては理性に、浪漫主義あるいは個人主義においては感性に、そして日蓮主義においては霊性に、それぞれ樗牛の足場があったと言えるであろう。なかでも、本章の樗牛論を特徴づけているのは、個人主義と日蓮主義との非連続性に着目し、そこに樗牛の在り方にある変化を認めた点であろう。確かに、日蓮主義は個人主義に基づいており、とりわけ自己が着目されている点で共通しているけれども、しかしこれらの思想の間には質的な相違がある。というのも個人主義は、もともと樗牛の内に秘められていた浪漫主義的感性が呼び起こされ、それが理性で固められた日本主義という殻を突き破って具現化された思想である一方で、日蓮主義は日蓮の精神によって喚起された霊性に基づく思想だからである。端的に言えば、前者は情緒と美的感性に支えられ、後者は霊的直観によって支えられているのである。そして日蓮主義に示される樗牛の第三の側面、つまり霊性や超越的な世界観への着眼は、とりわけ最晩年の樗牛の迷いや苦悩を明らかにするきわめて重要な鍵であり、それはまた「宗教的回心」や「宗教的人間」という枠組みから樗牛を捉えるさいの焦点ともなるのである。本章を締めくくるにあたり、この点に立ち入って考察することにしよう。

さて日蓮主義における日蓮は、個人主義における美的生活の体現者つまり天才と見なされており、そこには確かに個人主義の影響が認められる。しかしながら日蓮は、ニーチェやバイロン、ナポレオンといった樗牛が認める他の天才たちと全く同列にあったわけではない。樗牛にとり日蓮は単なる一天才ではなく、間違いなく特別な存在だったのである。そのことは、樗牛が日蓮の遺文からその精神を直接的に感得したことからも察せられるし、何よりもその精神により霊性の覚醒がもたらされ、超越的世界が開示されたことからも明らかであろう。その日蓮によって開示された霊性の支配する世界に、樗牛が自己の根底を据えようとした点には、確かに存在構造の転換を指摘できるように思われる。実際のところ、樗牛は日蓮研究に使命感さえ抱き、全国に向かって日蓮研究会の発足を次のように呼びかけている。

日蓮を研究するは、……何よりも貴きは是の偉人によりて、吾人の未だ知らざる人生の大意義の覚悟に到達すること也。即ち是れ他の研究するに非ずして、自らを修養する也。(93)

このように、日蓮研究を自らの修養とし、その末に「未だ知らざる人生の大意義の覚悟」を得ようとした樗牛の態度には、確かに日蓮の精神を理想とする「日蓮中心」という在り方を認めることができるであろう。

しかしながら、この日蓮の精神は「垂直軸」と呼ぶにはあまりにも不安定であった。というのも、樗牛は確かに日蓮の精神に触れ、その影響を受けたものの、彼が求めたのは日蓮そのものではなかったからである。樗牛が追求したのは、むしろ日蓮によって開示される「真理中心」という在り方であった。つまり日蓮は、あくまで樗牛の究極的なモデルだったのである。もし仮に、樗牛がその「真理中心」という在り方に至ろうとするなら、自己の中心を真理に譲り渡すための、徹底した自己否定を経なければならなかったであろう。しかし樗牛は、『己れの心』と云ふ大敵」と戦わずして「イゴイスト」を自称し、いわば自己肯定による自己超越という無謀な賭に出たのである。しかし、脆弱な自己に固執したところで、日蓮に開示された境地に至るはずもなかった。このようにどっちつかずの不安定な自分自身を樗牛は次のように表現している。

小生思想に関して御思寄の事は、何分之御注意を仰度候。素より定まれる信念も思想も無之、唯随時思念する所は随時の発作とも見るべきものか、三界広藐として一心寄するに処無し、色心共に浮浪の小生に候へば、人にも世にも飛びはなれたるふしのいといと多かるべく候、是非も無き事に御座候。(94)

ここに明記されているように、樗牛は、己れが依って立つ確固たる立脚地を欠いていたことを、その鋭い感性で見抜いていたのである。その一方で彼は、「真理」に無上の価値を置く日蓮の在り方をも確実に捉えていた。要するに樗牛は、日蓮の「真理」に該当するもの、つまり「垂直軸」が自分自身に欠けていることを自覚していたし、さらにまた「垂直軸」に秩序づけられた目指すべき境地も確かに見据えていたのである。しかしながら樗牛は、徹底した自己否定を介して「垂直軸」を受動的に得るという深遠な逆説の前で立ち留まり、一転して脆弱な自己にしがみついたのである。このように樗牛を理解すれば、その複雑な思想変遷の底に、自己の存在を確固たるものにする絶対的で超越的な「垂直軸」を求めていた樗牛の姿が浮き彫りにされよう。その意味で、樗牛の生涯は、「宗教的人間」に憧れ、「宗教的回心」を求め続けた一生であったとも言い得るであろう。

注

1　例えば、竹内整一『自己超越の思想』ぺりかん社、一九八八年や、末木文美士「〈個〉の自立は可能か――高山樗牛」『福神』第七号、太田出版、二〇〇一年などがある。
2　姉崎正治・山川智応共編『高山樗牛と日蓮上人』博文館、一九一三年。

3 姉崎正治「信仰の人高山樗牛」（前掲書）、四二四頁。
4 山川智応「高山樗牛の日蓮上人崇拝に就いて」（前掲書）、三五三頁。
5 高須芳次郎『人と文学　高山樗牛』偕成社、一九四三年。
6 松本皓一「宗教的人間の比較的考察――梁川・樗牛・満之」『宗教研究』第一八〇号、一九六五年、六二――六三頁。
7 秋山正香『高山樗牛――その生涯と思想』積文館、一九五七年。
8 綱澤満昭「高山樗牛」『近畿大学教養部紀要』第三十二巻三号、二〇〇一年、一八一頁。
9 明治十八（一八八五）年五月二日付日記『樗牛全集』七（復刻版、日本図書センター、一九八〇年）、六七頁。
10 明治二十（一八八七）年十二月二日付実父宛書簡、『樗牛全集』七、一一八頁。
11 明治二十一（一八八八）年一月一日付近野衛門治宛書簡、『樗牛全集』七、一三三―一三五頁。
12 明治十八（一八八五）年五月十九日日記『樗牛全集』七、八八頁。
13 明治二十一（一八八八）年七月十三日付近野衛門治宛書簡、『樗牛全集』七、一七二―一七四頁。
14 同年十一月二十七日付近野衛門治宛書簡、『樗牛全集』七、一八二―一八三頁。
15 「人生終に奈何」（明治二十四〔一八九一〕年六月）『樗牛全集』六、二五一頁。
16 「厭世論」（明治二十五〔一八九二〕年十二月）『樗牛全集』四、三頁。
17 同書、三頁。
18 同書、一一頁。
19 同書、一六頁。
20 「愛」（同年一月）『樗牛全集』六、二六八頁。
21 「傷心録（傷心の魂鬼）」（明治二十六〔一八九三〕年六月）『樗牛全集』六、二七五頁。
22 「巣林子が人生観」（明治二十八〔一八九五〕年二月）『樗牛全集』三、七六頁。
23 同書、七七頁。
24 「人生の価値及び厭世主義」（同年六―八月）『樗牛全集』四、一三一頁。
25 同書、一三四頁。
26 樗牛のプライドの高さを指し示す資料としては、例えば、明治二十七（一八九四）年一月二十九日付養父宛書簡がある。そのなかで樗牛は、在学中にもかかわらず、ある娘との縁談をもちかけてきた養父に対して「容貌もわるき方にて、教育も無之女子は望む所に無之、私も世に出候節は、少しく世にも名を知られんものとなりたき考に有之、かようの妻を持候ては一生の不愉快と存じ候。ツムギなどいくら織候とて、文学士の妻には一向に適せずと存候」（『樗牛全集』七、三三二頁）と言い放っている。

27 「道徳の理想を論ず」（明治二十八〔一八九五〕年六―九月）『樗牛全集』四、一〇四頁。
28 同書、一〇二頁。
29 明治二十九（一八九六）年二月十八日付太田叔母宛書簡、『樗牛全集』七、四五三頁。
30 同年九月二十三日付実兄斎藤親廣宛書簡、『樗牛全集』七、四八三―四八四頁。
31 同年十月十日付桑木厳翼宛書簡、『樗牛全集』七、四九一頁。
32 明治三十（一八九七）年一月三十日付桑木厳翼宛書簡、『樗牛全集』七、五〇六頁。
33 「日本主義」（同年五月）『樗牛全集』四、三二七頁。
34 「国粋保存主義と日本主義」（明治三十一〔一八九八〕年四月）『樗牛全集』四、四〇七頁。
35 「日本主義」（明治三十〔一八九七〕年五月）『樗牛全集』四、三二八―三二九頁。
36 同書、三三八頁。
37 「世界主義と国家主義」（同年七月）『樗牛全集』四、三四九頁。
38 「日本主義」（同年五月）『樗牛全集』四、三三三頁。
39 「わがその記」（同年六月）『樗牛全集』六、二七九、二八二頁。
40 「死と永生」（明治三十二〔一八九九〕年六月）『樗牛全集』六、三一二頁。
41 同書、三一三頁。
42 「自殺論」（明治三十〔一八九七〕年十月）『樗牛全集』六、二九六頁。
43 明治三十二（一八九九）年九月四日付実父宛書簡、『樗牛全集』七、五八八頁。
44 「洋行幣」（明治三十一〔一八九八〕年九月）『樗牛全集』四、五七三頁。
45 明治三十三（一九〇〇）年五月二十日付養父宛書簡、『樗牛全集』七、五九九―六〇〇頁。
46 同年八月二十二日付姉崎正治宛書簡、『樗牛全集』七、六一六頁。
47 明治三十四（一九〇一）年三月二十四日付姉崎正治宛書簡、『樗牛全集』七、六八八―六八九頁。
48 同年四月七日付姉崎正治宛書簡、『樗牛全集』七、六九四頁。
49 「姉崎嘲風に与ふる書」（同年六月）『樗牛全集』二、七二五頁。

50 「文明批評家としての文学者」（同年一月）『樗牛全集』二、六九五頁。
51 同年六月二十四日付姉崎正治宛書簡、『樗牛全集』七、七一四頁。
52 同年六月六日付姉崎正治宛書簡、『樗牛全集』七、七〇八頁。
53 同年六月二十四日付姉崎正治宛書簡、『樗牛全集』七、七一四頁。
54 同書、七一四頁。
55 「美的生活を論ず」（同年八月）『樗牛全集』四、七七六頁。
56 「中心果して信ずる所ある乎」（同年十月）『樗牛全集』四、八一九頁。
57 「美的生活を論ず」（同年八月）『樗牛全集』四、七六三頁。
58 同書、七六七頁。
59 同書、七七五頁。
60 同年八月十五日付姉崎正治宛書簡、『樗牛全集』七、七二五頁。
61 同年十一月十五日付姉崎正治宛書簡、『樗牛全集』七、七四四―七四五頁。
62 同書、七四五頁。
63 「ニイチェの歎美者」（同年十一月）『樗牛全集』四、八三九―八四〇頁。
64 「平等主義と天才」（同年十一月）『樗牛全集』四、八三三頁。
65 同年十一月三日付井上哲次郎宛書簡、『樗牛全集』七、七三六頁。
66 同年十二月二十日付笹川種郎宛書簡、『樗牛全集』七、七五七頁。
67 同年十二月十日付登張信一郎宛書簡、『樗牛全集』七、七五三頁。
68 同年十二月十一日付姉崎正治宛書簡、『樗牛全集』七、七五四頁。
69 明治三十五（一九〇二）年一月二日付姉崎正治宛書簡、『樗牛全集』七、七五九頁。
70 「鎌倉時代の人傑」（同年一月）『樗牛全集』三、五五七頁。
71 「吾が好む文章」（同年二月）『樗牛全集』六、四三七―四三八頁。
72 「現代思想界に対する吾人の要求」（同年一月）『樗牛全集』四、七七九頁。
73 「詩歌宗教及び道徳」（明治二十九〔一八九六〕年五月）『樗牛全集』四、二六〇頁。
74 「吾人の宗教観」（明治三十一〔一八九八〕二月）『樗牛全集』四、四七八頁。

75 「死と永生」（明治三十二〔一八九九〕年八月）『樗牛全集』六、三一二頁。
76 「現代思想界に対する吾人の要求」（明治三十五〔一九〇二〕年一月）『樗牛全集』四、七八〇頁。
77 同書、七八三頁。
78 「日蓮上人は如何なる人ぞ」（同年四月）『樗牛全集』六、四八一—四八二頁。
79 同書、四九二—四九三頁。
80 「日蓮と基督」（同年四月）『樗牛全集』六、四九六頁。
81 「静思録」（同年三月）『樗牛全集』四、七九四—七九五頁。
82 同書、八〇三—八〇四頁。
83 同年七月三日付姉崎正治宛書簡、『樗牛全集』七、七九四頁。
84 「感慨一束」（同年八月十九日）『樗牛全集』六、四〇九頁。
85 同書、四〇七頁。
86 「雑談」（同年十一月）『樗牛全集』四、八九八頁。
87 「無題録」（同年十月）『樗牛全集』四、八七二頁。
88 「吾人の理想」（同年五月）『樗牛全集』四、八五四—八五五頁。
89 「永き恋、早き死」（同年五月）『樗牛全集』四、八五五頁。
90 「感慨一束」（同年八月十九日）『樗牛全集』六、四〇三頁。
91 同年十月二日付姉崎正治宛書簡、『樗牛全集』七、八一三頁。
92 「樗牛雑記（十二月分）」（同年十二月）『樗牛全集』六、五五三頁。
93 「日蓮研究会を起すの議」『高山樗牛と日蓮聖人』、二二八頁。
94 明治三十五（一九〇二）年九月二十八日付山川智応宛書簡、『樗牛全集』七、八〇八—八〇九頁。

終章

本書には、序章で述べたように、二つの側面がある。一つは回心研究という側面であり、もう一つは人物研究、さらに一般化するなら、人間研究という側面である。どちらかと言えば、前者は「第一部：理論研究」において考究され、後者は「第二部：事例研究」において展開されていると言える。なお、これら二つの側面は、互いに独立しているのではなく、一方が他方を相互に裏づけるという循環論的な関係にある。つまり「第一部」の結論とも言うべき「宗教学的回心研究」の理論的枠組みは、「第二部」の個々の人物研究にきわめて見通しのよい視座を提供し、その一方で「第二部」で示される各人物理解の妥当性は、「第一部」の理論的枠組みの実証的な根拠となるのである。したがって本書の結論にも、「第二部」の事例研究に裏づけられた回心研究という側面と「第一部」の理論研究によって開示された人間研究という側面とがあると言わねばならない。むろんこれらは、相互にかかわり合う側面ではあるけれども、ここでは便宜的にそれぞれの見地から本書の議論をまとめることにしたい。

（一）回心研究という側面

本書は、学問上の手続きとして、さしあたり回心研究という側面から説き起こされた。「第一部」において示された理論的枠組みは、先行研究を踏まえてはいるものの、実証的な根拠を欠いた仮設的な枠組みにすぎなかった。しかしながら「第二部」の事例研究を経ることによって、その「宗教学的回心研究」の枠組みは、ここでようやくある程度の裏づけを得られたと言うことができよう。換言すれば「垂直軸の受動的獲得に伴う存在構造の転換」と規定された「宗教的回心」の概念および「垂直軸」をもつ「宗教的人間」という概念は、ここでようやく机上の空論という段階を脱しつつあるということになろう。そこで、とりわけ「宗教的回心」という概念が、回心研究という側面においてどのような意義をもち、どのように肉づけられるかを改めて論ずることにしたい。

さて「宗教的回心」の概念規定を最も特徴づけているのは、言うまでもなく「垂直軸」という概念である。「宗教的回心」の成否は、この「垂直軸」を得るという一点にかかっていると言っても過言ではない。この「垂直軸」の特徴は、二つの側面つまり「過程」という側面と「構造」という側面とにそれぞれ認められる。前者の特徴は、「垂直軸」が能動的にではなく、受動的に獲得されるという点にある。繰り返し述べてきたように、「垂直軸」は、人間側の特定の要件や行為によって必然的に獲得されるのではなく、向こう側から一方的にもたらされる。それゆえに「垂直軸」は、人間の能動的な活動の直接的な所産ではなく、むしろ人間の能動性が否定されるところに与えられるのである。したがって「宗教的回心」に対して人間がかかわることができるのは、その「原因」をつくることではなく、ただ「条件」を整えることでしかない。たとえ、この「条件」の積み重なりが漸次的な過程として記述されるにせよ、その決定的な契機は不意に訪れるのである。だからこそ「宗教的回心」には、当事者だけではなく、第三者にとってもまた、どうしても因果的な説明では汲み尽くせない部分が残るのである。その非合理的な部分に対して、人間は当然のごとく受け身にならざるを得ない。この受動的態度にこそ、人間の宗教性が認められるのであり、このように受動的に在ることが「宗教的回心」つまり「垂直軸」獲得の「条件」なのである。極論すれば、自己否定を甘受しひたすら待ち続けること、これが「垂直軸」の獲得にさいして人間ができるすべてなのである。ここで「垂直軸」の「構造」という側面にも言及しておこう。「垂直軸」とは、科学や道徳が成立する合理面・水平面に文字通り垂直に立てられる軸であり、それは「宗教的人間」の存在構造を秩序づける中心軸でもある。別言すれば「垂直軸」は、人間の合理的な思考や行動のおよび得ない次元によって特徴づけられる一方で、人間存在を秩序づける最も頑強な規範軸なのである。それゆえに「垂直軸」が据えられるとともに、人間の存在構造は根本的に転換され、再構成されるのである。したがって「垂直軸」は、現象の量的変化ではなく、存在構造の質的転換をもたらすのである。筆者が「宗教的回心」を、人間存在の質的な転換と捉えたのも、この「垂直軸」の構造的特徴に着目したからに他ならない。

以上の「垂直軸」の特徴を踏まえれば、「宗教的回心」は、心理的な傾向性や社会環境、人間の所作、あるいはそれらの組み合わせを「原因」とする必然的な量的変化ではなく、むしろそれらを「条件」とする存在構造の質的転換と捉えられよう。そして特筆すべきことに、このような回心の理解が、回心の宗教的側面を浮き彫りにするのである。この回心把握は、従来の回心研究が依拠してきた因果的で還元的な観点を根本から見直すことを要請する点で、確かに斬新と言えるかもしれない。しかし、それは決して唐突で型破りな概念ではなく、むしろキリスト教の“conversion”あるいは仏教の「廻心」に即した概念とさえ言える。というのも、英訳聖書のconversionにも、そして仏教の諸経典における廻心にも、受動的で質的な転換という基本構造は確かに指摘され得るからである。このことから「垂直軸の受動的獲得に伴う存在構造の転換」という「宗教的回心」の概念規定は、従来の回心研究が逸してきた回心の非因果的な宗教的側面を浮き彫りにし、さらに普遍的な視野のもとで回心の本質に迫ることをも可能にする枠組みとも言えるであろう。

今度は「宗教的回心」の枠組みが、おのおのの事例研究によってどのように肉づけられるかを論ずることにしよう。そのさいに焦点となるのは、「垂直軸」が具体的に何に相当し、それがどのような経緯で獲得されたか、そしてその後にどのような在り方が開示されたかという諸点である。さて新島襄の場合、「垂直軸」に相当するのは、言うまでもなく「神」である。新島は、脱国する前に神という概念を既に知ってはいたものの、それは当初から「垂直軸」と呼べるほどのリアリティを備えていたわけではなかった。脱国当時の新島にとって、神とは進んだ文化や技術をもたらす一つの概念的道具だったのである。しかし渡米先で新島が出会ったのは、無機的な概念としての神ではなく、憐れみ深く生きてはたらきかける神であった。より具体的に言えば、財や友は言うまでもなく、かすかな希望さえなく、さらに言葉も満足に通じないという無能さと無力さを痛感する、いわば自己否定の極致で、新島はハーディー夫妻らの温かい理解と支援というかたちで、寄る辺なき異教徒にまで手を差し伸べる神の愛を体感したのである。この経験が新島の「宗教的回心」の中心点であったことは、何よりもその後の新島が貫いた神に仕えるという態度に示されていよう。新島にとり神は、もはや単なる概念や手段ではなく、生涯をかけて仕えるべき主人となり目的となったのである。そして、この「神中心」という在り方の最も具体的な表現こそが、同志社大学の建設と運営という彼のライフワークに他ならなかった。その意味で言えば、同志社大学の事業は、彼の「宗教的回心」を最も雄弁に物語っているのである。

また清沢満之の「宗教的回心」は、一言で言えば彼の在り方の重心が自力から他力へと移されたことである。ただし満之の生涯には、このような転換をいくつか指摘することができる。そのなかでも、この転換が最も徹底したかたちで示されたのは、おそらく最晩年に至った如来信仰の獲得であろう。その最初の契機は、肺結核の療養中に、死生の観想によって他力信仰へと導かれたことにあった。確かにこの他力信仰は、自力から他力への転換の端緒を開いたものの、その後の満之は、大谷派の改革運動や真宗大学の建設および運営といったいわば自力的活動に専心し、必ずしも他力信仰を深める方には向かわなかった。しかし、妻子の死去や真宗大学学監辞職といった出来事を機に、満之は自力的要素を徹底的に排しながら他力信仰に沈潜していったのである。その信仰こそが、無責任主義に裏打ちされた如来信仰に他ならない。つまり満之の他力信仰は、徹底した自己否定を介して、如来信仰として結実したのである。ここで、他力信仰と如来信仰との相違についても触れておくべきであろう。「如来」が「他力」の一表現である以上、如来信仰は確かに他力信仰の一形態と言える。しかしながら、両者の間には決定的な違いを認めなければならないであろう。それは、一言で言えば、他力信仰における「絶対無限」が、如来信仰では「如来」と呼び直されていることである。これは単なる言い換えではなく、非常に重要な差違が含意されているように思われる。というのも「絶対無限」がどことなく無機的で概念的な把握を感じさせる一方で、「如来」はより人格的で実存的なかかわりを示唆しているからである。つまり満之の在り方を根底から支える「垂直軸」は、「絶対無限」という洗練された概念ではなく、最終的にはより実存的な深みをもつ「如来」をもって確立されたのである。その確立過程は、最晩年の徹底した自己否定の末にようやく完結を見たのであり、その過程が満之の「宗教的回心」だったのである。その意味で、絶筆「我信念」に吐露されている如来信仰の極致は、まさに満之の「宗教的回心」の境地を開示するものと言えるであろう。

内村鑑三の「宗教的回心」は、贖罪信仰の獲得とまさに一致するという点で特徴づけられる。そもそも「宗教的回心」が、キリスト教のconversionの本質に迫る概念であったことを想起すれば、その一致はそれほど驚くべきことではないかもしれない。むしろそれは、内村が正統的神学をそのごとく「実験」したという、彼の宗教的感性の鋭さを物語るものと言えよう。しかしここで注目すべき点は、一般に内村が回心したとされるその日を境として、実際に内村の在り方に大きな転換が見られるということである。実にその日こそが「贖罪の力」が啓示された日であり、さらに言えば贖罪主キリストが示された日に他ならない。この贖罪主キリストを見出すことで、それまで内村の前にあった躓きの石はすべて取り除かれ、キリストさえともにあれば何もいらないと断言するほど内村はキリストに傾倒し、それを唯一絶対の拠り所とするのである。したがって、この贖罪主キリストは、内村が神学的な思索を積み重ねて得た概念ではなく、向こう側から一方的に啓示された、いわば「垂直軸」なのである。それに加えて、この「垂直軸」を得る前に、内村が徹底した自己否定を経験していたという事実も看過できない。内村にとっての自己否定とは、破婚そして進路選択をめぐる葛藤のなかで、罪の自覚が実存的な次元にまで深められ、その罪の前では道徳的努力も学的能力も全く無力であることが思い知らされたことである。このような完全なる自己否定の末に、贖罪主キリストという「垂直軸」が啓示されたこと、それこそが内村の「宗教的回心」の中心点であった。

最後に、高山樗牛について言及しておこう。この樗牛には、先述の三人とは異なり「宗教的回心」の中心点を指摘することはできない。とはいえ、樗牛は「宗教的回心」と無関係であったわけではない。というのも、彼は「宗教的回心」を経て至る境地を洞察し、実際にそれがもたらす安心や強靱さを求めていたからである。その究極的なモデルとして樗牛が限りない憧憬の念を抱いたのが日蓮であった。つまり樗牛は、日蓮によって開示された、霊性の支配する超越的世界に安住することを目指し、この世のあらゆる権力を超越する強さをもつ「真理中心」という日蓮の在り方を追求したのである。しかし樗牛がその境地に至るには、自己への執着があまりに強すぎた。その自己への執着は、限りなく自己を肯定することで超越的な自己を構築するという、絶望的な企てに樗牛を駆り立てたのである。換言するならば樗牛は、法華経を軸とする日蓮の存在構造を鋭く洞察しつつも、徹底した自己否定という「宗教的回心」の最大の関門の前で立ち留まり、一転して自己肯定という全く逆の方向へと向かったのである。このように樗牛は、確かに「宗教的回心」によって開示される在り方に魅せられていたものの、結局は脆弱な自己にしがみつき、「宗教的回心」とは無縁の方向を歩んでいったのである。

以上、「宗教的回心」という概念に寄せて、それぞれの事例研究を簡単に振り返ってみた。そこで明らかにされることは、「宗教的回心」が人間側の能動的な所作を原因として生起するのではなく、むしろ徹底した自己否定の末に開示される受動的態度のもとにそれが不意に訪れるということである。したがって「宗教的回心」のためにに人間ができることは、自己否定を甘受しつつ「垂直軸」のための条件を整えることでしかない。このことは、新島襄、清沢満之、内村鑑三が、いずれも徹底した自己否定をくぐり抜けた末に「垂直軸」を得ている一方で、高山樗牛はその自己否定に徹しきれなかったがゆえに、目指す境地に至り得なかったことからも裏打ちされるであろう。ただし、自己否定という条件は、必要条件でも十分条件でもなく、強いて言えば触媒的な条件であることに注意しなければならない。つまり自己否定にいくら徹したところで、「宗教的回心」が必然的に訪れるわけではなく、したがって自己否定と「宗教的回心」との因果関係は保留されなければならないのである。このことは、「宗教的回心」の主体が人間側にはなく、人間はあくまで受け手であることを示唆している。ただし人間の存在構造に着目すれば、自己否定こそが「宗教的回心」にとり最も要請される条件であることが明らかになろう。というのも「垂直軸」は人間の能動性と鋭く対立するがゆえに、自己の能動性が徹底的に否定されることではじめて「垂直軸」が据えられる余地が開かれてくるからである。仮に「宗教的回心」に対して人間の能動性の意義を認めるとすれば、言うまでもなくそれは己れを否定する能動性である。言ってみれば、己れの能動性を否定するところに能動性の意義が存するのである。したがって、何度も言うように「宗教的回心」に対して人間ができることは、ただ自己否定という条件を整えつつ待つことでしかない。それゆえに「宗教的回心」は、いかなる人為的な努力によっても実現するわけでもないし、熱烈に求めたところで訪れるわけでもないのである。かといって、何の条件もないところにも「宗教的回心」は起こり得ない。つまり「宗教的回心」のあるところには、一般化はされ得ないものの何らかの条件が存するのである。このように「宗教的回心」の過程は逆説と神秘に満ちている。しかし、それこそが「宗教的回心」の真相を突く点なのである。

(二) 人間研究という側面

ここで本書のもう一つの側面である、人間研究という側面についても言及しておこう。この側面は、理論的には「逆説的人間」という人間理解として展開され、具体的には各事例研究における人物理解として示されている。この人間研究という側面は、先述した回心研究という側面と決して無関係ではなく、回心研究の目的でさえある。その意味で言えば、回心研究は、単に回心に関する研究に留まらず、むしろ人間の最も深遠な部分に踏み込む人間研究なのである。したがって、回心研究の一つの試みとして説き起こされた「宗教学的回心研究」は、結局のところ宗教学的な人間研究へと導かれるのである。確かに「宗教的回心」も「宗教的人間」も特殊な概念であり、その具体的な事例も決して多いとは言えまい。しかしこれらの概念は、人間一般の存在構造に潜む深遠な神秘に迫るための有効な足がかりを提供する。そして、この人間の深遠な神秘をそれに即して捉えることこそが「宗教学的回心研究」に課せられた課題であり、本書の目的なのである。なお、ここでいう人間の深遠な神秘とは、人間の逆説的な在り方つまり最も安定した存在構造を実現させる中心軸が人間の手の内にはないという逆説性、さらに言えば己れを棄てることでかえって己れを得るという逆説性を指す。この逆説性については、既に第五章で考察したとおりである。ここでは、この逆説性を、事例研究で明らかにされた各人物の存在構造に寄せて捉え直すことにしたい。

新島襄の存在構造が「神中心」という在り方に特徴づけられるように、彼にとり神こそが自身の存在を支える唯一絶対の中心軸であった。そのことは、愛なる神への奉仕が同志社大学の建設および運営という新島のライフワークを牽引する原動力であったことからも明らかであろう。ここで注意しておきたい点は、この揺るぎない「垂直軸」たる神が、渡米当初の自己否定のただなかで、向こう側から一方的に臨んだということである。つまり新島の神は、彼が理知的に練り上げた概念や方便ではなく、明らかに己れの手の届く範囲を越えたところから臨んだ実在だったのである。新島は、その神に生涯をかけて仕えることを誓い、実際にその身をすべて神に委ねた。その最も端的な表われが、祖国宣教でありその延長上にあるキリスト教主義大学の設立というライフワークであった。そのライフワークが、政府や世間からの圧力や非難のなかで、しかも宣教師らの理解すらも十分には得られずに展開されたという事実は、新島の「神中心」という在り方がいかに堅固なものであったかを物語っていよう。このように新島は、己れの所産でもなければ一部でもない神にその身を委ねて自己を手放しつつも、それによりかえって逆境をものともしない強さを手中にしたのであり、その在り方はまさに逆説的な存在構造を示していると言い得るであろう。

同様の逆説性は、仏教者である清沢満之にも指摘することができる。とりわけ晩年の如来信仰において開示された「如来中心」という満之の在り方には、如来に己れの全能力と全存在とを委ねた一方で、迫り来る死にもユーモアで対処するほどの余裕と安心とを得たという逆説性を認めることができよう。なお、満之のいう如来は、それまで満之が好んで用いた絶対無限と意味のうえでは重なるものの、リアリティという点で両者は明確に区別される。このことは、絶対無限が仏教の哲理化から導かれた概念である一方で、如来は満之の実存的なかかわりまでも示唆することからも裏づけられよう。いずれにせよ、如来という「垂直軸」は、自己のあらゆる自力的能力を斥けるという、徹底した自己否定の末にはじめて据えられているのである。注目すべきは、このように如来に依立することを要めとする如来信仰が、徹底した自己否定のうえで成立していながら、彼の生涯で最も安定した在り方をもたらしたことである。死の直前に書かれた最後の書簡を「此デヒュードロト致シマス」と結ぶような余裕やユーモアは、逆説的な在り方によって導かれる一つの基底状態を物語っているようにも思われる。

同じく内村鑑三の贖罪信仰によって開示された「キリスト中心」という在り方にも、問題の逆説性を指摘することができる。この点を明らかにするために、まず内村の「垂直軸」である贖罪主キリストに着目しよう。この贖罪主キリストもまた、むろん内村の神学的思索の所産ではなく、実存的な罪との壮絶な格闘の末に向こう側から啓示された実在である。より具体的に言えば、罪の実存的自覚を契機に、道徳的努力や学問的追究といった能動的能力の無力さと無効さとを痛感させられたところで、ようやく内村に贖罪主キリストが示されたのである。このように贖罪信仰が能動的自己の徹底的な否定の末に獲得されたことは、それを境に彼が一転してユニテリアンへの批判を繰り返したことからも裏打ちされよう。また、この贖罪主キリストの発見が内村にとっていかに意義深い経験であったかは、彼が回顧録のなかでこの経験について繰り返し触れていることだけではなく、不敬事件をはじめとするさまざまな逆境にあっても、キリストを決して棄てることはなかったことからも窺えよう。このように、贖罪主キリストという「垂直軸」は、人間主義的な努力や理知と鋭く対立し、徹底した自己否定の末に据えられた一方で、それは内村にその後の信仰生活の最も確実な拠り所を与え、彼の人生全体を秩序づける中心軸となったのである。この贖罪主キリストは、言ってみれば内村のすべてだったのである。このように贖罪主キリストが自己否定のただなかで啓示された一方で、それが信仰や思想、さまざまな事業を含めあらゆる生の営みの新たな源泉となったという点には、内村の「キリスト中心」という在り方の逆説性が確かに認められよう。

以上で述べた、新島襄の「神中心」、清沢満之の「如来中心」、そして内村鑑三の「キリスト中心」という在り方は、いずれも徹底した自己否定に基づきながらも、かえっていかなる逆境にも屈しない強靱で安定した在り方を実現させている。つまりこの三人の在り方は、徹底的な否定に基づく究極的な肯定というかたちで、逆説的に構成されているのである。この逆説的な在り方こそが「宗教的人間」に固有の在り方なのである。その一方で高山樗牛は、この逆説的な在り方に己れを投げ入れることはしなかった。言ってみれば樗牛は、否定ではなく、あくまで肯定のうえに肯定を積み重ねようとしたのである。とはいえ樗牛は、超絶した強さに至る前にくぐり抜けなければならない自己否定に全く盲目だったわけではない。というのも樗牛は、日蓮に開示された霊性の支配する世界に唯一の希望を見出す一方で、戦わねばならない『己れの心』と云ふ大敵」に確かに気づいていたからである。しかし樗牛は、その戦いに躊躇し、ついに自己否定に徹することはできなかった。そのために樗牛は、一転して戦うべきまた否定すべき自己の前に屈し、どこまでも自己に忠実な「イゴイスト」を標榜するに至ったのである。ただしこのように自己否定を回避し、短絡的な自己肯定に固執した樗牛が最終的に辿り着いた先は、煩悶と混乱の境地でしかなかった。結局のところ、自己否定を介することなく「宗教的人間」を目指した樗牛の企ては、頓挫するより他なかったのかもしれない。

以上の事例研究を踏まえた素描から、ある興味深い事実が浮かび上がってこよう。それは、自己を棄て自己を否定した者たちが、希望や余裕そして一貫性と統一性とを得たのに対して、自己に終始固執し続けた者は、かえって煩悶と混乱のなかに沈んだという事実である。別言すれば、自己を捨てた者はそれを得、自己に執着した者はそれを失ったのである。そこには、自己否定を介して「垂直軸」を得た者と、自己肯定に転じてそれを逸した者との相違が示唆されているようにも思われる。このことから、ある洞察が導かれてこよう。それは、人間が逆説的に在ることとつまり宗教的に在ることこそが人間本来の在り方に他ならず、したがって「垂直軸」こそが人間の存在構造を最も強力に秩序づけ、自己否定こそが最も安定した自己を構築する条件ではなかろうか、という洞察である。その洞察に従うならば、この「垂直軸」に対する受動性であり待機性とも言える人間の宗教性は、最も安定した在り方を志向する人間の本性とも言い得るであろう。いずれにしても「宗教的人間」に開示される否定即肯定また受動即能動という逆説的な在り方は、少なくとも一つの可能性として、人間にとって最も安定した在り方を指し示しているのではなかろうか。このような議論は、確かに現段階では洞察の域を出るものではないかもしれない。しかしたとえ数例の事例研究であれ、それらによって裏づけを得ることで、その洞察はそれなりの説得力をもつことになろう。仮に、人間は逆説的に在ることで安定するという洞察がある程度の普遍性をもつとするなら、それはまさしく人間の神秘に他ならない。人間が己れの確固たる存在基盤を得るには、その己れを道徳的に犠牲にするだけでは足らず、それを徹底的に否定しなければならないとするなら、人間にとってそれほどの矛盾と逆説があるだろうか。なおかつその矛盾と逆説のなかに己れを投げ入れない限り、安住の地は拓かれないとするなら、その道は合理的世界の住人である近代人にはあまりにも狭いと言わねばならない。しかし、近代人が切り拓いてきた合理化され相対化された世界に留まろうとする限り、絶対的な規範軸を得る道が閉ざされ、最も安定した人間本来の在り方に至り得ないとするなら、遠からず人間存在の逆説性という深遠な神秘に目を向けざるを得ないときが来るであろう。あるいは、そのようなときが既に来つつあるのかもしれない。

いずれにせよ、ここに述べた人間の神秘を最も顕著なかたちで浮き彫りにする事象こそが「宗教的回心」なのであり、また人間本来の在り方を開示する人間が「宗教的人間」なのである。このように人間個人に焦点が絞り込まれている点では、確かにその視野は決して広いとは言えないかもしれない。しかし本研究で人間存在の逆説性が浮き彫りにされたことは、今後の筆者の研究活動において大きな意義をもつ。というのもこの試論は、人間個人への実存的な関心に留まるのではなく、より広大な人間の生の営みへの関心にも繋がっているからである。換言すれば、本書で展開した試みは、人間の逆説的な在り方に着目する「宗教と個人」という問題に尽きるのではなく、そこを起点として「宗教と社会」「宗教と道徳」「宗教と地理や風土」「宗教と性差」といった諸問題を扱うことをも見据えているのである。これらの諸問題もまた、人間の逆説性に関する洞察、および宗教学という立体的な解釈次元の場から新たな光が当てられることになろう。そして、こうした人間の広範な生の営みを立体的に捉えようとする企図を、筆者はとくに「宗教人間学」と呼び、いわゆる哲学的人間学の系譜の延長上に位置づけることをも構想している。長い目で見れば、この新しい人間学、つまりホモ・レリギオスとしての人間のさまざまな生の営みを立体的に把握する宗教学的な人間学の構築が、今後の筆者の研究課題となることであろう。その意味で「宗教学的回心研究」と題する本書は、回心を一つの手がかりとして人間の逆説性という神秘に迫ろうとする人間研究の試みであり、また人間のより広範な生の営みを捉えようとする筆者の挑戦の第一歩なのである。

あとがき

本書は、平成十一年度に東北大学に提出した博士論文「宗教的回心の研究――近代日本における宗教的人間の理解」を大幅に加筆修正し、独立行政法人日本学術振興会より平成十六年度科学研究費補助金（研究成果公開促進費）の交付を受けて出版に至ったものである。ここに同会への謝意を表したい。また本書の要めとも言える第五章の一部には、平成十六年度庭野平和財団より助成対象となった研究課題「Conversion と廻心との比較研究」の研究成果も取り入れられている。同財団にも合わせて感謝申し上げたい。

さて、これまでおぼつかない足取りで続けてきた研究を、このようなかたちで出版することができたのも、実に多くの方々のご理解とお力添えがあったからこそである。平成六年にはじめて東北大学宗教学研究室の門を叩いた筆者に、宗教学の基礎を一からご指導して下さったのが、同研究室の華園聰麿名誉教授と鈴木岩弓教授の両先生であった。とりわけ博士論文の指導教官を務めて下さった華園先生に対する学恩ははかり知れないものがある。そして先生方はもちろん諸先輩から頂いた示唆に富むアドバイスは言うにおよばず、研究室の仲間たちとの議論のなかから得たものも大きい。このように恵まれた研究環境のなかにいたことに改めて感謝したい。

また出版までの具体的な手続きは、未來社の西谷能英社長が労をとって下さった。多忙ななか、非常に面倒な仕事をあえて引き受けて下さったうえに、たびたび編集上の的確なアドバイスを頂いたことに、この場を借りて改めてお礼を申し上げたい。そして実家の両親にも物心両面の力強い支援を頂いた。心から感謝したい。最後に、幼い子どもたちを抱えながらも、本書の完成を辛抱強く支え続けてくれた妻には、言い尽くせない感謝の思いが沸いてくる。慰労の言葉を添えて、本書の完成をここに報告したい。

昨年は、人類が大きな試練に直面した年であったように思われる。例えば、出口の見えないイラクでの泥沼化した戦争や、スマトラ沖での大地震による未曾有の大惨事は記憶に新しい。しかし本書で示唆したように、こうした否定の極致から「回心」するところにこそ人間の深遠な神秘があるとするなら、この試練と否定の機会こそ新しい世界の産みの苦しみに他ならないことになろう。多くの尊い犠牲を無駄にすることなくそれを未来に生かす人間の叡知を信じつつ、ここでつたない筆を置くことにしたい。

仙台にて　徳田幸雄

平成十七年一月

参照文献一覧

赤松智城「最近の宗教心理学と宗教社会学」『宗教研究』第一巻第一号、一九一六年。

秋山正香『高山樗牛――その生涯と思想』積文館、一九五七年。

Allison, J., Religious Conversion: Regression and Progression in an Adolescent Experience, *Journal for the Scientific Study of Religion*, 8, 1969.

Allport, G. D., *The Individual and his Religion*, The Macmillan Co., 1950.

Ames, E. S., *The Psychology of Religious Experience*, Houghton Mifflin Co., 1910.（邦訳は、エームス著、高橋実太郎訳『宗教心理学』天佑社、一九二二年）

姉崎正治・山川智応共編『高山樗牛と日蓮上人』博文館、一九一三年。

Austin, R. L., Empirical adequacy of Lofland's Conversion Model, *Review of Religious Research*, 18, 1977

Balch, R. W., Looking behind the scenes in a religious cults: Implication for the study of Conversion, *Sociological Analysis*, 41, 1980.

Balch, R. W. & D. Taylor, Seekers and Saucers: The role of cultic milieu in joining a UFO cult, *Conversion Careers: In and Out of the New Religions,* edited by J. T. Richardson, 1978.

Bankston, W. B., C. J. Forsyth & H. H. Floyd, Toward a General Model of the Process of Radical Conversion: An Interactionist Perspective on the Transformation of Self-Identity, *Qualitative Sociology*, 4, 1981.

Beckford, J. A. , Accounting for Conversion, *British Journal of Sociology*, 29, 1978.

Beit-Hallahmi, B. & M. Argyle, *The psychology of religious behaviour, belief and experience*, Routledge, 1997.

Bromley, D. & A. Shupe, Just a few years seem like a lifetime: A role theory approach to participation in Religious movements, *Research in Social Movements, Conflict and Change*, vol. 2, JAI Press Inc., 1979.

『樗牛全集』全七巻（復刻版）、日本図書センター、一九八〇年。

Clark, E. T., *The Psychology of Religious Awakening*, The Macmillan Co., 1929.

Coe, G. A., *The Psychology of Religion*, The Univ. of Chicago Press, 1916.（邦訳は、ジョージ・アルバート・コー著、藤井章訳『宗教心理学』丙午出版社、一九二五年）

Conn, W. E., Bernard Lonergan's Analysis of Conversion, *Angelicum: annuarium unionis thomisticae/ Pontificium Collegium Internationale "Angelicum"*, 53, 1976.

Conn, W. E., Conversion: A Developmental Perspective, *Cross Currents*, Fall, 1982.

Conn, W. E., Merton's "True Self": Moral Autonomy and Religious Conversion, *The Journal of Religion*, 65, 1985.

Conn, W. E., Adult Conversions, *Pastoral Psychology*, 34, 1986.

Conn, W. E., *The Desiring Self: Rooting Pastoral Counseling and Spiritual Direction in Self-Transcendence*, Paulist Press, 1998.

Dawson, L. L., Who joins new religious movements and why: Twenty years of research and what have we learned?, *Studies in Religion/Sciences Religieuses*, 25, 1996.

Downton, J. V., An Evolutionary Theory of Spiritual Conversion and Commitment: The Case of Divine Light Mission, *Journal for the Scientific Study of Religion*, 19, 1980.

Flower, J. C., *The Psychology of Religion*, K. Paul, Trench, Trubner & Co., LTD, 1927.

Fowler, J. W., *Stages of Faith: The Psychology of Human Development and the Quest for Meaning*, Harper Collins, 1981.

Gartrell, C. D.& Z. K. Shannon, Contacts, Cognitions, and Conversion: A Rational Choice Approach, *Review of Religious Research*, 27, 1985.

Gillespie, V. B., *The Dynamics of Religious Conversion*, Religious Education Press, 1991.
Gordon, D. F., The Jesus People: An Identity Synthesis, *Urban Life and Culture*, 3, 1974.
Greil, A. L. & D. R. Rudy, What have we learned from Process Model of Conversion? An examination of ten case studies, *Sociological Focus*, 17, 1984.
Grensted, L. W., *The Psychology of Religion*, Oxford Univ. Press, 1952.
波多野精一『基督教の起源』警醒社、一九〇八年。
Hick, M. J., *An Interpretation of Religion: Human Responses to the Transcendent*, Macmillan Press LTD, 1989.
Hiebert, P. G., Conversion in Hinduism and Buddhism, *Handbook of Religious Conversion*, edited by H. N. Malony & S. Southard, Religious Education Press, 1992.
Hiltner, S., Toward a Theology of Conversion in the Light of Psychology, *Pastoral Psychology*, 17, 1966.
Hine, V. H., Bridge Burners: Commitment and Participation in a Religious Movement, *Sociological Analysis*, 31.
Heirich, M., Changes of heart: A test of some widely held theories about religious conversion, *American Journal of Sociology*, 83, 1977.
日永康「内村鑑三の回心」高橋三郎・日永康編『ルターと内村鑑三』教文館、一九八七年。
Hood, R. W., B. Spilka, B. Hunsberger & R. Gorsuch., *The Psychology of Religion: An Empirical Approach*, The Guilford Press, 1996.
井上順孝・島薗進「回心論再考」上田閑照・柳川啓一編『宗教学のすすめ』筑摩書房、一九八五年。
石原謙『宗教哲学』岩波書店、一九一六年。
石津照璽『宗教経験の基礎的構造』創文社、一九六八年。
伊藤彌彦『のびやかにかたる新島襄と明治の書生』、晃洋書房、一九九九年。
James, W., *The varieties of religious experience: a Study in Human Nature*, Macmillan Publishing Co., [1902] 1961.

加藤智見『いかにして〈信〉を得るか――内村鑑三と清沢満之』法蔵館、一九九〇年。

Kilbourne, B. & J. T. Richardson, Paradigm Conflict, Types of Conversion, and Conversion Theories, *Sociological Analysis*, 50, 1988.

Kirkpatrick, L. A., A Longitudinal Study of Changes in Religious Belief and Behavior as a Function of Individual Differences in Adult Attachment Style, *Journal for the Scientific Study of Religion*, 36, 1997.

北野裕通「新島襄における回心の問題」『相愛大学研究論集』第七巻、一九九一年。

北野裕通「清沢満之の回心に関する一考察」『相愛大学研究論集』第八巻、一九九二年。

『清沢満之全集』全八巻、法蔵館、一九五三―一九五七年。

『清沢満之全集』全九巻、岩波書店、二〇〇二―二〇〇三年。

『弘法大師空海全集』全八巻、筑摩書房、一九八三―一九八六年。

Kox, W., W. Meeus & H. Hart, Religious Conversion of Adolescents: Testing the Lofland and Stark Model of Religious Conversion, *Sociological Analysis*, 52, 1991.

Lamb, C., Conversion as a process leading to enlightenment: the Buddhist perspective, *Religious Conversion: contemporary practice and controversies*, edited by C. Lamb & M. D. Bryant, Cassell, 1999.

Lofland, J., 'Becoming a World-Saver' Revisited, *American Behavioral Scientist*, 20, 1977.

Lofland, J. & N. Skonovd, Conversion motifs, *Journal for the Scientific Study of Religion*, 20, 1981.

Lofland, J. & R. Stark, Becoming a world-saver: A theory of conversion to a deviant perspective, *American Sociological Review*, 30, 1965.

Lonergan, B., *Method in Theology*, Univ. of Toronto Press, 1971.

Long, T. & J. Hadden, Religious Conversion and the Concept of Socialization: Integrating the Brainwashing and Drift Models, *Journal for the Scientific Study of Religion*, 22, 1983.

Lynch, F. R., Toward a theory of conversion and commitment to the Occult, *American Behavioral Scientist*, 20, 1977.
Machlek, R. & D. A. Snow, Neglected Issues in the Study of Conversion, *Scientific Research and New Religions: Divergent Perspective*, edited by B. Kilbourne, 1985.
Machlek, R. & D. A. Snow, Conversion to new Religious Movements, *Religion and the Social Order*, JAI Press Inc., vol. 3B, 1993.
Malinowski, B., *Magic, Science and Religion and other essays*, Greenwood Press, [1948] 1984.
Malony, H. N., & S. Southard (Eds.), *Handbook of Religious Conversion*, Religious Education Press, 1992.
Marett, R. R., *The Threshold of Religion*, Methuen & Co. LTD., [1914] 1979.
松本皓一「宗教的人間の比較的考察――梁川・樗牛・満之」『宗教研究』第一八〇号、一九六五年。
McGuire, M. B., Testimony as a Commitment Mechanism in Catholic Pentecostal Prayer Groups, *Journal for the Scientific Study of Religion*, 16, 1977.
森中章光『新島襄先生』、洗心会、一九三七年。
本井康博「新島研究の系譜と動向――『新島学』への道」伊藤彌彦編『新島全集を読む』、晃洋書房、二〇〇二年。
中沢洽樹『内村鑑三――真理の証人』キリスト教夜間講座出版部、一九七一年。
『新島襄全集』全十巻、同朋社、一九八三―一九八五年。
二階堂順治「禅の回心」『禅学研究』第五〇号、一九六〇年。
『西田幾多郎全集』全十九巻（第三刷）、岩波書店、一九七八―一九八〇年。
西田真因「歎異抄における廻心の問題――キリスト教の conversion（回心）との比較思想的考察」『比較思想研究』第二一号、比較思想学会、一九九四年。
西村見暁『清沢満之先生』法蔵館、一九五一年。
Nock, A. D., *Conversion*, Oxford Univ. Press, 1933.

生越達美「内村鑑三――苦悩と回心の軌跡」堀孝彦・梶原寿編『「内村鑑三」と出会って』勁草書房、一九九六年。
小原信『評伝内村鑑三』中央公論社、一九七六年。
オーテス・ケーリ「内村の決断の夏――一八八五年」『人文学』第二十四号、一九五六年。
Palouzian, R. F., Purpose in Life and Value Changes Following Conversion, *Journal of Personality and Social Psychology*, 41, 1981.
Paloutzian, R. F., J. T. Richardson & L. R. Rambo, Religious conversion and personality change, *Journal of Personality*, 67, 1999.
Pargament, K. I., Religious Methods of Coping: Resources for the Conservation and Transformation of Significance, *Religion and the clinical practice of psychology*, edited by E. P. Shafranske, American Psychology Association, 1996.
Pargament, K. I., *The Psychology of Religion and Coping*, The Guilford Press, 1997.
Pilarzyk, T., Conversion and Alternation processes in the youth culture: A comparative analysis of Religious transformations, *The Brainwashing/Deprogramming Controversy*, edited by D. G. Bromly & J. T. Richardson, E. Mellen Press, 1983.
Pratt, J. B., *The Religious Consciousness: A psychological study*, The Macmillan Co., 1924.
Preston, D. L., Meditative Ritual Practice and Spiritual Conversion-Commitment: Theoretical Implications Based on the Case of Zen, *Sociological Analysis*, 43, 1982.
Rambo, L. R., Current Research on Religious Conversion, *Religious Studies Review*, 8, 1982.
Rambo, L. R., *Understanding religious conversion*, Yale Univ. Press, 1993.
Rambo, L. R., Theories of Conversion: Understanding and Interpreting Religious Change, *Social Compass*, 46, 1999.
Rambo, L. R., Anthropology and the Study of Conversion, *The Anthropology of Religious Conversion*, edited by A. Buckser & S. D. Glazier, Rowman & Littlefield Publishers, Inc., 2003.

Richardson, J. T., Conversion Careers, *Society*, March/April, 1980.

Richardson, J. T., The active vs. passive convert: Paradigm conflict in conversion/recruitment research, *Journal for the Scientific Study of Religion*, 24, 1985.

Richardson, J. T. & M. Stewart, Conversion Process Models and Jesus Movement, *American Behavioral Scientist*, 20, 1977.

Salzman, L., The Psychology of Religious and Ideological Conversion, *Psychiatry: Journal for the study of interpersonal processes*, 16, 1953.

de Sanctis, S., *Religious Conversion: A Bio-Psychological Study*, translated by H. Augur, K. Paul, Trench, Trubner & Co., LTD, 1927.

Scroggs, J. R. & W. G. T. Douglas, Issues in the Psychology of Religious Conversion, *Journal of Religion and Health*, 1967.

Seggar, J., & P. Kunz, Conversion: Evaluation of a Step-like process for Problem-solving, *Review of Religious Research*, 13, 1972.

Selbie, W. B., *The Psychology of Religion*, Oxford Univ. Press, 1926.

渋谷浩「若き内村の罪意識——その書簡を中心に」『内村鑑三研究』第二十一号、一九八四年。

Shinn, L. D., Who gets to define religion? The Conversion/Brainwashing Controversy, *Religious Studies Review*, 19, 1993.

『親鸞聖人全集』全九巻、法蔵館、一九六九—一九七〇年。

『昭和定本日蓮聖人遺文』（改訂増補版）全四巻、一九九一年。

Snow, D. A. & C. L. Phillips, The Lofland-Stark Conversion Model: A Critical Reassessment, *Social Problems*, 27, 1980.

Snow, D. A. & R. Machalek, The Convert as a Social Type, *Sociological Theory 1983*, edited by R. Collins, Jossey-Bass, 1983.

Snow, D. A. & R. Machalek, The Sociology of Conversion, *Annual Review of Sociology*, 10, 1984.

『曾我量深撰集』全十一巻、彌生書房、一九七〇—一九七二年。

Staples, C. L.& Mauss, A. L., Conversion or Commitment? A Reassessment of the Snow and Machalek Approach to the Study of Conversion, *Journal for the Scientific Study of Religion*, 26, 1987.
Starbuck, E. D., *The Psychology of Religion*, Walter Scott LTD, 1899.
Straus, R. A., Changing oneself: Seekers and the creative transformation of life experience, *Doing Social Life*, edited by J. Lofland, 1976.
Straus, R. A., Religious conversion as a personal and collective accomplishment, *Sociological Analysis*, 40, 1979.
末木文美士「〈個〉の自立は可能か――高山樗牛」『福神』第七号、太田出版、二〇〇一年。
杉山幸子「回心論再考――新宗教の社会心理学的研究に向けて」『日本文化研究所研究報告』第三十一集、一九九五年。
Surgant W., *Battle for the Mind: A Physiology of Conversion and Brain-washing*, Heinemann, 1957.
鈴木範久『内村鑑三とその時代』日本基督教団出版局、一九七五年。
鈴木範久『内村鑑三日録』（全十二巻）、教文館、一九九三―一九九九年。
鈴木俊郎『内村鑑三伝　米国留学まで』岩波書店、一九八六年。
Stark, R. & W. S. Bainbridge, Networks of Faith: Interpersonal Bonds and Recruitment to Cults and Sects, *American Journal of Sociology*, 85, 1980.
高須芳次郎『人と文学　高山樗牛』偕成社、一九四三年。
竹内整一『自己超越の思想』ぺりかん社、一九八八年。
田村圓澄「清沢満之と『精神主義』」『日本佛教史5・浄土思想』法蔵館、一九八三年。
Taylor, B., Recollection and Membership: Convert's Talk and the Ratiocination of Commonality, *Sociology*, 12, 1978.
寺川俊昭『清沢満之論』文栄堂、一九七三年。
寺川俊昭「回心」『大谷学報』第六一巻第四号、大谷学会、一九八二年。
Thouless, R. H., *An Introduction to the Psychology of Religion*, Cambridge Univ. Press, 1923.

富岡幸一郎『内村鑑三』五月書房、二〇〇〇年。

Travisano, R. V., Alternation and Conversion as Qualitativery Different Transformations, *Social Psychology Through Symbolic Interaction*, edited by G. P. Stone & H. A. Farberman, Waltham, Mass.: Ginn-Blaisdell, 1970.

綱澤満昭「高山樗牛」『近畿大学教養部紀要』第三十二巻三号、二〇〇一年。

『内村鑑三全集』全四十巻、岩波書店、一九八〇―一九八三年。

Ullman, C., Cognitive and Emotional Antecedents of Religious Conversion, *Journal of Personality and Social Psychology*, 43, 1982.

Ullman, C., *The Transformed Self: The Psychology of Religious Conversion*, Plenum press, 1989.

魚木忠一『新島襄』同志社大学出版部、一九五〇年。

Van der Leew, G., *Phänomenologie der Religion*, J. C. B. Mohr (Paul Siebeck), 1956.

脇本平也「回心論」脇本平也編『講座宗教学2　信仰のはたらき』東京大学出版会、一九七七年。

脇本平也『評伝清沢満之』法藏館、一九八二年。

安富信哉『清沢満之と個の思想』法藏館、一九九九年。

矢沢英一「内村鑑三の回心の研究」『内村鑑三研究』第二十七号、一九八九年。

Yinger, J. M., *The Scientific Study of Religion*, Macmillan Publishing Co., Inc., 1970.

Zinnbauer, B. J. & K. I. Pargament, Spiritual Conversion: A Study of Religious Change Among College Students, *Journal for the Scientific Study of Religion*, 37, 1998.

■著者略歴
徳田幸雄（とくだ・ゆきお）
1969年 9 月12日、青森県生まれ。
東北大学大学院文学研究科後期博士課程修了、博士（文学）
現在、東北大学非常勤講師、宮城教育大学非常勤講師、生活文化大学非常勤講師
主要な論文
「宗教的回心と宗教的人間の理解――内村鑑三、新島襄、清沢満之、高山樗牛――」『宗教研究』328号、2001年。
「回心の比較宗教学―― conversion と廻心――」『論集』29号、2002年。
「宗教学的回心研究への序説――原因から条件への視点変更――」『文化』第66巻第 3 ・ 4 号、2003年。

宗教学的回心研究
新島襄・清沢満之・内村鑑三・高山樗牛

発行――二〇〇五年二月一五日　初版第一刷発行
定価――（本体一二〇〇〇円＋税）
著　者――徳田幸雄
発行者――西谷能英
発行所――株式会社　未來社
東京都文京区小石川三―七―二
振替〇〇一七〇―三―八七三八五
電話・(03) 3814-5521（代表）
http://www.miraisha.co.jp/
Email:info@miraisha.co.jp
印刷・製本――萩原印刷
ISBN 4-624-10042-5　C3014

（消費税別）

R・ブルトマン著／川端純四郎・八木誠一訳

イエス

非神話化提唱によって第二次大戦後の西欧精神界に衝撃を与えたイエス解釈で、イエスの教えを根底にある実存理解に還元し、生きることの実存的解釈を提示した問題のイエス書。　二二〇〇円

M・エリアーデ著／堀一郎訳

永遠回帰の神話

［祖型と反復］歴史時代以前の古代伝承社会における基本的観念を「偉大なりし始源の時代」への周期的回帰の観念のもとにとらえ、歴史哲学的側面より古代心性を明らかにする。　二二〇〇円

山崎亮著

デュルケーム宗教学思想の研究

社会学、人類学のみならず、宗教学にも多大な影響を与え続けるデュルケームの宗教論の展開を詳細に跡づけ、その人間学的な宗教理解の構造を浮彫にしつつ独自の解釈を提示する。五八〇〇円

楠正弘編

堀一郎著作集（全九巻）

宗教民俗学の金字塔たる堀一郎の業績を集成。民間信仰研究をつうじて、日本文化の基層を拓き、新しい日本学の土台を築く。古代仏教史から社会変動問題まで、独自の多角的宗教民俗学の全貌。